Sistema social

BARÃO DE HOLBACH

Sistema social

ou

Princípios naturais da moral e da política, com um exame da influência do governo sobre os costumes

Tradução

Regina Schöpke
Mauro Baladi

Título original: *Système social, ou Principes naturels de la morale et de la politique, avec un examen de l'influence du gouvernement sur les moeurs*

Fundação Editora da Unesp (FEU)
Praça da Sé, 108
01001-900 – São Paulo – SP
Tel.: (0xx11) 3242-7171
Fax: (0xx11) 3242-7172
www.editoraunesp.com.br
www.livrariaunesp.com.br
atendimento.editora@unesp.br

Dados Internacionais de Catalogação na Publicação (CIP) de acordo com ISBD
Elaborado por Vagner Rodolfo da Silva – CRB-8/9410

H723s

Holbach, Barão de
Sistema social: ou Princípios naturais da moral e da política, com um exame da influência do governo sobre os costumes / Barão de Holbach; traduzido por Regina Schöpke, Mauro Baladi. – São Paulo: Editora Unesp, 2023.

Tradução de: *Système social, ou Principes naturels de la morale et de la politique, avec un examen de l'influence du gouvernement sur les moeurs*
Inclui bibliografia.
ISBN: 978-65-5711-174-1

1. Filosofia. 2. Barão de Holbach. 3. Iluminismo. I. Schöpke, Regina. II. Mauro Baladi. III. Título.

2023-2038 CDD 100
CDU 1

Editora afiliada:

Sumário

Segunda parte – Princípios naturais da política

Terceira parte – Da influência do governo sobre os costumes; ou Das causas e dos remédios para a corrupção

Discenda virtus est; ars est bonum fieri;
erras si existimas vitia nobiscum nasci;
supervenerunt, ingesta sunt.
(SÊNECA, *Epístolas*)[1]

1 "A virtude é algo que deve ser aprendido. Tornar-se bom é uma arte. Engana-se aquele que supõe que nossos vícios são inatos em nós; eles vieram de fora, foram inseridos em nós." (*Cartas a Lucílio*, 123, 90, 94). (N. T.)

Introdução

Tudo no mundo moral, assim como no mundo físico, está ligado. Nós nos queixamos incessantemente dos efeitos, e jamais buscamos as suas causas. Não paramos de invectivar contra a maldade dos homens; nos espantamos muito com os seus vícios e com a sua corrupção; as pregações e as lições instrutivas dos moralistas e dos sacerdotes não têm outro tema que não seja a perversidade do gênero humano; as leis mais severas e os castigos mais rigorosos não podem obrigar seres sociáveis a viver pacificamente uns com os outros. A ignorância, os preconceitos, a opinião, a educação, os governos injustos, a preguiça: eis as fontes permanentes da corrupção dos povos. Seus vícios e suas loucuras são consequências fatais e necessárias de suas instituições insensatas.

A razão dos homens ainda está tão pouco desenvolvida que, apesar dos progressos que eles fizeram em muitos aspectos, descobrimos que em outros pontos permaneceram em uma verdadeira infância. Eles mensuraram os céus; seu espírito se lançou nas regiões desérticas da metafísica; sua vã curiosidade se saciou com quimeras; seus olhos se extraviaram nas trevas palpáveis da teologia; sua imaginação se esforçou para adivinhar os mistérios de um mundo ideal – ao passo que eles não tiveram nenhuma ideia do mundo real que habitam, e não conheceram os verdadeiros meios de se tornarem mais felizes nele. Os princípios simples e naturais da moral e da política ainda estão por ser encontrados. Os povos mais esclarecidos e mais civilizados nos mostram a todo momento alguns vestígios muito evidentes da ignorância e da insensatez mais selvagens. É sobretudo nos objetos que mais interessam aos homens que os encontramos menos avançados. Eles reconhecem o valor da moral, da razão e da virtude, mas comumente só têm sobre elas algumas ideias incertas e algumas noções muito obscuras. Eles se submeteram a senhores para que estes os conduzissem à felicidade, mas ignoram em que consiste essa felicidade. Eles percebem a utilidade da justiça, e raramente saberiam distinguir o bem do mal, o justo do injusto. Eles encontram vantagens na vida social, ao passo que a sociedade só reúne comumente seres de tal maneira dispostos a se prejudicarem, tão incômodos uns para os outros, que alguns especuladores acreditaram que a vida social era um estado contrário à natureza do homem, e que, para ser feliz, ele devia viver completamente isolado.

Ao verem os antigos erros pelos quais os povos se deixam levar, os inumeráveis preconceitos dos quais eles são vítimas, as opiniões e as vaidades às quais eles estão obstinadamente atados e os formidáveis obstáculos que se opõem aos progressos do espírito humano, muitas pessoas pensaram que os males da nossa espécie são incuráveis, e que seria necessário abandoná-la à sua própria sorte; outras se irritaram contra ela e consideraram o homem como um monstro detestável; outras pessoas, enfim, a julgaram digna de um soberano desprezo.

Irritar-se contra os homens porque eles são desgraçados é pecar igualmente contra a justiça e a humanidade. Espantar-se com as suas loucuras, invectivar vagamente contra as paixões pelas quais os vemos agitados, e não buscar as suas verdadeiras causas, é ser por si mesmo cego. É se zangar com as imprudências que cometem as crianças desprovidas de experiência, cuja razão, longe de ter sido cultivada, foi contida por entraves perpétuos.

São a pouca sabedoria, a negligência e a perversidade dos educadores e dos guias dos homens que devem ser responsabilizadas pelos vícios pelos quais os vemos infectados. Temos tanto direito de ficar surpresos com os seus vícios, ou de nos indignar contra eles, quanto de ficar espantados com os efeitos de um incêndio que tudo colabora para propagar, ou de nos zangarmos com alguns infelizes que víssemos definhar por causa de uma epidemia que seus médicos se esforçassem para eternizar. Lamentemos os homens pelas suas misérias; remontemos à fonte de seus males; busquemos a verdade, que é a única que poderá, um dia, nos fornecer remédios mais seguros do que aqueles que a ilusão até aqui aplicou inutilmente às enfermidades da nossa espécie.

A moral é tão inútil e seus preceitos são tão estéreis porque aqueles que a ensinam – por desconhecerem o homem e não examinarem bem as causas que atuam incessantemente sobre ele – nada mais fizeram do que se extraviar, e jamais conheceram nem a fonte do mal e nem os meios de detê-lo. O teólogo supõe o homem essencialmente corrompido, incapaz por sua natureza de fazer o bem, inimigo nato de toda virtude. Se vocês lhe perguntarem em que ele baseia um juízo tão desfavorável à natureza humana, ele logo vai lhes recitar mil fábulas; ele lhes dirá que, desconsiderando a proibição de seu Deus, o primeiro pai do gênero humano comeu uma maçã; que os vícios e as misérias de seus descendentes são as consequências fatais desse primeiro pecado. Se vocês se queixarem de não entender nada desta bizarra origem do mal, os teólogos estão livres para lhes dizer que *se trata de um profundo mistério*, no qual é preciso crer sem compreender.

Com a ideia de tornar mais dóceis os povos ignorantes e selvagens, seus primeiros legisladores inventaram as religiões. Falaram-lhes de potências invisíveis; pretendeu-se, por meio de fantasmas, reprimir suas paixões; pintaram-se esses fantasmas com as cores mais terríveis; assustaram-se os homens sem torná-los melhores. Será que alguns deuses malvados, injustos e cruéis seriam tão adequados para torná-los mais sociáveis, mais justos e mais humanos? Além do mais, forneceram aos homens alguns meios de tornar esses deuses favoráveis. Com isso, os ministros interesseiros desses deuses destruíram, evidentemente, os efeitos que pretendiam produzir com a ajuda dos terrores que haviam provocado no espírito dos mortais. Se os sacerdotes conseguiram tornar os espíritos mais dóceis, eles trabalharam apenas para fazer valer os seus próprios interesses; eles evitaram cultivar a razão de seus escravos intimidados; eles não lhes ensinaram uma moral útil e verdadeira; eles os fizeram conhecer apenas falsas virtudes; eles os confundiram sobre as causas dos seus sofrimentos; eles lhes inspiraram algumas ideias que, bem longe de torná-los felizes, eram apropriadas apenas para desviá-los do caminho da felicidade e para levar perturbação à sociedade. Em poucas palavras: a moral religiosa, fundamentada em quimeras, desprovida de motivos conhecidos, subordinada aos interesses dos sacerdotes, não teve nada daquilo que seria necessário para conter ou dirigir as paixões dos homens. Ela só serviu, ao contrário, para lhes sugerir outras paixões quase sempre muito funestas, e para lhes fazer violar sem remorsos os deveres mais sagrados e mais evidentes da moral humana.

O governo foi originariamente destinado a reprimir as paixões discordantes dos membros da sociedade. Os povos, pelo seu próprio interesse, foram obrigados a se submeter a um poder e a leis que os pusessem a salvo dos contínuos perigos aos quais o desregramento e a anarquia os expunham a todo momento. Mas esse poder, quase sempre usurpado pela força, a conquista e a tirania, ou confiado sem restrições a homens que abusaram dele, foi quase sempre um flagelo não menos cruel que a anarquia, e se tornou uma fonte inesgotável de corrupção. Os chefes das nações, longe de reunir os cidadãos, longe de pensar em fazer deles seres racionais, os dividiram, os infestaram de vícios e de preconceitos, fizeram deles apenas escravos devotados aos seus próprios caprichos, desconhecedores tanto do que deviam uns aos outros quanto daquilo que deviam à pátria. As leis, em vez de serem os oráculos da equidade, nada mais foram que as expressões das injustiças, das fantasias e do delírio dos legisladores, com as quais seus súditos foram forçados a se conformar. Assim, as barreiras destinadas a conter as paixões dos homens se tornaram comumente, para eles, tão funestas quanto essas próprias paixões. Armados com uma força irresistível, os príncipes não se preocuparam em incitar seus súditos à virtude, e só pensaram em fazer deles os instrumentos das suas próprias paixões e das suas extravagâncias, sempre contrárias à felicidade das sociedades.

Aqueles que governam os homens são, assim como seus súditos, crédulos e vítimas de uma infinidade de preconceitos, aos quais ambos sacrificam a todo momento a sua felicidade sólida e verdadeira. Lamentemos a cegueira que os impede de chegar ao objetivo que eles se propõem; deploremos tantos erros inveterados que perpetuam os males da raça humana. Esperemos que as luzes de uma razão mais exercitada façam um dia desaparecer, ao menos para algumas porções do gênero humano, as espessas trevas pelas quais os mortais estão cercados. Se a voz da verdade não tem ainda bastante força para deter os impulsos demasiado poderosos das causas, ela pode ao menos expor os seus sinistros efeitos.

A moral e a política estão evidentemente relacionadas; elas não podem, sem perigo, separar os seus interesses e nem deixar de se dar as mãos. A moral não tem nenhuma força se a política não a apoia; a política é vacilante e se extravia se não é sustentada e ajudada pela virtude. O objetivo da moral é fazer os homens conhecerem que o seu maior interesse exige que eles pratiquem a virtude; o objetivo do governo deve ser fazer com que eles a pratiquem. A moral só pode exortar os homens a fazer o bem; o governo pode obrigá-los a isso por meio das leis ou incentivá-los por meio das suas recompensas e dos seus benefícios. A moral não será para as nações senão uma ciência especulativa, e suas lições permanecerão impraticáveis enquanto os árbitros de seus destinos não sentirem que, sem virtude, nenhum poder sobre a Terra pode ser seguro e afortunado, e não fizerem os seus cidadãos sentirem que nenhum homem em sociedade pode ser feliz sem a virtude.

Tais são os princípios nos quais deve se fundamentar um sistema moral e político que, para ser útil, deve ser apenas um encadeamento de verdades que tendam a provar a necessidade de confundir os interesses dos soberanos com os de seus súditos, e os interesses de cada um dos súditos com os de seus associados.

Primeira parte

Princípios naturais da moral

I
Origem das ideias morais, das opiniões, dos vícios e das virtudes dos homens

A política, a religião e, muitas vezes, a filosofia nos têm dado ideias falsas sobre o homem. Por desconhecer a sua natureza ou não remontar aos princípios de suas ações, ele foi considerado como naturalmente inclinado ao mal, como tendo uma aversão quase invencível pelo bem, como inimigo nato dos seres de sua espécie. Alguns especuladores atrabiliários o compararam a uma besta feroz, sempre pronta a se lançar sobre seus semelhantes. Ao ver-se a sua conduta, quase sempre tão irracional, chegou-se até, algumas vezes, a situá-lo abaixo dos animais mais cruéis, nos quais não se encontram tantos recursos para causar dano e para se destruir reciprocamente quanto no ser que se diz racional por excelência.[2] Embora muitas coisas

---

2 *Quoscunque homines in hac urbe videritis, scitote in duas partes esse divisos. Nam aut captantur aut captant. Videbitis quam pestilentia campos, in quibus nihil aliud est nisi cadavera, quae lacerantur, aut corvi, qui lacerant.* (Petrônio, *Satiricon*).*
Ferarum iste conventus est, nisi quod illae inter se placidae sunt morsuque similium abstinent, hi mutua laceratione satiantur. (Sêneca, *Da cólera*, II, 8)**
*Homo homini lupus; vel praeda, vel praedo.****

pareçam confirmar uma opinião tão desfavorável ao homem – que, pelas suas paixões, está continuamente em luta com seus associados –, a reflexão, todavia, pode nos desenganar desse preconceito, e fazer com que consideremos o homem de um ponto de vista menos lastimável e mais conforme à verdade.

O homem, pela sua natureza, nem é bom nem é mau. Ele busca a felicidade em cada instante de sua duração; todas as suas faculdades estão incessantemente empregadas em obter o prazer ou em afastar a dor. As paixões, essenciais à nossa espécie, inerentes à nossa natureza, que caracterizam o ser sensível, se reduzem todas ao desejo do bem-estar e ao temor da dor. Essas paixões são, portanto, necessárias; elas não são por si mesmas nem boas nem más, nem louváveis nem censuráveis; elas só se tornam uma ou outra coisa pelo uso que se faz delas; elas são úteis e estimáveis quando nos proporcionam a nossa própria felicidade e a de nossos semelhantes; nesse caso, chamamos de bons, virtuosos e benfazejos aqueles que são animados por elas, e chamamos de racionais aqueles que adotam os meios adequados para obter o fim a que eles se propõem. Essas mesmas paixões são nocivas, dignas de desprezo e de ódio quando, em vez de nos conduzirem

* Todos os homens que você verá nesta cidade estão divididos em duas classes. Eles são presas dos caçadores de heranças ou os próprios caçadores de heranças. [...] Você entrará em uma cidade que é como uma planície atingida pela peste, onde não há nada além de carcaças para serem despedaçadas e corvos para despedaçá-las. (N. T.)

** É uma sociedade de bestas ferozes, a não ser pelo fato de que essas últimas são pacíficas entre si e se abstêm de dilacerar seus semelhantes, ao passo que o homem se sacia com o sangue do homem. (N. T.)

*** O homem é o lobo do homem; ora presa, ora predador. (N. T.)

à felicidade, prejudicam a nós mesmos ou aqueles com quem vivemos; então, aqueles que são animados por elas são chamados de malvados, viciosos e insensatos. A fome é uma necessidade natural do homem; o desejo de satisfazer essa necessidade é uma paixão natural e necessária; a escolha dos alimentos e a moderação no seu uso são efeitos da razão; o excesso no beber ou no comer são ações insensatas; tirar de um outro os alimentos dos quais ele tem necessidade, e que lhe pertencem, é uma injustiça; compartilhar com os outros aqueles que se possui é um ato de beneficência que se chama de virtude. Um homem é bom, racional e virtuoso não quando não tem paixões, mas quando suas paixões são úteis a ele próprio e aos seres com os quais se encontra associado.

As paixões do homem são mais multiplicadas que as dos outros animais, porque a sua natureza lhe dá um maior número de necessidades. Conservar-se e proliferar: eis as únicas necessidades dos bichos, e os únicos objetivos a que suas paixões se propõem. Independentemente dessas duas necessidades primitivas, comuns a todos os animais, os homens em sociedade têm muitas outras que o hábito, a opinião e uma imaginação ativa tornam necessárias para eles. A única necessidade que o selvagem tem a mais que os bichos é a de se vestir, ao passo que os bichos nascem com uma defesa natural contra as injúrias do clima. O cidadão de uma nação civilizada possui inúmeras necessidades que a sua imaginação – inflamada pelo exemplo, pelas ideias que recebe e, muitas vezes, pelo preconceito – cria para ele a cada instante, e que ele busca satisfazer por todos os tipos de meios.

Cada homem traz ao nascer algumas paixões mais ou menos intensas; sua força depende do temperamento, da constituição e da dose de imaginação que a natureza lhe conferiu. Ele se torna um ser útil ou nocivo, para si próprio e para os seus concidadãos, conforme as circunstâncias o direcionem para o bem ou para o mal – ou seja, conforme a personalidade que ele recebeu da natureza seja bem ou mal cultivada pela educação que lhe é dada, pelos exemplos que ele vê, pelos discursos que ouve, pelas pessoas que frequenta, pelas ideias que elabora ou que lhe são inspiradas, pelos hábitos que adquire e, sobretudo, pelo governo que regula a sua conduta. Um pai vicioso só pode formar filhos corrompidos; uma sociedade depravada só pode fornecer exemplos apropriados para deteriorar o coração e o espírito. Um governo injusto só pode produzir escravos injustos, divididos, descontentes consigo mesmos e com seus associados; perpetuamente ocupados em se derrubarem reciprocamente; engenhosos em atormentarem uns aos outros – em poucas palavras: inimigos da sua própria felicidade e da dos seres pelos quais estão rodeados.

Faz-se do homem tudo aquilo que se quer. *Tu te enganas*, diz Sêneca, *se pensas que os nossos vícios nascem conosco; eles chegaram até nós, nos encheram deles.*[3] O maior dos celerados poderia ter se tornado um homem de bem, se a sorte o tivesse feito nascer de pais virtuosos, sob um governo sábio, e o tivesse colocado na sua juventude entre pessoas de bem. O grande homem, do qual admiramos as virtudes, não teria passado de um bandoleiro, um ladrão, um assassino, se tivesse convivido apenas com homens desta têmpera. Um cortesão abjeto, que vemos intrigar e rastejar na corte de um déspota, teria sido um cidadão nobre e generoso em Atenas e em Roma. Um sibarita afeminado teria se tornado um guerreiro corajoso em Esparta. Newton não

---

3 Cf. a epígrafe do início.

teria passado de um vagabundo feroz, se tivesse nascido entre os tártaros ou os árabes.

Nada prova de uma maneira mais convincente a que ponto o homem pode ser modificado pelo exemplo, pela opinião e pelo hábito do que a profissão militar. Peguem, em uma aldeia, um camponês estúpido e covarde e, ao cabo de seis meses, vocês farão dele um bravo soldado; ele terá adquirido o *espírito de corpo*; ele terá honra; terá a preocupação de ser estimado pelos seus camaradas; estimará a si próprio; acreditará ser superior aos aldeãos seus compatriotas; ele terá uma manutenção mais garantida e, quando for necessário, marchará muito alegremente para a morte.

Nossa conduta, boa ou má, depende sempre das ideias verdadeiras ou falsas que elaboramos, ou que outros nos dão. É o bem-estar, ou pelo menos a sua imagem, que perseguimos durante toda a nossa vida. O homem de bem é aquele que, por uma consequência de seu temperamento, de sua própria experiência, dos princípios que lhe foram cuidadosamente inculcados, dos exemplos que lhe são apresentados, das leis que o governam, das opiniões e dos costumes que ele encontra estabelecidos, habituou-se desde cedo a depositar a sua própria felicidade na estima e na benevolência daqueles entre os quais o seu destino o faz viver. Se a educação, a opinião pública, o governo e as leis cooperassem para fornecer apenas ideias sadias e verdadeiras, seria tão raro encontrar homens perversos quanto, na presente constituição das coisas, é raro encontrar homens virtuosos.

O homem vicioso é aquele cujo temperamento leva ao vício, e que é encorajado a seguir as inclinações desregradas pelos exemplos que ele vê, pelos discursos que ouve e pelos usos e as instituições de seu país. Em vez de pôr um freio em suas extravagâncias, a opinião pública as aprova; assegurado do sufrágio daqueles que o rodeiam, ele desfruta de um bem-estar passageiro e não vê que sua conduta irrefletida o levará cedo ou tarde à sua ruína. Dai tempo à sabedoria e ela terá a felicidade; dai tempo à loucura e ela punirá a si mesma.[4]

Louvamos bem mais aquilo que vemos ser louvado do que aquilo que merece ser louvado; desprezamos aquilo que vemos ser desprezado bem mais do que aquilo que é desprezível. Poucas pessoas têm a capacidade, a coragem e o tempo de julgar as coisas em si mesmas, ou de acordo com os seus efeitos; achamos bem mais fácil nos ater às ideias prontas; eis aí como a opinião se torna a *rainha do mundo*. Eis por que os preconceitos adquirem uma consistência inquebrantável nas cabeças. A preguiça, a dissipação, a inadvertência e a pusilanimidade são os sustentáculos de todos os erros que vemos estabelecidos nesse mundo.

A imitação produz, para o bem ou para o mal, os efeitos mais marcantes sobre a conduta dos homens. Na nossa infância nos esforçamos para imitar nossos pais, nossos professores e as pessoas mais velhas. Imitar é experimentar se encontraremos prazer ou bem-estar conformando as nossas ações às das pessoas de quem dependemos ou que temos diante dos olhos. Imitamos apenas aqueles que presumimos felizes. É por isso, sem dúvida, que os exemplos dos príncipes, dos poderosos, dos ricos e de todos aqueles que vemos serem estimados são tão

4 *Omnis stultitia laborat fastidio sui.**

* Toda loucura sofre de tédio consigo mesma. (Sêneca, *Cartas a Lucílio*, IX, 22) (N. T.)

contagiosos. Nós adotamos por imitação as ideias, os sistemas, a conduta e as maneiras de pensar e de agir daqueles com quem vivemos. *É preciso fazer como os outros* é um axioma indubitável para a grande maioria dos homens; o público encara como estranho e ridículo quem quer que ouse insurgir-se contra isso.

Toda a educação está fundamentada unicamente na imitação; é dela que adquirimos as noções verdadeiras ou falsas, úteis ou nocivas, que nos são apresentadas por aqueles que nos educam. Educar um homem é inspirar nele as nossas ideias, é habituá-lo a apreciar aquilo que nós apreciamos, a amar aquilo que nós amamos, a fazer aquilo que nós mesmos fazemos. Eis aí como os preconceitos e os vícios dos antepassados são transmitidos de mão em mão até a posteridade mais remota. Sob a vigilância de pais honestos, seria muito difícil que os filhos se tornassem viciosos e corrompidos.[5]

É na educação que devemos buscar a principal fonte dos vícios e das virtudes dos homens, dos erros ou das verdades com os quais suas cabeças se encheram, dos hábitos estimáveis ou condenáveis que contraíram, das qualidades e dos talentos que adquiriram. Se tivessem a atenção de nunca nos enganar na infância e de nos dar apenas ideias verdadeiras e sensatas, teríamos luzes e razão, julgaríamos judiciosamente; seríamos virtuosos; nossas paixões se orientariam para os objetos nos quais estaríamos seguros de encontrar a utilidade sólida que constitui a verdadeira felicidade do homem; não seríamos, em todo o transcorrer de nossa vida, os joguetes de mil erros dos quais temos tanta dificuldade de nos desfazer. Uma boa

---

5 *Fortes creantur fortibus et bonis.* (Horácio)*

* Os fortes nascem dos fortes e bons. (*Odes*, IV, 4). (N. T.)

educação deveria fazer adquirir na infância o hábito de pensar com justeza e de fazer o bem; então estaríamos afastados do mal para o qual se supõe falsamente que temos uma tendência natural.

Os homens só têm inclinação para o mal porque o confundem com o bem; eles só são tão corrompidos – e, consequentemente, tão miseráveis – porque a educação, na infância, e a opinião pública e o governo, na idade madura, só lhes dão comumente ideias enganosas. Tudo colabora para mantê-los nos preconceitos que os cegam; tudo conspira para impedir que a sua razão seja exercida; por toda parte, eles veem apenas exemplos perigosos que, embora condenados por eles, ainda assim acreditam estar obrigados a imitar. Será, portanto, que é preciso se surpreender ao ver o homem, que se glorifica da sua razão, totalmente privado dessa razão pela qual se diz superior aos outros animais?

II
Da razão, da verdade e da sua utilidade

A razão é o conhecimento da felicidade verdadeira e dos meios capazes de proporcioná-la. De onde se segue que a razão só pode ser adquirida por meio de experiências seguras e reiteradas. Cultivar ou desenvolver a razão de um homem é fazê-lo conhecer aquilo que ele deve praticar ou evitar para se tornar feliz. Os homens só erram tanto porque os seus guias nesse mundo, privados eles próprios de razão, são incapazes de formar o espírito dos outros, não lhes inspiram senão as ideias falsas de bem-estar pelas quais eles próprios estão infectados ou, enfim, se acreditam interessados em impedir que os homens vejam as coisas do verdadeiro ponto de vista. Toda autoridade fundamentada na opinião e na mentira é inimiga nata da razão, e teme a verdade que destruiria seu poder. Portanto, não fiquemos de modo algum espantados de encontrar tão pouca razão nos seres que se dizem racionais. Formados por pais que quase nunca raciocinam, educados por professores para os quais a razão é odiosa, rodeados por uma sociedade repleta de preconceitos de toda espécie, governados por senhores que se creem interessados na permanência das opiniões sobre as quais eles fundamentam o seu domínio, a mentira está, por assim dizer, identificada com os homens. Será, portanto, surpreendente que , em toda parte, só se encontrem seres insensatos?

Se, como não deixa de acontecer muitas vezes, a opinião pública é falsa, todos os nossos juízos são falsos e contrários à razão. No entanto, é essa opinião, comumente tão mentirosa, que nos imprime as ideias que temos da felicidade e da infelicidade, do justo e do injusto, da virtude e do vício, do mérito e da reprimenda, da honra e da vergonha, da decência e da indecência. Uma vez enganado sobre esses importantes objetos, nosso espírito permanece para sempre em um erro invencível, e nossa conduta, determinada e arrastada pelos preconceitos universais, se torna comumente tão funesta para nós mesmos quanto incômoda para aqueles com quem vivemos.

Hobbes diz que o malvado não passa de uma *criança robusta*;[6] é, com efeito, um ser desprovido de experiência, de previdência e de juízo, cuja razão não está em absoluto formada; que segue irrefletidamente e sem escolha os impulsos de seus desejos; que não conhece outra regra além dos seus apetites e das suas fantasias; que, seduzido pelo momento, sacrifica a ele o futuro; que, contando encontrar o bem-estar em todo objeto pelo qual se apega, não demora para nele encontrar apenas o tédio e desgostos, e muitas vezes sua perda. Em poucas palavras, o malvado é um mau calculador, que a todo instante é vítima da sua ignorância, da sua imprudência e dos seus preconceitos: quanto mais o nosso espírito se esclarece, mais aprendemos a calcular com justeza e a preferir a maior soma de bens em vez da menor.[7]

---

6 *Puer robustus.*

7 Cf. *Della felicità.*

A verdade é a conformidade de nossas ideias com a natureza das coisas. Ela só interessa aos homens porque lhes faz conhecer *aquilo que é*, ou seja, a natureza, as qualidades reais, as relações entre as causas e os efeitos. Este conhecimento que, da mesma forma que a razão, só pode ser adquirido pela experiência, nos põe em condições de distinguir o útil do nocivo, a realidade da aparência, o bem-estar sólido e duradouro do prazer fugidio e passageiro. A verdade é necessária ao homem porque o homem tem necessidade, para ser feliz, de discernir a rota que pode conduzi-lo a isso; ele ama a verdade porque ama a felicidade; teme a verdade porque quase sempre o persuadem de que ela pode causar dano à sua felicidade.

Com efeito, uma multidão de vozes nos brada de toda parte: "a verdade é perigosa; existem alguns erros úteis ao gênero humano; o mundo quer ser enganado." A verdade só parece perigosa para aqueles que se creem falsamente interessados em enganar o gênero humano. Embora alguns erros possam ser transitoriamente úteis a alguns indivíduos, eles têm sempre as consequências mais funestas para toda a espécie humana. O mundo quer ser enganado porque o acostumaram tanto a sê-lo, porque tão fortemente o preveniram contra a verdade, porque tiveram tanto cuidado em sufocar a sua razão, que ele chega a imaginar seus erros como necessários à sua felicidade – não percebendo que eles o fazem incessantemente virar as costas para ela.

Dizer que a verdade é inútil aos homens é considerar que eles não têm necessidade de ser mais felizes do que são; que lhes importa muito pouco aperfeiçoar a sua sorte; que seria perigoso mostrar-lhes a fonte e os remédios das moléstias que os atormentam. Assegurar que existem erros úteis é sustentar que existem assuntos sobre os quais é bom que os homens sejam cegos e miseráveis.

A verdade na física é o conhecimento dos efeitos que as causas naturais devem produzir sobre nossos sentidos. A verdade na moral é o conhecimento dos efeitos que as ações dos homens devem produzir sobre os homens. A verdade na política é o conhecimento dos efeitos que o governo produz sobre a sociedade, ou seja, a maneira como ele influi sobre a felicidade pública e particular dos cidadãos.

Qual dessas verdades deve ser escondida dos homens? Por uma estranha fatalidade, são precisamente os assuntos tidos como – ou que são verdadeira e visivelmente – os mais importantes para nós; a respeito deles, considera-se que é útil manter os olhos dos homens fechados! Conforme esses belos princípios, deseja-se sobretudo que os povos evitem querer compreender qualquer coisa da religião, e jamais lancem um olhar curioso sobre o governo. A eles se assegura, no entanto, que daquela depende a sua felicidade eterna, e vê-se muito claramente que deste dependem a sua prosperidade e suas misérias no mundo atual!

Um homem pode se enganar sem consequência para os outros; mas os homens jamais se enganam impunemente. Tudo no mundo não passa de um imenso encadeamento de causas e de efeitos; os erros se encadeiam nos espíritos do mesmo modo que as verdades. É impossível que um povo esteja imbuído de um erro sem perigo. Não existe, para uma nação, um preconceito que, com o tempo, não lhe cause infinitas calamidades. A mentira e o erro podem ser úteis a alguns indivíduos; algumas vezes é vantajoso para eles serem enganados, e aqueles que os enganam podem ser benfeitores para eles. Aquele que engana ou que mente para salvar sua pátria, seus parentes, seu amigo, é um cidadão estimável, um homem útil e virtuoso; ele só pode ser condenado no tribunal de um insensato.[8]

Porém, quando está em questão a felicidade de uma nação ou do gênero humano inteiro, não se trata de calcular as vantagens de um erro ou de uma opinião sobre alguns instantes da duração, sobre algumas circunstâncias passageiras, sobre o bem-estar de um pequeno número de indivíduos. É preciso ver os efeitos desse erro continuado durante uma longa série de séculos, fazendo-se sentir em uma grande massa de homens, em um império, em uma nação inteira, e se descobrirá que ele faz eclodir alguns males que deixam o espírito espantado.

Que, em um canto da Ásia, um impostor tal como Maomé consiga persuadir uma centena de árabes imbecis e lhes faça crer que ele era um grande profeta, este erro parece inicialmente de pouquíssima consequência. No entanto, se descobrirá que ao cabo de um século este erro fez inundar de sangue a Ásia e a África, e que ele é a causa fatal do embotamento estúpido no qual ainda vemos gemerem os desgraçados habitantes das mais belas regiões do mundo, sobre os quais um despotismo abominável exerce seu domínio destrutivo.

Um antigo dizia com razão que *os mentirosos eram a causa de todas as maldades e de todos os crimes desse mundo*.[9] Todo homem que se dignar a dar uma olhadela na história descobrirá que todos

---

8 Santo Agostinho decidiu que não é permitido mentir, mesmo que seja para a salvação do mundo inteiro. Este exemplo basta para nos fazer ver as ideias que os oráculos do cristianismo tiveram sobre a moral. Se fosse possível que uma mentira fosse verdadeiramente útil ao mundo, ela se tornaria com isso uma virtude; a virtude só pode consistir na utilidade geral.

9 Cf. Plutarco, *Ditos notáveis dos lacedemônios*.

os erros adotados por um grande número de cabeças produziram, com o passar do tempo, as agitações mais perigosas, as revoluções mais terríveis, as catástrofes mais sangrentas e mais contrárias à felicidade dos soberanos e dos povos. A superstição abalou em toda parte a felicidade pública e ensanguentou a Terra. Os preconceitos religiosos, cujo exame se tem tanto cuidado de interditar aos mortais, foram e ainda são para eles uma fonte inesgotável de extravagâncias e de calamidades. Se esses preconceitos são úteis, isso só vale para um pequeno número de homens, aliados contra todos os outros, que persuadem as nações de que o céu as fez para serem desgraçadas cá embaixo, que a felicidade não deve ser de maneira alguma o seu quinhão nesse mundo; que a razão é um obstáculo perigoso e que se deve temer a verdade – que desordenaria seus complôs tenebrosos.

Tudo aquilo que causa dano à nossa espécie, seja por suas consequências imediatas ou remotas, só pode ter o erro ou a mentira como base. Aquilo que é falso não pode produzir frutos úteis, nem proporcionar vantagens duradouras. A utilidade constante e permanente dos homens é a única característica pela qual podemos reconhecer o verdadeiro, o bom, o belo. Adotando esta utilidade como a regra de nossas opiniões, julgaremos sempre judiciosamente os princípios, as instituições, as ações e os costumes, sejam dos povos, sejam dos indivíduos de nossa espécie. Aprovaremos aquilo que acharmos verdadeiramente útil; desprezaremos o que for inútil e criticaremos e rejeitaremos aquilo que for perigoso.

A virtude só é estimável porque ela é útil; ela só é útil porque contribui para o bem duradouro dos habitantes desse mundo. Nós só devemos nossa estima à equidade, à beneficência, à boa-

-fé, ao mérito e aos talentos por causa das vantagens que deles resultam para a sociedade. Assim como a verdade, a virtude pode desagradar ou parecer contrária aos interesses de alguns homens perversos cujos excessos ela condena, mas ela nem por isso é menos útil e necessária a todo o gênero humano, que não poderia subsistir sem ela. A equidade, assim como a verdade, revolta os opressores da Terra, que ela força a terem vergonha de sua conduta; mas nem por isso ela deixa de ser o laço de toda a sociedade e o único sustentáculo da raça humana. Não existe nenhuma virtude que não se torne objeto da aversão daqueles dos quais ela contraria as paixões e os desregramentos: não existe nenhum perverso que não ache a verdade censurável e perigosa, quando ela se opõe às ideias falsas que ele tem da felicidade.[10]

Nenhum homem é perverso gratuitamente. Quando ele se entrega ao mal, é porque tem ideias falsas da felicidade, da utilidade e do interesse. Essas ideias são efeitos de sua ignorância, de sua inexperiência, de seus preconceitos e de seus hábitos viciosos. A injustiça, a fraude, o desregramento, o fanatismo, o falso zelo e o crime têm uma utilidade relativa e momentânea; no entanto, essas coisas são justamente detestadas por todo homem racional, porque elas tendem à ruína da sociedade e terminam comumente por causar dano àquele mesmo que se entrega a elas.

---

10 *Hoc quod amant volunt esse veritatem*, diz santo Agostinho.* Não amamos as coisas, diz Nicole,** porque elas são verdadeiras, mas cremos que elas são verdadeiras porque as amamos. Cf. *Essais de morale* [Ensaios de moral], tomo III, p.31.

* "O que eles amam é o que querem que seja verdade." (*Confissões*, X, 23, 34). (N. T.)

** Pierre Nicole (1625-1695), teólogo jansenista francês. (N. T.)

III
Da moral religiosa

Para tornar os homens melhores, é preciso levá-los a procurar a verdade, fazê-los cultivar a razão, exibir experiências diante de seus olhos, mostrar-lhes os efeitos perigosos do vício e fazê-los sentir as vantagens da virtude. Tal é o objetivo da moral. Para tornar os homens mais felizes, é preciso uni-los pelos mesmos interesses, estreitar entre eles os laços da sociedade, incentivá-los e forçá-los a fazer o bem e a se abster do mal. Eis o objetivo de todo governo, que nada mais é que o poder da sociedade depositado nas mãos de um ou de vários cidadãos, para obrigar todos os seus membros a praticar as regras da moral.

A moral é a arte de bem viver com os homens. A virtude consiste em se tornar feliz pela felicidade que se proporciona aos outros.

Não existe ninguém que não reconheça a utilidade da moral. No entanto, seus verdadeiros princípios ainda parecem envolvidos por nuvens que os olhos mais aguçados têm dificuldade para penetrar. Todos exaltam as vantagens da virtude, porém, existe muito pouco acordo quanto às ideias que se deve ter da virtude.

Para a grande maioria, ela é apenas uma palavra vaga que se admira sem poder vincular a ela nenhum sentido determinado. De onde pode vir a ignorância ou a incerteza dos homens quanto a objetos dos quais eles concordam em reconhecer a importância e a necessidade? A que será preciso atribuir as poucas luzes que temos sobre os nossos deveres, apesar das investigações profundas e dos trabalhos persistentes de tantos sábios, que há tantos séculos têm estudado o homem e suas relações? Por um lado, a teologia, com suas noções obscuras e muitas vezes contraditórias, levou trevas palpáveis para a ciência mais simples, mais clara, mais suscetível de ser demonstrada e mais inteligível a todos. Por outro, a política, bem longe de prestar auxílio à moral, a contradiz a todo momento e torna totalmente inúteis os princípios e as máximas que ela apresenta – e as potências invisíveis e as potências visíveis parecem ter combinado o seu poder para impedir que o coração do homem se dirija para os objetos mais necessários à sua felicidade nesse mundo.

Em vez de buscar na Terra os princípios de acordo com os quais os homens deviam regular suas ações, a religião os busca nos céus; em vez de basear a moral nas relações sensíveis que subsistem entre os homens, ela a baseia nas supostas relações que subsistem entre os homens e as potências desconhecidas situadas nas regiões inacessíveis do empíreo. Perguntem aos teólogos de qualquer país o que é a moral, e eles vos dirão que é a arte de agradar aos deuses; que é a divindade que se ofende quando os homens são ofendidos; que é ela quem pune nesse mundo, ou que punirá em um outro, os atentados cometidos contra a sociedade, e que recompensará as ações virtuosas. Perguntem a esses iluminados o que é a virtude, e eles vos responderão que é a conformidade das ações do homem com as vontades de seu Deus. Mas o que é o Deus do qual vós anunciais as vontades à Terra? É, nos dizem eles, um ser incompreensível, do qual os mortais não podem formar nenhuma ideia. Quais são os desígnios de Deus aos quais vós dizeis que os homens devem se conformar? Eles são impenetráveis para nós; mas esse Deus revelou a conduta que o homem deve adotar com relação aos outros homens e com relação a si mesmo. Esse Deus seria o mesmo para os habitantes de toda a Terra? Não, e tanto Deus quanto os preceitos variam nas diferentes regiões do globo. Ele não é o mesmo e não fala a mesma linguagem para o chinês, o indiano, o persa e o europeu. Cada religião prescreve ao povo que a segue deveres diferentes; aquilo que a divindade ordena ou permite em um tempo ou em um lugar é rigorosamente proibido em outros tempos e outros lugares.

Se, para esclarecer as intenções divinas, consultam-se os livros que cada religião faz seus adeptos reverenciarem, descobre-se que, sem violar as regras mais evidentes da moral, é impossível conformar-se a elas. Em todas as religiões da Terra, a divindade é representada como um soberano injusto, furioso, implacável em sua cólera, punindo os culpados sem proporção nem medida; fazendo com que os filhos inocentes arquem com as iniquidades de seus pais; não pondo fim à sua crueldade revoltante, ordenando despoticamente a perfídia, o roubo, o assassinato, a carnificina. Em poucas palavras, nas próprias nações que são tidas como as mais civilizadas, a religião faz adorar tiranos invisíveis que se colocam acima de todas as regras da moral, e cujo exemplo basta para aniquilar qualquer ideia de deveres no espírito de seus adoradores.

Será que o capricho, a indecência e a violação de toda a equidade são, portanto, modelos que possam ser propostos a seres racionais feitos para viver em sociedade? Não será incitá-los ao crime lhes dizer que eles devem imitar seres que são representados com os traços dos mais perversos dos homens? Os atentados mais contrários à política, os mais ultrajantes para a moral e os mais revoltantes para a humanidade foram cometidos sem escrúpulo, sob o pretexto de obedecer e de agradar à divindade.

O paganismo encheu o Olimpo com uma multidão de divindades que a mitologia nos representa como monstros de luxúria, de devassidão e de infâmia. A conduta de um Júpiter, que enche o Céu e a Terra com seus desregramentos e seus crimes, não teria com o que autorizar a libertinagem mais resoluta?

Qualquer homem que tenha a mínima ideia da moral, se não está totalmente cego pelos seus preconceitos, poderá se propor como modelo o deus ciumento, inconstante, vingativo e sanguinário da Judeia? Esse deus, injusto com todos os povos, com exceção daquele que seu capricho escolheu, esse deus dos exércitos e das vinganças, esse deus exterminador das nações, será feito para servir de exemplo a todo ser racional que tem noções de bondade, de justiça, de humanidade? A menos que se esteja completamente ébrio de entusiasmo, será possível ver perfeições infinitas em um deus que, nos livros pretensamente inspirados por ele mesmo, se pinta com os traços de um tirano abominável, que tem o direito de violar todas as regras da moral – que, no entanto, emanam supostamente da sua vontade suprema?

Quando nos queixamos de um deus tão pouco moral, ou de sua conduta tão contrária às ideias aceitas entre as pessoas de bem, seus ministros nos dizem que a justiça divina não se assemelha à justiça humana; que os caminhos de Deus *não são os caminhos do homem*. Mas, por isso mesmo, não estão abalados para nós todos os princípios morais? Se a justiça, a bondade e as perfeições de Deus não são semelhantes em nenhum ponto à justiça, à bondade, às boas qualidades e às virtudes dos homens, que ideias os homens podem fazer delas? Se a justiça e a bondade de Deus lhe permitem agir como aquilo que nós chamamos de um tirano, ou seja, como um senhor soberanamente injusto e perverso, seus adoradores não serão tentados a concluir daí que ele quer o mal, que ele ama a injustiça e a perversidade, que é preciso cometer o mal para encontrar a graça perante os seus olhos? Um soberano cruel e perverso só acredita estar bem servido por escravos que se pareçam com ele.

Não encontraremos no deus dos cristãos um guia mais seguro para nos conduzir à virtude real. Esse deus misantropo, em suas lições lúgubres e insociáveis, parece ter ignorado totalmente que falava para homens vivendo em sociedade. O que nos diz, com efeito, a sua moral tão exaltada por aqueles que jamais a examinaram seriamente? Ela nos aconselha a fugir do mundo, a detestarmos a nós mesmos, a odiar o prazer, a amar a dor, a desprezar a ciência, a preferir a ela a ignorância voluntária e a pobreza de espírito, a nos desapegar das criaturas, a não amar nada na Terra e a temer a estima dos homens.[11] Que motivos o

---

11 Nicole nos diz "que é necessário agir tendo apenas Deus em vista; que é preciso temer receber nesse mundo a recompensa pelas boas obras que nós fazemos... que Deus tem direito de nos punir pelas boas obras das quais nos glorificamos, e que são um roubo que cometemos contra ele." (Cf. *Essais de morale*, tomo I, p.306). Ele diz, em outra parte, que "a caridade nos leva a nos odiar e não a nos amar", de onde ele conclui que "devemos preferencialmente desejar o desprezo das criaturas que o seu amor." (Cf. *Essais de morale*, tomo II, p.119).

cristianismo nos oferece para seguir uma conduta tão contrária à natureza, tão oposta àquilo que nós devemos à sociedade? Ele nos fala de uma outra vida, na qual nos faz entrever uma felicidade inefável para aqueles que se tornarem voluntariamente infelizes cá embaixo, e que não fizerem nada pela felicidade dos outros. Por outro lado, esta religião ameaça com tormentos eternos aqueles que se recusarem a praticar as virtudes estéreis, que ela prefere a todas aquelas verdadeiramente úteis aos seres com quem vivemos. Uma credulidade estúpida que jamais raciocina, a esperança vaga de uma felicidade ideal, uma humildade rastejante apropriada para quebrantar a força da alma, austeridades, abstinências e suplícios voluntários: eis aí as perfeições maravilhosas às quais todo bom cristão deve se esforçar para atingir!

É verdadeiro que esta religião coloca ainda no número das virtudes a caridade, que consiste em amar um deus terrível acima de tudo e o próximo como a si mesmo. Sob esse último ponto de vista, esta virtude parece não ser outra coisa que a benevolência e a humanidade às quais tudo nos incita. Porém, no cristianismo, o amor ao próximo nunca passou de uma virtude convencional: se ela é encontrada nos livros dos cristãos, foi sempre banida do coração e da conduta de seus sacerdotes. Os ministros do deus da paz se mostraram em todos os tempos os mais insociáveis, os mais desumanos e os menos indulgentes dos homens. Sob pretexto dos interesses do Céu, eles perturbaram mil vezes a Terra, por seu zelo hipócrita ou por um fanatismo cruel. Sempre brigando uns com os outros, eles fizeram com que os príncipes e os povos entrassem em suas funestas querelas; cheios de uma caridade homicida, eles mandaram piedosamente degolar o seu próximo todas as vezes que não puderam obrigá-lo a aceitar as opiniões que julgavam necessárias à sua salvação eterna.

Por pouco que se examinem os princípios de todas as religiões reveladas desse mundo, se descobrirá que eles tendem a separar as nações, a tornar os homens pouco sociáveis, a fazer de cada seita um grupo isolado, cujos membros orgulhosos acreditam possuir com exclusividade o favor do Céu, e encaram, a partir daí, os partidários das outras seitas com os olhos do ódio ou do desprezo. Como um devoto – se ele é coerente com os seus princípios – poderia amar, estimar ou frequentar aquele que ele acredita ser o inimigo de seu deus? De onde se segue, evidentemente, que toda revelação particular tende a estreitar os corações dos homens, a torná-los inimigos, a banir dentre eles a benevolência universal que é feita para unir os seres de sua espécie. O espírito religioso foi e será sempre incompatível com a moderação, a brandura, a justiça e a humanidade.[12]

Assim, a moral religiosa nunca serve para tornar os mortais mais sociáveis. Os deuses terríveis que ela utiliza para apavorá-los, os suplícios de uma outra vida com os quais ela os ameaça incessantemente e os prazeres imaginários que ela promete nos Céus não puderam corrigir as inclinações e nem reprimir os vícios – que tudo, aliás, conspirava para incentivar. Se a religião

12 Esta verdade estará completamente demonstrada para qualquer um que tenha alguma noção da religião dos judeus, dos cristãos, dos maometanos, dos parsis etc. Quanto mais as seitas têm afinidade, mais os sectários têm horror ou desprezo uns pelos outros. Os maometanos da Turquia têm mais ódio dos maometanos da Pérsia do que dos cristãos ou dos idólatras. – Os judeus não têm nenhum escrúpulo de enganar os cristãos. O papa muitas vezes ordenou que se faltasse com a palavra com os heréticos etc.

alarma algumas almas temerosas, seus terrores passageiros, logo eclipsados pelo tumulto do mundo e dos negócios, pelo desregramento, pelos prazeres e pelas paixões desenfreadas, não inspiram nenhum respeito à multidão, e bem menos ainda a esses espíritos impetuosos, a esses ambiciosos, a esses homens poderosos, cujos exemplos e o poder influem mais diretamente sobre a sociedade. Os ministros da religião, sempre indulgentes para com os príncipes – dos quais eles buscam atrair a proteção e os favores –, aplanam para eles os caminhos do Céu, não lhes pregando senão um deus fácil que se pode facilmente apaziguar. Com isso, esta religião, que em quase todos os países foi o único freio capaz de se opor à tirania, tornou-se ela mesma cúmplice de seus excessos. O que estou dizendo?! Alguns sacerdotes aduladores tiveram a audácia de colocar os próprios tiranos sob a salvaguarda do Céu! Eles tiveram a baixeza de santificar suas usurpações, de atribuir-lhes direitos divinos, de privar as nações da justa defesa de si mesmas – direito que, no entanto, a natureza concede a todo homem.[13] De acordo com tais princípios, os povos, acorrentados pela opinião, foram entregues aos caprichos

13 São Clemente diz que não é permitido resistir à potência real. Santo Agostinho compara os povos a escravos que são obrigados a suportar os caprichos de seus senhores. *Ita et a plebibus principes, et a servis domini sunt ferendi, ut sub exercitatione tolerantiae sustineantur temporalia et sperentur aeterna.** Gregório de Tours diz: *nemo nisi solus Deus principis judex esse potest.*** Cassiodoro sustenta que os reis só têm juízes no Céu, já que é unicamente do Céu que eles recebem o seu poder.

* E, assim, os príncipes e os servos do senhor devem ser apoiados pelo povo, para que, exercitando a tolerância, seja possível conservar as coisas temporais e esperar pelas eternas. (Próspero da Aquitânia, *Sententiae ex Augustino delibatae*, XXXIV). (N. T.)

** Ninguém, além de Deus, pode ser juiz do príncipe. (N. T.)

de seus chefes; esses últimos, nada tendo a temer dos homens, exerceram impunemente a impudência e não tiveram mais motivos reais para conter suas paixões, que logo se tornaram a fonte mais fecunda da corrupção dos povos e a verdadeira causa das suas misérias.

Vê-se, portanto, que a religião, longe de frear as paixões dos príncipes, nada mais fez, com efeito, que soltar-lhes as rédeas. Responsáveis apenas perante Deus pelas suas ações, eles desprezaram os julgamentos dos homens; acreditaram que tudo lhes era permitido porque nenhum poder sobre a Terra teve a força de reprimi-los; eles se entregaram a todos os impulsos de seus caprichos mais insensatos; tiveram o privilégio exclusivo de exercer a impudência. Cercados de aduladores e de pessoas dispostas a servir a todos os seus vícios, corromperam a si mesmos e seus exemplos corromperam todos aqueles que ambicionavam os seus favores. Atordoados pelo tumulto da ambição e dos prazeres, ou adormecidos no seio da indolência, eles não escutaram mais as ameaças da religião, que raramente teve a coragem de lhes falar com veemência. Eles viram o Céu irritado como algo distante; além do mais, fez-se com que ignorassem a existência de meios fáceis de acalmar a sua cólera.

Se os terrores que a religião inspira provocam sobressaltos nos corações, suas expiações os tranquilizam. Todas as superstições da Terra têm receitas e práticas por meio das quais os remorsos desaparecem; e a serenidade retorna para as consciências mais criminosas. Se acreditamos que é somente Deus que ofendemos fazendo mal aos homens, nos persuadimos de que basta apaziguar esse deus, e nos preocupamos muito pouco em apaziguar suas fracas criaturas. Aliás, os ministros do Altíssimo não se arrogam o direito de perdoar em seu nome as iniquidades e os crimes? Em nome de um arrependimento estéril, pouco sincero, e que comumente não pode reparar nada, um déspota, cujo reinado não foi marcado quase sempre senão por opressões, violências, crueldades, usurpações e guerras contínuas, se crê perfeitamente reconciliado com seu deus, e imagina estar em condições de comparecer sem temor perante o seu temível tribunal.[14]

Os homens, na falta de conhecer a verdade, transformaram a mentira e a ignorância em sistema. É assim que a religião, da qual não cessam de nos exaltar os efeitos maravilhosos, bem longe de esclarecer e de fortalecer a moral, nada mais faz que enfraquecê-la e obscurecê-la. A visão mais superficial basta, com efeito, para desenganar sobre as ideias vantajosas que gostariam de nos dar sobre ela. Ela não é apropriada para conter os povos e os príncipes; seus terrores – que são considerados tão salutares – e suas promessas tão lisonjeiras para uma outra vida, só enganam nesta alguns devotos crédulos. Todo o resto é arrastado pela torrente geral que leva à corrupção. Se as nações mais religiosas se distinguem por alguma coisa, é pela

---

14 Luís XIV contava a uma de suas amantes o quanto seu confessor havia tranquilizado sua consciência alarmada pela opressão e pelo esgotamento de seu povo, assegurando que ele era o dono de tudo aquilo que os seus súditos possuíam. (Cf. Gordon,* *Discours politiques sur Tacite* [Discursos políticos sobre Tácito]).
Manuel VI,** rei de Portugal, tendo transformado um convento de religiosas em seu serralho, nunca aparecia por lá a não ser acompanhando pelo seu confessor, que levava o viático para absolvê-lo e administrar em caso de algum acidente imprevisto.

* Thomas Gordon (1691-1750), escritor, jornalista e tradutor nascido na Escócia. (N. T.)

** Não existe tal rei na monarquia portuguesa. Holbach parece estar falando de João V, que reinou entre 1706 e 1750. (N. T.)

ignorância mais vergonhosa dos deveres da moral, por crimes inumeráveis e por uma dissolução de costumes revoltante para todo homem racional. Alguns povos supersticiosos creem que tudo lhes é permitido, desde que eles realizem escrupulosamente as práticas que seus sacerdotes lhes impõem. O devoto vive sem remorsos e muito contente consigo mesmo, após cumprir alguns deveres fúteis que seus guias lhe prescrevem. Algumas preces mecânicas, jejuns, abstinências, o comparecimento aos templos, a assistência a algumas cerimônias misteriosas, generosidades com os sacerdotes e, sobretudo, uma submissão sem limites às suas decisões: eis em que consistem a moral, os deveres e as virtudes da maior parte dos homens!

As diversas superstições pelas quais o gênero humano está infectado conferem sobretudo o máximo valor às *penitências* ou práticas cruéis para si mesmo, por meio das quais alguns frenéticos imaginam expiar suas culpas e merecer os olhares favoráveis dos deuses, que se supõe sempre inimigos da felicidade de seus adoradores. Nada é mais revoltante que as invenções bárbaras que imaginações inflamadas conceberam para se atormentar em honra da Divindade. A experiência nos mostra, no entanto, que essas penitências, que são tidas como obras muito meritórias, só muito raramente influem sobre os corações daqueles que as praticam. O universo inteiro nos mostra penitentes que jejuam, que se flagelam, que se atormentam sem com isso se tornar melhores. Os homens corrompidos se dispõem a tudo para apaziguar os seus remorsos, sem reformar suas inclinações criminosas.[15]

15 A narrativa das penitências que se praticam no Malabar e no Indostão faz tremer: observa-se, no entanto, que aqueles que as praticam são

Bem longe de esclarecer o homem e de fazer dele um ser racional, a religião nunca se propõe a outra coisa que não seja mantê-lo em uma eterna infância. Ela não faz dele senão um autômato que jamais ousa consultar a sua razão, e que se deixa sempre guiar pela autoridade. Ele se desconhece, desconfia das suas próprias forças, não teve nenhuma ideia da sociedade, ignorou aquilo que devia a si mesmo e o que devia aos outros; acreditou não dever nada exceto a algumas potências invisíveis, das quais só conheceu as intenções secretas através da mediação suspeita dos sacerdotes. Esses últimos fizeram dele apenas o instrumento cego de suas próprias paixões, de seus interesses, de seus caprichos e de suas quimeras – que muitas vezes, bem longe de torná-lo bom, fizeram dele um extravagante muito nocivo a si mesmo e a seus associados.

Nada foi mais desvantajoso para a moral humana do que combiná-la com a moral divina. Ligando uma moral sensível, fundamentada na experiência e na razão, com uma religião misteriosa, oposta à razão, fundamentada na imaginação e na autoridade, nada mais se fez além de confundir, enfraquecer e até mesmo destruir a primeira. Todo homem que reflete está em condições de conhecer muito claramente aquilo que prejudica ou desagrada seu semelhante; porém, não é de forma alguma fácil adivinhar aquilo que fere deuses que só podemos ver nas nuvens, que as imaginações diversificam, que só po-

---

muitas vezes grandes patifes. Os espanhóis e portugueses têm procissões nas quais os penitentes se flagelam cruelmente com açoites armados de pontas de ferro: eles redobram os golpes ao passar sob as janelas de suas amantes, que lhes ficam gratas pela sua polidez e muitas vezes os recompensam com os seus favores.

demos conhecer pelos relatos discordantes que fazem os seus intérpretes. Nada é mais fácil do que ver os efeitos que produzem sobre um homem algumas injúrias, injustiças, violências, maledicências e calúnias; porém, os efeitos que essas coisas são capazes de produzir sobre a Divindade só podem ser conhecidos pela imaginação dos homens, ou pela autoridade de seus sacerdotes, disfarçada sob o nome de revelação. De acordo com todas as religiões do mundo, aquilo que prejudica, aquilo que desagrada, aquilo que é completamente inútil aos seres de nossa espécie é quase sempre muito agradável aos deuses, que são seres de uma natureza muito diferente da nossa. Por outro lado, aquilo que é mais útil ou mais agradável aos homens se revela quase sempre apropriado para excitar a cólera celeste. Aquilo que é justo e bom aos olhos da Divindade ou de seus ministros é algumas vezes muito injusto e muito ruim aos olhos da razão, do bom senso e da moral humana, que a religião despreza e espezinha. Todo homem sensato reconhece, de acordo com as suas luzes naturais, que o assassinato é um grande crime. Porém, um cristão devoto e bem cheio de zelo acredita que nada é mais agradável para o seu Deus que difamar, perseguir e matar um herético, porque seus sacerdotes lhe disseram que um herético é um ser a quem não se pode, sem desagradar à Divindade, mostrar justiça, nem bondade e nem humanidade. Todo cidadão pacífico sabe que o bem-estar e o repouso da sociedade exigem que ele se submeta a seu soberano legítimo e às leis; mas um fanático zeloso não reconhece como soberano legítimo aquele que seus diretores espirituais lhe denunciam como um tirano, como um inimigo da religião. O fanático se acredita obrigado a resistir às leis mais sábias, quando sua consciência transviada lhe persuade de que essas leis são contrárias aquelas que ele supõe emanadas de seu deus.

As incertezas e as obscuridades que a moral religiosa levou para a ciência tão simples dos costumes fizeram eclodir uma multidão de *casuístas* ou de intérpretes das intenções divinas, cuja função foi ensinar às nações aquilo que podia agradar ou desagradar à Divindade; a que ponto o Céu era ofendido pelas ações dos homens e até onde se podia, sem temer a danação eterna, causar dano às suas criaturas. Como consequência, esses doutores iluminados, sempre plenamente instruídos dos sentimentos ocultos de seu mestre, tiveram o cuidado de constituir catálogos destinados a fazer conhecer os graus de cólera que as faltas podiam provocar nele. Pouco de acordo uns com os outros quanto a essas noções arbitrárias, uns aparentaram em suas opiniões um rigor exasperante para os fracos mortais; outros lhes aplanaram os caminhos para o Céu, e lhes permitiram algumas vezes cometer sem remorsos os crimes mais atrozes.[16] Cada um, em suas decisões, consultou apenas o seu próprio temperamento, sua imaginação, as opiniões severas ou brandas de sua seita ou da facção religiosa à qual se achava vinculado.

No entanto, esses doutores rígidos ou indulgentes comumente estiveram de acordo em proscrever como abomináveis não as ações ou as maneiras de pensar mais nocivas à sociedade, mas aquelas que eram mais contrárias aos interesses dos ministros da religião. Não há nada mais indiferente para uma nação do que a maneira como um homem pode pensar sobre

16 Cf. as *Cartas provinciais* de Pascal. *A moral prática* etc.

a religião; basta que ele se conduza como um homem honesto e como um bom cidadão. No entanto, nada é mais execrável aos olhos de todo sacerdote – de qualquer seita que seja – que aquele que se recusa a crer nos dogmas e nos mistérios que esse sacerdote venera, ou que ousa duvidar de sua infalibilidade, ou que se revolta contra sua autoridade. A falta de fé é o mais atroz dos crimes, segundo a doutrina uniforme de todos aqueles cuja opulência, os privilégios e a existência estão fundamentados na fé. Pela mesma razão, as religiões são mais ou menos repletas de práticas, de expiações e de cerimônias lucrativas para seus ministros, cuja observância é estritamente ordenada, e cuja omissão e o desprezo irritam bem mais o Céu do que as ações mais funestas à sociedade. Assim, os ministros dos deuses inventaram em todos os países uma infinidade de virtudes imaginárias e de crimes fictícios, que não têm nada em comum com a verdadeira moral. Esta última pareceu apenas uma quimera àqueles que perceberam que as próprias opiniões religiosas não passavam de quimeras. Acostumados desde a infância a conhecer apenas as relações fantásticas que haviam sido imaginadas entre a Terra e os Céus, eles não tiveram nenhuma ideia das relações reais, sensíveis e demonstradas que subsistem entre os homens; eles não conheceram nenhum dos deveres para com eles mesmos e nem para com os outros; e do fato de terem recebido somente opiniões falsas de seus sacerdotes, concluíram muito imprudentemente que não existia nenhuma moral verdadeira para eles.

É, pois, à natureza, à experiência e à razão, e não aos ministros da religião, que devemos nos dirigir para descobrir aquilo que devemos a nós mesmos e aquilo que devemos à sociedade.

Uma autoridade suspeita, um fanatismo em delírio, hipóteses incertas, uma cegueira voluntária não são guias com os quais possamos contar.[17]

17 *Quid de officio? num quis haruspicem consulit, quemadmodum sit cum parentibus, cum fratribus, cum amicis, vivendum? quemadmodum utendum pecunia? quemadmodum honore? quemadmodum imperio? Ad sapientes hæc, non ad divinos, referri solent.* (Cícero, *De divinatione*, livro II).*
A pouca ligação, ou mesmo a total incompatibilidade, entre os princípios religiosos e os princípios da verdadeira moral foram solidamente provadas em um grande número de obras modernas, e sobretudo no *Sistema da natureza*, publicado em dois volumes em 1770, no *Cristianismo desvelado* (1766); *Cartas a Eugênia* (2 volumes, 1768), *O contágio sagrado* (2 volumes, 1768), *Ensaio sobre os preconceitos* (1770) etc. (Nota do Editor)**

* E quanto aos deveres? Quem terá algum dia consultado os áugures para saber como deve se comportar com os pais, os irmãos ou os amigos? Quem os terá consultado quando se trata das riquezas, da honra ou do poder? Em semelhantes casos, nos dirigimos aos sábios e não aos adivinhos. (Cícero, *Sobre a adivinhação*, II, 4). (N. T.)

** Todas as obras mencionadas nessa nota são da autoria do Barão de Holbach. (N. T.)

IV
Da moral dos antigos

Se o cristianismo tivesse ensinado ao universo virtudes mais reais que as do paganismo, ele teria adquirido o direito de menosprezar as virtudes dos pagãos. Com efeito, é difícil para qualquer um que examine essas virtudes subscrever os elogios que uma prevenção cega muitas vezes não lhes poupa. Quais foram as virtudes tão exaltadas de Esparta? Não passavam, evidentemente, de virtudes selvagens, homicidas, destrutivas, imaginadas para tornar um povo feroz, injusto, insociável. Será que se encontra a sombra da equidade, da beneficência e da decência nos costumes estabelecidos pelas leis de Licurgo? Será que esse famoso legislador não parece ter se proposto a manter o seu povo em um estado de guerra, e a eternizar sua ferocidade brutal? Os esparciatas nada mais foram além de monges armados por um fanatismo político.

Será que admiraremos com mais justa razão as virtudes dos romanos? Lamentavelmente, entre eles o nome de virtude era dado por excelência ao valor guerreiro, que quase sempre é totalmente incompatível com a equidade, a razão e a humanidade. O amor à pátria, que constituía o caráter do cidadão de Roma, não seria um ódio jurado contra todas as outras nações, e não consistiria em sacrificar tudo a um ídolo injusto e irracional? Será que os maiores romanos, esses vencedores e tiranos da Terra, terão conhecido a equidade, a benevolência universal, a compaixão, a humanidade – em poucas palavras, as virtudes feitas para servir de base à ciência dos costumes? Examinem os efeitos do patriotismo dos romanos e vocês descobrirão que ele sancionava todos os crimes úteis ao seu país.[18] Se as virtudes gregas e romanas comumente foram apenas os efeitos perigosos de um fanatismo exclusivo do qual a pátria era o objeto, as virtudes cristãs quase sempre tiveram como móvel somente um fanatismo exclusivo e bárbaro por alguns mistérios, dogmas obscuros e quimeras às quais os cristãos mil vezes sacrificaram a justiça, a humanidade, o repouso das nações, e mesmo a sua própria vida. O fanatismo dos gregos e dos romanos os fazia, ao menos, combater pelo seu país, ao passo que o fanatismo dos cristãos nunca os fez combater senão por algumas loucuras nocivas à pátria.

Somos forçados a suspeitar de que os gregos e os romanos deviam ter bem poucas ideias de humanidade, se julgar-

---

18 Os grandes personagens que os romanos chamavam de bons (*boni*) eram apenas guerreiros, bravos (*fortes*). Cícero confere o nome de bons aos dois Cipiões que pereceram na Espanha e a Marcellus. Vê-se claramente pela história que essas boas pessoas tinham as virtudes guerreiras, mas não tinham nenhuma das qualidades que manifestam a bondade. Todos os povos que não eram aliados dos romanos eram chamados indistintamente de *peregrini* (estrangeiros) ou *hostes* (inimigos). O legislador dos cristãos disse, do mesmo modo que os romanos, que "aquele que não está comigo está contra mim". *Qui non est meeum, est contra me.*

mos seus sentimentos pela maneira como eles tratavam seus escravos. Os *hilotas*, entre os lacedemônios, eram entregues à ferocidade de qualquer cidadão, que podia impunemente assassiná-los. Entre os romanos, todo amo tinha o direito de matar seus escravos; esses últimos, quando ficavam idosos e se tornavam incapazes de trabalhar, eram desterrados para uma ilha do Tibre, onde os deixavam cruelmente morrer de fome. Em poucas palavras, tudo nos prova que, entre os antigos, os escravos não eram de forma alguma considerados como homens: as leis permitiam que eles fossem tratados como bichos, sem que os sábios ousassem reclamar para eles os direitos tão sagrados da humanidade. Como é verdadeiro que a prática aniquila a razão!

A filosofia dos antigos, quase sempre guiada por um entusiasmo teológico, não nos transmitiu ideias bem precisas sobre a moral e a virtude. Os Pitágoras, os Sócrates e os Platões, formados pelas lições dos sacerdotes do Egito e dos magos da Caldeia, foram buscar nos céus os princípios de uma moral que eles deveriam ter procurado na Terra. Esta moral foi admirada e considerada divina porque ela era muito difícil de compreender; e como os homens, em todos os tempos, estiveram dispostos a desprezar o simples e o natural a fim de correr atrás do maravilhoso, preferiram-se as noções místicas desses sábios às ideias simples e fáceis de Epicuro – cuja moral, fundamentada na natureza, foi desacreditada e rejeitada como perigosa.

Será que as virtudes insensíveis de Zenão e da seita estoica, avidamente adotadas pelos primeiros doutores do cristianismo, admiradas unicamente por causa de sua excentricidade, e praticadas ainda em nossos dias por alguns entusiastas religiosos, seriam, pois, feitas para as nações? Como alguns homens – sábios, além do mais – puderam se vangloriar de tornar crível que os bens da vida são coisas indiferentes; que o mal e a dor não são males reais; que, para viver feliz, não se deve amar nada; que a verdadeira felicidade e a verdadeira sabedoria consistem em uma total apatia que, se pudesse se apoderar de todos os corações, quebraria todos os laços feitos para unir entre si os membros da sociedade?

Será que a vida austera e muitas vezes indecente dos cínicos, seu desprezo fingido pelas riquezas, sua renúncia aos prazeres e às comodidades, sua indiferença pela sociedade, podem ser imitados por homens racionais? No entanto, essas virtudes são ainda praticadas entre nós; nós as vemos imitadas por alguns devotos cínicos que, por um gênero de vida tão extravagante quanto inútil, se tornam ilustres aos olhos do vulgo imbecil. Que diferença real haveria entre as virtudes de um Diógenes e as de um capuchinho[19] ou de um monge de la Trappe?[20] Nossos cartuxos[21] serão outra coisa que pitagóricos reformados?[22]

A verdadeira sabedoria nunca deve falar uma linguagem diferente da linguagem da natureza. No entanto, um preconceito muito universal e muito absurdo fez crer que a virtude não podia

---

19 Religioso de uma das ramificações da ordem franciscana. (N. T.)

20 Os monges trapistas pertenciam à ordem cisterciense e se caracterizavam pela disciplina severa e a existência frugal. (N. T.)

21 Religiosos da ordem fundada por são Bruno, que levavam uma vida austera e contemplativa. (N. T.)

22 Toda a Antiguidade nos prova que, em vez de filosofia, o que Pitágoras levou para os gregos foi apenas a doutrina mística, os símbolos, os usos supersticiosos, os jejuns, as abstinências e a charlatanice dos sacerdotes egípcios, dos quais havia se tornado discípulo. Os estoicos não passaram de monges; os platônicos nada mais foram que teólogos. Depois disso, não é possível se surpreender de não encontrar entre os antigos senão uma moral teológica e monástica.

deixar de ser um sacrifício penoso e que devia incessantemente contradizer a natureza. Por qual bizarrice os amigos da sabedoria foram tantas vezes enganados por uma opinião tão ridícula? Como eles puderam acreditar que havia mérito em combater todos os desejos mais legítimos de seu coração, e que para se tornarem verdadeiramente felizes era necessário fazer esforços contínuos para se afligirem? É em algumas excentricidades, em alguns malabarismos, no desprezo pela dor e na renúncia aos prazeres mais honestos que uma multidão de entusiastas antigos e modernos fez consistir a moral. Sem dúvida, é somente o entusiasmo sustentado pela vaidade que pode fazer o homem crer que deve se elevar acima de sua própria natureza, se privar dos objetos que ele é feito para desejar, e pelos quais todos os homens são comumente apegados. Uma moral rígida é própria para repelir; se ela é admirável, não é para um povo ignorante, que confunde todo homem excêntrico com um homem maravilhoso e divino. *Não demos ouvidos*, diz Cícero, *a essas pessoas que afirmam que a virtude deve ser dura e, por assim dizer, de ferro.*[23]

A filosofia acadêmica não nos transmitiu de maneira alguma noções bem estabelecidas sobre a ciência dos costumes. Seus discípulos, acostumados a disputar sobre tudo, deixaram-nos apenas um amontoado de sutilezas pouco apropriadas para esclarecer as coisas. O pirronismo nada mais fez que embaralhar tudo: será que homens acostumados a duvidar de tudo estariam aptos a fixar nossas ideias sobre os deveres do homem, que estão evidentemente demonstrados para aqueles que refletem sobre eles?

---

23 *Non sunt isti audiendi qui virtutem duram, et quasi ferream esse volunt*. (Cícero, *De amicitia*, 48).

Em poucas palavras, embora diversos sábios da Antiguidade pareçam ter se ocupado firmemente da moral, eles, por não partir de princípios naturais e demonstrados, muitíssimas vezes se extraviaram em suas investigações filosóficas. Geralmente encontramos muito pouca coesão em seus sistemas; nenhum conjunto, nenhuma coerência em suas ideias: a moral que eles nos oferecem se limita comumente a noções vagas, a algumas máximas e sentenças esparsas, a algumas reflexões muito boas e algumas vezes muito verdadeiras, mas que não estão ligadas a nada e que muitas vezes se destroem reciprocamente.

A ciência dos costumes, assim como as ciências físicas, deve se fundamentar em fatos, ou seja, deve ter unicamente a experiência como base. Os antigos filósofos, bem como diversos modernos, parecem ter consultado apenas o seu entusiasmo e a sua imaginação exaltada. Além do mais, divididos em diversas seitas, que adotavam como princípio contradizerem umas às outras, eles muitas vezes foram cegados pelo espírito partidário que foi e será um grande obstáculo à descoberta da verdade. Enfim, nas seitas filosóficas, assim como nas seitas religiosas, preferiu-se comumente a autoridade de seus mestres à da razão. A experiência é o único mestre cujas lições não enganam, e cuja autoridade é apta a conduzir o amigo da sabedoria.

V

Dos moralistas modernos

Entre os modernos, o direito de ensinar a moral parece pertencer exclusivamente aos ministros da religião; estes últimos consideram como usurpadores todos aqueles que gostariam de se intrometer a dar conselhos aos homens. Porém, nas mãos dos sacerdotes, esta ciência, combinada com algumas noções metafísicas e sobrenaturais, tornou-se, como já vimos, de uma obscuridade impenetrável. Não é aos inimigos da razão humana que cabe desenvolver a razão. Tirar do homem o direito de consultar sua razão é apagar-lhe a única chama que pode iluminá-lo nesse mundo; é lhe dizer para vagar ao acaso ou para se deixar levar por guias muito suspeitos.[24] Manter os olhos dos homens fixados no céu, enquanto eles andam na Terra, é lhes fazer imitar a imprudência daquele antigo filósofo que, com os olhos presos aos astros, foi cair em um poço.[25]

Já pudemos ver os fundamentos pouco sólidos e os motivos imaginários da moral religiosa; fizemos observar o pouco fruto

---

24 Poderíamos aludir a uma passagem das Escrituras que amaldiçoa aquele que desvia um cego de seu caminho. *Maledictus qui errare facit caecum in itinere*. (Deuteronômio, XXVII, 18).

25 Trata-se de Tales de Mileto, filósofo grego do século VI a.C. (N. T.)

que ela produz na Terra, que ela parece ter esquecido totalmente em suas lições. Ela é apropriada apenas para fabricar *santos*, ou seja, cidadãos do Céu, mas não se vê que as suas máximas são capazes de formar cidadãos para esse mundo, ou membros capazes de servir utilmente a sociedade.

Alguns moralistas, perdidos nas regiões da metafísica, nos falam de regras de moral *eternas, imutáveis, independentes da própria Divindade*. Mas não se poderia perguntar-lhes o que eles entendem por regras ou leis anteriores aos seres a quem elas possam convir? Se a moral é feita para regular as ações dos homens, como se pode supor que suas regras tenham existido antes da formação, da criação ou, se preferirem, do desemaranhamento do caos? A lei de não matar subsistia antes que houvesse mortais? A lei que nos proíbe de roubar existia antes que houvesse propriedades? Enfim, seria preciso amar seu pai, sua mãe, sua pátria e obedecer à sociedade antes que existissem pais, pátria ou sociedade? Tais são, no entanto, os desvios e os absurdos que a metafísica introduziu na moral!

Alguns filósofos modernos acreditaram ter nos dado princípios mais seguros ou mais apropriados para fixar nossas ideias sobre a moral. Porém, por insuficiência no estudo do homem, eles não o viram tal como ele é, ou não conheceram a verdadeira motivação de suas ações. Eles deram como base à ciência dos costumes um pretenso *senso moral*, um *instinto inexplicável*, uma *benevolência inata*, um amor completamente *desinteressado* pela virtude, que faz com que, sem refletir sobre a nossa própria conduta, nós a aprovemos nos outros.[26]

---

26 Cf. as *Características* de lorde Shaftesbury* e as obras de Hutcheson,** de Hume etc.; e cf. o capítulo IX desta primeira parte.

Se examinamos essas ideias, elas nos parecem absolutamente quiméricas. Não trazemos, ao nascer, as ideias de vício e de virtude, assim como não trazemos a de círculo ou de triângulo: nossos pontos de vista sobre o bem e o mal não podem ser inatos ou anteriores à experiência; eles são baseados unicamente na maneira como somos afetados pelos efeitos – o que nos coloca em condições de julgar as causas, e de experimentar por elas os sentimentos do amor ou do ódio. Os homens trazem ao nascer algumas disposições apropriadas para apreender as verdades morais com maior ou menor facilidade, do mesmo modo que trazem cabeças organizadas de maneira a apreender com mais ou menos presteza as verdades físicas ou geométricas. Não podemos distinguir o fogo da água, o prazer da dor, o triângulo do círculo, uma ação louvável de uma ação censurável a não ser pela diversidade dos efeitos que essas coisas produzem sobre nós; só podemos julgá-las na relação conosco. Afirmar o contrário seria afirmar que podemos comparar e julgar as causas antes de ter experimentado a sua ação.

Nossos juízos ou sentimentos morais jamais podem ser desinteressados; só podemos amar aquilo que nos apraz, aquilo que nos é útil, aquilo que nos é agradável, aquilo que nos proporciona um prazer, seja duradouro ou momentâneo. Não pode ser senão em nós mesmos que encontramos os motivos de nossa

---

* Anthony Ashley Cooper, o 3º conde de Shaftesbury (1671-1713), foi um filósofo e político inglês que exerceu bastante influência sobre o Iluminismo francês. Holbach se refere à sua obra *Characteristics of men, manners, opinions, times*, publicada originalmente em 1711. (N. T.)

** Francis Hutcheson (1694-1746), filósofo britânico nascido na Irlanda. (N. T.)

afeição, de nossa benevolência para com os homens ou para com as coisas. Como alguns autores sensatos puderam crer que o homem trazia, ao chegar ao mundo, as ideias do bem e do mal moral, do justo e do injusto, da ordem e da desordem, do belo e do disforme? Faremos ver que eles confundiram disposições adquiridas e cultivadas com ideias inatas. Todo homem traz ao nascer a necessidade de se alimentar – ou, se preferirem, um *instinto* que o leva a comer. Porém, é somente a experiência que lhe ensina a distinguir os alimentos agradáveis daqueles que são desagradáveis ou perigosos: o exercício e o hábito lhe conferem a facilidade de julgar com presteza, ou como por instinto, aquilo que é apto a lhe agradar ou a lhe desagradar, aquilo que lhe é vantajoso ou nocivo.

Os partidários do sentimento moral e da benevolência desinteressada imaginaram, sem dúvida, que essas disposições – que se encontram gravadas nos corações das pessoas esclarecidas, sensíveis e virtuosas, e que o hábito, por assim dizer, identificou com elas – não podiam deixar de se encontrar em todos os seres da espécie humana. No entanto, quantas são as pessoas nesse mundo que só têm ideias muito confusas ou muito falsas sobre o bem e o mal, o justo e o injusto, o vício e a virtude! Para cada homem que sente ou que sabe apreciar o mérito ou o demérito das ações humanas, encontraremos milhões que não sabem o que pensar sobre isso, ou que não se põem de acordo sobre os juízos que emitem. Enfim, será que o mundo não está repleto de homens perversos, para os quais o vício e o crime parecem úteis, e para quem a virtude não passa de um objeto desagradável?

Existem pouquíssimas pessoas nesse mundo que desfrutam das disposições, das qualidades e das luzes requeridas para julgar judiciosamente as coisas. O sentimento moral é nulo em muitos homens: sua semente não foi plantada e nem cultivada em uns e foi totalmente sufocada em muitos outros. Esse sentimento ágil e rápido, ou este instinto que nos coloca em condições de bem julgar as ações humanas, é o efeito de uma mente bem-organizada que somente a natureza pode conceder, de uma educação esclarecida, e muitas vezes de uma longa sequência de reflexões profundas das quais poucas pessoas são capazes. Ocorre com o sentimento moral o mesmo que com o bom gosto nas artes, que só se adquire à força de ver objetos, de compará-los com a natureza que eles representam e de refletir sobre eles. Nada é mais raro que um fino tato na moral. Tudo conspira para encher os espíritos com tantos preconceitos, forças tão poderosas colaboram para conservá-los neles, a opinião geral é tão viciada, o hábito tem tanto poder sobre nós e os corações estão tão corrompidos que pouquíssimas pessoas estão em condições de avaliar as ações dos homens.

Considerando os costumes, os usos, as instituições, os governos e as leis que subsistem entre os habitantes das diferentes regiões desse mundo, e as ideias discordantes que eles vinculam a determinadas ações, alguns especuladores imaginaram que a moral não tinha nenhum princípio constante, que ela não podia ser considerada senão como um caso de convenção, e que os deveres do homem estavam fundamentados unicamente nos caprichos da moda, ou nas leis da sociedade. Eles não viram que os costumes, a conduta muitas vezes bizarra e insensata e as instituições políticas e religiosas de todos os povos da Terra tinham comumente a seu favor apenas a ignorância desses povos, sua inexperiência, ideias falsas de utilidade e, sobretudo, a rotina que jamais raciocina. Se constituíssemos uma moral de acordo com as coisas que se praticam nas diferentes nações da Terra, não haveria vícios ou crimes que não se tornassem legítimos ou louváveis. Existem países onde tudo parece autorizar as ações mais injustas, mais atrozes e mais extravagantes, e onde a opinião pública vincula o mérito aos usos mais abomináveis. Será que concluiremos daí que a moral não tem nenhum princípio seguro ou que a virtude não é nada? Não, sem dúvida; concluiremos somente que aqueles que praticam esses usos, que toleram ou preservam costumes criminosos e insensatos, não têm nenhuma ideia verdadeira da moral e da virtude. Concluiremos que a razão humana, em muitos países, ainda não foi suficientemente desenvolvida para distinguir aquilo que é verdadeiramente útil daquilo que o é apenas na aparência. Enfim, concluiremos que não se pode fundamentar uma moral na tolice, na preguiça, nos preconceitos dos povos e nem nos interesses particulares daqueles que se obstinam em perpetuar a ignorância deles.

Que ideias de moral poderíamos constituir se considerássemos como bom, como justo e como decente aquilo que vimos ser praticado nas nações antigas e aquilo que ainda vemos subsistir entre as modernas? Será que não vimos os fenícios e os cartagineses sacrificarem seus filhos ao seu deus? A religião não terá, em todos os países, imolado homens à Divindade? A crueldade mais desumana não será aplaudida em algumas nações selvagens onde se tem o costume de comer os seus prisioneiros? Alguns filhos não assumiram o dever de matar a pancadas os seus pais caídos na decrepitude? Maridos não devoraram suas mulheres e pais não devoraram seus próprios filhos?

Não encontramos mais sabedoria e nem mais razão em um grande número de nações que se creem muito civilizadas. Nelas, vemos leis ferozes condenarem homens às chamas por opiniões religiosas. Vemos povos, mais cruéis que as feras, viverem continuamente em guerra, e considerarem uma honra se assassinar reciprocamente. Se alguns indianos cometem a infâmia de prostituir suas mulheres aos estrangeiros, alguns povos, que se consideram muito sensatos, tratam o adultério como bagatela, e não conferem nenhum mérito à fidelidade conjugal. Enfim, como existem países nesse mundo onde a opinião, o hábito, o governo e as leis parecem ter assumido a tarefa de arrasar todas as ideias de bondade, de humanidade, de razão e de equidade! "Não há", diz Le Vayer,[27] "nada tão frívolo que não seja importante em alguma parte; não há tolice, desde que seja bem persistente, que não passe por sabedoria; não há virtude que não passe por vício e nem vício que não passe por virtude em algum lugar."

Esses extravios e essas bizarrices não devem nos fazer acreditar que a moral não existe, mas sim que a moral e seus primeiros deveres são desconhecidos para muitos homens que se dizem racionais, e que diversas nações civilizadas ainda estão, em certos aspectos, em uma completa barbárie e em uma ignorância profunda dos seus verdadeiros interesses. É somente à força de loucuras que o homem aprende a se tornar mais sábio; é de tanto sofrer que os povos sentirão a necessidade de reformar os abusos dos quais são vítimas.

É na barbárie, sempre subsistente no próprio cerne das nações mais civilizadas, que a razão encontra obstáculos às verdades que ela gostaria de ensinar. A filosofia é forçada a lutar contra a ignorância, verdadeiramente bruta e selvagem, dos povos e daqueles que os governam. Ela encontra em seu ca-

---

27 François de La Mothe Le Vayer (1588-1672), filósofo francês. (N. T.)

minho opiniões, usos, máximas e instituições diametralmente opostas ao bom senso. Ela combate a cada passo preconceitos sustentados pela força, e que não podem ser atacados sem perigo. O erro e a impostura têm amigos poderosos e partidários numerosos; a verdade tem apenas amigos fracos e pusilânimes que são forçados a lutar contra inimigos aguerridos. A moral desagrada porque ela se opõe às inclinações viciosas que tudo conspira para dar aos mortais.

As instituições, os governos, as ideias religiosas e as hipóteses pouco seguras de alguns filósofos, longe de incentivar os homens ao estudo da moral e à prática da virtude, fizeram com que eles perdessem totalmente o gosto por isso. Ao verem as disputas intermináveis que tantas vezes eclodiam entre os moralistas; descobrindo que eles não concordavam nem mesmo quanto aos primeiros princípios; observando as variações contínuas nos juízos que, de acordo com seus diferentes sistemas ou preconceitos, eles emitiam sobre as mesmas ações; enfim, vendo as investigações penosas e as decisões confusas de tantos teólogos e casuístas, muitas pessoas caíram em um completo pirronismo quanto à moral. Outros a consideraram como uma ciência abstrata e pouco adequada ao comum dos homens; acreditaram que acontecia com esta importante ciência o mesmo que com muitas outras, que não tinham como objeto senão exercitar o espírito dos sábios, ou nas quais o pró e o contra podiam ser igualmente defendidos. Outros a desprezaram como uma ciência vaga, desprovida de princípios evidentes. Outros, enfim, a julgaram fastidiosa, pouco digna de ocupar os príncipes, os políticos e as pessoas distintas; reservada para alguns especuladores ociosos, que pareceram sonhadores incômodos, enfadonhos e ridículos. Como existem pessoas às quais a simples palavra *moral* inspira desgosto! Para quantas outras *moral, deveres do homem* e *virtude* não passam de palavras pomposas, às quais elas não vinculam nenhum sentido! Como existem pessoas, enfim, que odeiam uma ciência que elas acham incômoda para os seus vícios, suas inclinações e seus interesses passageiros, e que por isso elas julgam incompatível com a felicidade do homem, e totalmente impraticável na presente constituição das coisas!

A ciência dos costumes deve ser extraída da Terra e não dos Céus; é preciso buscá-la no coração do homem e não no seio da Divindade. Ela deve ter princípios simples, evidentes, invariáveis. Em vão se pretenderia fundamentá-la nos oráculos obscuros da religião, que variam em cada canto da Terra; que muitas vezes nos propõem como modelos divindades desprovidas de sabedoria, de justiça, de razão e de virtude; que nos prescrevem deveres contrários à nossa natureza e ao bem da sociedade. Inutilmente se fundamentaria esta moral em alguns usos e preconceitos, tantas vezes opostos ao bom senso. Inutilmente se buscariam os seus princípios e as suas regras em obras ditadas pelo entusiasmo ou pela impostura. Inutilmente se gostaria de extraí-la das máximas de uma política comumente depravada. Não é em fontes tão suspeitas que o homem deve buscar as regras de sua conduta; ele não encontraria nelas senão enigmas, incertezas e motivos para se extraviar.

A verdadeira moral é una: ela deve ser a mesma para todos os habitantes de nosso globo. Se o homem é por toda parte o mesmo; se ele tem por toda parte a mesma natureza, as mesmas inclinações, os mesmos desejos, estudando o homem e suas relações constantes com os seres de sua espécie descobriremos sem dificuldade seus deveres para com ele próprio e para com os outros. O homem selvagem e o homem civilizado, o homem branco, vermelho, preto; o indiano e o europeu, o chinês e o francês, o negro e o lapão têm uma mesma natureza: as diferenças que são encontradas entre eles não passam de modificações desta mesma natureza, produzidas pelo clima, o governo, a educação, as opiniões, e pelas diferentes causas que atuam sobre eles. Os homens diferem apenas quanto às ideias que fazem da felicidade, e quanto aos meios que imaginaram para obtê-la.

Partindo do próprio homem, se encontrará facilmente a moral que lhe convém. Esta moral será verdadeira se o homem for visto tal como ele é. Seus deveres serão conhecidos se forem conformes à sua natureza; então, os princípios da moral serão evidentes, e formarão um sistema capaz de ser tão rigorosamente demonstrado quanto a aritmética ou a geometria. Esta ciência será clara para todos; ela será igualmente aplicável aos soberanos e aos súditos, aos ignorantes e aos sábios, ao habitante das cidades e ao do campo, ao fiel e ao infiel, ao supersticioso e ao incrédulo, ao filósofo e ao sacerdote. Ela poderá servir de regra às nações assim como aos indivíduos; ela poderá guiar a política, e fará todos os povos espalhados pela Terra sentirem que suas relações e seus deveres são absolutamente os mesmos que aqueles que subsistem entre os cidadãos de um mesmo Estado ou os membros de uma mesma família.

Enfim, uma moral fundamentada na evidência e na experiência fará com que tanto os príncipes quanto os súditos, tanto os poderosos quanto os pequenos, tanto os ricos quanto os pobres vejam que a felicidade – tanto pública quanto particular – está necessariamente ligada à prática dos deveres que ela impõe: que nenhum povo, nenhum império, nenhum soberano e nenhum homem podem ser verdadeira e solidamente felizes sem a virtude.

VI
Princípios naturais da moral

A moral adequada ao homem deve ser fundamentada na natureza do homem; é preciso que ela lhe ensine aquilo que ele é, o objetivo que ele se propõe e os meios de alcançá-lo. *Respice finem*, considera teu objetivo, eis o resumo de toda moral.

O homem é um ser sensível, inteligente, racional. O ser sensível é aquele que sua natureza, sua conformação e sua organização tornaram capaz de experimentar o prazer e de sentir a dor; e que, por sua própria essência, é forçado a buscar um e a fugir da outra. Um ser inteligente é aquele que se propõe um objetivo e que é capaz de adotar os meios apropriados que o conduzam a ele. Um ser racional é aquele que a experiência põe em condições de escolher os meios mais seguros de alcançar a finalidade que se propõe.

A felicidade nada mais é que o prazer continuado. Não podemos duvidar de que o homem a procure em todos os instantes de sua duração; de onde se deduz que a felicidade mais duradoura e mais sólida é aquela que mais convém ao homem. A moral deve, portanto, encorajá-lo em sua procura, e não entravá-la. Ela é feita para lhe indicar a felicidade ou o prazer mais duradouro, mais real, mais verdadeiro, e para lhe mostrar que ele deve preferi-lo ao prazer que é apenas passageiro, aparente e enganador.

Para sentir a felicidade, é necessário existir; assim, o homem, por sua natureza, deve procurar se conservar e fugir de tudo aquilo que poderia causar dano à sua existência ou torná-la penosa. De onde se deduz que o homem deve selecionar os seus prazeres, e só considerar como bens aqueles que não prejudiquem o seu ser, seja de imediato, seja por seus efeitos remotos.

O homem, para se conservar e para desfrutar da felicidade, vive em sociedade com homens que têm os mesmos desejos e as mesmas aversões que ele. A moral lhe mostrará, portanto, que para tornar-se feliz, ele próprio é obrigado a se ocupar da felicidade daqueles dos quais ele necessita para a sua própria felicidade: ela lhe provará que, de todos os seres, o mais necessário ao homem é o homem.

Desejar a felicidade é amar aquilo que é adequado ao nosso ser, aquilo que pode conservá-lo, aquilo que pode tornar nossa existência feliz. Assim, por sua natureza, o homem deve amar não somente a si mesmo, mas também tudo aquilo que pode colaborar para a sua felicidade; de onde se deduz que o homem, pelo seu próprio interesse, deve amar os outros homens, já que eles são necessários ao seu bem-estar, à sua conservação e aos seus prazeres.

Amar os outros é amar os meios de nossa própria felicidade; é desejar a conservação e o bem-estar dos outros, porque descobrimos que os nossos estão vinculados aos deles. É confundir os nossos interesses com os de nossos associados, a fim de trabalhar pela utilidade comum.

Tais são os princípios simples e claros da moral. Não nos enganaremos quando fundamentarmos a ciência dos costumes em nossa sensibilidade física, nos desejos pelos quais estamos constantemente animados, no amor contínuo que cada um de nós tem por si mesmo, nos nossos verdadeiros interesses. O interesse é o desejo despertado pelo objeto no qual cada homem faz consistir o seu bem-estar. Este interesse é natural e racional quando o vinculamos a objetos verdadeiramente úteis para nós mesmos; ele é muito legítimo e não pode ser censurado quando não prejudica em nada os interesses dos outros; ele é muito louvável quando está de acordo com os interesses ou quando contribui para a felicidade de nossos associados. A moral não deve ter outro objetivo além de fazer os homens conhecerem os seus verdadeiros interesses. A virtude nada mais é que a utilidade dos homens reunidos em sociedade.

Para conferir à virtude motivos reais, para torná-la querida pelos homens, é necessário ligá-la à própria utilidade deles; é preciso torná-la agradável e não representá-la como austera, como inimiga da sua felicidade, como um sacrifício doloroso dos seus interesses mais prezados. Se a virtude é um sacrifício, é um sacrifício no qual se imolam alguns prazeres frívolos e passageiros a uma felicidade duradoura.

Portanto, que não se diga mais aos homens, para incitá-los à virtude, que ela consiste em combater a natureza, em resistir a seus desejos, em se tornar infeliz aqui embaixo para agradar a algumas potências invisíveis supostas inimigas da felicidade dos habitantes da Terra. Que não lhes aconselhem a se odiar, a detestar o prazer, a renunciar à sociedade. Que, em vez de tornar a virtude amável, parem de se esforçar para pintá-la com os traços mais hediondos. Que antes se diga aos homens para se amarem verdadeiramente, para buscarem todos os meios de obter o seu bem-estar, para usarem com moderação os prazeres mais naturais e para considerarem como males todos aqueles cujo uso teria consequências inconvenientes, seja para eles próprios, seja para os outros. Que lhes apresentem a sua própria conservação como motivo para a preferência que um bem-estar duradouro deve ter sobre um bem-estar momentâneo. Que lhes mostrem o interesse contínuo que eles têm de agradar seus associados, cuja estima, a afeição e a ajuda são necessárias à sua própria felicidade. Que lhes revelem a conduta mais apropriada para merecer a afeição dos seres sensíveis pelos quais eles estão rodeados. "É necessário ensinar ao homem a maneira como ele deve se amar e se tornar útil a si mesmo; seria loucura duvidar que ele se ama e que busca a sua própria utilidade."[28]

Para tornar esta moral eficaz, e para exortar os homens a fazerem o bem, que a educação, a opinião pública, o governo e as leis os incentivem à virtude e os desviem de tudo aquilo que poderia alterar a felicidade pública. Sob o pretexto de esclarecer o homem quanto aos seus deveres, que não se forje para ele deveres imaginários baseados nas relações entre ele e alguns seres dos quais ele não faz nenhuma ideia. Enfim, em vez de manter o homem em uma ignorância crassa acerca daquilo que ele é, do objetivo que ele deve se propor e dos meios de atingi-lo, que lhe sejam mostrados os seus interesses, que ele seja instruído acerca de seus direitos e que se cultive a sua razão – que só é uma guia perigosa quando nos recusamos a desenvolvê-la.

---

28 *Modus ergo diligendi praecipiendus est homini, id est quomodo se diligat ut profit sibi – quin autem se diligat et prodesse sibi velit, dubitare dementis est.* (Sêneca*).

* Na verdade, trata-se de uma citação de santo Agostinho (*De doctrina christiana*, I, 54). (N. T.)

Não é senão a sua própria felicidade que o homem pode considerar em todas as suas ações, seus pensamentos, seus desejos e suas paixões; não é senão a si mesmo que ele pode amar nos objetos que ama; não é senão a si mesmo que ele pode bem-querer nos seres de sua espécie. Enquanto ele consulta uma razão esclarecida, caminha com passos seguros para o bem-estar que se propõe. A partir do momento em que o vemos causar dano a si mesmo, devemos concluir que ele se engana, que sua imaginação o desencaminha, que sua razão está perturbada ou não foi cultivada, que algumas paixões cegas o arrastam.

O homem jamais pode se separar de si mesmo, em nenhum instante da sua vida; ele não pode se perder de vista. Tudo aquilo que ele tenta, que ele empreende, que ele faz, tem como objetivo obter algum bem ou evitar algum mal. Quando ele prefere o mal ao bem é porque confunde o mal com um bem; quando ele recusa um prazer que poderia obter, é visando um prazer que considera maior, mais duradouro, ou uma felicidade distante que ele se compromete a adquirir por meio de suas privações, ou mesmo através de alguns momentos de dor. A prudência nada mais é que o interesse esclarecido pela previdência.

É por si mesmo que o homem chora quando derrama lágrimas amargas sobre a urna de uma esposa, de um filho, de um amigo, necessários ao seu coração. Não é sobre algumas cinzas frias e insensíveis que se produzem o nosso pranto e as nossas lamentações; é sobre os benefícios, os prazeres e os contentamentos dos quais nos vemos privados. É o sentimento cruel desta privação que, algumas vezes, conduz o homem sensível ao túmulo.

O Eu é odioso, segundo Pascal; admitiremos isso sem dificuldade se *o Eu* nunca está ocupado com o bem-estar dos outros, ou se *o Eu* se limita a realizar ações que lhes desagradem. Mas *o*

Eu é natural quando se satisfaz sem causar dado a ninguém; ele é muito estimável quando se contenta fazendo aquilo que é útil ou agradável aos outros. Se o homem que ama apenas a si é um inimigo comum, aquele que ama os outros, visando atrair o amor deles, é o amigo do gênero humano. A inclinação exclusiva por nós mesmos é insensata, porque nos impede de ver que temos necessidade dos outros para o nosso próprio bem-estar; ela é odiosa porque fecha os nossos olhos para a felicidade daqueles a quem somos obrigados a nos tornar úteis. A palavra *interesse* é sinônimo de injustiça, de corrupção, de malícia e de baixeza em um avaro, um cortesão ou um tirano. No homem de bem, *interesse* significa equidade, beneficência, grandeza de alma, desejo de merecer a estima dos outros ou desejo de estar bem consigo mesmo. *O homem honesto* – diz Aristóteles – *é necessariamente amigo de si mesmo; fazendo aquilo que é louvável, ele obtém um proveito com isso, ao mesmo tempo que se torna útil aos outros.*[29]

Por falta de terem visto o homem tal como ele é, alguns moralistas entusiastas nos dizem que não existe mérito e nem virtude naquilo que fazemos por nós mesmos, ou visando o nosso interesse pessoal. Eles sustentam que, para estragar as ações mais louváveis, basta que estas sejam motivadas pelo interesse. Porém, aqueles que nos falam essa linguagem nos mostram que não têm nenhuma ideia do homem e nem daquilo que constitui o mérito e a virtude. O mérito consiste apenas naquilo que nos torna úteis ou caros aos nossos semelhantes. A virtude é a disposição de fazer aquilo que é necessário à felicidade deles, visando a nossa própria felicidade, cuja ideia não pode jamais se separar de nós mesmos.

29 Cf. *Ética a Nicômaco*, livro IX, cap.3.

Geralmente, o interesse de um homem é aquilo que ele julga necessário à sua própria felicidade. Em um amante, o *interesse* é agradar à sua amada, cuja posse lhe parece a maior das felicidades, e, por conseguinte, faz com que esteja pronto a sacrificar tudo por ela. Em um avaro, o *interesse* significa o dinheiro que ele considera como o maior dos bens desse mundo. Em um ambicioso, o *interesse* é a posse do poder, que lhe parece o cúmulo da felicidade. O *interesse*, em um amigo sincero, é usufruir de seu amigo, na posse do qual ele vê a maior das felicidades. No homem de bem, o *interesse* é merecer a afeição e a estima de seus semelhantes, objetivos nos quais ele se habituou a situar o seu bem-estar, ou dos quais depende a estima merecida por si mesmo, que ele julga muito necessária à sua felicidade. Unir o interesse ao dever, eis a grande arte da moral e da legislação; o interesse só se torna um mal quando se separa do dever.

Em razão da força de seu temperamento, da vivacidade de sua imaginação e da energia de suas paixões, cada um busca o seu interesse com maior ou menor vigor. Daí o entusiasmo que nos leva aos sacrifícios mais custosos para obter ou conservar os objetos nos quais situamos o nosso bem-estar. É assim que um pai expõe sua vida para defender seu filho; um amigo é devotado a seu amigo, um cidadão à sua pátria, um fanático à sua religião, um amante à sua amada. Os homens sempre aprovam os sacrifícios que são feitos aos objetos que lhes são úteis; eles desprezam e tratam como loucura aqueles que são feitos a objetos que eles julgam inúteis; eles censuram aqueles que são feitos a objetos que lhes parecem indignos dos esforços que são empregados para obtê-los ou para conservá-los. Aprovamos todo homem que tem o mesmo interesse que nós; censuramos quem se imola a um interesse que julgamos desprezível.

Cada homem tem seu interesse; cada povo elabora ideias de utilidade quase sempre muito falsas. Assim, não é o interesse pessoal e passageiro de um indivíduo, de um príncipe ou de uma nação que deve ser a medida dos juízos que fazemos sobre a conduta dos homens; é o interesse permanente do homem, é a utilidade constante da sociedade, da espécie humana, que devem fixar nossas ideias. Não existe nenhum vício, loucura ou mesmo crime que não tenham um interesse momentâneo para aqueles que se entregam a eles, mas a experiência nos prova mais cedo ou mais tarde que, longe de proporcionar um bem-estar real, eles muitas vezes proporcionam apenas males infinitos.

Existem, portanto, para todo homem, dois tipos de interesses. Um é esclarecido, quer dizer, fundamentado na experiência, aprovado pela razão; o outro é um interesse cego, que não conhece senão o momento presente, que a razão condena e cujas consequências são funestas para aquele que o escuta.

Essas distinções devem ser suficientes para responder aqueles que sustentam que o interesse é um motivo abjeto, que todos rejeitam e que cada um é forçado a esconder. O interesse só é desprezível quando se propõe objetos desprezíveis, ou quando nos faz realizar ações desprezíveis; ele é grande, nobre e sublime quando almeja certos objetos verdadeiramente úteis para a sociedade – e, nesse caso, ele é a mesma coisa que a virtude. Um interesse sórdido guia o avaro que – muitas vezes por trabalhos, sacrifícios e privações infinitas, e por vias injustas ou nocivas aos outros – acumula tesouros dos quais não faz nenhum uso, nem para a sua própria felicidade, nem para a dos outros. O interesse é uma virtude no homem de bem, quando, por vias honestas, ele obtém riquezas que, para contentar sua alma benfazeja, distribui entre os infelizes.

Enfim, a palavra *interesse* só apresenta comumente ao espírito uma disposição censurável porque poucas pessoas conhecem os motivos que deveriam levá-las a fazer o bem, e porque tudo parece concorrer para persuadi-las de que, para se tornarem felizes, precisam pensar apenas em si. Por uma consequência desse preconceito – que a maioria das instituições humanas parece confirmar para os homens –, cada um imagina que o próprio interesse lhe exige compartilhar do que é seu o mínimo possível, que tudo aquilo que ele faz pelos outros está perdido para ele mesmo, que ele deve contribuir muito pouco para a massa geral e tratar de tirar muito dela. Eis aí a verdadeira fonte dos extravios e da desordem que vemos reinar nas sociedades, onde cada um parece viver apenas para si, sem se incomodar em fazer nada pelos seres que o rodeiam. A moral deve mostrar a cada homem que aquilo que ele faz pelos outros nunca está perdido para ele próprio, e que ele sempre tira proveito dos sacrifícios que faz pelos seus semelhantes.

A virtude, nos dizem, *é um sacrifício penoso*. Mas a razão é suficiente para torná-lo agradável; porque a razão nos mostra o nosso maior interesse, ao qual ela nos incita a sacrificar um interesse menor. Seguindo seus conselhos, nada mais fazemos do que atribuir às coisas o valor que lhes convém. Recusar-se a sacrificar um interesse passageiro ou particular a um interesse geral e duradouro é não fazer nenhuma ideia do valor das coisas, é querer comprar sem gastar dinheiro. A justiça é o esteio da vida social, tão necessária à nossa própria felicidade. No entanto, esta justiça se mostra algumas vezes muito contrária aos nossos interesses pessoais e momentâneos. Sacrificando a ela esses interesses frívolos, adquirimos segurança, o direito de sermos protegidos, prezados, estimados e considerados – sem o que a sociedade não pode ter nenhum atrativo para nós.

Todo homem que vive em sociedade usa incessantemente a sua balança; ele proporciona necessariamente sua afeição ou seu ódio ao bem ou ao mal que lhe fazem experimentar os objetos ou os seres que atuam sobre ele. A razão, que é fundamentada somente na experiência do passado, lhe faz pressentir o futuro. Cada ação na vida social serve para sua instrução e lhe fornece fatos dos quais o conjunto serve para regular o sistema de sua própria conduta. Ele sabe tirar partido de tudo para o seu interesse ou a sua felicidade – ponto central para o qual seus pensamentos, seus desejos, suas paixões, suas ações e suas faculdades o reconduzem incessantemente.

Quando o homem não tem certeza dos efeitos, próximos ou distanciados, que suas próprias ações produzirão sobre ele mesmo ou sobre os outros, ele permanece hesitante, delibera, quer e não quer: por fim, ele escolhe, mas sempre se determina necessariamente a tomar o partido que julga mais vantajoso para a sua felicidade ou para o seu maior interesse. Se ele baseia seu julgamento em experiências verdadeiras, julga judiciosamente, em conformidade com a razão, e se decide a fazer o bem. Porém, se ele é arrastado por paixões cegas, ou por preconceitos, ele não sabe mais julgar, faz o mal e, como consequência, ele próprio sentirá os efeitos de sua conduta leviana.

Amar a si mesmo com a exclusão de todos os seres que nos rodeiam, os quais se fazem totalmente necessários à nossa própria felicidade, é odiar a si mesmo, é ignorar os seus verdadeiros interesses. Será, pois, possível para o homem se tornar feliz sozinho? Será que, a partir do momento em que vive com outros homens, ele não terá uma necessidade contínua da afeição deles, dos seus auxílios, das suas luzes, de seus conselhos, de seus talentos? Amar sua mulher, seus filhos, seus pais, seus amigos, seus concidadãos e sua pátria não será amar a si mesmo? Os homens mais poderosos e os mais perversos têm necessidade de alguém, e são forçados a convencer outros homens a colaborar com os seus projetos. Os ladrões, os bandoleiros e os próprios tiranos são forçados a se sujeitar a alguns deveres; eles sentem que são obrigados a acatá-los, ao menos em relação àqueles cuja assistência eles sabem ser necessária a seus propósitos perversos.

VII
Dos deveres do homem
ou
Da obrigação moral

A necessidade que os homens vivendo em sociedade têm uns dos outros faz nascerem as relações que subsistem entre eles, e dessas relações decorrem seus deveres.

Os deveres do homem são os meios que, pela necessidade das coisas, ele é forçado a adotar para obter o bem-estar para o qual tende incessantemente. Se o homem ama a si mesmo, se ele quer se conservar, se quer tornar sua existência feliz, ele é forçado a seguir os meios que a natureza lhe fornece para alcançar esse objetivo. Assim, tudo lhe prova que ele deve se abster dos objetos ou das ações que, seja de imediato ou pelas suas consequências, poderiam causar dano ao seu ser ou prejudicar a sua felicidade. Eis aí o verdadeiro fundamento dos deveres do homem para consigo mesmo. Eis aí a fonte natural da temperança, da moderação e da circunspecção necessárias ao homem, mesmo que ele viva totalmente só. A experiência, a razão e a verdade são necessárias a todo homem e devem regular a sua conduta em qualquer posição na qual ele se encontre.

Os deveres do homem em sociedade são os meios que ele é forçado a adotar para convencer os seres que o rodeiam, ou cujas ações podem influir sobre ele, a colaborar com a sua própria felicidade ou a unir seus interesses aos dele. Ora, cada um desses seres exige, por seu lado, que se contribua com a sua felicidade particular; de onde se segue, evidentemente, que todo homem deve alguma coisa àqueles dos quais depende a sua felicidade pessoal. Os membros de toda sociedade, de toda família, de toda nação estão em uma relação contínua de trocas; eles comparam incessantemente o preço que se exige deles – quer dizer, seu trabalho, seus auxílios, seus benefícios, sua estima, seu respeito, seus sentimentos favoráveis ou desfavoráveis – com as vantagens que lhes são proporcionadas ou que lhes dão motivo para esperar, ou com as desvantagens que lhes fazem experimentar. Pela própria necessidade das coisas, eles amam, respeitam e admiram aqueles que lhes proporcionam bem-estar e prazer, desprezam aqueles que acham inúteis e detestam aqueles que só lhes fazem o mal.

A obrigação moral é a necessidade de ser útil àqueles que achamos necessários à nossa própria felicidade, e de evitar aquilo que pode indispô-los. Se todos os homens têm como objetivo o seu bem-estar, eles são obrigados a agir de uma maneira capaz de proporcioná-lo, sob pena de falhar em seu objetivo e de encontrar o mal no lugar do bem que eles desejariam. Se uma verdade moral é suscetível de ser irrefutavelmente demonstrada, é porque *toda obrigação está fundamentada na necessidade de obter um bem e de evitar um mal*. Portanto, falar de uma obrigação desinteressada, desprovida de motivos relativos a nós mesmos ou fundamentados no nosso interesse pessoal, é mostrar uma ignorância completa da natureza humana.

Os teólogos têm afirmado que, para que os deveres da moral fossem obrigatórios para nós, seria preciso que eles fossem anunciados pela Divindade, já que o soberano criador dos homens é o único que tem direito de lhes impor leis que os obriguem. Porém, aquilo que acaba de ser dito é suficiente para fazer ver que, como os deveres da moral estão fundamentados na própria natureza do homem e decorrem das relações que subsistem entre ele e seus associados, eles têm o poder e o direito de obrigar. Qualquer que seja a origem que se suponha para os seres da espécie humana, a partir do momento em que a sua natureza os força a buscar o bem-estar e a temer o mal, eles se acham obrigados a se submeter aos deveres que a natureza lhes impõe e que a experiência lhes faz conhecer sem nenhum auxílio sobrenatural; e isso sob pena de serem privados das vantagens que teriam obtido se tivessem se conformado com isso. O desprezo, o ódio e os castigos da sociedade ou de todos aqueles a quem o perverso faz o mal são a punição ou a consequência necessária do dano que ele causa ao desprezar esses deveres; do mesmo modo que a estima e a ternura dos homens são a recompensa necessária que eles concedem àqueles que os cumprem com fidelidade.

Se a estima e a afeição de seus semelhantes são úteis, necessárias e agradáveis ao homem em sociedade, a privação dessas coisas é para ele uma privação de bem-estar, um castigo verdadeiro. O temor desse castigo inspira bem mais respeito que o dos suplícios remotos que a religião supõe em uma outra vida, na qual os homens dificilmente pensam todas as vezes em que as paixões arrebatadas ou os hábitos enraizados os convidam ao mal. A opinião pública, o interesse da reputação e o temor do ressentimento dos seres que nos rodeiam são motivos bem mais poderosos que as especulações vagas e os terrores incertos com os quais a superstição oprime os mortais. Será que a opinião que associa a glória à coragem e a vergonha à covardia não terá conservado entre os homens os combates singulares, apesar dos suplícios eternos com os quais a religião ameaça todos aqueles que perecem em duelos, e apesar do rigor das leis humanas contra aqueles que sobrevivem a eles? Tantos celerados, que o temor do cadafalso não pode conter nesse mundo, serão melhor contidos pelos fogos do Inferno com os quais os ameaçam no outro? Enfim, por pouco que abramos os olhos, permaneceremos convictos de que os homens em geral temem muito mais os julgamentos dos homens, dos quais eles estão seguros, que os julgamentos de Deus, dos quais muitas vezes duvidam e que, além do mais, eles sabem que é possível evitar. Seus interesses presentes e conhecidos os afetam infinitamente mais que os interesses futuros, dos quais eles não podem elaborar ideias bem definidas. A opinião é mais forte que os reis e que os deuses.

Para convencer os homens, a moral deve sempre lhes apresentar interesses perceptíveis. Um homem está sempre no direito de indagar que motivo lhe é dado para fazer aquilo que lhe é proposto; e para determiná-lo eficazmente, o moralista deve estar em condições de lhe provar que o seu próprio interesse o exige. Cabe à experiência, à reflexão e à razão fazê-lo conhecer se os motivos que lhe são apresentados são reais ou não. Se o objetivo de todo agente moral é se tornar feliz, o dever e o interesse do ser racional querem que ele escolha os meios necessários para obter a felicidade: eis a fonte verdadeira da obrigação moral.

Em nossos sentimentos pelos seres com quem temos relações, e em nossa conduta em relação a eles, sempre consultamos a necessidade que temos deles, a utilidade que eles têm para nós; em poucas palavras: nosso interesse; e descobrimos que nossos deveres para com eles são tão mais necessários, mais sagrados e mais invioláveis – ou seja, tão mais obrigatórios – quanto mais eles são úteis, ou seja, mais necessários. Assim, os deveres de um filho para com seu pai são os mais sagrados de todos, porque seu pai é, de todos os homens, o mais necessário à sua felicidade. Assim, nós amamos o nosso país mais do que os outros porque é esse país que contém os objetos mais interessantes para nós. Assim, temos mais apego aos nossos amigos do que aos desconhecidos ou indiferentes, porque os achamos mais necessários a nós mesmos. Em poucas palavras, nossa predileção e nossas obrigações têm sempre como motivo a superioridade das vantagens que alguns homens nos põem em condições de desfrutar. É por esse princípio que consideramos a ingratidão para com um pai, para com um benfeitor ou para com a pátria como uma disposição odiosa, como uma traição, como uma violação manifesta dos deveres mais aptos a nos impor obrigações ou mais indispensáveis.

Por uma consequência necessária do amor que todo homem tem por si mesmo, ele proporciona sua afeição ou seu ódio ao bem ou ao mal que experimenta de seus semelhantes. O cidadão só pode amar sua pátria em razão das vantagens que ela lhe proporciona: se ela não lhe proporciona nenhuma, ele se torna necessariamente frio em relação a ela. Se ela só lhe proporciona tristeza, seu coração ficará completamente alienado. Só pode haver bons cidadãos sob um governo equitativo, que faz a sociedade e seus membros usufruírem das vantagens que têm direito de esperar dele. O homem deixa de amar a sua própria vida a partir do momento em que ela não lhe oferece nada de agradável.

Se a felicidade é o laço que une os homens entre si, a infelicidade afrouxa e rompe as obrigações ou os deveres que os unem uns aos outros. Amar sinceramente aquilo que nos aflige é uma coisa totalmente contrária à natureza humana. Nós só vemos tantas vezes os homens tão pouco fiéis a seus deveres porque esses deveres repugnam a sua natureza. Será que os príncipes, os poderosos, os pais, os esposos, os senhores teriam direito de se queixar de não ser amados, quando muitas vezes eles não fazem nada para atrair o amor, e quando fazem tudo aquilo que é necessário para se tornar indiferentes ou odiosos? Para ser amado pelos homens, é preciso lhes fazer o bem. É nisso que consiste a virtude, única coisa que pode servir de base para a felicidade geral e particular.[30]

30 Cf. parte III, cap.XI.

VIII
Exame das ideias dos moralistas sobre a virtude

A virtude é uma disposição habitual a fazer aquilo que contribui para a felicidade dos seres de nossa espécie, e a se abster daquilo que pode lhes prejudicar.

As obras dos moralistas estão repletas dos elogios mais justos e mais pomposos à virtude. No entanto, dentre as adequadas para se fixar em nosso espírito, existem pouquíssimas que nos tenham dado algumas ideias sobre ela. Platão, sempre guiado por uma imaginação poética, sem nos ensinar positivamente em que consiste a virtude, nada mais fez que personificá-la. *A virtude,* segundo ele, *é tão bela que, se pudesse ser vista com os olhos do corpo, todos os homens ficariam apaixonados pelos seus encantos.* Mas em que podem consistir esses encantos, a não ser nos bens que ela proporciona? Nossos olhos só ficam encantados com uma mulher amável porque ela faz nascer em nós a ideia dos prazeres que é capaz de nos fazer desfrutar. A virtude só tem atrativos para aqueles que aprenderam a conhecer as vantagens infinitas que ela nos proporciona: ela não representaria para nós senão uma palavra vazia de sentido, e os elogios que fariam dela não teriam nenhum fundamento, se por virtude não se designasse uma maneira de pensar ou de agir vantajosa para os homens, em conformidade com os seus interesses, necessária ao seu bem-estar e à sua segurança. Não existe nada amável e estimável para os seres da espécie humana cujo mérito ou o valor não derive dos bens que lhes proporciona. As maiores virtudes são, evidentemente, aquelas das quais resultam as maiores vantagens para o homem.

Quando nos dizem que *a virtude é desejável por ela mesma*, que ela é a *sua própria recompensa*, que ela deve ser amada por causa de seu valor intrínseco etc., se queremos dar sentido a essas maneiras de falar, é necessário entender por isso que a virtude nos interessa pela influência necessária que ela tem sobre a nossa felicidade. Por exemplo, quando Cícero nos diz que a justiça não exige nenhuma recompensa e que só a desejamos por ela mesma,[31] esta proposição significa que a justiça nos parece desejável porque ela nos assegura as vantagens que temos direito de aspirar, ou serve para nos manter na posse das coisas necessárias à nossa felicidade. Amamos a justiça por causa de sua utilidade, assim como amamos nossa casa porque ela nos protege das injúrias do clima e nos proporciona algumas comodidades. É a preservação da sociedade que confere seu valor à justiça.

O mesmo orador nos diz que existem coisas que nos seduzem por sua própria força sem nos atrair por nenhum proveito, mas somente por sua própria dignidade; assim são a virtude, a ciência e a verdade.[32] Porém, tudo aquilo que nos atrai ou nos

---

31 *Justitia nihil expetit praemii, nihil pretii: per se igitur expetitur.* (Cf. Cícero, *De legibus*, I, 48).

32 *Est quiddam, quod sua vi nos adliciat ad sese, non emolumento captans aliquo, sed trahens sua dignitate, quod genus virtus, scientia, veritas.* (Cícero, *De inventione*, II, 157).

seduz, nos apresenta necessariamente a ideia de alguma vantagem ou proveito, seja real ou imaginário. A dignidade de uma coisa não pode consistir senão na sua utilidade. A virtude nos atrai porque sabemos que ela contribui para a nossa felicidade. A ciência nos atrai porque ela satisfaz a nossa curiosidade, e dá atividade ao nosso espírito. A verdade nos atrai porque ela é necessária à nossa conduta, nos fazendo conhecer as qualidades das coisas que devemos buscar ou das quais devemos fugir. Os antigos tiveram noções tão sutis e tão metafísicas da virtude que muitas vezes é difícil acompanhá-los em suas sublimes divagações.

É de sua utilidade que a virtude recebe todo o seu valor. Ela não passaria de uma palavra vazia de sentido, e nossa estima por ela não teria nenhum fundamento verdadeiro, se não fosse vantajosa para o gênero humano. Estimamos e aprovamos a virtude porque ela nos anuncia sempre, naqueles que a possuem, algumas disposições favoráveis à nossa espécie, que desejamos encontrar nos seres com quem vivemos. Amamos as ações virtuosas porque elas são boas; mas essas ações só são boas pelos bens que nos proporcionam.

Assim, não há nada mais quimérico que este amor desprendido pela virtude, do qual vários moralistas antigos e modernos nos falam em suas obras. Amamos a virtude porque amamos a nós mesmos e a tudo aquilo que contribui para a nossa própria felicidade. *Devemos amar a virtude por ela mesma*, seria uma frase desprovida de sentido, se não significasse que devemos amar aquilo que é necessário à nossa felicidade, e aquilo que nos torna queridos pelos seres de nossa espécie. *A virtude é sua própria recompensa* – isso significa que, a partir do momento em que um homem tem virtude, ele está seguro de ser um objeto agradável para aqueles que sentem os efeitos de suas disposições, que ele pode contar com o amor deles, que ele pode legitimamente se estimar e congratular-se pela posse das qualidades que lhe conferem direitos incontestáveis à afeição dos outros. *A dignidade da virtude* consiste na justa confiança e no nobre orgulho que devem inspirar algumas qualidades úteis, ações louváveis e disposições apreciadas por todos os seres de nossa espécie.

Alguns moralistas sustentam que os nossos sentimentos de amor pela virtude são inteiramente desinteressados, ou não supõem nenhuma introspecção. Eles se baseiam no fato de que admiramos algumas virtudes das quais não podemos ser os objetos; no fato de que ficamos comovidos com as ações generosas dos homens virtuosos da Antiguidade, embora essas ações não nos proporcionem nenhuma utilidade presente. Mas esses sentimentos e esses juízos são evidentemente ditados pelo interesse. Descobrimos prontamente a utilidade ou as vantagens que devem ter resultado dessas ações para a espécie humana, da qual fazemos parte. Ficamos encantados com aqueles que as mostram sob uma luz favorável, nos colocamos no lugar daqueles que foram objetos dessas ações, ou daqueles que as realizaram; somos testemunhas delas na imaginação. Nós nos tornamos romanos quando nos falam das virtudes dos Titos, dos Trajanos e dos Antoninos. Nós nos identificamos com os gregos quando lemos com enlevo os esforços generosos desses campeões da liberdade que pereceram nas Termópilas. Pelo mesmo princípio, nosso coração se revolta com as crueldades de um Tibério, de um Calígula ou de um Nero. Sua ideia causa em nós a mesma impressão que temos quando nos contam sobre um monstro perigoso ou sobre uma enorme serpente que, no entanto, jamais teriam ameaçado a nossa existência.

Um coração sensível, uma imaginação viva, exercitados pela experiência e pela reflexão, nos fazem tomar parte nos prazeres e nos sofrimentos de todos os seres de nossa espécie; uma alma honesta se interessa por tudo aquilo que concerne aos homens; ela se regozija ou geme com eles em espírito pelos seus infortúnios, sem mesmo estar em condições de senti-los.

Os teólogos reconhecem como virtuosas somente as ações em conformidade com a vontade divina, ou que agradam ao seu deus. Eles condenam impiedosamente ou desprezam todas aquelas que têm apenas a utilidade ou o interesse dos homens como objeto. Mas nós lhes perguntaremos, como Sócrates: essas ações agradam aos deuses porque são boas, ou só são boas porque agradam aos deuses?[33] Eles nos responderão, sem dúvida, que é unicamente a vontade divina que torna as ações meritórias e boas. No entanto, se é verdadeiro que Deus seja infinitamente bom e que ele queira a felicidade de suas criaturas, devemos concluir daí que as ações úteis à espécie humana são as únicas em conformidade com a vontade dele e capazes de lhe agradar. Além do mais, devemos supor que as virtudes contrárias ao bem da sociedade, ou aquelas que repugnam a natureza do homem, devem soberanamente desagradar a esse Deus, que só é chamado de infinitamente bom porque lhe atribuímos uma infinita benevolência para conosco.

Essas reflexões podem servir para estabelecer nossos juízos acerca de um grande número de virtudes, de ações e de perfeições que a religião nos exalta como agradáveis à Divindade, ao passo que não somente não proporcionam nenhuma vantagem para a sociedade, mas são até mesmo diametralmente opostas à

33 Cf. Platão, *Eutífron*.

sua utilidade e à sua felicidade. É assim que a moral religiosa consagra como virtudes sublimes a credulidade, a renúncia à razão, a abjeção, o desprezo e o ódio por si, a covardia, a fuga do mundo, a mortificação e a inutilidade. É assim que ela transforma em mérito o zelo perseguidor, a intolerância, a insociabilidade etc.

Enfim, os antigos, como já fizemos observar, deram falsamente o nome de virtude a uma paixão desordenada pela pátria, fanatismo que fez muitas vezes dos heróis gregos e romanos péssimos cidadãos do mundo, ou seja, homens muito cruéis, muito injustos e muito desumanos para com as outras nações – e, por conseguinte, condenáveis aos olhos da justa razão.

Evitemos, portanto, aprovar essas virtudes locais e fictícias, das quais o mérito e a utilidade só se fundamentam nos interesses particulares de alguns homens injustos, e se chocam de frente com os interesses mais sensíveis do gênero humano. Não existe absolutamente nenhuma virtude sem utilidade; mas não é a utilidade de um indivíduo, de uma corporação ou de uma nação que lhe confere o seu valor: é a utilidade geral dos homens, é sua conformidade com os interesses permanentes da raça humana. Não existe nenhum mortal que não reconheça a utilidade da justiça, e que não sinta a necessidade dela; no entanto, ela lhe desagrada a partir do momento em que se opõe às suas paixões ou aos seus apetites desregrados; nem por isso ela é menos útil e deixa de estar em conformidade com os interesses verdadeiros de nossa espécie – e até mesmo daqueles que ela algumas vezes contraria. Os homens mais injustos para com os outros exigem, no entanto, que se seja justo em relação a eles, e sentem que necessitam da equidade. É assim que a virtude conquista a aprovação daqueles mesmos que parecem desprezá-la, e reúne as reverências de todo o gênero humano.

Isso posto, chamaremos de virtude apenas aquilo que a experiência, a reflexão e a razão nos mostrarem em todos os tempos e em todos os lugares em conformidade com a utilidade geral e real dos habitantes da Terra. Os homens estão sujeitos a se enganar nas qualidades que eles chamam de virtudes; mas eles não se enganarão mais quando derem esse nome àquelas das quais resultarem para nós algumas vantagens permanentes.

Ainda que amemos a virtude porque a nossa felicidade está evidentemente ligada a ela, o amor que temos por ela não deve ser visto como um sentimento inato; ele prova somente que os homens esclarecidos pela experiência e pela razão sentem que devem amar aquilo que eles julgam necessário à sua conservação e à sua felicidade. Para amar a virtude, é preciso conhecer a sua natureza e os seus efeitos; muitas pessoas designam por esse nome alguma coisa que elas sabem grosso modo poder contribuir para a sua felicidade, mas que raramente estão em condições de definir.

A virtude e o amor à virtude são, evidentemente, no homem, disposições adquiridas; ele não nasce virtuoso, ele está apto a se tornar virtuoso e a adquirir o gosto pela virtude. *É preciso*, diz Sêneca, *aprender a virtude, a bondade é um efeito da arte.*[34] Uma boa educação semeia nos corações a virtude, a cultiva, faz com que ela se torne um hábito, torna a sua prática fácil, a identifica conosco, a torna necessária à nossa felicidade, e faz com que nós a adotemos como regra em nossa conduta. Esta virtude que todos admiram da boca para fora, mas da qual poucos têm uma ideia precisa, e cujos praticantes são em menor número ainda, só é

34 *Discenda virtus, ars est bonum fieri.**

* Cf. nota 1. (N. T.)

tão rara porque muitas vezes recebemos apenas ideias muito falsas sobre ela, e porque, em vez de nos inspirar o gosto por ela, tudo parece mostrá-la aos homens apenas como contrária aos seus interesses. Para elaborar ideias verdadeiras sobre a virtude, é preciso se libertar dos preconceitos; para conhecer as suas vantagens, é preciso refletir sobre ela; é preciso ter experimentado as doçuras que ela espalha nas almas, para amá-la sinceramente e jamais se separar dela. *São necessários*, diz Cícero, *o hábito e o exercício para nos ensinar a refletir bem sobre os nossos deveres.*[35] Quanto mais tivermos luzes, mais nossos passos serão firmes no caminho da virtude.

Nada é mais difícil que produzir um homem de bem pela transformação de um leviano que não reflete; que, sempre disperso, nunca se volta para dentro de si mesmo; cujo coração e o espírito nunca foram cultivados. A grande maioria dos homens não estará nesse caso? Não tardaremos a fazer ver aquilo que se deve pensar da opinião daqueles que sustentam que o amor pela virtude ou o gosto pelo *belo moral* são em nós sentimentos inatos. Será que, consultando a experiência cotidiana, não deveríamos ser mais tentados a crer que o amor pelo vício e o gosto pelo mal moral é que são sentimentos inerentes ao homem? No entanto, nem uma nem outra dessas opiniões é verdadeira; o homem é uma massa de cera, da qual se faz aquilo que se quer; ele só é tantas vezes vicioso porque nunca lhe ensinaram a conhecer o valor da virtude, porque a sua razão

35 *Consuetudo exercitatioque capienda, ut boni ratiocinatores officiorum esse possimus.* (Cícero, *De officiis*, I, 59). Filon, o Judeu diz que as pessoas de bem são os *atletas da virtude*. São João Crisóstomo diz que *exercitar-se para a virtude é como se exercitar para a luta.*

raramente foi cultivada, porque tudo conspira para lhe enganar quanto ao caminho que conduz à felicidade. O valor da virtude consiste apenas na utilidade; o gosto pela virtude só pode ter como base o conhecimento de suas vantagens nos relacionamentos da vida. Se é verdadeiro que não podemos amar o que nos é desconhecido,[36] só podemos amar a virtude conforme o conhecimento dos bens que ela nos proporciona. Assim, amamos a virtude quando aprendemos que o nosso bem está ligado a ela, do mesmo modo como amamos a ciência porque ela nos fornece algumas ideias agradáveis e verdades úteis; amamos essas verdades porque, nos esclarecendo, elas contribuem para a nossa felicidade. Em poucas palavras, de qualquer ponto de vista que encaremos as coisas, é sempre nossa utilidade, nosso interesse, o desejo de nos tornar felizes, que nos fazem amar ou odiar os objetos. Esses sentimentos, em conformidade com a nossa natureza, não podem ser condenados a não ser por aqueles que não têm nenhuma ideia desta natureza.

Portanto, nada está em maior conformidade com a natureza do homem do que amar a virtude, visto que nada é mais natural do que amar aquilo que contribui para a conservação e para o bem-estar da espécie humana. Os homens amam a virtude e odeiam o vício pela mesma razão que buscam o prazer e fogem da dor. O bem é aquilo que é conforme à nossa natureza; o mal é tudo aquilo que se acha contrário a ela.

Quase todos os antigos filósofos reconheceram essas verdades tão simples; como consequência, eles foram unânimes em considerar a virtude como o *soberano bem* do homem. Segundo

---

36 *Ignoti nulla cupido.**

* 'Ovídio, *Arte de amar*, III, 397. (N. T.)

Zenão, a perfeição do homem consiste em viver em conformidade com a sua natureza – o que é viver de uma maneira virtuosa, já que é para a virtude que a natureza nos conduz.[37] Ora, esta natureza convida incessantemente o homem a buscar o seu bem-estar, e lhe proporciona necessariamente esse bem-estar quando ele consulta a sua razão.

A moral de Epicuro, tão injustamente depreciada pelos adversários desse grande filósofo, tende, evidentemente, mas por um caminho diferente, ao mesmo objetivo que a do fundador da seita estoica. Situando o soberano bem na volúpia, Epicuro não pretendia incentivar o desregramento, o vício e a dissolução dos costumes – que, longe de estarem em conformidade com a natureza de um ser inteligente, só são apropriados para conduzir a uma perda certa. Ele incitava à virtude, a única coisa que pode proporcionar tanto ao indivíduo quanto à sociedade o contentamento interior, o repouso e o usufruto duradouro dos bens que a natureza lhes faz desejar. O estoico se esforçava para conduzir o homem à felicidade através de um caminho penoso, escabroso, próprio para desencorajá-lo. Epicuro lhe traçava um caminho mais fácil, mais natural, mais apto a atraí-lo. O primeiro, para tornar o homem virtuoso ou conforme à natureza, combatia esta natureza, pretendia sufocá-la, tornava o homem infeliz; o outro lhe mostrava que a virtude não é incompatível com o bem-estar, e que para chegar a ela era necessário apenas seguir a propensão fácil que a natureza

---

37 Cf. Diógenes Laércio. *A regra da vida*, diz Arriano, *é fazer tudo aquilo que está em conformidade com a natureza*. Segundo Cícero, ser virtuoso é viver segundo a natureza do homem (*Vivere ex hominis natura*).*
* Cícero, *De finibus*, V, 26. (N. T.)

indica ao ser racional. Um acreditava que para tornar o homem feliz era preciso desnaturá-lo, tirar-lhe as suas paixões, torná-lo completamente insensível; o outro acreditou que era preciso direcionar as suas paixões, regulá-las, fazê-las servir à sua felicidade. Zenão teve apenas ideias vagas ou falsas sobre a natureza, às quais ele queria que o homem se adequasse; Epicuro quis que o homem se adequasse à sua própria natureza que, regulada pela razão, está em condições de lhe proporcionar a *volúpia pura*, ou seja, a felicidade permanente que constitui o objeto de seus desejos.

A exemplo de Zenão e de sua triste seita, muitos moralistas – e sobretudo os nossos teólogos – fizeram da virtude um fantasma, bem mais próprio para assustar do que para seduzir. Vendo a perversidade que reina neste mundo, eles quiseram que o homem, para ser feliz, rompesse todos os laços que o unem a seus semelhantes, renunciasse aos objetos que despertam os seus desejos, se armasse de uma total indiferença por tudo aquilo que os interessa. Em poucas palavras, a moral dos estoicos, assim como a dos cristãos, parece ter se proposto não somente a separar o homem dos outros, mas também a separá-lo de si mesmo. De acordo com tais princípios, o sábio dos estoicos, assim como o perfeito cristão, ou foi um ser de razão ou foi um homem inútil. O entusiasmo bem pode exaltar por alguns instantes o espírito humano, a ponto de fazê-lo tentar se elevar acima de si mesmo; porém, apesar de todos os seus esforços, ele é logo forçado a voltar ao seu lugar, de onde o calor da sua imaginação pretendia tirá-lo. Nada é mais insensato do que combater a natureza; cedo ou tarde ela consegue a vitória e pune os esforços que foram feitos para sufocá-la. Nada é mais extravagante do que procurar o bem-estar tornando-se miserável; nada é mais ridículo do que incentivar à virtude mostrando-a com feições desagradáveis. Nada é mais oposto à virtude real e ao bem da sociedade que exortar o homem a se isolar, a se desligar dos seres sobre os quais a sua virtude deve se exercer. A verdadeira moral, assim como a verdadeira política, é aquela que procura aproximar os homens, a fim de fazê-los trabalhar, com seus esforços reunidos, pela sua felicidade mútua. Toda moral que separa os nossos interesses dos de nossos associados, que nos torna frios diante dos seus sofrimentos, que nos torna insensíveis aos objetos feitos para nos afetar, é uma moral falsa, insensata e contrária à natureza, cuja prática acarretaria a ruína da sociedade.

Nada lançou tantas incertezas sobre a moral quanto os diferentes sentidos que os homens conferiram a algumas palavras que eles não tinham tomado o cuidado de definir bem. Vemos um exemplo disso na palavra *natureza*, com a qual uns designam a Divindade, ou o autor de tudo aquilo que existe nesse mundo, e outros designam o conjunto de todos os seres que constituem o sistema do universo. Outros entendem que *natureza* é a ordem imutável das coisas, resultante das leis constantes dos seres e necessária à sua manutenção. Na moral, só pode estar em questão a natureza do homem, ou seja, daquilo que constitui o seu ser, ou o conjunto das leis segundo as quais ele age, se conserva e se torna feliz.

Quaisquer que sejam as especulações metafísicas do homem sobre o autor de seu ser e do mundo no qual ele se encontra situado; quaisquer que sejam as suas ideias sobre o princípio oculto que o move e que ele chama de sua *alma*; quer ele suponha esta alma espiritual e feita para durar para sempre, quer ele a creia corporal e feita para durar apenas por um tempo e destinada a perecer com seu corpo; quer ele admita recompensas e castigos em uma outra vida, sua natureza nesse mundo será sempre a mesma; as opiniões não modificam em nada a essência das coisas; qualquer que seja a origem e o destino do homem, ele jamais poderá duvidar de que em cada instante da sua duração presente ele seja forçado, por sua natureza, a desejar o bem, o prazer, a virtude e a conservação de seu ser, e a temer o mal, a dor, o vício e a destruição de seu ser. Esses sentimentos inerentes à natureza humana constituem as paixões, que se reduzem todas em amor ou em ódio, em desejos do bem e em temores do mal.

Assim, as paixões são essenciais ao homem, inerentes à sua natureza, necessárias à sua conservação e ao seu bem-estar, e não podem ser aniquiladas. Um homem sem paixões ou sem desejos deixaria de ser um homem: se fosse possível supor um ser desta espécie, ele não teria nenhum motivo para se conservar e nem para agir. Perfeitamente separado de si mesmo, como seria possível convencê-lo a se ligar aos outros? Um homem indiferente a respeito de tudo, privado de paixões, que se bastasse a si mesmo, não seria mais um ser sociável; ele não conheceria nem relações e nem deveres para com os outros; não haveria mais moral para ele; nada o impulsionaria à virtude, que nada mais é que a transmissão da felicidade. De onde se vê que o sábio do estoicismo, assim como o *santo* ou o homem perfeito do cristianismo, não existiriam *em conformidade com a natureza*, mas seriam verdadeiras estátuas, inúteis ao gênero humano, e que só impressionariam os outros homens pela sua bizarrice e sua excentricidade.

O homem não pode ser indiferente quanto à sua própria felicidade: ele tem necessidade de seus semelhantes para obter essa felicidade; ele tem necessidade de seus próprios desejos e de suas paixões para obter o bem, para afastar o mal ou para se conservar; ele tem necessidade das paixões e dos desejos dos outros, para incentivá-los a colaborar com os seus. A sociedade tem necessidade das paixões de seus membros para incitá-los a trabalhar pela sua conservação; ela não teria nenhum motivo para fazer com que seres totalmente indiferentes quanto à sua própria felicidade agissem. Um homem sem interesses não estaria de maneira alguma disposto a se ocupar dos interesses alheios. Um ser sociável deve, portanto, ter paixões e desejos; o mau uso dessas paixões, seja para ele mesmo, seja para os outros, se chama vício ou loucura; seu bom uso se chama virtude. Sem paixões, a sociedade não poderia subsistir. *A sociedade*, diz Sêneca, *se assemelha a uma abóbada que é sustentada pela pressão que as próprias pedras pelas quais ela é composta fazem umas sobre as outras.*[38]

---

38 *Societas nostra lapidum fornicationi simillima est, quae casura, nisi invicem obstarent, hoc ipso sustinetur.* (Cf. Sêneca, *Cartas a Lucílio*, 95, 53).

IX
Do gosto, do bom, do belo, da ordem e da harmonia na moral

Se, como já pudemos observar mais de uma vez, a maior parte dos moralistas não nos deram ideias claras sobre as coisas, eles quase sempre as substituíram por palavras vagas, às quais algumas vezes é difícil vincular noções definidas. À força de metafísica e de sutilezas, a ciência feita para ser a mais simples e mais ao alcance de todos os homens se tornou um palavreado ininteligível até mesmo para os espíritos mais exercitados. Portanto, é oportuno examinar aquilo que os moralistas antigos e modernos pretenderam designar com as expressões *Gosto moral*, *Instinto moral*, *Belo moral*, *Ordem* e *Harmonia*, que encontramos em suas obras e que eles nunca pensaram em definir – ao menos de uma maneira bastante precisa para serem entendidas pela grande maioria dos leitores. Esses filósofos parecem comumente ter partido, em seus sistemas, da suposição das *ideias inatas*, que o ilustre Locke sabiamente relegou ao pó das cátedras.[39]

39 Warburton* define o sentimento moral como uma aprovação do bem e um horror do mal dos quais o instinto e a natureza nos previnem

A disposição que faz com que um homem cujo coração é sensível, cuja cabeça está acostumada a pensar, a combinar ideias, a fazer experiências morais, se encontre agradavelmente afetado com a visão ou com a narração de uma ação virtuosa; e experimente, ao contrário, um sentimento de aversão com a visão ou a narração de uma ação criminosa ou desonesta – esta disposição, digo eu, é evidentemente adquirida, é um efeito do hábito, não se pode considerá-la como um sentimento inerente ao homem. Todas as nossas ideias nos vêm dos sentidos. A frequência dos mesmos movimentos, seja nos órgãos do nosso corpo, seja em nosso espírito, constitui nossos hábitos, e esses hábitos com os quais nosso espírito ou nosso corpo se familiarizaram, ou, por assim dizer, se identificaram, tornam-se para nós necessidades. Nosso espírito se acostuma a pensar, assim como nossa mão realiza operações mecânicas. O hábito e o exercício formam os pensadores, as pessoas de bom gosto e os filósofos, do mesmo modo como formam pintores, escultores, artesãos etc.

Habituado desde cedo, seja pela educação, seja pela opinião pública, seja por nossa própria experiência e nossas reflexões,

---

anteriormente a toda reflexão sobre o seu caráter e as suas consequências. Hutcheson diz que cada um, refletindo atentamente sobre isso, pode se convencer de que existe nele uma determinação natural e imediata que leva a aprovar determinadas afecções e as ações que são consequências delas; ou um sentido natural de uma excelência imediata que reside nelas, sem considerar nenhuma qualidade perceptível pelos outros sentidos ou pelo raciocínio. (Cf. Hutcheson, *Inquiry concerning virtue*, tomo I, p.58). Foi com base em semelhantes asneiras que alguns modernos construíram sistemas de moral!

* William Warburton (1698-1779), crítico literário que também foi bispo da Igreja anglicana. (N. T.)

a compreender as relações entre as coisas, a sentir as suas vantagens ou as suas desvantagens, a louvar ou a censurar determinadas ações, nosso espírito elabora uma série de ideias, um sisterma que se torna habitual e familiar para ele, e do qual ele não pode mais se desfazer sem o mais extremo sofrimento. Os homens se ligam tão fortemente às suas opiniões, verdadeiras ou falsas, porque se acostumaram a crer que o seu bem-estar estaria vinculado a elas.

Como já foi dito em outra parte, é à educação, ao exemplo e à autoridade de nossos preceptores e de nossos professores que devemos as nossas opiniões; e muitas vezes essas opiniões estão corrompidas ou são muito contrárias à verdade, à razão e à nossa utilidade real. Uma criança criada entre antropófagos aprenderia a ver sem horror comerem carne humana, ao passo que uma criança criada em uma sociedade civilizada estremeceria com a simples narrativa de uma semelhante barbárie. Um português nutrido nos princípios de uma superstição atroz, assiste com prazer a esses *autos de fé* nos quais são queimados os heréticos. Um inglês, mais humano, não poderia suportar a visão deste infame espetáculo, cuja narrativa seria suficiente para enchê-lo de indignação e de horror. Um homem do vulgo vinculará comumente a ideia da glória a batalhas e a conquistas que fazem o sábio gemer pelas loucuras cruéis daqueles que são tidos como heróis.

Por onde poderemos julgar a bondade ou a perversidade dessas maneiras tão diferentes de ver e de sentir as mesmas ações? É pela sua utilidade, por sua conformidade com os interesses de nossa espécie, por sua analogia com a natureza humana e, enfim, pelos efeitos que resultam delas para a nossa felicidade verdadeira. É de acordo com essas comparações que o nosso sentimento moral, ou o nosso gosto moral, será definido. Cultivado pelo hábito ou tornado familiar ao nosso espírito, nós o exerceremos com uma enorme presteza – ou, se preferirem, *por instinto*.

O gosto moral não difere em nada do bom gosto nas artes: este último supõe uma aptidão, uma sutileza nos órgãos que são devidas à natureza, mas que têm necessidade de ser convenientemente exercitadas. Este exercício, que consiste na comparação frequente das cópias com seus modelos, proporciona aos olhos a capacidade de apreender prontamente as belezas e os defeitos das obras que a arte nos apresenta. O gosto moral supõe de igual modo uma aptidão natural, um refinamento, uma sensibilidade em nosso espírito e em nosso coração que, devidamente exercitados pela educação, nos colocam em condições de apreender prontamente os efeitos vantajosos ou nocivos das ações, de pressentir suas consequências, de aprová-las ou de censurá-las. É assim que nos tornamos *conhecedores* em moral, do mesmo modo que nos tornamos conhecedores em pintura, em escultura, em arquitetura etc. De acordo com este conhecimento, julgamos judiciosamente toda ação moral, mesmo que não sejamos nós mesmos objetos dela. Uma ação nobre, grandiosa, generosa, que se passou na Antiguidade, nos causa ainda hoje o mais extremo prazer, e nos afeta sensivelmente, pela mesma razão que a visão de um belo quadro causa o mais extremo prazer a todo homem de bom gosto ou a todo conhecedor de pintura, mesmo que ele não seja proprietário dela e ainda que ignore muitas vezes até o nome do artista que a fez ou daquele que a possui. Uma bela ação da Antiguidade nos agrada porque sentimos a sua utilidade; porque nos colocamos no lugar daquele que a realizou e daqueles que foram testemunhas ou objetos dela; porque gostaríamos que os homens com quem vivemos realizassem ações semelhantes. Enfim, uma ação sublime nos dá uma elevada ideia de nossa espécie, sentimento sempre capaz de nos exaltar e nos agradar. As ações virtuosas de um Codro,[40] de um Aristides ou de um Sócrates exercem sobre um conhecedor da moral a mesma impressão que a Vênus de Médici, o Antinoo ou o Apolo[41] sobre um escultor ou um conhecedor de escultura – que, nas suas proporções, nas suas formas e nos seus contornos, veem os recursos de uma arte que eles exercem e que aprenderam a julgar.

Essas reflexões podem servir para nos mostrar como se formam em nós as ideias do *belo* e do *bom*, que são a mesma coisa e que designam sempre aquilo que é útil, agradável, vantajoso e interessante para os seres de nossa espécie. Sócrates tinha a máxima razão de perguntar a seu aluno Alcibíades:

> Pensais que aquilo que é bom não seja belo? Será que não haveis observado que essas qualidades são as mesmas? A virtude é bela no mesmo sentido que ela é boa [...] A beleza do corpo resulta também da forma que constitui a sua bondade; e em todas as circunstâncias da vida, o mesmo objeto é constantemente considerado *belo* e *bom*, quando ele é conforme ao que a sua destinação exige.

Com efeito, chamamos de *bom* aquilo que nos proporciona utilidade, prazer e bem-estar. Chamamos de *belo* aquilo que im-

40 Na mitologia grega, foi o último rei de Atenas, e teria sacrificado a sua vida para salvar a cidade de uma invasão. (N. T.)

41 Holbach se refere ao Apolo do Belvedere, estátua greco-romana que se encontra em um dos museus do Vaticano. (N. T.)

pressiona os nossos olhos de uma maneira bastante agradável para que desejemos a sua duração. O belo é, com relação aos olhos, aquilo que o bom e o doce são com relação ao paladar; aquilo que o harmonioso é com relação aos ouvidos; aquilo que um perfume delicioso é com relação ao olfato. Essas denominações diversas foram imaginadas para designar aquilo que agrada, ou aquilo que é bom, útil, agradável para cada um dos nossos sentidos. Na moral, uma ação que achamos *boa* por causa de sua utilidade para a nossa espécie é também chamada de *bela* pelos movimentos agradáveis que ela faz nascer nos corações e nos espíritos que a contemplam – ou seja, que, com a ajuda da experiência e da reflexão, aprenderam a conhecer toda a extensão das vantagens que ela é capaz de proporcionar.

Apenas a experiência refletida pode nos colocar em condições de descobrir as ações vantajosas para nós mesmos ou para os seres constituídos como nós. À custa de experiências e de reflexões, adquirimos o hábito de avaliá-las com celeridade ou de perceber a sua beleza e a sua deformidade com maior ou menor presteza e com maior ou menor intensidade, em razão da nossa sensibilidade natural, do nosso temperamento, da nossa imaginação e da retidão do nosso espírito. Do ponto de vista da moral, existem alguns homens estúpidos, cujo espírito é obtuso, cujo coração é difícil de comover, que são pouquíssimo capazes de fazer experiências verdadeiras, de refletir sobre elas e de perceber as suas consequências. O belo moral não é feito para ser sentido por seres deste caráter. Também encontramos homens maldispostos para o sentimento do belo físico; por algum vício de sua organização particular, eles permanecem por toda a sua vida completamente insensíveis às belezas da pintura, da música e das artes, ao passo que essas mesmas belezas extasiam e deixam fora de si aqueles que, dotados de órgãos mais sensíveis, os exercitaram adequadamente.

Um objeto nos parece belo quando o aspecto de seu conjunto produz em nossos olhos alguma sensação agradável, quando desejamos a sua presença, ou quando, sem fatigar nosso órgão, percorremos com prazer e facilidade todas as suas partes. Se não encontramos entre essas partes nem acordo e nem proporção, se não percebemos o objetivo ou a utilidade do conjunto, o objeto nos parece disforme e nos desagrada.

A ordem é tão somente o acordo que se encontra entre as partes de um todo para cooperar com um objetivo. O belo moral resulta da ordem moral, que é o acordo das vontades e das ações dos homens para contribuir com a sua felicidade – o único objetivo que seres sensíveis podem se propor. A ordem física no homem é o acordo entre todas as suas partes, de onde resulta a conservação de seu todo ou o estado que nós chamamos de *saúde*. Um corpo político está em ordem quando todos os membros que o compõem colaboram fielmente para a sua manutenção. Uma família ou sociedade particular está em ordem quando o pai, a mãe, os filhos, os parentes próximos e os servidores cooperam para a felicidade comum. As ações e as vontades do homem isolado estão em ordem quando tendem a conservá-lo, a torná-lo feliz. As ações e as vontades dos homens em sociedade estão em ordem quando delas resultam a conservação e o bem-estar da associação; enfim, na natureza universal, os homens chamam de ordem a série de causas e efeitos naturais que eles acham vantajosa para a sua conservação e para a sua felicidade; eles chamam de desordem tudo aquilo que se opõe à sua felicidade.

Aquilo que acaba de ser dito nos mostra que não é sem razão que diversos moralistas compararam os efeitos resultantes das ações virtuosas com os da harmonia. Essas ações cooperam para formar nas sociedades gerais e particulares um concerto no qual cada um dos membros faz exatamente a sua parte. Não se pode duvidar de que esta harmonia resultante das ações úteis e das vontades bem reguladas esteja apta a afetar as almas sensíveis, honestas, exercitadas na reflexão, as únicas que são capazes de sentir e de apreciar o mérito desta música intelectual – do mesmo modo como somente um ouvido sensível e devidamente exercitado é capaz de encontrar um grande prazer em uma música bem composta. Esse prazer não é feito para almas rebeldes, discordantes ou desprovidas de sensibilidade, tais como são aquelas que constituem os malvados, os estúpidos e tantos homens levianos que são muito comumente encontrados na sociedade: seres desta espécie não têm nenhuma ideia do belo moral, nem da ordem moral, nem da harmonia moral – ou, se as têm, elas são falsas, convencionais, desmentidas pela experiência e pela razão.

Será que os moralistas que consideram os sentimentos do bom, do belo moral e da ordem como inerentes à espécie humana não deveriam ter se apercebido de que os homens não estão de maneira alguma de acordo sobre os objetos aos quais eles vinculam essas ideias? Já fizemos observar que povos inteiros algumas vezes aprovaram, louvaram e exaltaram como boas e belas algumas ações muito criminosas e muito opostas à justa razão. Os romanos não terão dado o título de *bons*, por excelência, a guerreiros ferozes, a verdadeiros flagelos da humanidade? Algumas superstições abomináveis não terão feito adorar como seres *muito bons* e *muito grandiosos* algumas divindades detestáveis pela conduta que lhes é atribuída? Entre os antigos e os modernos, essas mesmas superstições não terão introduzido alguns usos capazes de fazer tremer todos os seres racionais? Enfim, será que a barbárie, sempre subsistente no espírito da grande maioria dos homens, não continua a lhes mostrar como belas, boas e estimáveis um grande número de leis, de costumes e de instituições que evidentemente contrariam toda razão e são nocivas à sociedade?

Os homens estão tão pouco de acordo em suas ideias sobre o belo físico quanto sobre o belo moral. Será que os diferentes povos da Terra não terão ideias muito pouco semelhantes sobre aquilo que constitui a beleza nas mulheres? Coloquem na Nigritia[42] a pessoa mais admirada na Europa pela brancura da sua pele ou pela regularidade das suas feições, e ela parecerá um objeto pouco desejável para os negros acostumados a associar a beleza apenas à cor que eles mesmos têm. As coisas que nos parecem feias, disformes, bizarras, ridículas, não são de modo algum assim para os olhos dos habitantes de uma outra região; nós só as desaprovamos porque elas muitas vezes não estão em conformidade com as nossas ideias, com os nossos usos, com os nossos hábitos. É assim que achamos bizarras e ridículas as vestimentas, os usos e as maneiras dos estrangeiros, unicamente porque diferem daqueles com os quais os nossos olhos estão acostumados. Achamos detestáveis algumas comidas que são consideradas deliciosas em outros países, pela simples razão de nosso paladar, desde a infância, não ter sido acostumado a elas. As modas e os usos de nossos ancestrais nos parecem hoje absolutamente ridículos, ao passo que os nossos não o serão menos aos olhos da posteridade.

---

42 Na cartografia arcaica, a Nigritia correspondia à África negra, especialmente a região do atual Sudão. (N. T.)

As ideias da ordem não são mais uniformes no espírito dos homens que as do belo e do bom. Na própria natureza, aquilo que parece uma ordem admirável para alguns indivíduos da espécie humana, parece uma desordem execrável para muitos outros. As inundações periódicas do Nilo são consideradas pelo egípcio como um benefício relevante da providência, que se serve desse meio para fertilizar seus campos áridos; os transbordamentos do Danúbio parecem um flagelo para os povos que veem que suas águas carregam o húmus de suas terras. As ideias da ordem moral variam igualmente nas cabeças dos homens. Pouquíssimos mortais têm ideias verdadeiras sobre a ordem moral e a ordem social. Eles algumas vezes confundem com a ordem aquilo que não passa, evidentemente, de uma desordem pavorosa! Quantas nações acreditam estar em ordem enquanto um governo despótico e desordenado exerce sobre elas uma permissividade desenfreada; enquanto leis injustas, usos absurdos, costumes desregrados e paixões discordantes põem tudo em desordem, fazem com que não exista nenhuma harmonia entre os membros da sociedade e impedem que suas partes cooperem para a ordem, a manutenção e a felicidade do todo! A ordem que existe na maioria dos corpos políticos se parece bastante com aquela que se encontra no corpo de um doente, que uma febre ora atira em uma prostração aflitiva, e ora no delírio.

Vê-se, portanto, que existe para os homens uma ordem relativa, convencional, imaginária, e que as ideias do bom e do belo moral não estão nem um pouco determinadas. Mas como poder julgar a exatidão ou a falsidade dessas ideias? Como decidir se os homens se enganam, ou não, nas noções que elaboram da ordem e do belo? É pela utilidade ou pelo mal que resultam delas para eles; é pelos efeitos das causas que eles aprovam ou que censuram; é pesando as vantagens e as desvantagens constatadas e verdadeiras que nascem das opiniões, das ações, dos costumes, das leis e das instituições que eles adotam como louváveis ou rejeitam como censuráveis. Ora, este exame supõe a experiência, reflexões, uma razão exercitada, das quais pouquíssimas pessoas são capazes. De onde se deduz que bem longe de poder considerar as ideias do belo, do bom e da ordem como ideias inatas, elas são de natureza a só poderem ser adquiridas com muito labor; e para a maioria dos homens, que refletem muito pouco, essas ideias comumente são apenas efeitos da educação, do exemplo, da opinião, de uma rotina mecânica ou de interesses particulares, cuja característica é excluir a reflexão e a razão.[43]

É preciso, sem dúvida, experiência e hábito para julgar judiciosamente a *moralidade*, ou seja, a bondade ou a beleza das ações dos homens. Para adquirir o gosto moral, é necessário um espírito penetrante que apreenda as verdadeiras relações entre as coisas, a ligação necessária das causas com os efeitos, os resultados das ações e das instituições humanas com relação ao bem-estar duradouro das sociedades e dos indivíduos. Na moral, assim como na ordem física, o instinto nunca é algo que não seja a aplicação rápida de nossas experiências e de nossas reflexões sobre a natureza das causas e dos efeitos. Quando

43 *Quidam creduli, quidam neglegentes sunt; quibusdam mendacium obrepit, quibusdam placet.* (Sêneca)*

* Uns são crédulos, outros negligentes; uns se deixam levar pela mentira, outros gostam dela. (Sêneca, *Questões naturais*, VII, 16). (N. T.)

vejo uma pedra prestes a cair, me afasto *por instinto*, ou seja, aplico rapidamente à circunstância presente o resultado de um grande número de experiências anteriores, ou a conclusão das reflexões e dos raciocínios que me fizeram conhecer que uma pedra é um corpo pesado e duro; que, de acordo com as leis da gravidade, esta pedra não pode se deter no ar; que ela deve cair em mim; que, encontrando alguma parte do meu corpo muito fraca para lhe resistir, ela deve me causar dor, ou mesmo me privar da vida. É resumindo todos esses conhecimentos adquiridos que eu evito a queda de uma pedra com celeridade, ao passo que uma criança privada de experiência esperaria sem temor ou mesmo a observaria cair com algum prazer. Será que não vemos todos os dias uma criança pôr os dedos em um ferro em brasa ou na chama de uma vela? Ela evita recomeçar, quando adquiriu a experiência da dor que esses objetos podem lhe causar.

Se, mesmo em nossos movimentos naturais ou físicos, nosso instinto é uma disposição adquirida, com mais forte razão nossos sentimentos morais ou nossas ideias sobre o bom e o belo, podem bem menos ainda ser tidos como sentimentos inatos. A experiência na moral é bem mais difícil que a experiência física. Os efeitos das ações humanas estão comumente muito distanciados de suas causas; é difícil pressenti-los; as circunstâncias os fazem variar ao infinito, e desconcertam muitas vezes a mais extrema prudência. Enfim, algumas vezes, os resultados dessas ações só se fazem sentir muito tempo depois de ser dado o impulso. É preciso experiência e reflexão para conhecer o valor da equidade, da humanidade, da beneficência, da gratidão etc. – disposições tantas vezes esquecidas entre os homens. É necessário um espírito exercitado para distinguir o justo do injusto, que tantas causas parecem conspirar para incessantemente confundir. É preciso sagacidade para descobrir o veneno, tantas vezes oculto sob as aparências da utilidade, na maior parte das instituições humanas. Enfim, todo homem que pensa está perpetuamente indeciso quando se trata de julgar um grande número de circunstâncias tão complicadas que é quase impossível distinguir o bem do mal, o verdadeiro do falso, o útil do nocivo.

Uma criança não traz ao nascer nenhum sentimento moral; ela traz apenas algumas necessidades que procura satisfazer. A partir do momento em que se recusam a contentar suas fantasias, ela não conhece nem relações nem deveres; ela feriria ou mataria sua ama ou sua mãe se tivesse força para isso, e não sentiria em seguida nem escrúpulos e nem remorsos. Não é senão sucessivamente que ela aprende a necessidade que tem de seus pais, os interesses que a ligam a eles, a necessidade de tratá-los com consideração para obter deles aquilo que pede, e de reprimir as paixões súbitas que experimenta contra tudo aquilo que lhe desagrada. À medida que cresce, ela se torna mais dócil e mais racional, porque pouco a pouco a experiência a esclarece quanto aos seus verdadeiros interesses; porque ela reflete mais. É assim que o sentimento moral se desenvolve nela, em razão dessas disposições naturais que a educação cultiva dia após dia.

Todos os homens começam por ser crianças; a educação que recebem de seus pais lhes dá as suas primeiras ideias, permite-lhes realizar suas primeiras experiências, inspira-lhes seus primeiros sentimentos morais, transmite-lhes opiniões verdadeiras ou falsas, boas ou ruins, úteis ou nocivas ao seu próprio interesse e ao da sociedade. Como existem homens nesse mundo aos quais a educação só transmite ideias tão falsas quanto perigosas, de acordo com as quais eles não têm muitas vezes nem gosto moral, nem nenhuma ideia verdadeira do bom e do belo, nem nenhuma noção justa da ordem e nem a capacidade de sentir os encantos da harmonia social! Enfim, quantas nações estão ainda em um estado de infância e de desatino, que faz com que elas aprovem como louváveis – ou, pelo menos, que vejam sem horror – as coisas mais opostas ao bom senso e à sua própria felicidade! A Terra está povoada de crianças velhas que não têm nenhuma ideia da virtude e nem das vantagens que ela proporciona.

X
Das virtudes morais

A primeira das virtudes, aquela que serve de fundamento a todas as outras, é a *Justiça*. Simônides[44] dá sobre ela uma ideia muito verdadeira, ao dizer que é a virtude *que faz caber a cada um aquilo que lhe é devido*. Um moralista moderno a define de modo ainda melhor, dizendo que *a justiça é a conformidade das ações com a lei*,[45] entendendo por isso a lei da natureza, e não a lei civil – que muitas vezes contradiz esta lei primitiva.

Seja como for, a justiça é uma disposição habitual a fazer usufruir ou a deixar todo homem usufruir das faculdades, dos direitos e das coisas necessárias à sua conservação e à sua felicidade. Ela consiste não somente em não perturbar, mas também em manter, tanto quanto está ao nosso alcance, cada ser de nossa espécie no gozo de sua pessoa, de sua liberdade, de

---

44 Simônides de Ceos (556-468 a.C.), poeta lírico grego. (N. T.)

45 Cf. a dissertação italiana intitulada *Meditazioni sulla felicità** [Meditação sobre a felicidade].

* Obra do conde Pietro Verri (1728-1797), publicada anonimamente em Londres, em 1763. (N. T.)

seus bens ou de sua propriedade. Em poucas palavras, a justiça nos prescreve fazer aos outros somente aquilo que gostaríamos que os outros nos fizessem, e, por conseguinte, de nos abster de tudo aquilo que pode lhes causar dano ou lhes desagradar.

Ninguém na sociedade pode ter nem adquirir o direito de causar dano. O *direito* é toda faculdade ou poder cujo exercício está em conformidade com a justiça ou com a utilidade da sociedade; a sociedade só é útil quando ela mantém a justiça entre seus membros. Confere-se à justiça o nome de *equidade* porque ela remedia a desigualdade que a natureza estabeleceu entre os homens; ela põe um freio na força; ela protege o fraco contra o poderoso, o pobre contra o rico; ela põe cada um em condições de trabalhar pelo seu próprio interesse, que ela limita e submete ao interesse público – do qual o interesse particular jamais pode se separar sem perigo.

A justiça interessa igualmente a todos os membros da sociedade; sem ela, nenhum deles está seguro de nada. O homem injusto quebra o laço social que o une aos outros; ele se torna inimigo de todos; ele dá a cada um o direito de lhe causar dano. O abuso que ele faz de seus direitos autoriza seus associados a se servirem dos deles para afastar o obstáculo que ele põe ao seu bem-estar. A força não pode conferir direitos que uma força maior não possa aniquilar: somente a justiça pode conferir direitos verdadeiros e legítimos; os direitos da sociedade sobre seus membros estão fundamentados apenas nos benefícios que ela lhes proporciona.

Governar os homens é obrigá-los a respeitar a justiça entre eles. A lei nada mais é que a regra da justiça mostrada a todos os cidadãos, para dirigir sua conduta. Toda a autoridade não é senão o direito de manter a justiça na sociedade.

A justiça, diz Pitágoras, *é o sal da vida*. Com efeito, ela conserva tudo; ela protege tudo da corrupção; ela torna invioláveis e sagrados para nós a pessoa e os bens dos outros. Só o homem é o senhor de si mesmo; é para se pôr em segurança que ele vive em sociedade. Assim, a sociedade deve assegurar a cada um de seus membros o gozo de si mesmo, o livre exercício de seus direitos legítimos e a posse das coisas que a sua engenhosidade e o seu trabalho tornaram sua propriedade. De onde se segue que nenhum poder sobre a Terra tem o direito de tirar do homem a sua liberdade, que é tão somente a faculdade de trabalhar pela sua felicidade em conformidade com a justiça; nem a sua propriedade, palavra que designa tudo aquilo que o homem possui ou obtém pelos seus zelos, seus talentos e sua habilidade. O homem adquire justos direitos sobre todas as coisas que, para se tornar o que são, exigiram o emprego das suas faculdades pessoais. Seu trabalho o identifica, por assim dizer, com a coisa que ele se deu o trabalho de modificar, de conformar, de aperfeiçoar, de tornar útil para ele mesmo ou para os outros. Sem segurança, sem liberdade, sem propriedade, a sociedade se torna totalmente inútil para nós; não é senão por garantir esses direitos contra a violência que a vida social nos é vantajosa. Um governo que nos priva da justiça, ou que não a mantém, não é mais do que uma pilhagem, contra a qual o coração do homem é forçado a se revoltar.

As leis, em qualquer nação, devem ser as vontades justas de todos, fundamentadas nos interesses de todos, opostas às vontades particulares, aos interesses, às paixões e aos caprichos dos indivíduos, que muitas vezes podem ser injustos. Nenhum poder sobre a Terra pode isentar os homens dos deveres da justiça. Uma sociedade que permitisse que seus chefes ou seus membros fossem injustos estaria visivelmente em delírio, e se tornaria cúmplice da sua própria ruína.

A justiça, repito, é o fundamento de todas as virtudes sociais, e serve para regular todas as outras. Se não podemos exigir o amor e os benefícios daqueles que nos são estranhos, estamos ao menos no direito de exigir que eles sejam justos para conosco, porque cada indivíduo de nossa espécie está no direito de exigi-lo de nós. A sensibilidade, a ternura, a amizade e a piedade podem algumas vezes nos iludir, mas é à justiça que cabe lhes prescrever limites: inflexível em suas leis, ela nos ensina a não dar preferência a ninguém. Todas as ligações particulares, as do sangue e as da própria pátria, estão subordinadas a ela ou são feitas para lhe dar lugar. Nenhum poder nesse mundo tem o direito de nos forçar a ser injustos, porque a justiça é o esteio do mundo.

Em poucas palavras, a justiça é o verdadeiro contrapeso do amor que temos por nós mesmos, que muitas vezes nos extravia; ela contém nossas paixões; ela nos ensina a fazer os interesses fugidios e pessoais cederem lugar a interesses permanentes e mais amplos, dos quais a nossa felicidade depende. Ela nos faz sentir que perdemos todos os nossos direitos sobre a afeição, a estima e os auxílios de nossos associados quando somos injustos para com eles. Enfim, tudo nos prova que violar a equidade é ser injusto para consigo mesmo, é prejudicar os seus próprios interesses, é declarar-se inimigo de si e dos outros, é autorizá-los a nos fazer mal.

A justiça é a base do *direito internacional*. As nações nada mais são que indivíduos da sociedade universal ou da espécie humana. Um povo deve a um outro povo tudo aquilo que um homem deve a um outro homem. Não existem duas morais para os seres da nossa espécie; os mesmos laços que subsistem entre amigos subsistem entre nações aliadas; os laços da humanidade ou da equidade unem entre si até mesmo os povos mais estranhos, os mais distantes, os mais divididos por interesses. É por falta de terem meditado suficientemente sobre os deveres invariáveis da justiça que tantos especuladores diferenciaram a política da moral. Será que a razão não é suficiente para nos provar que todo soberano ou todo povo que tem a temeridade de violar, com relação a um outro príncipe ou povo, as leis da equidade, os autoriza com isso a tratá-los da mesma maneira? A justiça é a única barreira que as nações e seus chefes podem opor a suas paixões mútuas. É a injustiça que produz as desgraças particulares das famílias, das sociedades e das nações. É a injustiça que causa a queda dos impérios. A justiça é a base da felicidade pública e particular; os homens só são viciosos e infelizes porque são injustos. Todas as virtudes morais são, em muitos aspectos, fundamentadas na justiça.[46]

A humanidade, essa virtude distintiva do homem, e tantas vezes espezinhada pelos seres que se dizem racionais, é um ramo da equidade. Ser humano é estar disposto a fazer justiça, a prestar auxílios, a fazer o bem indistintamente a todos os indivíduos da espécie da qual fazemos parte. Esta disposição tão louvável está fundamentada na razão, na experiência e na reflexão, que nos provam que, como homens, como seres sensí-

46 Nos livros sagrados dos judeus e dos cristãos, o homem de bem, ou o homem agradável a Deus, é comumente chamado de *o justo* por excelência, o que é muito sensato, já que a justiça abarca todas as virtudes. Porém, por infelicidade, *o justo* das religiões judaica e cristã não é, na maioria das vezes, senão um supersticioso, um misantropo, um cidadão inútil, um homem insociável.

veis e fracos que temos necessidade a cada instante de auxílios, devemos prestar os nossos a todos aqueles que os requerem, se queremos ter o direito de exigir os de nossos semelhantes. Basta ser homem para ter direitos sobre o homem. A humanidade é um nó feito para ligar invisivelmente o cidadão de Paris ao de Pequim. É um pacto que compromete igualmente todos os membros da grande família, da qual os diferentes povos do mundo não passam de indivíduos esparsos. Esse pacto é a salvaguarda de nossa raça; ele põe cada um de nós no direito de reclamar a justiça, a piedade e os benefícios de todo ser sensível, de qualquer país, de qualquer religião, de qualquer condição que ele seja. A guerra, a crueldade, as conquistas, a intolerância e a rispidez são coisas contrárias à humanidade.

A temperança, quando esta virtude nos ordena que nos abstenhamos daquilo que pertence aos outros ou lhes é útil, é uma emanação da justiça. A temperança relativa a nós mesmos, que nos prescreve que nos privemos daquilo que pode nos causar dano, é uma consequência da justiça que devemos a nós mesmos. Um ser inteligente deve a si mesmo o bem-estar, ele deve se conservar, e todos os meios que emprega para isso são legítimos, quando estão em conformidade com a equidade.

A benevolência e a beneficência são disposições derivadas da justiça que nos prescreve que amemos os seres de nossa espécie e que lhes façamos o bem, visando a afeição que desejamos encontrar neles e o bem que gostaríamos que eles nos fizessem. Para adquirir o direito de exigir a afeição e os benefícios dos homens, a equidade quer que lhes demonstremos afeição e que estejamos dispostos a lhes fazer o bem. A benevolência, assim como a beneficência, é uma qualidade cultivada pela reflexão, que nos mostra a glória, o prazer, a felicidade e o interesse de amar e de dar provas do nosso apego aqueles que têm relações conosco. Ser benfazejo, generoso e prestativo não será desfrutar por si mesmo do contentamento dos outros? Em uma alma virtuosa e sensível, a beneficência se torna a sua própria recompensa, pelo direito que ela lhe concede de estimar a si mesma e de se congratular com justiça pelo bem que faz. Que motivos mais bem fundamentados para a estima pública, ou para a sua própria estima, que os de um homem que desfruta do poder e da vontade de fazer os outros felizes? Com que descaramento uma falsa moral ousa condenar o sentimento mais legítimo e mais apropriado para levar à virtude?

A piedade é uma disposição que tem como princípio a sensibilidade física ou a delicadeza dos órgãos, acompanhada de uma imaginação que nos pinta com força as infelicidades dos seres da nossa espécie e mesmo das espécies diferentes da nossa – o que produz em nós um estado penoso, uma perturbação incômoda que nos sentimos interessados em fazer cessar. Confortar um infeliz é confortar a si mesmo, é afastar de nosso espírito um quadro lúgubre a fim de pôr em seu lugar a ideia aprazível que resulta de ter feito alguém feliz. Como eu amo o princípio do homem sensível que disse que *não se deveria nem bater em um cão e nem destruir um inseto sem uma causa suficiente para se justificar no tribunal da equidade*![47] A piedade é nula em um grande número de pessoas. A própria sensibilidade dos órgãos se torna inútil se não é exercitada. Como existem pessoas nesse mundo nas quais se tomou um grande cuidado para sufocá-la! Os reis, os conquistadores, os guerreiros, os poderosos e os ricos são comumente seres sem piedade.

47 Cf. Shenstone,* *Works*.
 * William Shenstone (1714-1763), poeta inglês. (N. T.)

Os antigos incluíram a força de alma, a coragem, no rol das virtudes; ela não passaria de uma virtude homicida e selvagem se entendêssemos por isso apenas o valor guerreiro, ao qual tantos povos ainda dão uma tão grande importância, e que comumente só se anuncia pelas injustiças e as devastações que produz sobre a Terra. Porém, a força é uma disposição útil, louvável e virtuosa se designamos por esse nome essa coragem, esta energia, esta magnanimidade que levam um bom cidadão a defender e servir sua pátria, mesmo à custa da sua própria vida, contra seus verdadeiros inimigos de dentro e de fora. Esse nobre entusiasmo merece todos os nossos elogios, quando ele tem o bem público, a liberdade e a justiça como objeto; quando ele eleva o coração do homem e o impede de se aviltar; quando ele o liga firmemente à virtude, sem se deixar abalar nem pelo exemplo e nem pela sedução. O homem fraco, sem caráter, sem firmeza, jamais está seguro de si mesmo; se ele não tem paixões fortes ou inclinações viciosas, ele se presta às dos outros e se torna muitas vezes tão nocivo quanto o malvado mais decidido. A fraqueza de um príncipe algumas vezes é mais fatal para o seu povo que a malícia mais perversa. Todo homem fraco se torna facilmente injusto. A tirania e a servidão são igualmente incompatíveis com o espírito de equidade. O escravo que vive contente com seus grilhões é um covarde, injusto para ele mesmo e para os seus concidadãos. A verdadeira força só pode estar fundamentada em um apego inviolável à equidade.

A força, entre os povos selvagens, não passa de uma coragem brutal e feroz. A força, em uma nação sujeitada, nada mais é que a violência de seus tiranos, auxiliada ou apoiada por seus escravos cúpidos. A força, a grandeza de alma verdadeira, a nobreza dos sentimentos e a verdadeira coragem são muito raras nas nações corrompidas pelo luxo e submetidas ao despotismo. É preciso muita força para ser virtuoso em qualquer país onde a virtude é odiosa ou ridícula. Segundo os princípios da maioria das religiões desse mundo, a força deve ser excluída do rol das virtudes. Elas subjugam as almas, elas comprimem a sua energia.

Se elas admitem uma força, ela é puramente passiva e consiste em suportar covardemente os grilhões com os quais muitas vezes a injustiça oprime a espécie humana. Nenhum homem tem força se não tem equidade.[48]

A prudência também é colocada no rol das virtudes. Porém, no fundo, ela não parece dever ser distinguida da razão, que, instruída e guiada pela experiência e pela reflexão, nos faz pressentir e evitar tudo aquilo que poderia nos prejudicar, seja diretamente ou seja por suas consequências remotas, assim como aquilo que seria capaz de nos fazer perder a afeição de nossos semelhantes ou nos expor a seus ressentimentos. A prudência pode ser definida como *o temor racional das consequências que nossas ações podem ter*. Este temor é muito necessário ao homem, e sobretudo aqueles que governam as nações, cuja função é prever e prevenir os acontecimentos capazes de influir sobre a felicidade pública. A leviandade, a imprudência e o estouvamento são tão nocivos na política quanto a perversidade refletida.

Tais são as virtudes reais que a moral deve propor aos homens, em cujos interesses reais e permanentes nós as vemos evidentemente fundamentadas. As virtudes desse gênero são necessárias a toda a raça humana; sua utilidade não é absoluta-

---

48 *Justum et tenacem propositi virum.* (Horácio)*

* *Odes*, livro III, 3. (N. T.)

mente imaginária, aparente e momentânea; ela é feita para ser sentida por todos os habitantes da Terra; elas não dependem em nada das convenções e dos caprichos, elas tendem visivelmente à felicidade de todos aqueles que as praticarem fielmente.

Tudo nos prova que o primeiro dever da vida social é ser justo. A justiça quer que o homem se torne útil à sociedade, porque ela é útil e necessária a ele próprio. O reconhecimento é um ato de justiça. Assim, tudo nos obriga a servir a pátria de acordo com as nossas capacidades, e a contribuir tanto quanto nos é possível para a felicidade de nossos concidadãos e de toda a espécie humana. Nunca é demais repetir que é na utilidade que o mérito e a virtude se constituem. Além disso, como desejamos que a vida social nos seja agradável, a justiça exige que nos tornemos agradáveis aos seres com quem vivemos. Eis aí o verdadeiro princípio no qual se fundamenta a necessidade da indulgência, da brandura nos costumes, da complacência, da deferência, da polidez, da vontade de agradar e de adquirir talentos, e das qualidades próprias a disseminar graça no convívio social. Quanto mais a sociedade se instrui, mais os membros que a compõem aprendem aquilo que devem uns aos outros. A polidez e a brandura se tornam um freio útil nas nações mais desprovidas de bons costumes.

XI
Do mal moral ou dos vícios dos homens, de seus crimes, de seus defeitos, de suas fraquezas

Por não terem conhecido suficientemente os verdadeiros princípios da moral, alguns pensadores julgaram esses princípios arbitrários, e até mesmo chegaram a acreditar que não havia nenhuma distinção real entre o vício e a virtude; que a censura que se liga a um e o mérito que se liga à outra dependiam unicamente das convenções humanas, já que as noções que formamos sobre elas variam e diferem muitas vezes como o branco e o preto nas diversas sociedades que, reunidas, constituem o gênero humano.

Outros, vendo os vícios, as imperfeições, os defeitos tão comuns à nossa espécie, e os crimes sem número dos quais todos os países são cenário, concluíram disso que a natureza humana era essencialmente depravada, ou que uma tendência natural levava os homens ao mal.

E uns e outros evidentemente se enganaram, porque eles não tiveram nenhuma ideia verdadeira da natureza do homem. Ele nasce com necessidades, essas necessidades fazem eclodir nele alguns desejos mais ou menos fortes, que são chamados de *paixões*; essas últimas, conforme são bem ou mal direcionadas, se tornam vícios ou virtudes, ou seja, tornam aquele que as sente útil ou nocivo a si mesmo e aos outros, amável ou odioso, agradável ou incômodo aqueles sobre quem as suas ações podem influir – em poucas palavras: o tornam virtuoso ou vicioso.

É indubitável que as paixões mais ou menos arrebatadoras, pelas quais o homem é agitado, têm como causa a sua natureza, ou seja, dependem da sua organização, da sua conformação particular, do seu temperamento. Também é certo que essas disposições naturais, que nenhum homem domina, contribuem grandemente para determiná-lo tanto ao bem quanto ao mal. Está provado que alguns seres estão constituídos de tal maneira que não é possível, sem uma extrema dificuldade, modificá-los de maneira a torná-los membros úteis ou agradáveis da sociedade. No entanto, tudo nos demonstra que é bem mais às suas más instituições e à sua ignorância do que à sua depravação natural que os homens devem as paixões fatais, os crimes, os vícios e as fraquezas pelos quais são afligidos.

Se as paixões do homem são naturais, o mau uso dessas paixões é contrário à sua natureza. Se, em todos os instantes da nossa vida, não podemos perder de vista nossa conservação, nosso bem-estar e nosso prazer, é adequado à nossa natureza regular nossas ações, conter nossas paixões e resistir àquelas que poderiam nos causar dano, seja de imediato, seja por seus efeitos remotos. Se o estado social é adequado à natureza do homem pelos auxílios e os prazeres que lhe proporciona, tudo coopera para lhe provar que a sua natureza exige que ele se abstenha dos crimes e se corrija dos defeitos que o tornariam insuportável para os seus associados.

Nada é mais natural no homem que amar o prazer; mas ele age contra a sua natureza quando se entrega a isso com excesso; ele age contra a natureza de um ser sociável quando se entrega a prazeres que podem lhe atrair a aversão, os castigos e os desprezos de seus semelhantes – porque, para ser feliz, ou para usufruir de um prazer duradouro, ele tem necessidade da aprovação e da benevolência de seus associados. Se desfazer das afeições daqueles que podem contribuir para a sua felicidade, é muito evidentemente odiar a si mesmo. É muito natural que todo homem ame a si mesmo; mas é contra a natureza de um ser sociável amar unicamente a si, porque os outros são indispensavelmente necessários à sua própria felicidade. Aquele que só ama a si não tem o direito de exigir o apego de ninguém. Qualquer um que caminhe sozinho na peregrinação desse mundo dificilmente pode se gabar de viajar com prazer ou segurança.

Se, como já foi suficientemente provado, devem ser chamadas de *virtudes* as disposições úteis à sociedade, devem ser chamadas de *vícios* todas aquelas que, de imediato ou por suas consequências necessárias, se opõem ao bem-estar da espécie humana. Ora, existem algumas ações e disposições que, por sua natureza ou sua essência, são úteis e agradam aos homens, ao passo que outras os prejudicam e os afligem. Assim, sustentar que as palavras *vício* e *virtude* não passam de palavras convencionais é o mesmo que dizer que *prazer* e *dor* são palavras convencionais, ou que não têm nada de real. Se o nosso interesse, que nada mais é que o amor por nós mesmos, nos obriga a amar a virtude, que nada mais é que a nossa utilidade constante, esse interesse nos força a detestar o crime, a desprezar o vício e a temer aquilo que nos causa dano.

A virtude nada mais é, realmente, que a sociabilidade. O homem de bem é apenas um ser verdadeiramente sociável. O perverso é sempre um ser insociável. O vicioso é aquele cuja conduta é inútil ou perigosa para os outros e para ele mesmo. A maldade é uma luta contínua de um único homem contra todos, e contra a sua própria felicidade.

Todas as virtudes, como já foi dito, têm a justiça como base e se definem por ela. Todos os crimes, todos os vícios, todos os pecados reais são desvios mais ou menos acentuados das regras da equidade, violações mais ou menos sensíveis de nossos deveres para com os outros – em suma: verdadeiras injustiças, aptas a afastá-los de nós e nos separar do convívio com os homens.

Não acreditemos, no entanto, como os estoicos, que todos os crimes ou *os pecados são iguais*. A extensão, a duração e a violência dos males que nossas paixões e nossos vícios causam aos nossos semelhantes nos fornecerão a justa medida da aversão, do desprezo, dos castigos e da vergonha que merecem as ações e as disposições dos homens. Assim, devem ser chamados de *crimes*, *atrocidades*, *atentados* e *pecados graves* todos os atos que causem uma grande desordem na sociedade, ou que manifestem naquele que os comete algumas disposições muito fatais para os seus associados. Serão chamadas de *vícios* todas as disposições, sejam naturais ou adquiridas, das quais resulte o mal, ou das quais não resulte nenhum bem. Os *defeitos*, as *imperfeições* e as *fraquezas* dizem respeito à privação das qualidades necessárias para atrair para nós a ternura e a estima dos seres com quem vivemos. Nossos defeitos são disposições que nos tornam incômodos, ridículos ou desprezíveis no convívio social. Os crimes merecem o ódio[49] e as punições dos homens. Os vícios mere-

49 Esse ódio é o que Cícero chama de *civile odium*, um ódio *social*.

cem seu desprezo. Os defeitos merecem uma indulgência, sem a qual a sociedade dificilmente poderia subsistir.

Assim como a dor física, o mal moral tem, portanto, matizes muito variados. Todo assassinato é um crime capaz de despertar o terror no espírito de todo homem – que pensa que pode, a qualquer momento, ser vítima dele. Um parricídio deve despertar um horror ainda maior, porque esse crime manifesta uma alma atroz que não conhece mais nenhum laço. Se o assassinato de um único homem é um delito odioso, que pavor não deveria inspirar uma guerra normalmente muito injusta, cujo efeito é espalhar misérias assustadoras sobre nações inteiras, e pôr milhões de homens na tumba!

Porém, a ignorância e os preconceitos funestos que são consequências dela têm até aqui de tal forma impedido o senso moral de eclodir, ou tem de tal forma confundido as ideias de bem e mal, que a magnitude dos crimes contribui para fazer admirar e respeitar os homens. Roubar e assassinar um homem são consideradas ações infames e puníveis, ao passo que se lê com enlevo os crimes de tantos conquistadores que tiveram a glória de pilhar reinos e de massacrar seus habitantes. De acordo com as falsas opiniões estabelecidas nesse mundo, um livro de moral verídico se torna uma sátira cruel dos homens, e sobretudo das leis, dos preconceitos e dos usos que os governam.

Para julgar judiciosamente as ações dos homens, para saber se elas devem ser chamadas de virtudes ou de vícios, não nos remeteremos nem a histórias – que muitas vezes nos pintam o crime com cores sedutoras –, nem a usos estabelecidos pela inexperiência e a barbárie dos povos, nem a opiniões introduzidas e preservadas pela superstição e pela tirania, e nem mesmo às filosofias – que nem sempre estão isentas de preconceitos.

Consultemos o valor intrínseco e real das ações e das coisas; examinemos sua influência próxima ou remota sobre a felicidade dos indivíduos e das sociedades. Vejamos se não resultam males reais de uma conduta muitas vezes adotada visando uma utilidade momentânea ou pessoal; e se não resultariam grandes bens daquilo que os homens têm a loucura de condenar.

Não é duvidoso que se a moral tivesse que depender das leis, dos costumes e das opiniões dos povos, seus princípios não poderiam ter nenhuma solidez. Os usos mais infames e mais contrários à equidade, à razão e à humanidade encontraram – e ainda encontram em nações inteiras – apoios obstinados, o favor dos deuses e o amparo inquebrantável dos governos. Vendo os habitantes desse mundo tão pouco de acordo uns com os outros em suas maneiras de julgar as mesmas ações, muitas pessoas, por falta de remontar às origens, imaginaram falsamente que não existia nenhuma outra moral para os homens além daquela que se achava autorizada em seu país, e que as noções de justo e de injusto, de honesto e de desonesto, de virtude e de vício – em suma, do bem e do mal moral – eram puramente arbitrárias, relativas, ou seja, dependiam do acaso, do capricho e dos sistemas bizarros dos povos, ou das vontades muitas vezes injustas daqueles que regulam as suas opiniões e os seus destinos.

A virtude consiste na utilidade, e o vício ou o crime, no dano aos seres de nossa espécie. Porém, os povos, assim como os indivíduos, são bem mais guiados por autoridade, violência, rotina e necessidade de momento do que por prudência, previdência e justa razão. Quase sempre as nações e seus chefes têm somente ideias falsas de utilidade: vocês os veem seguir durante uma longa série de séculos uma conduta diretamente oposta aos seus verdadeiros interesses.

É à experiência que cabe fazer os homens conhecerem aquilo que lhes é verdadeiramente e duradouramente vantajoso ou nocivo, e fazê-los distinguir a utilidade real e permanente da utilidade de opinião, que comumente só é passageira. A experiência, como se disse, constitui a razão. Os costumes e as opiniões morais dos povos são muitas vezes falsos, porque são insensatos, e porque aqueles que regulam sua maneira de pensar os enganam, os extraviam, os impedem de consultar o bom senso e a razão, os conservam em uma infância da qual prolongam a duração.

Uma moral universal deve estar fundamentada nas necessidades universais do gênero humano; os homens só têm em toda parte uma moral local, sujeita aos preconceitos do seu país. Seria muito inútil escrever sobre a moral se ela fosse relativa ou arbitrária. Seria errôneo protestar contra as opiniões falsas, se cada um faz bem em seguir o costume de seu país. Alguns legisladores bárbaros e sacerdotes impostores fizeram com que algumas nações acreditassem que seus deuses sanguinários exigiam vítimas humanas; desde então, a prática de lhes sacrificar homens se tornou uma prática *sagrada*. Os povos, fascinados pela ignorância e pela credulidade, não viram que seus sacerdotes, em nome do Céu, lhes ordenavam atrocidades que jamais podem ser consideradas como ações louváveis. Um fenício mais sensato que os outros, que tivesse feito seus concidadãos sentirem que imolar crianças a Moloch era uma crueldade abominável, teria sem dúvida sido punido como um ímpio, um celerado, por ter ousado invocar os direitos mais sagrados da natureza.

Ainda que, sob o nome de *ponto de honra*, algumas nações, por um resto de barbárie, consagrassem o furor, a vingança, a vaidade e o homicídio; ainda que alguns usos insensatos aplaudissem aquele que tem a crueldade de lavar com o sangue de um cidadão um insulto muitas vezes quimérico ou leve; uma ação tão feroz seria menos criminosa aos olhos de um homem que tem algumas ideias de justiça e de humanidade?

O parricídio, cuja simples ideia revolta um cidadão civilizado, ainda está em uso em algumas nações errantes e selvagens, onde os filhos aceitam espancar, estrangular ou afogar seus velhos pais, quando eles não podem mais seguir a horda em suas excursões errantes. Será que um uso tão desnaturado poderia lançar alguma incerteza sobre a santidade dos laços que unem o filho a seu pai? Será que um filho mais humano, mais justo, mais racional que os outros não clamaria, em meio ao bando estúpido:

> Mas como?! O uso me ordena que eu erga uma mão sacrílega sobre o autor dos meus dias?! Arrancarei a vida daquele que a deu a mim?! Recusarei alimentar aquele que me alimentou em minha infância débil?! Que pereça um uso execrável com o qual meu coração sensível não pode se conformar. Minha alma agradecida sempre se comoverá com a visão do homem que tantas vezes se comoveu com a minha fraqueza. Trabalharei com muita disposição por aquele que por tanto tempo trabalhou por mim. Caçarei, pescarei, combaterei pelo ser beneficente que tantas vezes se ocupou da minha subsistência e da minha segurança. Carregarei em minhas costas aquele que me carregou em seus braços. Consolarei e aliviarei esse velho que teve o cuidado de entreter e de formar minha infância. Agindo dessa maneira, tenho motivos para crer que um dia os meus filhos, por sua vez, me ajudarão a suportar o fardo dos anos, e não me suprimirão como um membro inútil da sociedade. Talvez, ó companheiros!, vós censurareis meus sen-

timentos tratando-os como fraquezas. Porém, pensai em vossos próprios interesses, eles devem vos ser caros. Vós sois pais, ou esperais sê-lo um dia. Vós desejais viver por longo tempo e, por conseguinte, envelhecer. Aboli, portanto, para sempre, um uso do qual cada um de vós será um dia a vítima?

O fato de que a devassidão, a prostituição e o adultério sejam, em alguns países, autorizados, tolerados ou considerados como coisas indiferentes será suficiente para concluir que é possível, sem escrúpulo, se entregar a esses excessos? Do fato de que, em alguns povos, a embriaguez seja honorável, será possível concluir que a intemperança não é um mal? Do fato de que alguns governos ordenem ou favoreçam inumeráveis vexações e extorsões, se ousará assegurar que a equidade é uma coisa arbitrária, uma palavra de pura convenção, uma virtude relativa? Evitemos crer nisso, e quaisquer que sejam os hábitos, as religiões, as instituições políticas e os costumes dos diferentes povos da Terra, o homem racional só aprovará aquilo que estiver em conformidade com o interesse verdadeiro dos seres de nossa espécie; ele condenará como crimes tudo aquilo que pode aniquilar o seu bem-estar; ele censurará como vícios todas as qualidades que tenderem a romper ou a afrouxar os laços feitos para unir os homens em sociedade.

Dito isso, lancemos um rápido olhar sobre os vícios, os defeitos e as debilidades humanas. Veremos que eles tendem diversamente a separar o homem de seus associados, que eles o tornam mais ou menos insociável, e que terminam necessariamente na sua própria infelicidade.

Se a justiça, como tudo prova, é a verdadeira base da vida social, a injustiça é o seu inverso. Somos injustos todas as vezes que ferimos os seres com quem vivemos, seja nas suas pessoas, seja nos seus bens, seja na sua reputação. Somos injustos quando recusamos aos nossos associados os auxílios, os sentimentos, a consideração e os serviços aos quais a vida social nos obriga e que exigimos dos outros. Todo homem injusto separa seus interesses dos da sociedade. Tudo provará, no transcurso dessa obra, que é a falta de equidade que causa todas as desgraças públicas e particulares dos Estados, das famílias e dos indivíduos. É a injustiça que é a fonte das tiranias, das opressões, das violências, das guerras e dos impostos esmagadores, das vexações de toda a espécie sob as quais tantas nações gemem. As superstições submeteram todos os povos do mundo a divindades injustas, que brincam com a felicidade dos infelizes mortais. A opinião e a violência mantêm a maior parte das regiões da Terra nos grilhões de alguns tiranos, que se colocam acima das regras da equidade. Por toda parte o poderoso oprime impunemente o fraco; o direito de ser injusto é considerado como um sinal de grandeza, e o vulgo estúpido termina por admirar ou respeitar a injustiça que o oprime.

A insensibilidade, esta disposição desumana – seja natural ou adquirida –, que nos endurece, que torna nosso coração inacessível aos clamores do infortúnio, que nos deixa indiferentes quanto às infelicidades que nós mesmos causamos; esta insensibilidade, digo eu, denuncia um ser muito perigoso, muito cruel, muito pouco apto para a sociedade. A vida social exige a sensibilidade, a afeição, a piedade, a indulgência, os benefícios, a assistência e as consolações. Como esperar essas coisas de um ser cuja alma nunca se aquece com o fogo sagrado da ternura ou da amizade? A apatia dos estoicos, a misantropia religiosa, o espírito perseguidor e a renúncia ao mundo são vícios aos olhos da razão, já que rompem os nós da sociabilidade. O ardor guerreiro, uma coragem injusta e feroz e o massacre dos povos só são virtudes para esses heróis desprovidos de entranhas e de piedade. O homem desumano é sempre injusto; a humanidade nada mais é que a justiça animada e tornada mais ativa por uma imaginação sensível.

A cólera, produzida pelas efervescências súbitas de um temperamento impetuoso, deve ser encarada como uma disposição cujos efeitos terríveis são muito temíveis para nós mesmos e para os outros. Sempre cego nos acessos de seu furor passageiro, o homem que não aprendeu a se conter é, em seus arroubos, capaz dos maiores crimes. Objeto do terror alheio, ele está continuamente reduzido a temer a si mesmo. A cólera do devoto, santificada sob o nome de *zelo*, é uma paixão criminosa que a religião, longe de acalmar, serve apenas para tornar mais obstinada, mais violenta e mais audaciosa. Se, na vida social, a paciência, a brandura, a indulgência e a paz são qualidades amáveis, um caráter rixoso, impaciente e irritadiço é um vício muito contrário à nossa própria felicidade e à dos outros.

A vingança é o efeito de uma cólera permanente e refletida. Em uma sociedade para cuja manutenção a indulgência é necessária, nada é mais perigoso que um homem que não sabe perdoar. O homem implacável, semelhante às divindades vingativas, com as quais a superstição povoa o Olimpo, não é adequado para ter nada em comum com os outros homens. Se uma reles vaidade nos leva a nos vingar, um nobre orgulho nos coloca acima das injúrias, e nos faz esquecê-las. Se a vingança é *o prazer dos deuses*, o perdão das ofensas é o prazer das almas humanas, sensíveis e verdadeiramente grandes. O ódio é um sentimento muito incômodo para residir por muito tempo em um coração generoso. Forçar, por alguns benefícios, nosso inimigo a se envergonhar do mal que nos fez, manifesta uma superioridade, uma força que esse próprio inimigo é obrigado a reconhecer. Tal é a vingança pela qual uma alma verdadeiramente nobre tem o direito de se congratular.

Um amor exclusivo por nós mesmos, uma opinião quase sempre injusta e falsa sobre o nosso próprio valor, acompanhada do desprezo pelos outros, constitui o orgulho, e nos torna desagradáveis, desprezíveis e ridículos aos olhos daqueles cujos sufrágios devemos ambicionar. O orgulhoso, cheio de estima por si mesmo, deseja a estima dos outros, ao passo que a repele ou sufoca incessantemente. A estima é a afeição, e os homens não podem amar aquele que os humilha. De onde se vê que o orgulho aniquila o objetivo que se propõe, e se expõe ao desprezo ou ao ódio. A vaidade, a sobranceria, a presunção, a teimosia, a arrogância, a insolência, a imodéstia, o amor ao luxo etc., nada mais são que um tolo orgulho diversamente apresentado. A impolidez, a afetação, a fatuidade e os desdéns nos expõem ao ódio ou à zombaria do público. O orgulho nos torna injustos e pouco sociáveis. Com que direito poderíamos exigir respeito quando nos dispensamos de tê-lo pelos outros? O homem só adquire um direito legítimo à estima de seus semelhantes pelos sentimentos favoráveis que lhes mostra ou pelo bem que lhes faz. O orgulhoso só lhes mostra desprezo; ferindo o seu amor-próprio, ele lhes causa um mal real, e termina por jamais estar contente com o papel que desempenha na sociedade. – A ambição, para ser louvável, deveria ser fundamentada no desejo de ser útil ao gênero humano, e na consciência de poder conseguir isso; mas ela é comumente fundamentada apenas em uma vaidade que não se assenta em nada. O orgulho dos príncipes, a vaidade pueril dos poderosos, o entusiasmo por uma honra quimérica, a paixão por ninharias reais que são confundidas com grandes coisas: eis aí as causas desprezíveis que perturbam a todo momento as nações. Nenhum homem tem o direito de se estimar se não é útil à sociedade; qualquer outra estima não passa de tolice e vaidade.

Embora o orgulho seja uma disposição muito nociva, não se pode considerar a baixeza, o desprezo por si e a covardia como virtudes: são vícios reais que fazem eclodir a adulação, a pusilanimidade e a complacência muitas vezes tão criminosa, das quais resultam tantos males para a sociedade. Todo homem deve ser cioso da sua reputação, e deve tratar de merecer a estima de seus semelhantes. Se não houvesse tantas almas abjetas, não haveria tantos tiranos, cujo orgulho espezinha o resto dos mortais. A baixeza, a abjeção de alma, o espírito de servilismo, a renúncia aos seus direitos legítimos e às luzes de sua razão, bem como o sacrifício daquilo que se deve a si mesmo e ao seu país, só são virtudes aos olhos dos déspotas que degradam os homens, e dos impostores que os enganam.

Se a força é uma virtude; se nós admiramos a coragem que tem como fundamento a justiça e que defende os nossos direitos; se devemos estimar a firmeza que prende invariavelmente um homem de bem a seus deveres, a fraqueza deve ser colocada no rol dos vícios, e devemos censurar a pusilanimidade, a inconstância e a leviandade. Não é permitido ao homem que vive em sociedade ser indiferente sobre os males que a afetam. Qualquer um que não fica profundamente indignado com a injustiça e o crime é um mau cidadão que desconhece os seus próprios interesses. Qualquer um que permita o mal que poderia impedir se torna cúmplice do crime. Qualquer um que abandone a causa de seus associados é um covarde e um traidor. Aquele que não é firme nos princípios da moral não sabe resistir nem às suas próprias paixões e nem às dos outros. O homem fraco, inconstante e sem caráter se presta a todos os vícios que querem lhe fazer adotar. A fraqueza em um príncipe muitas vezes prejudica mais o seu Estado que a má vontade mais determinada.

Nós pecamos contra a sociedade tanto pelas nossas omissões quanto pelas nossas ações nocivas. A preguiça é a omissão dos deveres que nos ligam aos nossos associados; ela se torna ainda mais criminosa porque nos faz faltar aos nossos deveres mais sagrados. Um soberano indolente é um flagelo para seus súditos, que a condenável negligência entrega à mercê de seus indignos favoritos. Um pai de família, por sua indolência, pode se tornar a causa da infelicidade de toda a sua posteridade. Um cidadão voluntariamente inútil à sua pátria é um zangão que se aproveita injustamente do trabalho das abelhas. A negligência e a incúria são crimes em razão dos males que causam aos outros. A ociosidade pune a si mesma por meio do tédio em que ela nos afunda; quanto menos ocupado é o homem, mais a sua imaginação trabalha para criar-lhe divertimentos e quimeras. A ociosidade é a verdadeira fonte da dissolução dos costumes e dos crimes. A libertinagem, a intemperança e o jogo são recursos que o homem ocioso emprega para se furtar ao tédio que o persegue. Algumas superstições puseram a ociosidade, o retiro e a inutilidade no rol das perfeições. Uma filosofia igualmente pouco sociável aconselha o sábio a se afastar dos negócios e a viver apenas para si, mas a razão e a equidade ordenam ao cidadão que trabalhe, que seja útil a seus semelhantes, que se ocupe do bem-estar deles e que contribua para isso com todas as suas forças. Só lhe é permitido viver ocioso quando ele se vê na impossibilidade de fazer o bem aos seus concidadãos. Sob um mau governo, apenas os perversos são ativos; as pessoas de bem são condenadas a se calar, a se lamentar em voz baixa, a definhar na ociosidade, a fim de deixarem agir em paz os inimigos do gênero humano.

A licenciosidade, a devassidão e a impudência são efeitos de um temperamento impetuoso que a razão não conteve, dos hábitos adquiridos e, sobretudo, da ociosidade. Seres desocupados e, com isso, atormentados pelo tédio, buscam fugir dele proporcionando a si mesmos sensações intensas que, muitas vezes reiteradas, tornam-se para eles necessidades contínuas. Na falta de suas forças, esgotadas pelos prazeres frequentes; entregue à sua imaginação doentia, o libertino ocioso trabalha para criar novos prazeres para si, muitas vezes tão bizarros quanto dignos de desprezo. A libertinagem, a prostituição e o adultério, que vemos reinarem impudentemente em algumas nações civilizadas, nem por isso deixam de ser vícios reais e crimes detestáveis, por suas terríveis influências sobre a felicidade dos indivíduos, das famílias e dos impérios. O devasso, vergonhosamente embrutecido por suas indecentes volúpias, não serve para nada; ele não trabalha dia após dia a não ser para enervar a si próprio e para se tornar mais inútil para os outros. O homem submisso aos prazeres dos sentidos não conhece bem-estar a não ser naquilo que o degrada. Não existe mais decência e nem freio para uma jovem que adquiriu o hábito de ultrajar o pudor; ela se torna inimiga do trabalho que a faria subsistir honestamente. Uma mulher que chega a romper o laço conjugal, unicamente ocupada com suas intrigas, é incapaz de pensar em seus deveres. Sob qualquer ponto de vista que se considere a devassidão, tudo nos faz ver que ela extravia o espírito, que ela perverte o coração, que ela enfraquece as faculdades do corpo, e que conduz muitas vezes ao crime. Se a natureza convida o homem aos prazeres do amor, essa natureza, guiada pela razão, lhe ordena exercer apenas aqueles que, sem causar dano a ele próprio, não o tornem inútil, desprezível e odioso para a sociedade. Quantas são as famílias cuja felicidade é banida pelos efeitos da devassidão, do coquetismo e de uma galanteria criminosa! Quantos são os impérios mergulhados na abjeção e no infortúnio pela ociosidade voluptuosa daqueles que deveriam se ocupar do seu bem-estar!

Pelos mesmos princípios, seremos forçados a considerar a intemperança, a embriaguez e a gulodice como disposições nocivas às faculdades do corpo e do espírito, próprias a desarranjar a saúde, a perturbar a razão, a rebaixar o homem ao nível dos animais irracionais, e algumas vezes até mesmo a levá-lo a crimes. Os prazeres do homem só estão em conformidade com a natureza do homem quando estão em conformidade com a razão, apta a dirigir todas as ações da sua vida. O homem só difere dos bichos porque desfruta da razão; ele não difere deles de nenhum modo quando não faz uso da sua força, da sua inteligência e da sua razão para obter a felicidade duradoura, que ele deve sempre preferir aos prazeres de um momento.

O amor exclusivo pelo dinheiro, ou o vício que se designa pelo nome de *avareza*, aniquila a benevolência, endurece o coração, isola o homem e o torna muitas vezes desumano. O avaro vive apenas para si mesmo ou, mais precisamente, para o seu tesouro, ao qual ele comete a loucura de se imolar. Cruel para consigo mesmo, como sua mão se abriria para aliviar os outros? O avaro só se torna útil com a sua morte, única coisa que pode restabelecer a circulação que ele havia interceptado. A paixão pelas riquezas, que tantas nações parecem atiçar em todos os corações, tende visivelmente a dissolver os laços da sociedade, a estreitar as almas, a torná-las venais e a sufocar os verdadeiros sentimentos da honra. A rapacidade dos príncipes é a verdadeira causa das injustiças e das violências que eles exercem sobre os seus súditos. A avareza dos cidadãos é a verdadeira fonte dos roubos, das rapinas, das fraudes e das desavenças que vemos reinarem.

Se a avareza é um vício que muitas vezes nos leva ao crime, a prodigalidade é um defeito muito condenável pelos efeitos que produz. Um soberano pródigo é um flagelo para o seu povo; ele se torna comumente muito injusto e muito cruel para subvencionar os seus esbanjamentos. É por serem pródigas que vemos tantas pessoas cometerem violências e crimes. A avareza e a rapacidade servem, então, de alimento à prodigalidade.

A ingratidão é, evidentemente, uma disposição injusta, odiosa, criminosa; ela tem sua fonte no orgulho ou em uma insensibilidade condenável. Os ingratos contribuem para sufocar a beneficência, a liberalidade e a humanidade, as qualidades mais úteis à sociedade. Existem pouquíssimas pessoas que têm a coragem de prestar serviços aos ingratos. Será que existe uma disposição mais revoltante que a de um homem bastante mal conformado para ferir ou repelir a mão que lhe apresenta auxílios?

A inveja, fonte fatal de tantos males, é uma disposição muito comum entre os homens; eles parecem nascer invejosos e ciumentos. A justiça é o remédio para a inveja; será que existe algo mais contrário ao espírito social do que sofrer com a visão do bem-estar de seus semelhantes, para o qual tudo nos incentiva a contribuir? O invejoso atormenta impiedosamente a si próprio; é um abutre que se dilacera; das suas entranhas ulceradas não saem senão maledicências, calúnias, discórdias e ódios. Contida pela equidade, retida pela razão, a inveja tão natural no homem se torna uma emulação útil à sociedade; ela faz florescer a atividade, a habilidade, os talentos, o gênio. É assim que a própria inveja pode se transformar em uma vantagem para os homens, quando é bem dirigida pelo governo. As distinções, as recompensas e as honrarias são meios de incentivar entre os cidadãos uma emulação vantajosa para o público.

Sendo a verdade, como já vimos, útil e necessária à sociedade, a mentira deve lhe desagradar. Se a candura, a franqueza e a retidão fazem nascer a confiança e a afeição dos homens, a falsidade, a má-fé, a patifaria, a impostura, a hipocrisia e a dissimulação despertam suas desconfianças e os fazem acautelar-se. A calúnia, a patifaria, a traição e a perfídia são crimes em qualquer sociedade. O mentiroso demonstra temor; o malvado, sempre covarde, tem medo de ser desmascarado; o homem de bem não teme se mostrar. Apoiado na justa confiança que lhe dá a virtude, ele não se rebaixa a enganar. Só uma conduta honesta e verdadeira é capaz de inspirar coragem e uma nobre segurança; o vício, sempre inquieto e tímido, procura sempre se ocultar. Quanto trabalho os perversos têm para não serem vistos tais como são! Alguns teólogos, desprovidos de verdadeiros princípios em moral, sustentaram que jamais é permitido mentir, *mesmo que se tratasse da salvação do universo*.[50] Os insensatos não viram que aquele que, podendo salvar todos os homens, os deixasse perecer todos, seria evidentemente o mais estúpido ou

50 Esta opinião é de santo Agostinho.

o mais perverso dos homens! A mentira só é um mal porque se opõe ao bem-estar das sociedades; se pudesse ser útil enganar a raça humana, a mentira seria uma virtude. A justa defesa da pátria, de um pai, de um amigo, de nós mesmos contra as emboscadas de um inimigo, de um tirano, dos perversos, torna a mentira muito legítima. A verdade, sempre útil ao gênero humano, algumas vezes pode ser prejudicial aos indivíduos; esta verdade pode e deve ser ocultada todas as vezes em que dela resultasse um mal para os nossos associados. A maledicência – que muitas vezes se cobre com o manto do amor pela verdade – é um mal muito real. Em que se transformaria uma sociedade composta de homens repletos de imperfeições se, sob o pretexto de ser franco e verídico, todos se acreditassem obrigados a tornar públicos os defeitos daqueles com quem convivem, ou se tivessem escrúpulos em esconder o que sabem sobre eles? A indiscrição e a maledicência são quase sempre tão criminosas quanto os assassinatos; a maledicência sempre indica um caráter invejoso e vingativo ou um espírito leviano.

Se a prudência é uma virtude fundamentada na experiência, que nos mostra as consequências de nossas ações para nós mesmos e para os outros, devemos incluir no rol dos defeitos, dos vícios e, às vezes, dos crimes, a imprudência, a frivolidade, a leviandade e a incorreção, que supõem um esquecimento, uma incúria muitas vezes condenável, um desprezo muito criminoso pelos objetos com os quais somos obrigados a nos ocupar. O homem verdadeiramente sociável é capaz de observar a si próprio para refletir sobre a sua conduta, para harmonizar seus movimentos com os dos seres que o cercam. Toda sociedade racional está fundamentada no desejo de agradar, e no temor de desagradar aqueles com quem se está associado. Pouquíssimas pessoas teriam a coragem de fazer o mal se soubessem a que ponto a sua conduta deve torná-las odiosas.

É difícil, ou totalmente impossível, transformar um estouvado ou um tolo em um homem de bem. A ignorância é um mal; a falta de reflexão, a desatenção, o estouvamento e a frivolidade são disposições nocivas à moral. A inexperiência e a leviandade são, bem mais que a maldade deliberada, as causas dos males pelos quais somos afligidos. Os homens são mais estouvados que perversos; mais ignorantes, mais imbecis que malvados; sua inexperiência os torna incômodos e nocivos na sociedade. É preciso, portanto, levá-los à reflexão, mostrar-lhes os objetos dignos de ocupá-los, fazê-los sentir as consequências das suas loucuras, provar-lhes que seus defeitos, seus hábitos e suas negligências podem degenerar em crimes cuja ideia os revoltaria, se eles se dignassem a pensar nisso. A ignorância é, evidentemente, a fonte do mal moral.

Embora os nossos defeitos nem sempre tenham consequências tão deploráveis quanto os nossos crimes, eles contribuem para nos tornar mais ou menos desagradáveis para os seres que sentem os seus efeitos: são picadas leves que, muitíssimas vezes reiteradas, terminam por causar feridas profundas. A familiaridade entre os homens só engendra tantas vezes desgosto, desprezo e ódio porque eles negligenciam observar a sua conduta; eles se esquecem a todo momento de que devem procurar agradar uns aos outros, e fugir atentamente daquilo que pode alterar o bom entendimento ou a harmonia que devem reinar entre eles para tornar a vida reciprocamente agradável.

O homem sociável deve refletir sobre a sua conduta, descer muitas vezes para dentro de si mesmo, pesar as consequências de todas as suas ações. O hábito de conversar consigo mesmo é necessário, para se fazer amar por aqueles pelos quais se está rodeado. A combinação fácil e rápida de nossas relações, de nossos deveres e de nossos interesses verdadeiros constitui o *instinto moral*. Aquele que se habituou a resistir aos impulsos cegos de uma natureza irrefletida, resiste a ela sem dificuldade e segue facilmente uma natureza esclarecida; ele afasta até mesmo, com cuidado, os pensamentos desonestos, que poderiam acostumar seu coração ao crime ou ao desregramento. O hábito do vício nunca é outra coisa que o vício muitas vezes deliberado, praticado, reiterado e transformado em uma necessidade. Os pensamentos desonestos familiarizam com as ações desonestas. Um primeiro crime conduz necessariamente a um segundo.

A verdadeira moral só pode ser o fruto da maturidade das sociedades e dos indivíduos; somente o progresso das luzes pode acelerá-la. Enquanto isso, a razão fará aqueles que se dignarem a consultá-la sentirem que o crime é sempre odioso, que o vício é sempre desprezível e termina por causar dano a quem se entrega a ele; que a vigilância sobre os seus defeitos e as suas inclinações é necessária aos seres sociáveis; que a verdadeira grandeza, a verdadeira superioridade de alguns homens sobre os outros, só pode consistir na virtude; que o vício nos degrada, que só a utilidade pode nos dar direitos sobre os nossos semelhantes.

XII
Origem da autoridade, das posições sociais e das distinções entre os homens

A equidade, assim como o interesse da sociedade – que jamais pode se separar dela – exigem que se destaquem, que se honrem, que se recompensem e que se prezem aqueles que são mais úteis aos seus semelhantes. Uma completa igualdade entre os membros de uma sociedade seria uma verdadeira injustiça. As vantagens que cada um proporciona aos outros são a fonte natural das distinções e das diferenças sociais entre os cidadãos. Os mais úteis de todos devem, para interesse geral, ser os mais queridos, os mais respeitados e os mais bem recompensados. O poder, as honrarias, as riquezas, os louvores, a glória, as dignidades, os cargos, os títulos etc. são as recompensas que uma nação agradecida deve àqueles que a servem mais utilmente do que os outros.

Eis o fundamento natural e justo da hierarquia política. Essa é a causa legítima da desigualdade que o governo deve estabelecer entre os membros de um corpo político. Para que todos os cidadãos de um Estado fossem iguais, seria necessário que eles fossem igualmente úteis ao Estado. O soberano justo deve, pela necessidade das coisas, ser o primeiro dos cidadãos. O ministro vigilante e fiel é o maior dos súditos.

Qualquer que seja a nossa parcialidade com relação a nós mesmos, ou o temor que temos de ver os outros acima de nós, somos forçados a nos reconhecer inferiores àqueles que são mais úteis que nós, ou que proporcionam, à sociedade ou a nós mesmos, algumas vantagens que achamo-nos incapazes de proporcionar ou de obter. Eis a fonte natural e legítima da autoridade e da dependência. Depender de alguém é reconhecer a necessidade que temos dessa pessoa para o nosso próprio bem-estar. A *autoridade* é o direito de regular nossas ações, que aprovamos naqueles que julgamos mais capazes que nós de nos proporcionar a felicidade. A dependência, a submissão e a obediência sem vantagem são uma servidão verdadeira. A autoridade que não proporciona nenhum bem, que só se fundamenta na violência, é uma usurpação, uma injustiça, uma tirania, contra as quais a natureza do homem protesta a cada instante.

A sociedade só adquire o direito de regular as ações de seus membros em virtude das vantagens que ela os coloca em condições de desfrutar.[51] Assim, a autoridade de uma nação sobre os cidadãos pelos quais ela é composta só pode estar fundamentada nos benefícios que ela lhes proporciona.

A autoridade soberana só pode estar fundamentada na da sociedade; esta última só pode conferir a seus chefes os direitos legítimos dos quais ela mesma desfruta. A obediência de um povo a seus senhores não pode ter outro motivo além das vantagens que ele tem o direito de esperar deles.

Em toda sociedade, uma porção dos cidadãos exerce sobre os outros uma autoridade à qual, pelo seu próprio interesse, esses últimos são obrigados a se submeter. Essa subordinação

51 Cf. o capítulo I da parte II.

é justa e racional, já que ela tem como objetivo o bem-estar que a autoridade legítima está apta a proporcionar. Tais são os fundamentos naturais da autoridade dos grandes sobre os pequenos, dos ricos sobre os pobres, dos pais sobre seus filhos, dos maridos sobre as esposas e dos senhores sobre os servos. Os poderosos, em um Estado, só estão acima dos outros pela proteção que a sua posição social, a sua reputação e a sua conjuntura os colocam em condições de proporcionar a seus concidadãos. A superioridade dos ricos está fundamentada nos meios que a opulência lhes fornece de socorrer os desgraçados; o avaro não tem nada que o coloque acima do pobre. A autoridade paterna está fundamentada nas vantagens que ela proporciona aos filhos que lhe estão subordinados. O poder de um marido sobre sua esposa está fundamentado no poder de protegê-la, na ternura, na experiência etc. A superioridade do senhor sobre os seus servos está fundamentada nos meios que ele lhes proporciona de subsistirem. A autoridade e a superioridade, de qualquer natureza que sejam, não podem ter como base senão a utilidade, o bem que se faz aos homens – em suma: a virtude. Por falta de prestar atenção a esse princípio tão claro, a sociedade se enche de tiranos e de opressores que, em vez de se tornarem felizes, exercem o seu poder apenas sobre escravos que sua natureza força a se revoltar contra o jugo que os oprime.

O *poder* é a posse das faculdades ou dos meios necessários para fazer com que os outros homens contribuam com as suas próprias vontades. O poder legítimo é aquele que determina os outros a se prestar aos nossos desígnios pela ideia da sua própria felicidade. Esse poder não passa de uma violência quando, sem nenhuma vantagem para nós, ou mesmo em nosso prejuízo, nos obriga a nos submeter à vontade alheia.

Por uma consequência do amor que todo homem tem por si mesmo, ele deseja naturalmente o poder, ou seja, estar em condições de influir sobre o bem-estar dos outros, com a intenção de fazê-los contribuir com o seu próprio bem-estar. Tal é a fonte natural da ambição, do desejo de adquirir estima, riquezas, dignidades, talentos, consideração, reputação etc. – em poucas palavras, todas as coisas que nos elevam acima de nossos concidadãos, ou que podem interessá-los em nossa felicidade particular.

A ambição é uma paixão natural e louvável quando tem como objetivo trabalhar pela felicidade pública, na qual todo cidadão se acha interessado. O desejo de riquezas é natural, já que as riquezas põem em condições de obter uma grande massa de felicidade, quando se tem a arte de fazer um bom uso dela. O desejo da glória e da estima pública é uma paixão natural, legítima e louvável quando nos incentiva a merecer os sufrágios de nossos concidadãos por algumas qualidades verdadeiramente úteis à felicidade deles. Todas as nossas paixões são louváveis quando são reguladas pela justiça; todas as nossas paixões são virtudes quando têm como objetivo o bem da sociedade.

O desejo de exercer o poder, de mostrar suas forças, de fazer os outros sentirem aquilo que se pode, ou que se está em condições de influir sobre o seu bem-estar, é um sentimento inerente à natureza do homem, e de onde vemos resultar grandes bens e grandes males. É para mostrar seu poder, e para ostentar as suas forças, que uma criança atormenta os animais que tem nas mãos. É muitas vezes pelo mesmo princípio que os príncipes atormentam seus súditos e fazem a guerra a seus vizinhos;[52] é pelo mesmo princípio que muitas vezes os grandes oprimem os pequenos, os pais seus filhos, os patrões seus criados etc. É para mostrar suas forças que o homem de gênio empreende grandes coisas, e tenta muitas vezes o impossível. Desafiem um homem a fazer uma coisa; vocês logo o atiçarão e ele fará esforços incríveis para lhes mostrar que é bastante forte para fazê-la. Se ele tem energia na alma, se exporá até mesmo a perecer para lhes provar o seu poder. O que estou dizendo?! O homem sozinho quer se provar ou mostrar suas forças a si mesmo; ele se aflige ao não ter êxito, mesmo quando não existem testemunhas do seu insucesso; ele se despreza pela sua falta de forças. Enfim, eis por que o perigo tem atrativos para o homem; ele quer mostrar a sua coragem desafiando-o; ele manifesta, então, a si mesmo ou aos outros, o vigor de sua alma ou de seu corpo. Toda falta de sucesso é um sinal de fraqueza.

Toda dependência é um reconhecimento da sua própria inferioridade; segue-se daí que suportamos com dificuldade a superioridade dos outros. Não gostamos que eles sejam mais fortes do que nós; vemos com desprazer que eles são os senhores da nossa própria felicidade; preferimos sempre ser os senhores da deles, seja porque tememos não poder dirigir as vontades dos outros para o objetivo que convém aos nossos próprios desejos, seja porque acreditamos que ninguém sabe melhor do que nós aquilo que nos é necessário para ser felizes. Eis a fonte do desejo que todos os homens têm de exercer seu

52 Tácito nos informa que Nero aproveitou o período em que Tiridates estava em Roma para mandar executar Bareia Sorano, *a fim*, disse ele, *de lhe mostrar, através do suplício dos poderosos, a extensão do poder de um imperador*. (Cf. Tácito, *Anais*, livro XVI, cap.23).

poder sobre os outros, e da aversão que eles têm por todo poder que é exercido sobre eles. O amor pela potência, assim como o amor pela independência e pela liberdade, são paixões inerentes ao homem; elas só devem ceder ao bem que nos é feito, e que nos sentimos incapazes de proporcionar a nós mesmos.

A *liberdade* é o poder de adotar os meios que julgamos necessários para obter os prazeres e os bens que desejamos. Ser livre é não encontrar nenhum obstáculo em nossa tendência para a felicidade. O abuso da liberdade se chama *licenciosidade*; não somente ela perturba a sociedade, mas também causa dano àquele que a exerce. Assim, embora o homem suporte impacientemente o jugo, ou deseje uma independência ilimitada, ele é, pelo seu próprio interesse, forçado a se abster da licenciosidade, que o tornaria funesto a si próprio, e a se submeter ao jugo da lei, que o protege da licenciosidade alheia e da sua própria imprudência. Todo cidadão racional, ou seja, que conhece os seus verdadeiros interesses, deseja a liberdade, mas renuncia de bom grado à faculdade perigosa de exercer a licenciosidade, que o conduziria à sua perda. A licenciosidade, como veremos na sequência, é igualmente nociva ao soberano e aos súditos.

Mesmo naquilo que se chama de *estado de natureza*, ou seja, quando vive completamente sozinho, o homem é forçado a reconhecer que o uso de seu poder deve ter limites. Se ele deseja se conservar, é obrigado a se abster do uso imoderado das coisas que ele acha nocivas à sua saúde, capazes de enfraquecê-lo e de causar dano às suas faculdades. Um ser só pode ser chamado de inteligente e racional quando adota os verdadeiros meios de se tornar feliz, e quando sabe distinguir o útil do nocivo, o interesse duradouro do interesse passageiro. Ser livre não é fazer aquilo que se quer, é fazer aquilo que pode contribuir para a sua felicidade permanente.

O amor que os homens têm pela independência, e a dificuldade com a qual eles se submetem a toda sujeição, fazem com que temam que os outros abusem da sua superioridade, ou se prevaleçam dela de uma maneira incômoda para o seu amor-próprio. É por isso que os homens se envergonham da sua pobreza, e procuram escondê-la dos outros, no temor de se expor ao desprezo alheio. Em poucas palavras, tememos sempre mostrar nossa fraqueza, com a ideia de que os outros tirarão vantagens dela para nos desdenhar ou para nos fazer sentir o seu poder de uma maneira aflitiva. É por isso que tantos homens muito miseráveis procuram parecer felizes, e muitas vezes se arruínam com a ideia de fazer crer que são opulentos. A própria compaixão fere aqueles que são os objetos dela, porque supõe-se que ela seja comumente acompanhada pelo desprezo. Existem homens perante os quais é perigoso se queixar.

Eis também na sociedade a fonte natural da inveja, do ciúme, da emulação e até mesmo da ingratidão que vemos reinarem entre os homens. Eles apreendem os efeitos do orgulho que devem provocar o poder, as riquezas, a grandeza e os talentos. O homem é muitas vezes ingrato porque teme reconhecer um senhor em seu benfeitor; ele gostaria de se libertar da dependência em que se encontra em relação àquele do qual experimentou as bondades. A ingratidão é condenada pelo interesse geral da sociedade, que exige que não se seque a fonte dos benefícios. A ingratidão é condenada pelo interesse do próprio ingrato que, por sua conduta, aniquila a benevolência daquele que tinha o direito de esperar o seu reconhecimento; sua vaidade lhe faz perder um amigo.

Os príncipes, os poderosos e os ricos são comumente ingratos, porque todo serviço e todo benefício dá a todo homem que o presta uma superioridade com a qual o orgulho daquele que o recebe tem dificuldade para se acomodar, e coloca esse último em uma espécie de dependência.[53] Cada um só quer ceder aos outros o mínimo possível da sua independência, ao passo que gostaria que os outros consentissem em lhe sacrificar a sua por inteiro. A justiça é a única que pode retificar os sentimentos dos homens, e lhes indicar os seus deveres.

A justiça e a razão são os remédios para as paixões abjetas que os próprios benefícios fazem, algumas vezes, nascer nos corações. O ciúme é uma sensação dolorosa de nossa própria fraqueza, comparada com a força ou a superioridade dos outros. Aquele que tem a consciência do seu próprio mérito não é nem ciumento e nem invejoso. A inveja é o despeito estéril que nos causa a ideia da superioridade alheia. Ela denuncia igualmente uma alma estreita, que sua própria fraqueza reduz ao desespero: nunca invejamos as vantagens que temos nem aquelas de que nos vangloriamos por sermos capazes de obter.

Quer nos julguemos grandes ou pequenos, fortes ou fracos, o sentimento de justiça nos obriga a reconhecer a superioridade e os direitos de todos aqueles que têm mais talentos, mais luzes e mais virtudes, ou que são capazes de proporcionar aos homens mais vantagens do que nós.

---

53 *Beneficia eo usque laeta sunt, dum videntur exsolvi posse; ubi multum antevenere, pro gratia odium redditur.** (Tácito, *Anais*, livro IV, cap.18). Calígula só fez Macro perecer porque lhe era devedor do império.

* "Amamos os benefícios enquanto acreditamos poder retribuí-los; a partir do momento em que eles excedem a nossa capacidade de retribuição, a gratidão se transforma em ódio". (N. T.)

A arte de fazer o bem aos homens é uma arte difícil; é raro que se possa obsequiar sem alarmar o amor-próprio, o ciúme e a inveja aquele que foi obsequiado. Cada favor parece anunciar sua fraqueza para aquele que o recebe e o poder daquele que o faz. Todo homem que recebe um benefício se crê aviltado, e se envergonha de sua inferioridade. O pobre se vê na dependência de todos, ele teme não ter nada que interesse os outros pela sua sorte. Muitíssimas vezes, é culpa daquele que obsequia se ele só incita a ingratidão: um benefício, algumas vezes, não passa de um ultraje. O homem de bem não teme fazer ingratos; é bastante para ele conhecer os seus direitos; ele se contenta em fazer o bem, seguro de encontrar a recompensa na consciência de sua própria superioridade, na ideia de seu poder, em uma satisfação interior que a injustiça dos homens nunca pode lhe arrebatar.

Apesar da ingratidão dos homens, aquele que lhes é verdadeiramente útil adquire sobre eles alguns direitos legítimos e que nada pode aniquilar.

Se o bem que se faz aos homens confere direitos à sua estima, à sua gratidão, e se torna o fundamento de toda autoridade legítima, o mal que se faz a eles reduz esses direitos a nada; a sociedade, para a sua própria segurança, pode justamente afastar aqueles que põem obstáculos aos seus desígnios, e punir aqueles que perturbam a sua felicidade. Punir alguém é privá-lo da felicidade e das vantagens que ele deseja. Se todo homem, atacado por um inimigo, tem o direito de se defender, a sociedade goza, sem dúvida, do mesmo direito. Todo cidadão que lhe faz o mal, que exerce a licenciosidade, que se atribui o poder de ser injusto, se torna inimigo de todos os outros, e pode ser justamente punido pelas leis, destinadas a opor a força de todos à força daquele que faz a guerra contra todos. Qualquer homem que causa dano a seus semelhantes quebra os laços da sociedade, e não tem mais nenhum direito à proteção das leis. O próprio soberano, cuja autoridade não tem outro fundamento além das vantagens que ele proporciona ao povo que governa, perde todos os seus direitos, e não tem mais súditos, a partir do momento em que viola os deveres da equidade.

As leis dos homens só podem punir os crimes visíveis e os delitos públicos; seu poder não se estende às faltas ocultas e aos crimes desconhecidos. Estes últimos, no entanto, não permanecem impunes por causa disso: a própria natureza do homem o pune por eles. O malvado está sempre assustado, ao passo que o homem de bem, mesmo em meio aos reveses, e a despeito da injustiça dos homens, desfruta da estima das pessoas de bem, e saboreia a doçura de uma boa consciência.

XIII
Da estima, da consciência, da honra

É sempre relativamente aos outros que o homem estima a si próprio. Estimar-se é conhecer os seus direitos, o seu valor, a sua superioridade; é felicitar-se pelas qualidades úteis que se tem, ou que se acredita ter; é congratular-se por possuir aquelas que se imagina deverem merecer a consideração dos seres pelos quais se está rodeado. Uns se estimam pelo seu poder; outros pelo seu nascimento, sua reputação, seus títulos, suas riquezas; outros pela sua beleza, seus talentos, seu espírito; mas todos esses sentimentos estão fundamentados no conhecimento que se tem do valor que atribuem a essas qualidades os homens que nós vemos. Coloquem um homem que se estima por essas coisas em uma sociedade na qual elas sejam desconhecidas, na qual não se dê a elas nenhum valor, e ele logo deixará de se congratular pela posse de qualidades que parecerão inúteis. Transplantem um cortesão todo orgulhoso de sua nobreza para uma república, na qual não se dá nenhuma importância ao nascimento, e ele logo deixará de se glorificar pela coisa que, em uma monarquia, lhe atraía a consideração e o respeito do vulgo aturdido. Ponham um sábio, um homem de gênio, que se aplaude pelos seus talentos, entre selvagens ou ignorantes: ele parecerá ridículo e logo o seu mérito desaparecerá diante dos seus próprios olhos.

O homem virtuoso não está deslocado em parte alguma. A virtude é útil em todos os países, em todos os tempos e em todos os povos. Por toda parte onde se encontrem homens, a virtude é estimável, porque não existe ninguém que não perceba a sua utilidade. Assim, em toda parte o homem de bem tem direito à estima dos outros, e pode desfrutar do prazer de estimar a si mesmo.

Muitos moralistas quiseram arrebatar do homem o direito de se estimar, assim como o de se amar e de buscar a afeição dos outros; esses sentimentos parecem muito *carnais* para uma moral fanática, que se esforça para nos tornar inúteis a esse mundo, e que gostaria de nos persuadir de que é apenas em um mundo desconhecido que devemos esperar a recompensa pelas nossas boas ações. Porém, é impossível aniquilar no homem os sentimentos inerentes à sua natureza; ele se ama e deseja ser amado, a fim de se amar ainda mais; ele deseja a estima dos outros, para ser mais estimável aos seus próprios olhos; ele se congratula, então, por ver seu juízo fortalecido pelos sufrágios dos outros. Seu espírito é sustentado pela aprovação que lhe é dada.[54]

Tirar dos homens o desejo de agradar seus semelhantes, ou a ambição de merecer a sua benevolência e os seus sufrágios é, evidentemente, extinguir neles todas as virtudes sociais; é apenas se tornando útil ou agradável que se pode merecer a afeição dos outros. Assim, nos dizer para renunciar a esta afeição é nos proibir de ter virtude. Suprimam a vontade de agra-

---

54 Cf. *Ensaios de moral* do sr. Nicole (tomo II, p.118).

dar nos casos da união conjugal, das famílias, da amizade e do convívio social cotidiano e vocês suprimirão toda a doçura da vida. Digam a um soberano que ele não deve buscar a estima e a ternura de seu povo, e logo vocês farão dele um tirano detestável – ou, pelo menos, um soberano totalmente indiferente quanto ao bem-estar de seus súditos. Aniquilem para as almas enérgicas o desejo da reputação e da glória, que não são outra coisa que a estima dos homens, e vocês aniquilarão eficazmente o entusiasmo mais útil à sociedade. A apatia dos estoicos, a indiferença e a humildade dos cristãos servem apenas para extinguir toda a virtude; se fossem postas em uso, elas sufocariam nos corações todo desejo de se distinguir aos olhos dos homens e de merecer o amor deles.

Querer que o homem renuncie à estima dele próprio e dos outros seria, portanto, privá-lo do motivo mais apropriado para incitá-lo à virtude. Privar o homem do direito de se congratular pelo bem que faz é querer que ele seja injusto consigo mesmo. Amar-se e estimar-se por ações úteis é um ato de equidade.[55]

---

55 Os teólogos nos dizem que o homem é incapaz de fazer o bem "por si próprio; que é Deus quem lhe confere a graça de agir bem; que, congratulando-se pelas suas ações louváveis, o homem rouba de Deus a glória que lhe é devida." Porém, qualquer que seja a fonte das boas disposições do homem, a partir do momento em que ele as tem, ele não pode se impedir de saber que as tem, de se regozijar com isso, de se congratular por tê-las, de estar contente consigo mesmo. Embora um cortesão receba de seu senhor os títulos ou os cargos dos quais desfruta, ele não pode ignorar que os possui; ele se felicita por isso, fica encantado com isso, porque se vê, com isso, diferenciado aos olhos dos outros. Quer as boas qualidades ou as virtudes dos homens sejam consideradas como efeitos da sua natureza, do seu temperamento, da sua educação etc.; quer sejam

Diremos, portanto, que o homem de bem tem o direito de estimar a si próprio e de ambicionar a estima e o amor daqueles sobre os quais a sua conduta influi. Qualquer homem que faz os outros sentirem a estima que ele tem por si mesmo de uma maneira que os fere, que os humilha e que os aflige é um benfeitor desastrado; ele perde os direitos, mesmo reais, que poderia ter sobre eles. Tornamo-nos desagradáveis aos outros fazendo-os sentir a sua inferioridade e somos impedidos de ver isso pelo *orgulho*, pela sobranceria e pela arrogância, que são efeitos da tolice. A *vaidade* é a estima por si, ou a ideia da sua superioridade, fundamentada em vantagens inúteis aos outros, ou que não possuímos realmente. Ser vão é estimar a si mesmo ou aspirar à estima alheia por algumas qualidades frívolas ou fictícias – aquilo que quase sempre proporciona o desprezo em vez da consideração que se queria usurpar. Porém, a estima por si, fundamentada em virtudes, em talentos úteis, em benefícios reais, é uma recompensa legítima que o homem de bem deve a si mesmo. A virtude já é demasiado rara sobre a Terra; ela ainda o seria muito mais se fosse apenas no Céu que devesse ser recompensada. Aqueles que esperam apenas no outro mundo a paga pelas suas ações, ou que só querem agradar a Deus, comumente se incomodam muito pouco com a aprovação dos homens, não fazem nada para merecê-la e só

---

consideradas como graças de Deus, aquele que as possui não pode, sem loucura, ignorar que possui algumas qualidades que o tornam agradável aos outros, e pelas quais, por isso mesmo, ele tem o direito de se congratular – de onde se vê que a humildade verdadeiramente cristã é um ser de razão e que, se ela fosse possível, seria injusta e absurda.

têm, geralmente, ideias muito falsas, muito obscuras e muito ruins sobre a moral sadia e as virtudes reais.

Qualquer que seja a nossa sorte no porvir, no mundo atual, onde estamos situados, a verdadeira moral nos incentivará sempre a amar a nós mesmos, a buscar a estima dos outros e a nossa própria, e a merecê-las por ações verdadeiramente úteis e louváveis. Aprovar em si, assim como nos outros, aquilo que é realmente bom e louvável, é julgar sadiamente, é se fazer justiça; desprezar a si mesmo pelo bem que se fez, seria juntar a injustiça à extravagância.

Encorajemos, portanto, os homens a se colocarem em condições tais que possam se estimar, se respeitar e amar a si próprios com justiça. Quem quer que despreze a si mesmo ou não se importe de modo nenhum com a estima alheia não pode deixar de se tornar um ser muito vil e muito perverso. É desta disposição que vemos decorrer a baixeza, a adulação, a complacência criminosa e uma multiplicidade de ações detestáveis. O desprezo por si é evidentemente a fonte de quase todos os crimes dos cortesãos e do populacho. O que acontece com a virtude de uma mulher quando ela deixa de ter respeito por si mesma, ou quando não se importa com *o que vão dizer sobre isso*? Todo homem que se despreza não tarda a se tornar desprezível aos olhos dos outros.

A boa *consciência* nada mais é que um sentimento de estima por nós mesmos, fundamentado no testemunho que prestamos interiormente de ter agido de uma maneira apropriada a nos dar alguns direitos sobre a estima dos outros. Embora naturalmente predispostos em nosso favor, sempre será fácil, consultando a experiência e a reflexão, nos julgar judiciosamente: basta, para isso, examinar os efeitos que a nossa conduta produz sobre os seres com quem temos relações. Colocamo-nos, então, no lugar deles e nos julgamos como eles poderiam nos julgar. Assim, *a consciência é, no homem, o conhecimento dos efeitos que suas ações produzirão sobre os outros*. A boa consciência é a certeza que temos de que as nossas ações merecem ser aprovadas por aqueles que as sentem; a má consciência é a certeza ou o temor de ter merecido o seu ódio ou o seu desprezo pela nossa conduta em relação a eles. De onde se vê que a consciência não é o efeito de um instinto ou de um sentimento inato, mas da experiência e da reflexão.[56]

A consciência, para o supersticioso, é o conhecimento que ele acredita ter dos efeitos que suas ações produzirão sobre a Divindade. Porém, como ele só tem de seu deus as ideias falsas e revoltantes que lhe são dadas por homens interessados em pintá-lo com os traços de um senhor injusto, caprichoso e cruel, que quase sempre exige coisas contrárias à natureza, à moral e à razão, e capazes de amedrontar a consciência de qualquer homem sensato, a consciência de um devoto é errônea; ela lhe permite muitas vezes fazer o mal sem remorsos e se congratular por uma conduta inútil ou perigosa para a sociedade. A consciência de um devoto fanático não o recrimina pela sua intolerância, seu zelo, suas perseguições, suas crueldades,

---

56 *La buona conscienza è* [...] *il premio della riflessione*. (Cf. *Dissertazione sulla felicità*). Por outro lado, o dr. Hutcheson sustenta que *uma ação virtuosa perde todo o seu valor quando é realizada somente visando merecer os aplausos da sua própria consciência*. (Cf. *Inquiry concerning Virtue*, seção II, art.4). Alguns moralistas mais sensatos fizeram com que *o soberano bem consistisse na retidão da conduta*, ou seja, nos aplausos que o homem de bem concede a si mesmo quando tem a consciência de ter cumprido o seu dever. (cf. Harris*, *Three Treatises* etc.)

* James Harris (1709-1780), gramático inglês. (N. T.)

seu espírito turbulento e insociável, porque ele se persuade de que o Céu aprova a sua conduta muito censurável aos olhos da razão – que o devoto jamais consulta.

Para nos julgarmos judiciosamente, é preciso consultar a razão, e não a imaginação ou o entusiasmo. Adotando esta razão como regra, conhecemos os efeitos de nossas ações; este conhecimento nos coloca em condições de nos absolver ou de nos condenar, de nos estimar ou de nos desprezar, em razão dos sentimentos favoráveis ou desfavoráveis que sabemos ter despertado nos outros. Em poucas palavras, ou estamos contentes conosco ou experimentamos o temor, a vergonha e os remorsos – sentimentos dolorosos que nos forçam a nos odiar e que nos são permanentemente evocados por um espírito alarmado e por uma imaginação perturbada, transformada para nós em um inimigo doméstico do qual não podemos nos separar. *Para onde fugir*, diz Antonino,[57] *quando estamos descontentes com nós mesmos?*

A religião parece, em grande parte, ter sido imaginada para fornecer aos homens expiações ou meios bizarros e sobrenaturais de reconciliá-los com eles mesmos. Com efeito, todo homem que cometeu o mal faz esforços incríveis para se justificar diante de seus próprios olhos; não existem sofismas e subterfúgios que ele não ponha em uso para se reconciliar consigo mesmo. Qualquer um que viva em sociedade e olhe ao seu redor não pode se impedir, a todo momento, de se ver com os mesmos olhos que os outros; ele reconhece um tribunal que, a despeito de seus esforços, se estabelece em seu interior. Porém, suas decisões são comumente bem mais reguladas pela

57 Marco Aurélio Antonino (121-180), filósofo estoico que também foi imperador de Roma. (N. T.)

opinião pública e pelo preconceito do que pela razão. A consciência só nos censura, comumente, pelas coisas que vemos serem desaprovadas pelos seres que nos rodeiam. A consciência de um príncipe, cercado de aduladores prontos a servir a todos os seus caprichos, dificilmente lhe censura alguns de seus excessos. A consciência de um cortesão não o faz se envergonhar das suas baixezas, das suas intrigas e das suas perfídias – que o exemplo de seus semelhantes justifica. A consciência de um fanático não o condena por haver se entregue aos acessos de um santo zelo, que ele vê ser aplaudido pelos seus guias espirituais; esta consciência está em repouso quanto aos crimes mais tenebrosos, desde que o seu sacerdote lhe assegure que eles são perdoados pela Divindade.

Os homens quase nunca se envergonham das coisas que eles veem autorizadas pelo uso, pelo exemplo e pelos sufrágios dos outros. Só sentimos vergonha, remorsos, arrependimento ou temores pelas ações que acreditamos serem de natureza a desagradar ou que devem parecer ridículas, desprezíveis ou passíveis de punição aos olhos dos homens. Uma vergonha coletiva, ou repartida por um grande número de cabeças, se torna um fardo leve para cada um daqueles que o carregam. Quando a opinião pública está viciada, acabamos por extrair glória do vício e da infâmia. Em uma nação corrompida, qual é o homem que se envergonha da devassidão, do adultério e dos vícios da moda? Sob um governo tirânico, será que não se vê o homem injusto, o concussionário, o ladrão público se aplaudirem pelos seus crimes, e usufruir deles insolentemente diante dos olhos de um povo bem mais invejoso que irritado?

Todos aqueles que têm a força nas mãos se põem comumente acima da vergonha e dos remorsos; o arrependimento só cai sobre eles na falta de sucesso. Se a consciência lhes faz algumas leves censuras, elas são logo sufocadas pela voz dos aduladores, sempre prontos a louvar os excessos mais gritantes. Além do mais, os prazeres ruidosos, o tumulto dos negócios e dos divertimentos, arrastando o homem para fora de si mesmo, dificilmente lhe permitem meditar. Os príncipes e os poderosos têm comumente o segredo para acalmar a sua consciência, impondo silêncio ou punindo todos aqueles cujos sussurros perturbariam o seu repouso. A polícia, em um Estado despótico, é feita apenas para impedir os cidadãos de fazer ouvir alguns clamores inoportunos, capazes de alarmar a consciência daqueles que os oprimem.

Não cessam de nos exaltar os efeitos maravilhosos que a religião produz sobre as consciências. Sustenta-se que a ideia de um juiz temível que tudo vê, que está invisivelmente presente em todos os lugares, e cujos olhos não deixam escapar as ações mais secretas, seja um motivo muito poderoso para impedir os mortais de se entregarem a seus desregramentos. Tudo nos prova que os homens temem bem mais os olhos dos homens que os olhos da Divindade. A presença da testemunha mais abjeta nos inspira temor mais seguramente que a de um Deus terrível que não vemos jamais. Será que um devasso, que não duvidaria de maneira alguma da presença de seu Deus, não comete a todo momento ações vergonhosas que ele se envergonharia de cometer diante dos olhos do mais vil dos homens?

Quando a opinião pública está pervertida por exemplos numerosos, por usos insensatos, por um governo injusto, por uma educação perigosa e pela infestação do luxo, o vício e o próprio crime perdem a sua deformidade. A razão, a virtude e a moral são forçadas a se calar diante da opinião; ou então falam apenas para homens que as acham impertinentes e ridículas. É sobre a opinião pública que a sabedoria deve trabalhar, é esta opinião que a razão deve retificar para reconduzir os homens à virtude. Sob um governo corrompido, em uma nação viciosa, só se encontra virtude em um pequeno número de pessoas de bem isoladas que, contentando-se com alguns aprovadores, resistem à torrente universal ou desfrutam, à distância, das virtudes domésticas das quais aprenderam a saborear as doçuras.

A honra é o direito que nós temos, ou que acreditamos ter, à estima dos outros. Ela é um dos mais poderosos motores da natureza humana. Todo homem quer ser honrado; o desprezo é, para ele, o suplício mais cruel, ele o degrada aos seus próprios olhos; nada o ofende mais que a ideia de parecer inútil ou abjeto aos olhos de seus semelhantes. A honra, assim como a virtude, só pode ser solidamente fundamentada na utilidade; ela não passa de um vão fantasma quando não tem outro sustentáculo além dos preconceitos, das convenções tolas e dos caprichos da moda. Portanto, nada é mais importante e mais interessante para a sociedade do que conferir aos homens ideias verdadeiras sobre a honra – que varia, por assim dizer, em cada região da Terra. Somente a virtude, a utilidade sólida e permanente do gênero humano, nos confere direitos incontestáveis à estima pública. O homem honrado não pode ser diferenciado do homem de bem, do homem útil, do homem que proporciona felicidade a seus concidadãos.

Para a grande maioria dos homens, a palavra *honra* é um termo vago, e quase sempre uma pura quimera. Em moral, como pudemos observar, muito raramente as palavras mais empregadas têm sido definidas. Pode-se dizer, generalizadamente, que *honra* é um termo relativo pelo qual se designa a importância que é dada a certas ações ou qualidades em cada sociedade. Existem ações que são honrosas em alguns países e que são desonrosas em outros. Assim, a honra segue as opiniões, as ideias verdadeiras ou falsas das nações; aquela que resulta da virtude é a única real, e que não depende do capricho dos homens.

Na origem das sociedades, selvagens permanentemente ocupados em se defender ou em atacar os seus vizinhos ligaram a ideia de honra à bravura, porque era a qualidade que, naquele caso, lhes parecia a mais útil ou a mais importante para eles. Esta noção evidentemente se perpetuou até nós; ela ainda é encontrada nas nações mais civilizadas. Como consequência, vemos os príncipes, por pouco que tenham energia e atividade na alma, se voltarem para a guerra e fazerem com que a sua honra e a sua glória consistam em perturbar a tranquilidade alheia, à custa da felicidade de seus próprios súditos. Assim, de acordo com um preconceito tão funesto, a maior honra de um monarca consiste em ser injusto, desumano e vingativo; em derramar, sem escrúpulos e com os mais leves pretextos, o sangue dos homens; em se tornar o flagelo das nações.

Para serem apoiados em seus projetos, os príncipes e os conquistadores transmitiram seus preconceitos àqueles entre seus súditos que eles julgavam mais adequados a servir às suas paixões. Foi assim que as falsas ideias de honra infectaram os povos; a profissão das armas foi considerada como a mais honrosa e um homem acreditou ter honra quando tinha coragem – ele não viu que nada mais fazia que se tornar o instrumento desprezível e a vítima das paixões de um senhor injusto que, sem razão, desperdiçava o seu sangue.

Por uma consequência dos mesmos preconceitos, todo *homem de honra* se acredita obrigado a ser desumano, vingativo e implacável todas as vezes que julga ter a sua honra atacada. Sustentado em sua ferocidade pela opinião pública, ele se acredita obrigado a lavar no sangue de seu semelhante os menores insultos feitos à sua vaidade. A razão, reduzida a se calar diante do preconceito, não pode fazê-lo sentir a injustiça e a atrocidade de punir com a morte uma injúria leve que a verdadeira grandeza de alma deveria ter desprezado. Assim, as falsas ideias de honra fazem com que os direitos mais sagrados da justiça, da humanidade e da amizade sejam covardemente espezinhados, e impedem que se veja que o perdão das injúrias supõe mais nobreza e força do que uma vingança abjeta e cruel. Não será, pois, mais honroso, mais glorioso e mais louvável conservar um cidadão do que imolá-lo ao furor passageiro da vaidade ferida?

De onde se vê que os homens não têm necessidade de uma revelação celeste para sentirem que o perdão das injúrias é um sentimento nobre, grandioso, digno de um homem de honra. Com que direitos uma religião que acredita em um deus cuja vingança será implacável e sem limites pretenderia incentivar os homens ao perdão das injúrias? Como inspirar a grandeza de alma e a generosidade que perdoa aos adoradores de um deus bastante ignóbil e bastante cruel para se vingar eternamente das faltas passageiras de suas frágeis criaturas? A vingança, assim como a crueldade, manifesta uma alma covarde e feroz; elas desonram os deuses e os homens; elas são indignas de um coração elevado, humano, estimável. Aquele que retribui o mal com um bem adquire, com isso, uma superioridade reconhecida sobre aquele que lhe fez uma injúria; e o ofensor é muitas vezes punido pela vergonha que lhe causa aquele que o perdoa. Será preciso, pois, ser cristão para saborear a satisfação interior que proporciona a grandeza de alma e a ideia do domínio que temos sobre nós mesmos? Cleômenes dizia que *um bom rei devia fazer o bem a seus amigos e o mal a seus inimigos*; ouvindo isso, Ariston exclamou: *Quão mais grandioso seria fazer o bem a seus amigos e transformar em amigos os seus inimigos!*[58]

É necessário inspirar aos homens o desejo da estima pública, a paixão pela verdadeira glória, os sentimentos generosos da honra; mas é necessário fazê-los conhecer em que esta honra consiste, e os meios legítimos de obtê-la. A razão lhes mostrará sempre que ela não pode consistir nem naquilo que causa dano à sociedade, nem em uma violação manifesta dos deveres mais sagrados da moral e nem no esquecimento mais vergonhoso das virtudes sociais. É somente por meio da virtude que podemos aspirar à honra, ou seja, adquirir direitos incontestáveis sobre a estima pública. Um homem de honra é um homem que, justo e humano, possui qualidades verdadeiramente dignas da estima da sociedade. Quaisquer que sejam os preconceitos dos homens, eles são sempre forçados a estimar, a honrar e a amar aqueles em quem encontram disposições verdadeiramente úteis para eles. No fim, o interesse verdadeiro triunfa sobre o preconceito, que serve apenas para causar desordem.

As opiniões dos homens, quando eles desdenham consultar a razão, são tão bizarras que, quando as examinamos, temos todos os motivos para ficar confusos. Em algumas nações – que são tidas, no entanto, como muito civilizadas – um homem é desonrado ou forçado a se envergonhar quando sua mulher lhe é infiel, ao passo que aquele que conseguiu torná-la criminosa anda de cabeça erguida e se congratula pelo seu infame triunfo. Um homem é desonrado quando se recusa a pagar uma

58 Erasmo, *Apotegmas*.

dívida contraída por diversão: as dívidas de jogo são chamadas de *dívidas de honra* por excelência; mas um homem pode, sem temer a desonra, se recusar a pagar aquilo que deve a um comerciante ou a um artesão que, pela sua negligência ou por má-fé, são muitas vezes reduzidos à indigência. É assim que, em algumas nações viciosas, os homens corrompidos conseguem inverter todas as ideias, perverter a opinião e fazer com que a própria infâmia seja tida como honra! O vício só é tão comum porque, em vez de desonrar os homens na opinião pública, ele muitas vezes serve apenas para fazê-los ser considerados.

O homem em sociedade, não contente de se amar, quer ser amado pelos outros, e se sente obrigado a despertar neles os sentimentos que tem por si. Ele fica contente quando se ufana de juntar os sufrágios alheios à ideia que faz das suas próprias qualidades. Só estamos contentes conosco quando acreditamos que os outros estão contentes conosco. Muitas vezes conseguimos iludir a nós mesmos e aos outros, mas aquilo que não passa de ilusão não é feito para durar; a hipocrisia se desmascara mais cedo ou mais tarde; custa bem menos ser honesto do que se esforçar para parecer sê-lo. A política mais segura é ser verdadeiro. Tantos homens só são tão inquietos e tão sensíveis quanto à sua honra porque sabem interiormente que suas qualificações são fictícias. O verdadeiro mérito é tranquilo; a vaidade é sempre inquieta, melindrosa e agitada.

É bem difícil continuar a enganar a si mesmo por muito tempo; nada é mais penoso do que enganar sempre os outros. Cedo ou tarde as ilusões desaparecem. Nenhum homem pode se enganar quando se perguntar de boa-fé se, em cada posição em que a sorte o colocou, os seres com os quais ele tem algumas relações têm verdadeiramente motivo para estar satisfeitos com a sua conduta; ou se, pondo-se no lugar deles, ele estaria contente com aqueles que agissem da mesma maneira com ele. Este exame nos fornece o verdadeiro meio de nos julgar judiciosamente, em qualquer circunstância ou posição em que o destino nos coloque. Nem todos os homens podem aspirar à grandeza, ao poder, à reputação ou à opulência, mas todos podem aspirar a se fazer amar: para conseguir isso, eles têm apenas que ser justos e fazer o bem, na esfera que a natureza designou para eles.

Por pouco que nos acostumemos a conversar com nós mesmos, será muito fácil nos julgar com franqueza e descobrir se somos dignos dos sentimentos que queremos despertar nos outros. A estima justa e merecida por si, confirmada pelos outros, constitui a paz da alma, a segurança da consciência, a tranquilidade habitual sem a qual não existe nenhuma felicidade duradoura. É sempre fora deles mesmos que os homens têm a loucura de buscar a felicidade; é preciso começar por estabelecê-la em si, a fim de se pôr em condições de se voltar com prazer para o seu interior. Mas só se está bem consigo quando se está bem com os outros; e, para estar bem com eles, é preciso lhes mostrar algumas virtudes. Disso tudo decorre o direito de concluir que somente a virtude pode proporcionar uma boa consciência, um contentamento permanente, um direito incontestável à estima de si próprio e dos outros, uma honra verdadeira – em suma, a felicidade que constitui o objeto dos desejos constantes de todos os seres da nossa espécie.

XIV
Da felicidade. Das paixões e de sua influência sobre a felicidade do homem

Tudo nos prova que a felicidade é o objetivo contínuo das paixões, dos desejos e das faculdades do homem. A felicidade, como já foi dito, é a duração do prazer; ou, se preferirem, o gozo continuado dos objetos de nossos desejos; ou o acordo de nossas faculdades com nossas necessidades e nossos desejos. Temos prazer todas as vezes que obtemos aquilo que o nosso coração exige; aprovamos, então, a nossa maneira de ser, desejamos a sua duração: uma sequência de prazeres constitui a felicidade, da qual eles são os elementos.

Fizemos ver que as paixões e os desejos são essenciais ao homem, necessários à sua conservação e à sua felicidade. É por terem ignorado esta verdade que tantos moralistas só nos deram máximas estéreis e preceitos impraticáveis. Com a ideia de que as paixões eram sempre funestas aos homens e se opunham incessantemente ao seu bem-estar, eles quiseram aniquilá-las nos corações e lhes aconselharam friamente a não desejar nada. Eles não viram que as paixões nascem das necessidades; que, sem desejos, o homem não seria incentivado a se conservar;

que ele cairia em uma prostração tão nociva para ele próprio quanto para a sociedade na qual sua sorte o colocou.

Talvez nos digam que, enquanto o homem deseja, falta alguma coisa para a sua felicidade. Porém, será que ele seria mais feliz se não formulasse nenhum desejo? O homem é constituído de tal maneira que deve desejar sempre; e, quando ele obtém o objeto de seus desejos, deve procurar encontrar um novo objeto para desejar; sem isso, seu espírito cairia em uma prostração, em uma apatia que seria para ele o estado mais funesto.

Um exemplo pode servir para esclarecer esse princípio. A fome é uma necessidade inerente à natureza do homem; consequentemente, ele deve desejar satisfazê-la; ele goza de um prazer ou de uma felicidade passageira todas as vezes em que pode obter alimentos análogos ao seu gosto, ou seja, em conformidade com o seu paladar. Seu bem-estar continua quando os alimentos que ele ingeriu não afetam o seu estômago de uma maneira incômoda. Pouco tempo depois de essa necessidade ter sido satisfeita, ela renasce; o desejo se renova. Será que dirão que o homem é infeliz por estar sujeito à fome, porque ela faz nascer desejos que, enquanto ele desfruta da vida, se reproduzem muitíssimas vezes?

Não somente a necessidade de se alimentar se reproduz necessariamente no homem, mas ainda, pela sua natureza, ele deve necessariamente desejar variedade nos seus alimentos. Aqueles que lhe agradavam em um momento, lhe desagradam em um outro; as comidas mais apropriadas para satisfazer o seu apetite se tornam, por fim, insípidas para ele; o seu gosto se gasta; ele precisa, então, de variedade ou de temperos, para devolver a atividade a seus órgãos embotados. O pão seco basta para os pobres, em quem o trabalho faz nascer a fome que o pão é suficiente para contentar; mas é preciso uma grande variedade de iguarias para o homem opulento cujo paladar está gasto, que não trabalha e que raramente sente os aguilhões da fome.

Embora a fome seja uma necessidade natural, assim como o desejo de satisfazê-la, a experiência faz o homem conhecer que seria perigoso para ele se entregar sem contenção aos impulsos de um apetite cego; que ele deve fazer um uso moderado dos alimentos; que é preciso fazer uma escolha entre aqueles que lhe agradam mais, por medo de que um bem-estar ou um prazer momentâneo seja seguido por um mal duradouro. Então, o homem faz uso da sua razão, ele age com prudência; ele sacrifica uma satisfação passageira à felicidade mais constante de desfrutar da saúde.

O exemplo que acaba de ser exposto é suficiente para fixar as ideias que devemos formular sobre as necessidades, as paixões, os desejos e a felicidade do homem. Todas essas coisas lhe são essenciais e inerentes à sua natureza, e não podem ser aniquiladas ou combatidas sem loucura. A moral não pode pretender tirar dos homens as suas necessidades, nem as suas paixões, nem os seus desejos; ela deve unicamente se propor a regulá-los, a dirigi-los de maneira a contribuir para a sua felicidade duradoura. Ela não pode lhes dizer para não terem fome ou para não desejarem comer; ela lhes diz simplesmente para se moderarem, para consultarem a experiência e a razão, que lhes prescrevem que comam com moderação e que selecionem os seus alimentos, com medo de atrair enfermidades que lhes causariam mais sofrimentos do que a satisfação passageira de um apetite desregrado lhes causaria prazer. Enfim, a moral não lhes proíbe de desejar variedade em seus alimentos; tudo prova que os órgãos estão sujeitos a se embotar, e que a diversidade das sensações é necessária a um ser ativo, cujo organismo está naturalmente exposto a variações contínuas.

Com efeito, as necessidades dos homens variam e se multiplicam. Alguns moralistas fizeram disso um crime, e censuram esta progressão necessária de necessidades que se mostra nos indivíduos e nas sociedades. "As necessidades naturais", dizem eles, "são limitadas; as da imaginação não têm limites. As primeiras", segundo eles, "são fáceis de satisfazer, ao passo que as outras servem apenas para nos tornar infelizes." Porém, por menos que tivessem examinado as coisas sob o seu verdadeiro ponto de vista, eles teriam reconhecido que é necessário e natural que as necessidades dos indivíduos e das nações aumentem na mesma progressão e na mesma proporção que as suas necessidades naturais e simples são satisfeitas. Uma nação se civiliza à força de experiências; com a ajuda da indústria, ela descobre a cada dia novos meios de satisfazer suas necessidades com mais facilidade; em seguida, ela imagina novas necessidades com o intuito de ampliar a esfera da sua felicidade.

As nações selvagens, privadas de indústria e de recursos, começam por caçar; elas são, então, errantes ou sem moradia fixa, obrigadas a buscar penosamente o seu alimento. Tornando-se, em seguida, mais sociáveis, mais fixadas e mais tranquilas, sua atividade e sua imaginação se desdobram; elas se entregam à agricultura; inventam artes; fazem o comércio; obtêm a abundância e o supérfluo; querem subsistir com mais encanto. Livre do cuidado de procurar o seu alimento, o homem civilizado busca diversificá-lo, ou temperá-lo para torná-lo mais agradável. Ele termina por ir procurar nos confins da Terra alimentos raros, capazes de lhe proporcionar sensações novas que o hábito logo transforma em necessidades, e dos quais a privação se torna um mal para ele. Enfim, em uma nação onde o comércio e a indústria introduziram o luxo, o homem rico que satisfaz com facilidade a sua fome, imagina todos os dias novos pratos; dispensado do trabalho, sua imaginação se ocupa em gerar novas necessidades, e aqueles cuja subsistência depende do rico se esforçam para contentá-las através de novo meios. O selvagem que, depois de muita fadiga, nada obteve, seja na caça ou na pesca, se acha muito infeliz; porém, no fundo, ele não está mais infeliz que o europeu opulento quando se encontra privado do café ou do tabaco, que o hábito tornou necessários para ele.

Uma vez satisfeitas as necessidades do corpo, seguem-se as necessidades da imaginação; essas últimas são, comumente, baseadas nas opiniões, nas convenções, nos exemplos e nas ideias verdadeiras ou falsas que vemos difundidas na sociedade. Cada um quer satisfazer essas necessidades, e se acredita infeliz quando não pode consegui-lo, porque supõe que a sua felicidade depende disso. É assim que, em uma nação civilizada, todo cidadão, depois de ter adquirido o que pode contentar as suas necessidades primárias, deseja o poder, as honrarias, os cargos, as dignidades, a consideração e riquezas ainda mais amplas do que aquelas que ele já possuía, como meios de obter prazeres novos, variados, multiplicados. Essas necessidades e esses desejos, ignorados pelo pobre que tem dificuldade para subsistir, tornam-se paixões muito fortes ou necessidades muito prementes no homem opulento que se acha muito infeliz quando carece de sucesso. A ambição frustrada, a oportunidade de enriquecer perdida, a privação de uma parte de sua fortuna, a supressão dos seus esbanjamentos são, para alguns cidadãos de uma nação civilizada, desgostos tão pungentes quanto a privação de todo o alimento para um selvagem esfomeado.

Vê-se, portanto, que, pela própria natureza do homem, ele deve sentir paixões e desejos, e que seus desejos satisfeitos devem, como já foi visto, ser substituídos por desejos novos. Um homem que não tivesse nada para desejar, ou que obtivesse de uma só vez tudo aquilo que é capaz de desejar, seria logo muito infeliz; nada seria mais cruel para ele do que não poder esperar alguma adição à sua felicidade. Um prazer exige ser seguido de algum prazer ainda mais intenso, senão ele não é mais um prazer; ele produz desgosto pela comparação que se faz com aquele que o havia precedido. Quando se esgotam os efeitos dos prazeres sobre nós, buscamos novos; na falta deles, achamo-nos infelizes; ficamos descontentes com a natureza, que só julgamos cruel porque não economizamos sabiamente os meios que ela nos havia fornecido de trabalhar pela nossa felicidade. Eis aí a verdadeira fonte do tédio, esse tirano dos príncipes, dos poderosos e dos homens opulentos, que são muitas vezes infelizes pela prostração que deixa em sua alma o desgosto necessariamente produzido pelo abuso dos divertimentos e dos prazeres. Do mesmo modo como o exercício nos faz achar mais gosto no prazer – que deixa de nos estimular quando o sentimos sempre –, o desgosto, a prostração e o tédio são os castigos que a natureza inflige àqueles que abusam dos prazeres que ela proporciona. A moral, cujo objetivo deve ser tornar os homens felizes, não deve lhes dizer para odiar ou para fugir do prazer, que é um bem; mas ela deve adverti-los para temer e evitar o abuso do prazer – que, produzindo a saciedade, o desgosto e o vício, se torna um mal muito verdadeiro.

As paixões, como já foi dito, nada mais são que os desejos que levam o homem a buscar os objetos nos quais ele encontra, ou acredita encontrar, o seu bem-estar. Essas paixões são proporcionais ao vigor do seu temperamento e à vivacidade da sua imaginação; só desejamos as coisas como meios de ser felizes; só nos tornamos infelizes porque muitas vezes nos enganamos no uso dos objetos que desejamos; só causamos a infelicidade alheia quando, para obter esses objetos, nos servimos de meios que são nocivos ou incômodos para os outros.[59] A ambição ou o desejo do poder é uma paixão natural naquele que gostaria de influir sobre os homens, visando fazê-los colaborar com a sua própria felicidade; o poder, com efeito, é capaz de proporcionar essa vantagem; assim, o poder é um bem, mas o abuso do poder é um mal, porque prejudica aqueles que um poder legítimo poderia fazer colaborarem com as nossas intenções. É doce para um bom rei comandar um povo cujas vontades ele faz reunir à sua, e que ele poder é capaz de interessar na sua própria felicidade; mas o abuso que um tirano faz do seu poder só causa alarmes a ele próprio, pelo ódio que desperta nos corações dos súditos que ele oprime.

As riquezas são um bem, já que elas colocam aquele que as possui em condições de influir sobre as vontades de seus semelhantes, e de proporcionar a si próprio as vantagens que deseja. O desejo das riquezas nada mais é que o desejo de aumentar os meios de sua felicidade. De onde se deduz que a razão não proíbe que se deseje a opulência. Mas as riquezas não são nada se não contribuem para o nosso bem-estar verdadeiro; elas são um mal se nos proporcionam apenas prazeres passageiros seguidos

---

59 *Affectibus bene uti, virtus; male uti vitium est.*

de desgostos e de pesares duradouros; elas são injustas e censuráveis quando as adquirimos por meios apropriados a indispor aqueles cuja afeição e os auxílios elas deveriam atrair para nós.

A reputação é um bem; é um dos mais poderosos motores das ações humanas. Buscar se tornar estimável aos olhos de seus concidadãos é uma disposição louvável, útil e virtuosa; assim, não escutemos esses filósofos desgostosos que tratam a reputação como uma frivolidade. Desejar a reputação é desejar a estima de seus semelhantes por seus serviços, seus talentos e suas boas qualidades. Perder sua reputação é perder uma parcela do seu bem-estar. Desprezar a reputação é desprezar aquilo que nos torna queridos pelos outros e por nós mesmos.

Acontece o mesmo com todos os objetos dos desejos e das paixões dos homens. A razão e a virtude os aprovam porque, sempre em conformidade com a natureza, elas não podem censurar os meios apropriados para nos proporcionar a felicidade. Elas condenam apenas o abuso das coisas e os meios nocivos que empregamos para obtê-las. Elas nos dizem para resistir às nossas paixões e para moderar os nossos desejos, ou seja, para calcular tranquilamente as vantagens e as desvantagens que podem resultar para nós dos objetos que buscamos e dos meios dos quais nos servimos para adquiri-los. Elas nos recomendam a seleção e um uso racional dos prazeres, ou seja, elas nos aconselham a fugir das infelicidades que comumente se seguem ao abuso que podemos fazer deles. Enfim, elas só nos permitem desejar os objetos que nossos esforços podem nos fazer obter sem prejudicar a nossa felicidade verdadeira, que sempre se encontra ligada à dos seres com os quais vivemos.

A razão nada mais é que a escolha dos objetos de nosso bem-estar e dos meios que nos conduzem a eles. A virtude é tão somente a conformidade de um ser sociável com a natureza, um ser feito para trabalhar pela sua própria felicidade e pela dos seres necessários para obtê-la. Assim, a virtude não consiste no desprezo pelas riquezas, pelos cargos importantes, pelo poder, na fuga dos prazeres, na abnegação de si mesmo e na renúncia à sociedade; ela consiste em nos tornarmos úteis, agradáveis e prezados por aqueles que estão em condições de colaborar com as nossas intenções, a fim de que busquemos o nosso bem-estar duradouro. A moral nos provará que é apenas seguindo a virtude que poderemos obter os verdadeiros prazeres, a felicidade permanente – o *soberano bem* ao qual o homem pode aspirar nesse mundo.

XV
Exame das ideias dos antigos e dos modernos sobre a felicidade e o soberano bem

Não há nada mais vago, mais angustiante e mais impraticável do que os conselhos que a maior parte dos moralistas nos têm dado para nos conduzir à felicidade. Uma sombria filosofia parece, muitas vezes, ter mergulhado sua pena no fel para nos pintar as desgraças da vida humana. Por falta de verem o homem tal como ele é, e de buscarem as verdadeiras causas da sua corrupção e das suas misérias, esses moralistas acreditaram que ele era infeliz por uma inclinação natural, e incapaz de conseguir algum dia tornar a sua sorte mais branda. A natureza só se mostra a esses tristes especuladores como uma madrasta que forma filhos em seu seio apenas para abandoná-los ao infortúnio, e para torná-los joguetes e vítimas dos caprichos da sorte. Se acreditarmos neles, a própria vida não passa de um presente funesto, pouco digno de ser aceito se conhecêssemos o seu verdadeiro valor. A mitologia nos ensina que Prometeu molhou com suas lágrimas o barro com o qual fez o homem. A religião nos mostra o primeiro homem se entregando ao mal, logo que saiu das mãos de seu criador, e, com isso, se privando para sempre, a ele e a toda a sua descendência, da felicidade para a qual Deus o havia destinado. Por uma consequência fatal desse primeiro delito, o coração do homem se corrompeu, sua razão se obscureceu; ela se tornou para ele somente uma guia infiel que, bem longe de curá-lo de seus males, nada mais faz que redobrá-los pelos extravios para os quais o arrasta.

De acordo com as ideias que nos oferecem essas hipóteses angustiantes, o momento da nossa entrada nesse mundo é o começo dos nossos sofrimentos. A infância frágil e sem recursos é mais penosa para o homem que para todos os outros animais, aos quais ele se acha superior. Esta infância é passada na escravidão, ela é forçada a se ocupar de coisas que lhe desagradam, sob o pretexto de instrução; ela está submetida aos caprichos de pais e mestres que, muitas vezes, se comprazem em vê-la banhada em lágrimas.

A adolescência é incessantemente agitada por paixões impetuosas, cujo tumulto a impede de pensar no futuro, e que muitas vezes lhe preparam dissabores tão longos quanto a vida.

A idade adulta é ocupada apenas com projetos ambiciosos, com o cuidado de adquirir honrarias, poder, riquezas. Correndo perpetuamente atrás da felicidade, o homem não a alcança jamais; ele nunca diz "eu sou feliz", ele espera sempre sê-lo; promete a si mesmo desfrutar um dia, e não desfruta nunca; atinge somente uma velhice que, comumente, só está repleta de desgostos, de enfermidades, de pesares, de desejos impotentes e de temores da morte. Se juntarmos a todas essas coisas as infelicidades domésticas de cada indivíduo, as amarguras que a todo momento a sociedade lhe causa, as injustiças que o governo o força a suportar, as vexações que o afligem, os temores que o assediam, os descontentamentos reais e aqueles que a imaginação lhe sugere, vemos – nos dizem – que a felicidade não é feita para os habitantes da Terra, e que todos estão condenados a ser infelizes, desde o instante da sua entrada nesse mundo até aquele em que são forçados a sair dele – instante cuja simples ideia é suficiente para envenenar a vida mais afortunada.

Se o homem fosse tão miserável quanto alguns pensadores melancólicos se esforçam para retratá-lo para nós, nada seria mais apropriado para nos afligir, para nos fazer amaldiçoar a vida e para nos lançar no desespero. Porém, uma filosofia menos lúgubre e mais verdadeira nos mostrará sua sorte por um aspecto mais consolador. Seria, pois, a infância uma condição tão deplorável? O menor divertimento, o mais frívolo prazer não lhe faz, em um momento, esquecer as suas tristezas mais pungentes? Será que não vemos todos os dias uma criança chorar com um olho e sorrir com o outro? Quantos prazeres ela não encontra em uma multiplicidade de sensações novas e diversificadas que descobre a cada passo?! Não será, evidentemente, por culpa daqueles que a instruem que a instrução se torne tão repelente para ela? Consultemos a natureza, não a combatamos jamais; direcionemos os corações ternos e flexíveis para o bem; não semeemos neles o germe fatal do vício e da loucura; despojemos a moral, a razão e a virtude do tom severo da tirania, e nossos filhos, conquistados pela doçura e pela bondade, se conformarão aos nossos desígnios. Na adolescência, eles já saberão conter essas paixões fogosas que muitíssimas vezes os arrastam para a sua ruína. Se o jovem é comumente imprudente, é porque desde a mais tenra idade o encheram de paixões indomáveis; tudo conspirou para lhe dar inclinações perversas e para destruir nele as disposições mais ditosas. A juventude é desprovida de previdência, mas ela é simples, ingênua, de boa-fé e sincera em suas afeições: ela não suspeita de que existam perfídias, falsos amigos e malvados na face da Terra. É somente à força de ser ludibriado que o jovem aprende a desconfiar de seus semelhantes; à força de ter sido enganado, ele se acredita obrigado, por sua vez, a enganar. O exemplo, a opinião pública e a corrupção da sociedade lhe ensinam a fazer o mal e o impedem de se envergonhar por isso.

O homem leva para a idade adulta a corrupção, os vícios e a perversidade com os quais se infectou na juventude; a experiência nada mais fez que ensiná-lo a dissimular – e não a corrigir – as suas inclinações desregradas. Mais comedido em sua marcha, ele trata de obter os objetos de suas paixões refletidas, pelos meios que o hábito, a experiência e a convivência social lhe mostraram como os mais seguros.

Enfim, na velhice, o homem, que tudo conspirou para perverter, e que suas instituições não pararam de confirmar em suas inclinações funestas, ainda é o escravo desprezível desses vícios; ele arrasta até o túmulo os grilhões que o mantêm assujeitado desde a infância. Ele só estremece quando considera o fim do seu ser e das suas enfermidades porque uma superstição cruel lhe mostra esse fim como um momento terrível, que o entregará sem defesa ao furor eterno de uma divindade implacável, pronta a exercer suas vinganças sobre as suas frágeis criaturas.

No entanto, o homem de bem desfruta, mesmo no seio das nações mais corrompidas, de uma felicidade desconhecida desses seres depravados; ele está contente consigo mesmo; seu coração está isento de alarmes; ele saboreia, na idade madura, os prazeres domésticos, os divertimentos da sociedade, os encantos do estudo, as doçuras da amizade. Almas honestas se unem a almas honestas e se consolam reciprocamente dos golpes da sorte e da injustiça dos homens. Será que a estima merecida de si mesmo e dos outros, a ternura e a gratidão dos corações sensíveis e a consideração que lhe atrai necessariamente a virtude não serão vantagens suficientes para compensar o sábio pelos inconvenientes que causa a insensatez da sociedade? Será que ele não desfruta, na sua velhice, dos cuidados solícitos, do respeito e dos auxílios daqueles que se apegaram a ele pelos seus benefícios, suas luzes, sua prudência, seus conselhos e suas virtudes?

Seja lá o que diga uma teologia desgostosa ou uma filosofia melancólica, todo homem que sabe desfrutar, se não encontra uma felicidade completa nesse mundo, pode ao menos encontrar nele uma multidão de pequenos prazeres, feitos para tornar a sua existência feliz, ou para servir, a todo momento, como uma distração muito poderosa para os seus sofrimentos. A sociedade, por mais corrompida que seja, nos fornece alguns encantos, dos quais devemos tirar proveito para a nossa felicidade; os homens os saboreariam bem mais se a sua razão, mais cultivada, lhes ensinasse em que consiste essa verdadeira felicidade, e se suas instituições e seus governos os incentivassem e os forçassem a se tornar reciprocamente felizes.

Existem, no entanto, alguns prazeres e gozos aprovados pela razão, e dos quais nada pode privar as almas honestas. Se alguns homens, cegos por paixões inquietas ou entregues a divertimentos pueris, não desfrutam de nada, ao homem que pensa os bens disponíveis são inumeráveis. Existir é um bem; qual ser é bastante desgostoso para se recusar a admitir que o exercício de seus sentidos lhe proporciona a cada instante uma multidão de distrações? Que homem é bastante misantropo para não encontrar nenhum encanto na convivência com os homens, nas ligações de amizade, nas conversações joviais, nos divertimentos das cidades, nas contínuas trocas de serviços que se efetuam entre os concidadãos? Que ser é bastante insensível para não ser afetado pelos variados espetáculos que a natureza nos apresenta? Será que não desfrutamos de um dia sereno, do aspecto aprazível do verdor, do frescor de uma sombra solitária, do canto melodioso dos pássaros, do correr majestoso dos rios e dos córregos, dos prazeres inocentes do campo, que tantas vezes nos fazem esquecer os dissabores que nos causam as injustiças das cortes e as loucuras das cidades? Sim, repito, existem nesse mundo variados prazeres para o homem, ele é feito para a felicidade; ele seria bem mais feliz se fosse mais racional; ele seria racional se tivessem o cuidado de cultivar a sua razão.

Não é a natureza, são nossa ignorância, nossos preconceitos, nossas opiniões enganosas, nossas instituições injustas e insensatas que devemos acusar da maior parte dos males pelos quais somos obrigados a nos lastimar. É sobretudo nas paixões desenfreadas daqueles que governam os povos, ou nas ideias falsas que eles têm sobre o poder, a glória, a grandeza e o bem-estar, que devemos buscar a fonte das calamidades públicas pelas quais as nações são afligidas, e dos incontáveis vícios que infectam os cidadãos. A educação, os maus exemplos e os usos extravagantes conspiram para incitar em todos os corações delírios epidêmicos que impedem de se atingir algum dia a felicidade rumo à qual se corre incessantemente. Contentes de obter os meios, ignoramos a maneira de fazê-los servir para nos tornar felizes. Vítimas do hábito e da preguiça, os homens seguem tristemente o caminho que a insensatez lhes traça, e se acreditam obrigados a sofrer porque seus pais foram infelizes.

É assim que os mortais se tornam os artesãos dos seus próprios infortúnios, os cúmplices das infelicidades que experimentam, às quais a natureza de maneira alguma os havia destinado. Será que não foram a ignorância dos direitos do homem, a inércia das nações e as ideias mentirosas formadas sobre o poder supremo que fizeram nascer o despotismo, este abuso odioso do poder que produz evidentemente a corrupção pública e a destruição dos impérios? Como os povos poderiam ser felizes sob um governo fatal, que não passa da guerra de um só homem contra todos, cuja máxima constante é "dividir para reinar", cuja política consiste em ter apenas escravos bastante miseráveis para jamais ousarem exigir a felicidade que lhes é devida? Como alguns seres racionais, apaixonados pelo bem-estar, puderam consentir em se submeter a um poder contrário à natureza que visivelmente aniquila toda a felicidade e toda a virtude?

Por uma consequência da sua ignorância, os povos são crédulos. Incapazes de discernir as verdadeiras fontes de suas misérias, eles voltam seus olhares dolorosos para os deuses que lhes são mostrados como perpetuamente irritados. Alguns charlatães espirituais, unidos aos tiranos para sufocar a razão humana, voltam para o Céu os olhos perturbados de lágrimas de seus discípulos, a fim de impedi-los de voltar os olhos para a Terra, onde eles veriam as causas evidentes das suas incontáveis calamidades. É em vão que as nações imploram a clemência e os socorros das potências invisíveis do empíreo; essas potências serão sempre surdas e injustas para elas, enquanto elas forem malgovernadas.

A superstição cegou de tal maneira o espírito do homem que conseguiu transformar em um crime o seu desejo de bem-estar nesse mundo, proibir-lhe todos os meios de obtê-lo e persuadi-lo de que um Deus justo e repleto de bondade pretende que as suas criaturas gemam sem interrupção aqui embaixo, na esperança de uma felicidade imaginária que os espera depois da morte. Será que os preconceitos religiosos, que muita gente nos exalta como úteis e consoladores, serão outra coisa além de um dever dos povos de consentir em silêncio todos os males que experimentam da parte daqueles que eles encarregaram de zelar pelo seu bem-estar, pela sua defesa e pela sua segurança? Assim, esses preconceitos se esforçam para extinguir no coração do homem até a esperança de se tornar feliz sobre a Terra!

No entanto, é sobre a Terra que os homens devem se tornar felizes. Quaisquer que sejam a sua origem e o seu destino futuro, a razão e a natureza os convidam e os levam a isso; a virtude, sempre em conformidade com a natureza, lhes fornece os verdadeiros meios para tanto. Se, por suposição, o homem é obra de um Deus bom e cheio de equidade, como seria possível, sem ultrajar esse Deus, afirmar que a razão que ele lhe deu é uma guia infiel; que a natureza que o leva a procurar o seu bem-estar é uma madrasta pérfida e que ele não deve escutá-la? Como, sem blasfemar, é possível dizer que um Deus justo aprova a injustiça e punirá aqueles que ousarem pôr limites a um poder injusto, que só é assim pelos males inumeráveis que produz na sociedade? Enfim, como querem que os homens se voltem para o bem, enquanto governos perversos, usos insensatos, leis muitas vezes iníquas e preconceitos cegos os forçarem a se corromper, a se tornarem reciprocamente infelizes e a viverem continuamente descontentes com a sua sorte?

Não! O que quer que possam significar uma superstição lúgubre ou uma filosofia exasperante, os homens não são feitos para serem infelizes sobre a Terra. Seus males não são sem remédio. É esclarecendo-os sobre os seus verdadeiros interesses, é combatendo os seus preconceitos, é mostrando-lhes em que consiste a sua verdadeira felicidade, que a verdade conseguirá pouco a pouco diminuir a soma de seus males, se não pode conseguir bani-los totalmente. Os homens sofrem muito mais com o mal moral do que com o mal físico. Os preconceitos, as más instituições e a tirania causam calamidades hereditárias, cujos efeitos se perpetuam durante uma longa série de séculos, ao passo que é apenas durante alguns instantes muito breves que a natureza faz os mortais sentirem os seus rigores. Se as secas, as pestes, as inundações e os tremores de terra produzem efeitos cruéis, eles são apenas passageiros, e a atividade dos povos consegue repará-los. Não ocorre o mesmo com os infortúnios que lhes fazem sofrer as paixões, os caprichos, as falsas ideias, as opressões, as injustiças e as guerras contínuas de seus senhores, que quase nunca lhes deixam tempo para respirar.

Apesar das causas morais tão poderosas que parecem conjuradas contra a felicidade dos habitantes desse mundo, nele se encontram alguns felizes. Se existem alguns indivíduos maltratados pela natureza, que uma conformação deplorável faz sofrer e torna inválidos para a vida, ou que uma constituição frágil expõe a frequentes doenças, esta natureza é mais favorável à grande maioria dos seus filhos. A saúde é um bem, ela influi de uma maneira bastante acentuada sobre o contentamento interior – e, talvez mesmo, seja ela quem o produz. Existem alguns temperamentos afortunados que conservam a sua tranquilidade em meio aos acontecimentos mais terríveis para os outros. Nós vemos alguns mortais tão bem constituídos que nem a doença, nem a dor, nem a indigência e nem a opressão podem entristecer ou abater. Muitas vezes os desafortunados suportam o peso da miséria com mais alegria do que os poderosos ou os ricos suportam os fastios da grandeza e a saciedade dos prazeres dos quais estão fatigados. O pastor pacífico, o pobre que estende a mão e o artesão que trabalha nos mostram muitas vezes um rosto mais franco e uma alma mais contente que o rico que os desdenha, que o ministro preocupado ou que o tirano inquieto que os afunda na miséria.

Existe uma felicidade para todas as condições. A vida mais desgraçada tem seus momentos felizes, o doente que sofre tem intervalos de tranquilidade, o prisioneiro ri algumas vezes em suas correntes, e fecha muitas vezes os olhos para a morte que o ameaça. O soldado indigente é comumente bem mais alegre que o seu general. O escravo da tirania se diverte algumas vezes com seus grilhões. A incúria, a ignorância e a falta de previdência ocupam o lugar da felicidade para a maioria dos homens, a quem a razão não ensinou a conhecer ou mesmo a desejar a felicidade verdadeira. Comumente, é apenas o excesso da miséria e do desespero que produzem nas nações esta disposição taciturna, precursora das revoluções fatais a seus opressores.

Uma felicidade inalterável, e que nada possa perturbar, é verdadeiramente uma quimera. Uma felicidade completa é incompatível com a natureza de um ser cujo frágil organismo está sujeito a se desarranjar, e cuja imaginação ardente não pode se deixar guiar o tempo todo pela razão. Ora gozar e ora sofrer: eis a sorte do homem; gozar mais vezes do que sofrer: eis o que constitui o bem-estar.

Nós só conhecemos o valor da saúde quando estamos privados dela. Os prazeres cotidianos, resultantes de nossas necessidades satisfeitas, são logo esquecidos, e não são muitas vezes levados em conta. Desfrutamos, no decorrer da vida, de uma infinidade de pequenos prazeres aos quais o hábito nos impede de prestar atenção; somos felizes sem saber. Porém, se somos submetidos a algumas privações, a alguma contrariedade em nossos desejos, logo nos dizemos infelizes; nos irritamos contra a sorte, a achamos injusta, consideramos o dia em que sofremos como um dia desafortunado que gostaríamos de suprimir da nossa vida.

É assim que o homem – que a sua natureza força sempre a apreciar o bem-estar e a detestar o mal –, quando seus movimentos naturais não são regulados e corrigidos pela razão, se queixa muitas vezes injustamente e parece descontente com o seu destino. O menor mal envenena para ele a maior soma de bens: um inconveniente momentâneo ou um instante de desprazer fazem com que ele esqueça vários anos de bem-estar. Se o homem fizesse uso da sua razão, ele veria que deve suportar com paciência os males que não é capaz de impedir. Ele perceberia que a dor é necessária para nos advertir a fim de evitá-la; ele reconheceria que o mal contribui para fazê-lo sentir melhor o bem-estar – que se confunde com nós mesmos e que o hábito nos impede de apreciar. Aquele que gostaria de jamais se sentir mal, se assemelharia a um homem que fizesse a sua felicidade consistir em permanecer em um sono contínuo. Um bem-estar contínuo mergulharia a alma em uma prostração, em uma inércia, em um embotamento funestos.

A desgraça é, nos dizem, *a grande mestra do homem*. Ela lhe fornece, com efeito, algumas experiências; ela o obriga a fazer esforços para sair da miséria. É à custa de sofrerem os efeitos de seus vícios, de seus preconceitos, de seus maus governos, de suas leis e de seus usos insensatos que os povos aprenderão a reformá-los. É à custa de loucuras que aqueles que os governam aprenderão a se tornar sábios e a conhecer os seus verdadeiros interesses. Um dia, eles se aperceberão de que aquilo que, em todos os tempos, tornou os súditos infelizes, não pode jamais contribuir para a felicidade dos soberanos.

Assim, a razão nos mostra como fazer a própria infelicidade servir ao nosso bem-estar. Consequentemente, ela nos exorta a suportar os males que muitas vezes não poderíamos destruir sem atrair sobre nós males ainda maiores. Ela nos adverte para nunca precipitar uma cura, que só o tempo e a paciência podem efetuar. Ela nos inspira coragem. Ela nos diz para esperar, para nós mesmos e para as nações, uma sorte mais favorável, que não pode deixar de ser o efeito das luzes e das virtudes. Se a ignorância, a inexperiência e o erro são as verdadeiras causas das desgraças do gênero humano; se os governos injustos e os preconceitos de toda espécie foram, para ele, a maçã do Éden ou a caixa de Pandora, resta-lhe a esperança; ela deve consolá-lo, ela lhe mostra no futuro uma sorte mais agradável; ela lhe faz entrever que, com a ajuda da verdade, os homens, se não podem ser completamente felizes, serão menos infelizes do que foram.

A fonte dos descontentamentos dos homens é o fato de que, pouco justos em seus cálculos, eles mantêm um registro exato dos males, e outro muito pouco fiel dos bens que a vida lhes apresenta. Porém, no fundo, por mais infelizes que sejam, consideram a existência como um bem, e pouquíssimos dentre eles consentem em renunciar à vida, da qual se queixam incessantemente. Ninguém está contente com a sua sorte e cada um se convence de que a sorte alheia é mais digna de inveja. É assim que o destino dos reis, dos poderosos e dos ricos parece o cúmulo da felicidade para aqueles que os observam de longe. Bastaria ver de perto esses homens, considerados por todos como felizes, para se desenganar da felicidade que lhes atribuem tão levianamente;

o pobre que os inveja os veria incessantemente corroídos pelos pesares, pelas inquietações e pelo tédio, e voltaria contente para a sua humilde choupana.

Embora pouquíssimas pessoas nesse mundo pareçam satisfeitas com o lugar que o destino designou para elas; embora cada um deseje se ver no lugar de um outro, talvez não exista nenhum homem sobre a Terra que, sem nenhuma reserva, consentisse em trocar sua maneira habitual de ser pela das pessoas que ele considera mais felizes. Trocar sua existência pela de um outro seria tornar-se este outro, seria renunciar a si mesmo – sacrifício ao qual nenhum mortal desejaria consentir, pelo temor de perder com isso. Quando desejamos estar no lugar de um outro, sempre preservamos alguma coisa de nós mesmos, desejamos somente possuir o seu poder, as suas riquezas, os seus talentos e as suas faculdades, a fim de melhor contentar as paixões ou as vontades que temos, e que queremos conservar, porque as julgamos necessárias à nossa felicidade. Gostaríamos que o nosso espírito – ou seja, a nossa maneira de ver e de pensar – passasse, por assim dizer, para o corpo daquele a quem invejamos, mas não gostaríamos de deixar nesse corpo nada dele. Nossas opiniões, nossas paixões e nossas ideias são sempre aquelas às quais damos maior importância; acreditamos que elas são superiores às dos outros e, se desejamos a sorte alheia, é apenas para estar em condições de exercê-las com mais liberdade. É assim que a estima – bem ou mal fundamentada – que temos por nós mesmos serve para moderar a inveja que temos daqueles que supomos mais felizes do que nós. Desejar ser rei é desejar o poder de um rei para satisfazer as suas vontades.

Não acreditemos que os príncipes e os poderosos da Terra desfrutem de uma felicidade mais pura que o resto dos mortais; eles não nos deixam ver aquilo que se passa por trás do palco;[60] mas a reflexão nos permite adivinhar; e tudo prova que, por falta de terem uma alma bastante grande para a sua condição, eles são muitas vezes muito miseráveis. Com efeito, vemos que comumente eles têm as mais falsas ideias acerca da felicidade, do poder e da glória; que a verdade quase nunca os esclarece; que, trabalhando incessantemente para fazer infelizes, nem por isso são mais felizes; que, tendo nas suas mãos tudo aquilo que poderia contribuir para a sua própria felicidade, não sabem fazer nenhum uso disso; enfim, vemos que eles são, muitas vezes, forçados a invejar a humilde fortuna daqueles que o destino fez nascerem na condição mais abjeta.

Se eu fosse rei (supondo que a coroa não modificasse as disposições do meu coração), presumo que me tornaria feliz. Cheio de amor pelos povos, creio que seria amado por eles. Pouco encantado de reinar sobre almas abjetas e sem coragem, eu as deixaria desfrutar da liberdade à qual sua natureza lhes confere direitos legítimos. Com isso, me veria rodeado de cidadãos ativos, laboriosos e industriosos, pelos quais a pátria seria amada e que abençoariam o senhor no qual reconheceriam a fonte da sua felicidade. Armado de uma justa desconfiança de mim mesmo, e daqueles pelos quais estaria rodeado, eu gostaria que somente a lei reinasse, e que esta lei fosse a voz da justiça, e não a da paixão ou do capricho. Meu interesse não seria distinto do de meu povo, porque eu sentiria que é da abundância, da potência e da virtude do meu povo que dependeriam a minha grandeza, a minha felicidade e a minha segurança pessoal. A confiança de meus súditos me poria em

60 *Vitae post-scenia celant* (Lucrécio).

condições de exercer sem violência, sobre os corações, um domínio mais absoluto e mais estável que aquele que podem dar alguns exércitos mercenários. Eu não iria, por conquistas, arriscar a minha glória verdadeira e o bem-estar da minha nação para adquirir o direito injusto de comandar alguns miseráveis; eu me contentaria em ser feliz em meus Estados, fazendo-os felizes; com cada instante do meu reinado sendo marcado por atenções e benefícios, eu viveria contente comigo; jamais o tédio se aproximaria da minha pessoa; eu teria adquirido direitos à estima de um povo inteiro e teria o direito de estimar a mim mesmo. Eu recompensaria os talentos úteis, os bons costumes e a probidade; eu não teria inimigos que não fossem os da virtude; e, se esses inimigos fossem muito numerosos e muito fortes, eu desceria do trono e retornaria com prazer para a multidão dos cidadãos, onde nada me privaria da glória de ter, ao menos, feito alguns esforços para proporcionar o bem aos meus semelhantes.

Não há necessidade de ser monarca nem poderoso para desfrutar da felicidade; é dado a todo homem ser feliz em sua esfera. A natureza fez tudo para nós, quando nos deu um corpo sadio, órgãos sensíveis e paixões moderadas. Nada falta à nossa felicidade quando nossas circunstâncias nos forneceram os meios de cultivar utilmente o solo que recebemos das mãos da natureza. Esta natureza nos concede um temperamento favorável, a cultura faz de nós seres racionais, e a razão nos ensina que um ser sociável não pode ser feliz se não espalha a felicidade sobre os seres que o rodeiam.

Uma nação é feliz quando coloca a maioria dos homens que a compõem em condições de desfrutar dos bens que tornam a associação vantajosa. O melhor governo é aquele que distribui o bem-estar o mais igualmente que é possível sobre todos os membros da sociedade. O cidadão desfruta de tudo aquilo que tem o direito de desejar, quando está submetido a leis justas que asseguram a sua pessoa, a sua propriedade e a sua liberdade. Ele não tem do que se queixar quando, forçado a ser justo, vê que não é permitido a ninguém ser injusto em relação a ele; então, ele é obrigado a amar o Estado, a sustentá-lo e a defendê-lo, porque o seu bem-estar está ligado ao do Estado. A liberdade que ele possui, e que não lhe pode ser tomada, lhe deixa toda a sua atividade e abre um vasto campo para a sua engenhosidade. Privado do direito de causar dano, ninguém pode prejudicá-lo; se ele tem talentos úteis aos outros, pode aspirar à estima alheia e viver satisfeito com a glória de ser um cidadão precioso para os seus associados.

Todo homem está em condições de obter a felicidade em sua casa, em sua família e nos círculos sociais que frequenta. Se ele quer que sua esposa, seus filhos, seus parentes, seus amigos e seus servidores lhe proporcionem o bem-estar e lhe demonstrem os sentimentos que ele deseja, deve perceber que a justiça exige que ele os incentive, por sua própria conduta, a colaborar com os seus projetos. Tudo lhe prova que o amor atrai o amor; que a bondade, a boa-fé, a fidelidade, a probidade e os benefícios dão direitos sobre os corações dos homens, e que a felicidade que derramar sobre eles respingará sobre ele próprio. De onde se deduz que, para desfrutar da felicidade doméstica, todo homem deve ser um pai vigilante, um esposo terno e fiel, um filho dócil e submisso, um amigo sincero e um senhor equitativo e indulgente, justo para com todos e benfazejo, quando as circunstâncias lhe permitem sê-lo. Em poucas palavras, tudo conspira para nos fazer sentir que não existe nenhuma felicidade sem a virtude, e que esta constitui tanto a felicidade pública quanto a felicidade particular.

Essas reflexões podem, portanto, servir para fixar nossas ideias sobre o *soberano bem* ou sobre as opiniões diversas que os moralistas tiveram sobre a felicidade. Nas imagens que fizeram da felicidade, e nos meios de chegar a ela, cada um deles seguiu o seu próprio temperamento, o seu próprio caráter, sua imaginação, seus preconceitos. Uns a situaram no prazer e na volúpia; outros, na fuga dos prazeres e em uma completa renúncia a tudo aquilo que pode tornar agradável nossa estada nesse mundo. Uns nos aconselharam a não ter paixões, a não formular nenhum desejo, a nos tornar completamente insensíveis, a não nos afeiçoar a nada. Outros preferiram as doçuras de que goza uma alma sensível, mesmo com os sofrimentos aos quais ela nos torna suscetíveis. Alguns, angustiados com o contínuo burburinho que lhe faziam ouvir os homens descontentes com a sua sorte, decidiram tristemente que a felicidade não era feita para os habitantes da Terra, e que era apenas em uma outra vida que eles podiam se vangloriar de desfrutar dela. Outros viram que a felicidade era feita para o homem, que ele devia buscá-la sem descanso, que, se não lhe fosse dado desfrutar de uma felicidade contínua e permanente, sua vida comumente lhe oferecia, ao menos, mais prazeres do que sofrimentos; que o próprio mal lhe era de alguma utilidade, pelo fato de ser poderosamente incitado a fugir dele e a melhorar a sua sorte. Alguns misantropos, vendo as desordens, os inumeráveis inconvenientes e as paixões discordantes que muitas vezes tornam a vida social incômoda, acreditaram que, para ser feliz, o homem devia fugir da sociedade, e até mesmo chegaram a sustentar que, para a sua maior felicidade, ele faria bem em voltar para as florestas e se tornar novamente selvagem. Assustados com os vícios, os crimes, as perfídias, a ingratidão e as injustiças dos homens, eles acreditaram que era preciso romper totalmente com eles e abandoná-los ao seu mau fado.

Porém, a sociedade é necessária ao bem-estar do homem; uma vida solitária e selvagem o privaria de uma infinidade de prazeres e de recursos aos quais ele não poderia renunciar sem se tornar completamente infeliz. A misantropia, fruto de um temperamento bizarro, não é uma disposição nem um pouco desejável; a razão quer que aceitemos os homens tais como eles são. Suas paixões são necessárias; todas elas têm a felicidade como objetivo; cada um a procura da sua maneira; porém, por falta de luzes, nos enganamos muitas vezes sobre as coisas nas quais depositamos essa felicidade, e sobre os meios de que nos servimos para alcançá-la. Esquecemo-nos, a cada passo, de que temos associados ou colaboradores destinados a contribuir para a nossa felicidade, mas que só se prestam a isso com a condição de que nos ocupemos com a deles; nós nos comportamos como se pudéssemos nos bastar a nós mesmos, ou nos tornar felizes sozinhos.

Porém, o homem é suscetível de experiência e de razão. Quando ele se engana, devemos concluir disso que a sua razão não foi suficientemente exercitada. Se a moral contribui para a sua felicidade, é fazendo-o ver suas relações com os seus associados; é lhe provando claramente que ele não pode ser feliz a não ser se conformando aos deveres resultantes dessas relações; é lhe mostrando que é impossível para ele alcançar o objetivo que se propõe se não adotar os meios fixados pela natureza das coisas; enfim, é fazendo-o sentir que, de todos os projetos, o mais impraticável para o homem é o de conseguir, sem auxílio, a felicidade que ele deseja.

O objetivo da moral não deve ser, portanto, isolar os homens, fazê-los perder o gosto pela sociedade, torná-los selvagens; mas sim reuni-los pelos interesses; desenganá-los das opiniões que os separam; fazer com que as paixões e os desejos de todos colaborem para o bem-estar de todos; incentivá-los a combinar seus esforços para trabalharem em comum pela felicidade geral. Aquilo que foi dito precedentemente nos mostra que a moral quase sempre ignorou esse objetivo. A superstição, e muitas vezes uma filosofia tão triste quanto ela, não parecem ter se proposto algo além de desencorajar o homem, de enfraquecer sua atividade, de afligi-lo e de torná-lo inútil aos seus semelhantes – em poucas palavras, de isolá-lo para que ele trabalhe para obter um bem-estar imaginário que não atinge jamais. Uma política injusta e falsa parece, do mesmo modo, ter trabalhado muito eficazmente para dividir os interesses dos homens, para provocar entre eles uma guerra civil contínua e uma rivalidade funesta, que incessantemente os põe em luta e os entrega sem defesa àqueles que gostariam de subjugá-los.

Assim, a religião e o governo, essas duas causas tão poderosas, parecem ter combinado o seu poder para entravar a finalidade da associação humana, e para pôr obstáculos à felicidade das nações. Uma não faz do homem senão um escravo sem energia, cumulado de terrores, a quem se fez temer o bem-estar, a quem se proíbe até mesmo de pensar nele; o outro quis fazer dele um escravo cujos interesses fossem separados dos de seus companheiros de servidão, a fim de que as suas paixões divergentes os impedissem de se reunir contra aqueles que tinham elaborado o projeto insensato de se tornar felizes por meio do infortúnio de todos.

Portanto, não fiquemos espantados com o fato de que os homens, agitados por forças tão consideráveis, tenham sido inebriados por paixões desordenadas, e quase nunca tenham tido ideias verdadeiras sobre a felicidade. Como a razão teria podido fazer sua voz ser ouvida por seres embrutecidos pela credulidade, apaixonados por vãs quimeras nas quais lhes ensinaram a depositar a sua felicidade? Os preconceitos dos quais eles foram imbuídos desde a infância, os exemplos deploráveis que tiveram continuamente diante dos olhos e as ideias falsas que receberam em todas as circunstâncias os fizeram correr atrás de ninharias às quais se acreditaram obrigados a sacrificar o seu bem-estar, o seu repouso, a sua liberdade e a sua segurança. A sociedade, em vez de torná-los felizes, nada mais fez que aproximar inimigos dispostos a causar dano uns aos outros, perpetuamente ocupados em se contrariar e em arrancar uns dos outros as bagatelas às quais eles vinculavam o seu soberano bem. Assim, a sociedade, em vez de contribuir para o seu contentamento, tornou-se a arena de suas cóleras e de seus combates; suas instituições e seus preconceitos atiçaram suas paixões pelos mesmos objetos fúteis; eles duelaram por riquezas, por honrarias, por distinções e por cargos, dos quais jamais aprenderam a fazer um uso vantajoso para eles mesmos. A inveja foi para eles um tormento contínuo; eles se tornaram falsos, pérfidos, dissimulados e mentirosos porque se viram obrigados a ocultar os seus projetos de seus rivais e a se servir de caminhos oblíquos e tortuosos a fim de despistar aqueles que disputavam a mesma corrida. A arte de viver em sociedade não foi mais que a arte de enganar seus associados para fazê-los servir aos seus próprios desígnios; o interesse pessoal esteve sempre em guerra contra o interesse geral. O cidadão se tornou inimigo declarado ou oculto de seus concidadãos.

Ele se acreditou obrigado a escamotear os seus passos quando era o mais fraco; não ousou confessar seus projetos com medo de vê-los contrariados; seus desejos se voltavam para alguns objetos que todos desejavam igualmente, e que cada um queria possuir com exclusividade. Eis aí como a sociedade se tornou tão incômoda que alguns pensadores desencorajados acreditaram que a vida social era contrária à natureza do homem, e que a resolução mais sábia seria renunciar totalmente a ela.

XVI
Da vida social. Do estado de natureza. Da vida selvagem

A sociedade é útil e necessária à felicidade do homem; ele não pode se tornar feliz sozinho; um ser fraco e cheio de necessidades exige a todo momento auxílios que ele não pode dar a si mesmo. É apenas com a ajuda de seus semelhantes que ele se põe em condições de resistir aos golpes da sorte e de reparar os males físicos que é forçado a sofrer. Encorajado e apoiado pelos outros, sua engenhosidade se manifesta, sua razão se esclarece, ele consegue combater o mal moral, que nada mais é que o fruto da sua ignorância e dos seus preconceitos. Em poucas palavras, como já foi dito, o homem é, na natureza, o ser mais útil ao homem.

Assim, não demos ouvidos a uma filosofia desencorajada, que nos convida a fugir da sociedade, a renunciar ao convívio com os homens, a voltar para as florestas onde viviam os nossos primeiros antepassados, para lá disputar, como eles, nossa subsistência com os bichos. Ainda que a coisa fosse praticável; mesmo que se pudesse conseguir fazer os homens civilizados se esquecerem das ideias, das opiniões, dos hábitos, do bem-estar e das comodidades da vida social; mesmo que eles fossem reduzidos a animais irracionais – dos quais só diferiam muito pouco na origem –; mesmo, digo eu, que se pusesse em execução este estranho sistema, a não ser que desnaturassem o homem, que aniquilassem as suas faculdades, que o privassem dos seus desejos, da sua atividade, da sua tendência natural a aperfeiçoar a sua sorte, da sua curiosidade e da sua inconstância, o homem tornaria a passar sucessivamente pelos mesmos estágios; ele nada mais faria que recomeçar a trilha percorrida pelos seus ancestrais; e, ao fim de alguns séculos, tornaria a se encontrar no mesmo ponto em que o vemos hoje em dia.

O homem começa por comer bolotas, por disputar seu alimento com os bichos, e termina por medir os céus. Depois de ter arado e semeado, ele inventa a geometria. Para se proteger do frio, ele se cobre primeiramente com a pele dos animais que venceu, e ao fim de alguns séculos vocês o veem juntar o ouro com a seda. Uma caverna, um tronco de árvore são suas primeiras moradias, e por fim ele se torna arquiteto e constrói palácios. Suas necessidades, ao se multiplicarem, aumentam a sua engenhosidade, ele é forçado a pôr o seu espírito para trabalhar, e, pela cadeia que liga os conhecimentos humanos, descobre pouco a pouco todas as ciências e todas as artes; aquilo que não é útil às suas necessidades, serve ao menos para satisfazer a sua curiosidade – necessidade sempre renascente e que nada pode preencher completamente. É assim que, depois de ter medido o seu campo, ele mede as vastas extensões do firmamento, e quer submeter a regras os movimentos dos corpos celestes que seus olhos só descobrem a duras penas. Nas suas mãos, a árvore se transforma em coluna, a caverna em palácio, a palha em colchão, a pele fétida e grosseira em tecido magnífico. Em todos esses passos, diversos e muito distantes uns dos outros, ele é guiado pela sua natureza que, sem descanso, o incita a aperfeiçoar a sua sorte, a torná-la mais agradável. Após ter estado por muito tempo privado de reflexão, ele começa a pensar; depois de ter sofrido por muito tempo com o seu delírio, ele cultiva a sua razão; depois de ter por muito tempo vagado pelas trevas, ele busca a verdade, ele a descobre com dificuldade e nela encontra, enfim, o remédio dos seus males.

Afirma-se que o selvagem é um ser mais feliz que o homem civilizado. Porém, em que consiste a sua felicidade e o que é um selvagem? É uma criança vigorosa, privada de recursos, de experiências, de razão e de inventividade, que sofre continuamente com a fome e com a miséria, que se vê a cada instante forçada a lutar contra as feras, e que, além do mais, não conhece outra lei que não seja o seu capricho, outra regra que não sejam as suas paixões momentâneas, outro direito além da força, outra virtude além da temeridade. É um ser impetuoso, inconsequente, cruel, vingativo e injusto, que não quer nenhum freio, que não prevê o futuro, que está a todo momento exposto a se tornar vítima da sua própria loucura ou da ferocidade dos estúpidos que se assemelham a ele.

A vida selvagem ou o *estado de natureza* – ao qual alguns especuladores desgostosos quiseram reduzir os homens – e a *era de ouro* tão exaltada pelos poetas na verdade são apenas estados de miséria, de imbecilidade e de insensatez. Convidar-nos a voltar a esse estado é nos dizer para voltarmos à infância, para esquecer todos os nossos conhecimentos, para renunciar às luzes que o nosso espírito pôde adquirir; ao passo que, para a nossa infelicidade, nossa razão ainda está muito pouco desenvolvida, mesmo nas nações mais civilizadas.

A idade adulta é tão conforme à natureza do homem quanto a idade da infância e da fraqueza. É pela tendência de sua natureza que o homem persiste em viver em sociedade: dando-lhe algumas necessidades, a natureza o torna sociável e o proíbe de ser feroz e selvagem.

A grande maioria daqueles que nos falam de um *estado de natureza* parece não ter concebido nenhuma ideia dele. Será, pois, que eles entendem por isso um estado liberto de todos os vínculos, de todas as relações, de todos os deveres? Mas este estado é absolutamente imaginário. Todo homem nasceu de um pai e de uma mãe; por conseguinte, ele é fruto de uma sociedade que, ao menos na sua infância, foi necessária à sua conservação e às suas necessidades; e da qual, mais tarde, ele ainda aprova a necessidade, seja por hábito, para obter aquilo que deseja; seja para facilitar o seu trabalho; seja para se defender das feras. Assim, mesmo naquilo que se chama de *estado de natureza*, o homem foi submetido a deveres e foi obrigado a cumpri-los em relação àqueles que ele achou necessários à sua própria felicidade.

A razão humana – que, para se formar e se exercitar, exige experiências e reflexões multiplicadas e reiteradas – só pode ser o efeito da vida social. Vivendo com os homens, estamos em condições de cultivar o nosso espírito e o nosso coração, de aprender a distinguir o verdadeiro do falso, o útil do nocivo, a ordem da desordem. O homem isolado só adquire muito poucas ideias; ele está a todo momento exposto sem defesa a mil perigos dos quais não pode se esquivar. O homem em sociedade se entusiasma, sua atividade se desdobra, seu espírito se enche de uma multidão de ideias; seu coração aprende a sentir; a conversação o enriquece de pensamentos e lhe revela os pontos de vista dos outros. Quando se trata de repelir um perigo ou de executar um empreendimento, ele logo se encontra fortalecido pela engenhosidade, pelas experiências e pelos auxílios de seus associados. Quanto mais uma sociedade é numerosa, mais ela tem atividade, luzes, inventividade, vícios e virtudes, e mais apoio o homem encontra nela. O selvagem é um ser sem ideias, sem espírito, sem virtude e sem recursos, cujo bem-estar consiste apenas em uma ignorância total daquilo que poderia lhe tornar a vida doce e cômoda.

Mesmo as nações que são tidas como as mais civilizadas, conservam, para a sua infelicidade, demasiados vestígios do estado selvagem, da ferocidade e da insensatez primitivas. Será que os seus líderes, assim como os verdadeiros selvagens, não vivem sempre em um estado de anarquia que, entre eles, chamam de *estado de natureza*, ao passo que nada é mais contrário à natureza de seres inteligentes e racionais? Será que as suas guerras contínuas, suas querelas quase sempre injustas e pueris e as paixões inconsequentes e os caprichos aos quais esses soberanos sacrificam tão levianamente a sua felicidade e a de seus súditos, não dão a entender que eles ainda são, na sua maior parte, caraíbas[61] ou verdadeiros canibais? Será que os pretensos direitos que eles se atribuem pela violência e pela conquista não provam que os caciques civilizados não têm, muitas vezes, mais noção da equidade que os caciques americanos? A única diferença entre eles é que esses últimos comandam apenas hordas irregulares e pouco disciplinadas, ao passo que os primeiros têm às suas ordens exércitos de escravos, que aprenderam a arte de devastar com método e de massacrar as nações.

---

61 Nome dado aos indígenas que viviam nas Antilhas. (N. T.)

As superstições, os governos, as leis e os preconceitos das nações mais civilizadas ainda se ressentem infinitamente do estado de natureza, e carregam marcas muito fortes do caráter violento, brutal e imprudente dos selvagens. Será que a coragem e a força não são tão consideradas entre nós quanto entre os nossos ancestrais bárbaros? Será que as leis mais severas e as ameaças terríveis da religião puderam, até aqui, abolir a antiga ferocidade que mantém os duelos? Será que a opinião pública, constantemente depravada, não aplaude esses atos de barbárie e de vingança contra os quais a humanidade e a equidade reclamam igualmente? Assim, nossas opiniões selvagens e nossos costumes cruéis resistem à autoridade dos deuses e à autoridade dos reis. Quantos selvagens se exibem com honra nas sociedades mais civilizadas!

Se homens estúpidos e grosseiros puderam ser convencidos por alguns legisladores e conquistadores que se passavam por enviados, intérpretes ou mesmo filhos dos deuses, será que ainda não vemos povos esclarecidos que são ludibriados por semelhantes imposturas? Será que os sacerdotes ainda não são considerados como os porta-vozes da divindade? Será que eles não têm o direito de incitar as paixões dos súditos contra os soberanos e a dos soberanos contra os súditos que se rebelam contra suas doutrinas celestes? Se os incas persuadiram os peruanos de que eram os filhos do deus do sol, será que alguns soberanos ainda não se atribuem alguns *direitos divinos* contra os quais não é permitido que as nações reclamem? Enfim, será que essas nações, degradadas e espezinhadas pelos chefes que elas escolheram, não imaginam que um sangue mais puro corre nas veias deles, e que mesmo aqueles que se parecem com elas são modelados com um um barro diferente daquele do resto dos homens?

Embora, em muitos aspectos, os homens tenham se distanciado da estupidez das primeiras sociedades, e que, por isso mesmo, tenham se tornado mais felizes, eles não deixam, no entanto, de estar sempre ligados às suas instituições primitivas. No que pode estar fundamentado este apego obstinado pela Antiguidade? É no hábito, que jamais raciocina, e no descontentamento com a constituição atual. Sentimos os inconvenientes dos vícios do nosso tempo, mas ignoramos as calamidades que sofreram nossos ancestrais nos séculos que nos precederam. É por isso, sem dúvida, que os homens, comumente pouco satisfeitos com a sua posição atual e cheios de mau humor contra os defeitos de seus contemporâneos, são louvadores do tempo passado, nos exaltam a Antiguidade e fazem uma elevada ideia da sabedoria e da felicidade de seus antepassados. Seria, pois, bem verdadeiro que nossos ancestrais tenham sido mais sábios ou mais felizes que nós? Para resolver esse problema, basta abrir a história; nela descobriremos que, no berço das nações, os povos foram em toda parte mais ignorantes, mais supersticiosos, mais turbulentos e mais ferozes que agora. Será que poderemos julgar a sua sagacidade, a sua previdência e a sua equidade pelas instituições, os costumes e as leis que esses povos tão sábios nos transmitiram? Lamentavelmente, não veremos aí senão imprudência, obscuridade, usos injustos e preconceitos incontáveis, pelo peso dos quais ainda somos esmagados. Em poucas palavras, nos anais de todas as terras só encontramos guerras tão cruéis quanto fastidiosas; encontramos neles príncipes ambiciosos e insensatos, perpetuamente em conflito com súditos inquietos e rebeldes. Lemos neles as atrocidades de fanáticos ocupados em destruírem-se uns aos outros por dogmas que eles nunca entenderam; não vemos nada de fixo na política: os direitos dos soberanos e dos povos foram regulados unicamente pela violência; nenhum país nos mostra leis fundamentais claras e precisas, que limitem sabiamente o poder dos chefes ou que estabeleçam a liberdade dos súditos com base em fundamentos sólidos.

Os homens não são degenerados; sua razão ainda não foi suficientemente desenvolvida; sua natureza não se degradou, ela nunca foi adequadamente cultivada.

Por pouco que reflitamos sobre a conduta de nossos ancestrais, descobriremos que depois deles as nações se esclareceram e desfrutam, apesar de tudo, de uma sorte bem mais branda que a deles. Se temos mais luxo, mais necessidades imaginárias e mais vícios; cometemos menos atrocidades. Nossa corrupção é menos fatal que a ferocidade deles, que as suas revoltas contínuas, que os seus atentados inúteis e sem objetivo. Apesar desta perversidade com a qual sofremos muito, sem dúvida, tudo nos prova que a cada dia os nossos costumes se abrandam, os espíritos se esclarecem, a razão ganha terreno, e os próprios príncipes são forçados, algumas vezes, a respeitar a opinião pública que muitas vezes os contém. Enfim, os homens se tornaram mais sociáveis. Mais efeminados que nossos antepassados, somos mais sensíveis, mais humanos, menos inconsequentes e menos fanáticos. Será que o luxo, por mais perigoso que seja, poderia produzir metade das calamidades que outrora foram produzidas pela ignorância, pelo zelo e pela ferocidade? Um governo racional e boas leis poderiam conter seres efeminados, temerosos e corrompidos pelo luxo; mas nada teria podido conter alguns selvagens coléricos, a quem o próprio temor não pode inspirar respeito.

Embora os príncipes e os povos não tenham ainda renunciado à loucura das guerras, no entanto, nas próprias guerras, encontramos menos ferocidade que nas de outrora. O interesse de todos os povos os trouxe, pouco a pouco, novamente à humanidade. Entre os selvagens, o guerreiro é de uma crueldade que revolta a natureza; seu coração, alheio à compaixão, se entrega totalmente à raiva; pouco contente de vencer, ele tortura, queima e devora o inimigo que caiu em suas mãos. Entre os gregos e os romanos, o inimigo vencido resgatava sua vida com a perda de sua liberdade; tornando-se escravo, ele deixava de ser um homem aos olhos de seu vencedor, que se acreditava no direito de tratá-lo como um bicho, de vendê-lo ou mesmo de matá-lo. Entre os modernos, o alarido das armas não impede mais que se escute o clamor da natureza, da justiça e da piedade. O interesse de todos os guerreiros lhes faz sentir que seus inimigos vencidos são homens, e que eles devem tratá-los como gostariam de ser tratados se viessem a sucumbir sob as forças dos outros. Assim, um interesse esclarecido bane a atrocidade das guerras, e faz aquele que hoje alcança a vitória ver que a fortuna inconstante pode amanhã entregá-lo, por sua vez, ao poder dos inimigos que ele vê abatidos a seus pés. O *direito internacional* nada mais é que o efeito das convenções, cuja necessidade a razão fez os povos tornados mais sensatos perceberem.

Os partidários da vida selvagem exaltam a liberdade que ela põe em condições de desfrutar, ao passo que a maioria das nações civilizadas estão em grilhões. Porém, será que os selvagens podem usufruir de uma verdadeira liberdade? Será que seres privados de experiências e de razão, que não conhecem nenhum motivo para conter as suas paixões, que não têm nenhum objetivo útil, podem ser considerados como seres verdadeiramente livres? Um selvagem exerce apenas uma atroz licenciosidade, tão funesta para ele mesmo quanto cruel para os desgraçados que caem em seu poder. A liberdade, nas mãos de um ser sem cultura e sem virtude, é uma arma cortante nas mãos de uma criança.

Quanto mais as nações se afastarem da vida selvagem, ou daquilo que é denominado o seu *estado de natureza*, mais elas conhecerão os direitos da razão e o valor da verdadeira liberdade; e mais elas temerão abusar dessa liberdade e mais a distinguirão da revolta, da anarquia e da licenciosidade. As ideias sãs da moral e da política não são nem um pouco populares; elas só existem em um pequeno número de espíritos acostumados a refletir, e que a razão mais ou menos libertou dos preconceitos bárbaros pelos quais os povos estão infectados.

A verdadeira filosofia deve ter por princípio o amor aos homens, o desejo de vê-los felizes, a paixão pela glória que resulta de contribuir para a sua instrução e para a sua felicidade. É, portanto, a *filantropia*, e não a *misantropia*, que deve animar todo homem que se mostra amigo da sabedoria. Para conhecer os homens, é preciso vê-los e conviver com eles; para se interessar pelos seus sofrimentos, é necessário possuir uma alma sensível; para esclarecê-los, é preciso se aproximar, e não fugir deles.

A civilização completa dos povos e dos chefes que os comandam e a reforma desejável dos governos, dos costumes e dos abusos não podem deixar de ser obra dos séculos, dos esforços contínuos do espírito humano e das experiências reiteradas da sociedade. À força de pensar, os homens identificarão as causas dos seus sofrimentos e aplicarão a elas os remédios adequados. Os males do gênero humano só desencorajam aqueles que ignoram as suas verdadeiras causas, e que desconhecem os perceptíveis progressos que diversas nações fizeram em direção à felicidade.

Evitemos, portanto, dar ouvidos aos conselhos de uma superstição que nos exorta a fugir do mundo e a viver somente para nós, como os inúteis anacoretas que ela nos propõe como modelos. Não nos deixemos seduzir por uma filosofia feroz, que gostaria de nos pintar com traços favoráveis um estado de natureza contrário à natureza, uma vida selvagem tão triste quanto a morte. Suportemos com paciência os inconvenientes ligados à sociedade ainda não aperfeiçoada. Pensemos que a razão dos povos só pode ser obra do tempo. Enquanto isso, cumpramos o dever do cidadão: tratemos de ser úteis aos nossos associados, de servi-los, de consolá-los e de encorajá-los; mostremos por eles um afeto sincero, uma indulgência terna e uma amizade compassiva, em vez de aviltá-los, de incitá-los a viver em comunidade com os bichos; de lhes mostrar seus males como eternos. Digamos a eles para esperarem tudo dos progressos de sua razão, para cultivá-la sem descanso, para saírem do embotamento letárgico no qual se gostaria de mantê-los.

Exigir pouco dos homens e fazer por eles todo o bem de que nos sentimos capazes, eis a verdadeira sabedoria, a verdadeira moral, a grande arte de viver em sociedade. O misantropo, que incessantemente se irrita contra o gênero humano, é um ser tão desagradável para si mesmo quanto inútil a seus semelhantes. O interesse que temos pelos seres da nossa espécie multiplica o nosso próprio bem-estar, e à medida que exercitamos nossa sensibilidade, isso nos permite aspirar ao reconhecimento deles. A indulgência é um dever para quem vive com homens; eles estão, na sua maioria, em um estado de infância que lhes confere direitos à piedade daqueles cuja razão foi mais cultivada. Todas as instituições humanas, sendo comumente obra da imprudência e do erro, tornam a inclinação para o mal tão suave e tão fácil, e o caminho da virtude tão penoso e tão oculto, que temos motivos para nos surpreender de que existam virtudes sobre a Terra.

Se queixar ou se irritar com as infelicidades ligadas à vida social é se revoltar contra a necessidade das coisas. A corrupção dos povos é o efeito necessário das causas poderosas que conspiram para cegá-los e para mantê-los em uma eterna infância. Ficar surpreso ao ver tantos vícios inundarem a sociedade, e se incomodar com isso, é o mesmo que se admirar de andar menos à vontade por uma rua frequentada do que quando se passeia pelos campos. Quanto mais numerosa é uma sociedade, mais as paixões discordantes e multiplicadas produzem agitações. Se as grandes cidades são as mais corrompidas, são também aquelas onde se encontram mais talentos, recursos e virtudes. Quanto mais uma máquina é complicada, mais seus movimentos são fáceis de desarranjar. As fricções multiplicadas tornam o seu funcionamento mais penoso do que o de uma máquina mais simples. Por mais força que se tenha, é bem difícil não ser arrastado ou espremido quando se está no meio da multidão.

Se quiséssemos nos fiar nas declarações de alguns especuladores atrabiliários contra a espécie humana, seríamos tentados a acreditar que os homens são monstros e que o sábio não pode se dispensar de detestá-los e de fugir deles. No entanto, se eles fossem tão perversos quanto gostariam de nos persuadir, nenhuma sociedade poderia subsistir; todo homem se tornaria um inimigo para o seu semelhante; a confiança e a afeição seriam banidas da Terra. Porém, se, descartando o mau humor, queremos reduzir as coisas ao seu justo valor, descobriremos que os homens são uma mistura de vícios e de virtudes, de modo que, no entanto, a bondade neles leve comumente vantagem sobre a maldade. Seria uma loucura exigir a perfeição nos seres de nossa espécie; chamamos de *bons* aqueles em quem encontramos mais bem do que mal; chamamos de *malvados* aqueles em quem vemos predominar as paixões nocivas. Nada é mais raro que o malvado sistemático e deliberado. Um homem do qual toda a vida não fosse senão um encadeamento de maldades e de crimes seria um fenômeno bem mais surpreendente do que um homem isento de qualquer defeito. Nos seres mais depravados, encontramos boas qualidades; qualquer que seja a sua perversidade, seu interesse se encontra muito frequentemente de acordo com o das pessoas que os rodeiam. No transcurso da vida do homem mais perverso, talvez encontremos um maior número de boas ações do que de más. Será que existe um ser mais nocivo do que um conquistador, ou do que um ambicioso, que sacrificarão sem escrúpulo nações inteiras às suas paixões arrebatadas? No entanto, vemos algumas vezes, em um homem dessa espécie, um pai terno, um amigo sincero, um inimigo generoso, uma alma nobre e grandiosa, algumas virtudes sociais e algumas qualidades apreciáveis. Os ladrões e os assassinos que infestam a sociedade são comumente justos entre si e fiéis aos seus compromissos. Nenhum homem pode consentir em se tornar detestável em todas as ocasiões: mesmo com as inclinações mais criminosas, ele é forçado a sentir que o seu próprio interesse exige a todo momento que ele se torne agradável para aqueles com quem mantém relações. É para agradar aos cortesãos que o rodeiam que um tirano consente em despojar o seu povo; ele, muitas vezes, é injusto para ser benfazejo, generoso e liberal.

Apesar das paixões discordantes dos homens, as sociedades subsistem, e não deixam de oferecer encantos, deleites e auxílios a seus membros. As paixões desagradáveis são contrabalançadas por paixões úteis, que mantêm as coisas em uma espécie de equilíbrio. As desgraças das nações são mais devidas às paixões, às imprudências e às loucuras de um pequeno número de homens perversos, do que às da maior parte dos cidadãos. Um único homem, algumas vezes, é suficiente para mergulhar diversos povos na miséria e nas lágrimas, ou para corromper os corações de uma imensa multidão. Os tiranos são os verdadeiros corruptores das nações. É com razão que um ilustre moderno disse:

> O homem não nasceu ruim. Por que, então, vários deles estão infectados por essa peste da maldade? É porque aqueles que os lideram, contaminados pela doença, a transmitem ao resto dos homens. [...] O primeiro ambicioso corrompeu a Terra.[62]

Que o homem de bem não renuncie, portanto, à sociedade; que ele sinta que os homens são comumente bem mais fracos do que maus, mais ignorantes do que perversos, mais dignos de compaixão do que de ódio. Nós nos enganamos muitas vezes nos julgamentos que fazemos sobre eles porque os julgamos com base em atos isolados, de acordo com os quais decidimos que eles são bons ou maus. A partir do momento em que nos dizem que um homem cometeu uma má ação, ele está perdido para o nosso espírito, e presumimos que a sua conduta jamais

62 Cf. o *Dicionário filosófico*.*

* Trata-se da célebre obra de Voltaire. (N. T.)

poderá ser boa. Ocorre o mesmo quando temos consideração por alguém por conta de alguma ação virtuosa. Julguemos os homens por partes: que sejam louvados quando fazem o bem e censurados quando fazem o mal, e que só nos afeiçoemos àquele que vemos fazer muito mais vezes o bem do que o mal. Nenhum homem é sempre bom; nenhum homem é sempre mau. A conduta dos homens varia porque as suas circunstâncias e os seus interesses variam. É a felicidade, ou a imagem dela, que eles procuram constantemente; eles só são inconstantes quanto aos objetos nos quais a situam e quanto aos meios de obtê-la. Seguir quase sempre paixões cegas constitui o homem ruim; seguir muito mais vezes a razão do que as suas paixões constitui o homem de bem. Seguir ora uma e ora as outras: eis aí o homem comum.

Seria, portanto, injusto ou muito rigoroso julgar e condenar os seres com quem vivemos de acordo com as suas falhas passageiras e os impulsos momentâneos que lhes são dados pelas paixões; que sejam julgados somente de acordo com a massa de suas ações. Perdoemos os defeitos que encontramos neles em consideração às boas qualidades que eles nos mostram. Tenhamos por eles a indulgência da qual nós mesmos temos necessidade; pensemos que eles próprios sofrem com as suas enfermidades e que só fazem comumente o mal por falta de reflexões. Assim, lastimemos os homens tornados insensatos por suas instituições viciosas, seus preconceitos e sua educação negligenciada, bem mais do que por sua natureza. Lastimemos o próprio malvado, que uma organização infeliz, ou algumas ideias falsas de bem-estar, tornaram inimigo do gênero humano e de si mesmo. Evitemos esses homens tal como esses animais venenosos, cuja natureza é causar dano e despertar o horror de todos aqueles que os encontram.

A indulgência deve ser uma consequência necessária de nossas reflexões sobre a natureza do homem e sobre as causas que o modificam. Se examinarmos com serenidade os motivos de nossa cólera e de nosso mau humor contra os seres de nossa espécie, descobriremos que quase sempre só os desprezamos ou os odiamos porque eles são infelizes, ou seja, quando deveríamos lastimá-los. O homem busca o bem em todas as suas ações; quando ele faz o mal, ele se engana, ele destrói a sua própria felicidade.

Nossa época é comumente o tema de nossas lástimas, porque sentimos os seus inconvenientes. Para nos reconciliar com ela, basta nos transportarmos imaginariamente para os séculos passados. Os defeitos das pessoas que vemos mais de perto são aqueles que nos parecem mais incômodos; mas será que acreditamos que aqueles que não frequentamos sejam mais perfeitos ou mais sensatos? Acontece com os homens o mesmo que com todos os objetos mais belos ou mais bem trabalhados, que, examinados de muito perto, nos apresentam incontáveis defeitos. A pele da mulher mais bela, quando observada no microscópio, se torna um objeto desagradável. Os membros de uma mesma família estão normalmente em pouca harmonia porque a familiaridade cotidiana os expõe a suportar os seus defeitos recíprocos. Uma justa indulgência é o remédio mais apropriado para acalmar o mau humor e a impaciência, que são os tormentos inúteis da vida. O homem privado de indulgência não é apto para a sociedade; é um ser infeliz, tão incômodo para si mesmo quanto para os outros.

Ocorre com as nações o mesmo que com os indivíduos; com as sociedades políticas o mesmo que com as sociedades particulares: elas têm vantagens e inconvenientes que o cidadão deve tolerar. As melhores são aquelas nas quais os bens ultrapassam os males. Se a autoridade da sociedade sobre seus membros está fundamentada apenas nas vantagens que ela lhes proporciona, ela perde todos os seus direitos sobre eles quando não lhes proporciona nenhum bem; é então que o sábio se afasta dela. Ao deixar Atenas, da qual Pisístrato havia se tornado o tirano, Sólon exclamou: "Ó, meu país! Sólon está disposto a te socorrer com os seus conselhos e com as suas ações; porém, sou tratado como um insensato; sou, portanto, forçado a te abandonar, embora ame todos os meus concidadãos, com exceção de Pisístrato."[63]

Na sequência faremos ver que, no próprio seio das sociedades mais corrompidas, o homem tem o máximo interesse em praticar a virtude; que as virtudes domésticas servem, então, para consolar o sábio das infelicidades públicas; que, espalhando o bem-estar sobre aqueles que o rodeiam, cada um pode encontrar em uma família honesta e no coração de seus amigos virtuosos, com o que se compensar dos golpes da sorte, dos rigores da tirania e dos efeitos da contaminação geral, da qual saberá se proteger. Além do mais, o homem de bem exerce em toda parte uma influência necessária, mesmo sobre os seres mais perversos. A virtude se faz respeitar até mesmo por aqueles que não têm a coragem de praticá-la.

FIM DA PRIMEIRA PARTE

---

63 Cf. Diógenes Laércio, *Vida de Solon*.

Segunda parte

Princípios naturais da política

I

Da sociedade. Do pacto social. Das leis. Da soberania. Do governo

A ignorância, o erro, o preconceito, a falta de experiência, de reflexão e de previdência: eis aí as verdadeiras fontes do mal moral. Os homens só prejudicam a si mesmos e só ferem os seus associados porque não fazem a mínima ideia dos seus verdadeiros interesses; eles só vivem em sociedade porque nasceram nela; eles estão ligados à sociedade por um hábito maquinal; pouquíssimos se perguntam para que ela lhes é útil; eles desfrutam das suas vantagens, por assim dizer, à revelia; eles sofrem com os seus inconvenientes sem identificar-lhes as causas. Nada é mais raro do que homens que se dão ao trabalho de refletir sobre a natureza, o objetivo e os efeitos da sociedade; sobre os direitos que ela tem sobre eles e sobre os direitos que eles têm sobre ela. O pacto social que liga os associados uns aos outros, assim como ao todo do qual eles são membros, é inteiramente ignorado por aqueles que são feitos para respeitá-lo. Se alguns pensadores têm algumas ideias vagas e confusas sobre ele, muitos outros o consideram apenas como uma quimera. Em poucas palavras, o objeto que deveria ser o mais interessante para eles é comumente aquele que vemos ser o menos conhecido pelos cidadãos.

Diversas causas têm contribuído para manter os homens na ignorância em relação a isso. Diríamos, generalizadamente, que a reflexão é penosa para eles; sua preguiça natural, assim como as suas ocupações, seus divertimentos, seus desregramentos e o amor pelo prazer, os impedem de meditar ou de remontar aos princípios das coisas. Dificilmente percebem o interesse que poderia levá-los a isso; eles acham bem mais simples se deixar guiar pela autoridade – muitas vezes, ela própria, cega – que os priva de luzes e os extravia.

A religião, como já vimos, perpetuamente ocupada com maravilhas invisíveis de um outro mundo, não dá nenhuma atenção ao que se passa sobre a Terra. Seus princípios, como já provamos, tendem mais a dissolver que a estreitar os laços da sociedade: ela encara esse mundo apenas como uma passagem pouco digna de merecer os olhares dos mortais que, segundo as suas máximas, só são colocados aqui embaixo para se prepararem para uma vida futura, que ela lhes mostra como bem mais importante para eles que a sua felicidade atual. Os perfeitos cristãos não conhecem outra pátria além do Céu; para merecerem, um dia, se tornar cidadãos dele, eles devem se desprender de todos os objetos que poderiam desviá-los de seu caminho; eles devem deixar pais, mães, parentes, amigos, concidadãos e a sociedade, para seguir a rota tenebrosa que lhes é traçada pelos guias encarregados de conduzi-los durante a sua peregrinação aqui embaixo.

Uma política cega, guiada por interesses muito contrários aos da sociedade, não suporta que os homens se esclareçam a respeito de seus próprios direitos, nem de seus verdadeiros deveres, nem do objetivo da associação que ela quase sempre entrava. A sociedade, transformada comumente em joguete dos caprichos e das paixões daqueles que a governam, contém apenas membros divididos que desconhecem totalmente os motivos adequados para uni-los entre si e para prendê-los ao corpo. Assim, a sociedade se torna, nas mãos de seus chefes, uma máquina cujos movimentos se contrariam, e que não apresenta outra tendência além daquela que lhe dão as vontades passageiras daqueles que se apoderam dela. A maioria das sociedades se assemelha a navios cuja direção é confiada a pilotos desprovidos de experiência que, em vez de conduzi-los ao porto, os fazem encalhar em recifes onde eles próprios perecem.

Se todo homem tende à felicidade, toda sociedade se propõe o mesmo objetivo; e é para ser feliz que o homem vive em sociedade. Assim, a sociedade é uma conjunção de homens, reunidos por suas necessidades, para trabalharem em consenso pela sua conservação e pela sua felicidade em comum.

A sociedade, como já observamos anteriormente, tem alguns direitos legítimos sobre os seus membros, pelas vantagens que ela lhes proporciona: cada cidadão faz com ela um pacto tácito que, embora não esteja redigido nem claramente enunciado, nem por isso é menos real. Para exercer os direitos sobre seus membros, a sociedade lhes deve a justiça, a proteção e leis que assegurem a sua pessoa, a sua liberdade e os seus bens. Ela se compromete a protegê-los de toda injustiça ou violência, a defendê-los contra suas paixões recíprocas e a pô-los em condições de trabalhar sem obstáculos pelo seu próprio bem-estar sem prejuízo do bem-estar alheio; a colocar cada um sob a salvaguarda de todos, para fazê-lo desfrutar em paz das coisas que possui ou que adquiriu legitimamente com o seu labor, os seus talentos e a sua engenhosidade.

Eis as condições sob as quais toda associação racional é formada; eis em que a autoridade da sociedade pode legitimamente se fundamentar. Cada cidadão, para a sua própria felicidade, se obriga a se submeter a ela e a depender daqueles que ela tornou os depositários dos seus direitos e os intérpretes das suas vontades.

De acordo com essas condições, cada cidadão adquire direitos sobre a sociedade que, para a sua própria conservação, é obrigada a ser fiel a seus compromissos. Visando essas vantagens, o cidadão, por seu lado, se compromete a ser justo; a subordinar seus interesses pessoais aos da sociedade; a submeter suas vontades à dela; a defendê-la com todas as suas forças; a sacrificar-lhe a porção de seus bens necessária à conservação e à prosperidade de todos; a servi-la com seus talentos, com suas luzes e com suas capacidades; a não perturbar seus associados em suas posses; a conservá-los nelas com todo o seu poder; a cooperar, conforme as suas forças, para a prosperidade geral da qual a sua depende. A partir do momento em que ele cumpre fielmente esses compromissos, a sociedade não pode, sem injustiça, privar o cidadão da felicidade que ela se comprometeu a lhe proporcionar.

A sociedade, sendo composta de um grande número de homens cujas vontades diversas, as paixões discordantes, os interesses opostos e as luzes limitadas não podem deixar de produzir tumulto e desordem, além de impedi-los de agir em harmonia, é obrigada a entregar os seus direitos a um ou a vários cidadãos que, com a ideia que possui de sua experiência, da sua prudência, dos seus talentos e da sua probidade, ela encarrega de falar em seu nome, de governar por ela, de exprimir as suas intenções, de regular a conduta de seus membros, de zelar pela felicidade, pela proteção e pela segurança de todos e de obrigá-los a cumprir os seus compromissos. Se a sociedade deve a justiça, a liberdade e a felicidade a seus membros fiéis, aqueles que ela torna depositários da sua autoridade não podem ser senão os executores das suas intenções, e não podem se dispensar de satisfazer às condições com as quais ela mesma se comprometeu. De onde se segue que uma sociedade jamais pôde conferir aos seus chefes ou representantes o direito de serem injustos, de a submeterem aos seus próprios caprichos e de causarem dano aos seus membros – a quem ela mesma deve equidade, liberdade e segurança. O soberano nada mais é que o guardião e o depositário do contrato social; ele é o seu executor e jamais pode adquirir o direito de aniquilá-lo ou de violá-lo.

O governo é a soma das forças da sociedade depositada nas mãos daqueles que ela julgou mais apropriados para conduzi-la à felicidade. De onde se deduz, evidentemente, que um soberano não é o senhor, mas o ministro da sociedade, encarregado de cumprir seus compromissos com os cidadãos, e munido do poder necessário para obrigar esses últimos a cumprir os deles.

As vontades da sociedade se exprimem através das leis. A lei é uma regra que a sociedade prescreve aos cidadãos, visando a conservação e o bem-estar de todos. A legislação não deve ter outro objetivo além do de indicar aos homens reunidos em sociedade aquilo que eles devem fazer ou do que devem se abster para a manutenção de uma associação necessária à sua própria felicidade. As leis são decisões do interesse, da experiência e da razão do corpo contra o interesse pessoal ou as paixões cegas dos membros.

Se todos os homens tivessem prudência, experiência e razão, eles não teriam necessidade de leis, nem de legisladores e nem de soberanos para viver em sociedade. A autoridade dos soberanos sobre seus súditos só pode estar fundamentada na superioridade de talentos, de luzes e de virtude que a sociedade supõe naqueles a quem ela confia o direito de falar em seu nome. Todo legislador é o porta-voz da vontade geral; suas leis são justas e boas quando estão em conformidade com a natureza do homem, com a finalidade da associação, com o interesse da sociedade e com as suas circunstâncias atuais; elas são injustas e más quando são contrárias à felicidade do homem, ao bem da sociedade, unicamente favoráveis ao interesse particular e opostas às circunstâncias nas quais a sociedade se encontra.

As leis *naturais*, sobre as quais tanto se tem escrito e discutido, são aquelas que decorrem imediatamente da natureza do homem, independentemente de toda associação, ou que são fundamentadas na própria essência de um ser que sente, que busca o bem e foge do mal, que pensa, que raciocina e que deseja incessantemente a felicidade. Como a sociedade – não tendo outra finalidade além da de tornar o homem mais feliz do que ele seria sozinho – e o governo não são feitos senão para cumprir os seus compromissos com os seus membros, deduz-se daí que as leis da natureza não podem ser revogadas nem suspensas no estado social – que, sem isso, privaria o homem do seu bem-estar em vez de proporcioná-lo. Ao se tornar membro de uma sociedade, o homem não muda de maneira alguma de natureza, ele procura apenas satisfazer mais facilmente as necessidades de sua natureza.

As leis *civis* nada mais são, portanto, que as leis naturais aplicadas às necessidades, às circunstâncias e aos desígnios de uma sociedade particular ou de uma nação. Essas leis não podem contradizer as da natureza, porque em todos os países o homem é sempre o mesmo, tem os mesmos desejos, mas varia nos meios de satisfazê-los.

Qualquer que seja o nome que elas recebam, as leis não podem jamais aniquilar os direitos naturais do homem e nem os deveres da moral: elas são feitas para assegurar os justos direitos do cidadão, e para obrigá-lo a se conformar aos seus deveres. Toda lei que privasse o homem da liberdade, da segurança e da propriedade seria injusta; é somente para usufruir com mais segurança dessas vantagens que ele vive em sociedade e se submete a leis.

As leis *penais* são aquelas que punem o cidadão, quando ele violou a lei. Recusando-se a obedecer a leis justas, ele rompe seus compromissos com a sociedade; consequentemente, ele a libera dos dela; ele se torna inimigo de seus associados, e eles têm o direito de puni-lo ou de privá-lo do bem-estar ao qual ele só tem o direito de aspirar enquanto é fiel ao pacto social.

Uma lei injusta jamais pode conferir algum direito. Apenas uma lei justa e em conformidade com a natureza do homem em sociedade pode conferir verdadeiros direitos. Aquilo que a lei permite é chamado de *lícito*; aquilo que ela proíbe é chamado de *ilícito*. Tudo o que é lícito só é justo quando a lei é justa. As leis são injustas e insensatas todas as vezes em que permitem aquilo que é nocivo e proíbem aquilo que é justo à sociedade.

> Nada é mais insensato – diz Cícero – do que considerar como justas todas as coisas que têm a seu favor a sanção das leis ou os sufrágios dos povos. Se os direitos fossem fundamentados nas vontades do povo, nos éditos dos príncipes e nas sentenças dos

juízes, a pilhagem seria um direito, o adultério seria um direito, forjar um testamento seria um direito, desde que essas ações tivessem a aprovação da multidão.[64]

Com efeito, todo legislador ou todo povo se tornaria senhor de criar o justo e o injusto. Pois bem! Qual seria o tirano que não outorgaria direitos a si mesmo, se só lhe custasse uma lei para adquirir direitos?

São chamadas de leis *fundamentais* aquelas que, nas nações, servem de fundamento e de justificação para a autoridade soberana, e que são consideradas as vontades dos povos com relação à maneira como eles desejam ser governados. Nada é mais confuso que essas leis; não há nenhum país onde se possa reconhecer distintamente os verdadeiros limites do poder dos soberanos, e os direitos que a sociedade pretendeu reservar para si mesma. Os inimigos da liberdade dos homens se prevaleceram dessa obscuridade, e os tiranos as transformaram em justificativas para oprimir. Em uma matéria tão interessante, tudo é vago, equívoco, indefinido. Mesmo a sagacidade mais exercitada dificilmente pode discernir o sofisma da verdade, a usurpação do direito, a violência da equidade. Os jurisconsultos mais hábeis foram muitas vezes vítimas dos preconceitos mais vulgares; eles a todo momento confundiram a força, o uso e a posse com o direito; consideraram justificáveis para os príncipes algumas usurpações que os povos demasiado fracos não tinham podido

64 *Illud stultissimum, existimare omnia justa esse, quae scita sint in populorum institutis aut legibus. [...] Quod si populorum jussis, si principum decretis, si sententiis judicum, jura constituerentur, jus esset latrocinari; jus, adulterare; jus, testamenta falsa supponere, si haec suffragiis aut scitis multitudinis probarentur.* (Cf. Cícero, *De legibus*, I, 15-6).

impedir; raramente ousaram remontar aos princípios de todo o direito e de toda a autoridade. Porém, do fato de que um soberano tem força para fazer o mal impunemente, deduz-se que ele tenha o direito de realizar o mal? Do fato de que os seus ancestrais tenham, durante vários séculos, exercido a tirania sem que ninguém tenha ousado detê-los ou puni-los, deve-se concluir que ele tem o direito de continuar?

Nos litígios que se estabelecem algumas vezes entre os soberanos e os súditos, recorre-se comumente à história para buscar, nas decisões e nos costumes antigos da nação, exemplos ou fatos adequados para regular os seus julgamentos. Porém, essas histórias, muitas vezes ditadas pelo temor e a adulação, ou carentes de documentação, dissimulam a verdade, alteram as circunstâncias ou só as apresentam de um falso ponto de vista. Os historiadores só nos mostram em toda parte combates contínuos entre soberanos com tendência ao despotismo e a liberdade dos povos fazendo esforços para se defender. Nesta luta perpétua, ora um obtém o triunfo, ora a outra consegue alcançar alguma vantagem. No governo de príncipes fracos e tímidos, as nações arrancam, algumas vezes, o reconhecimento favorável aos seus justos direitos; no governo de príncipes ativos e poderosos, elas são privadas dos seus direitos mais incontestáveis.

Não é nem à história, nem ao uso, nem aos exemplos e nem mesmo a concessões ou certidões que se deve recorrer em questões desse gênero; é à origem da autoridade soberana; é aos direitos inalienáveis das nações; é à razão; é à justiça eterna; é ao interesse das nações – cuja felicidade constitui sempre a lei suprema.

As incertezas tão frequentes nas quais nos lança a história, quando se trata de examinar os direitos dos soberanos sobre os povos, e dos povos sobre os soberanos, fizeram com que muita gente acreditasse que as leis fundamentais – das quais se falava incessantemente e que não se encontrava estabelecidas em parte alguma – eram puras quimeras, assim como o contrato social que liga reciprocamente os soberanos e os súditos. No entanto, é evidente que esse pacto, fundamentado na natureza, existe, e que é o mesmo que liga a sociedade a seus membros. Quer as condições do pacto dos povos com seus chefes tenham sido claramente expressas e conservadas em documentos autênticos, quer não encontremos vestígios delas em parte alguma, elas são sempre as mesmas. Um soberano legítimo só reina com o consentimento de sua nação; a partir do momento em que ela o obedece, é na esperança de desfrutar da felicidade por intermédio dele. A partir do momento em que comanda em nome dela, ele não tem o direito de ordenar nada que seja contrário às intenções dela. Os homens reunidos em sociedade só obedecem a um deles com a ideia de ser mais felizes do que seriam sem ele; e esse chefe, seja qual for o nome que lhe é dado, não pode jamais adquirir o direito de torná-los infelizes, e nem mesmo negligenciar a felicidade deles.[65]

Portanto, entre os povos e seus chefes subsiste, evidentemente, um pacto cujos artigos devem ser concebidos mais ou menos nos seguintes termos:

> Comprometei-vos a nos governar bem – ou seja, a zelar por nossa segurança, a nos proporcionar o bem-estar e a nos preservar

---

65 *Potestas regis est potestas legis; potestas juris, non injuriae.* (Cf. Bracton, *De legibus angliae*).*

* Henry de Bracton (1210?-1268), jurista inglês. O nome completo da obra citada é *De legibus et consuetudinibus Angliae.* (N. T.)

de toda opressão – e nós nos comprometemos, pelo nosso lado, a vos obedecer, a vos honrar, a nos ocupar do vosso bem-estar e da vossa segurança. Se vós não nos fizerdes desfrutar de nenhum benefício, sereis para nós indiferente. Se nos fizerdes apenas o mal, nossos compromissos serão nulos; sois vós mesmos que os aniquilareis. Se vós nos submeterdes a males insuportáveis, nós vos detestaremos e vos trataremos como inimigo. Se formos fracos demais para nos libertar de vosso jugo, o carregaremos fervendo de cólera, tereis um inimigo em cada um de vossos escravos, e sereis a cada instante obrigado a tremer sobre esse trono do qual não sereis senão um injusto usurpador.

Se os contratos das nações com os seus chefes não se encontram na história – que, muitas vezes, não passa do registro das violências e das usurpações dos príncipes –, eles existem ao menos nos corações de todos os homens, que jamais puderam consentir de boa vontade no exercício de um poder que os tornasse infelizes, e que tendesse à subversão da sociedade. Quando os povos selvagens escolheram chefes, eles supuseram que esses chefes, mais experientes que eles, lhes proporcionariam algumas vantagens; se não pensaram em fazer um pacto com esses chefes, é porque não previam que chegaria um tempo em que esses chefes oprimiriam eles mesmos ou a sua posteridade. Além do mais, as nações – ou, antes, as hordas guerreiras – não puderam limitar o poder de seus comandantes, porque a disciplina militar exige um poder sem limites daquele que ordena, e uma obediência sem limites daquele que obedece. Porém, quaisquer que sejam os motivos que impediram um povo de estipular seus interesses, o poder ilimitado de um soberano, para ser justo, é tão somente o poder de trabalhar pelo bem público da maneira que lhe pareça mais conveniente. Nesse caso, a sociedade, cheia de confiança nos talentos ou nas boas qualidades de seu chefe, nada mais fez que lhe dar *carta branca*, mas não pôde e nem quis autorizá-lo a fazer o mal, e menos ainda conferir a seus sucessores o direito de abusar contra ela da confiança que ela demonstrou.

O século passado nos fornece o exemplo singular de uma nação que, por um voto quase unânime, se submete expressamente ao poder ilimitado de seu monarca e, por um ato solene, lhe concede um poder absoluto.[66] Seria possível concluir disso que esse povo pretendeu consentir que o seu soberano exercesse a tirania? Não, sem dúvida; foi, evidentemente, para fugir da tirania dos seus nobres insolentes que os dinamarqueses conferiram a seu monarca um poder mais extenso do que aquele que ele tinha anteriormente, a fim de que ele pudesse se impor a esses tiranos multiplicados, cujas injustiças eles sofreram por muito tempo.

O poder ilimitado, diz Locke, não é, segundo a razão, senão o poder de proporcionar o bem público sem regulamentos e sem leis.[67] O mesmo autor observa que muitas vezes os melhores príncipes, atraindo para si, por suas virtudes, a confiança de seus súditos, lhes causaram um mal verdadeiro, já que esses últimos, seduzidos pelas suas boas qualidades, lhes concederam algumas prerrogativas e direitos dos quais seus sucessores, menos equitativos, indignamente abusaram. Esses últimos valeram-se, para fazer o mal, do poder que só havia sido concedido aos seus predecessores para que eles fizessem mais livre-

66 Os dinamarqueses em 1660.

67 Cf. Locke, *Ensaio sobre o governo*.

mente o bem. O poder absoluto – ou aquilo que se chama de *despotismo* – seria, dizem, um governo admirável nas mãos de um Trajano, de um Tito ou de um Marco Aurélio; mas um poder exercido por um homem de bem, que se conforma às regras da justiça e da razão, não é mais um despotismo, e não deve ser designado por esse nome desonroso.

Os partidários do despotismo (porque, para vergonha do gênero humano, esse banditismo tem defensores) não deixarão de sustentar que quase nunca foi a escolha livre das nações que colocou os soberanos no trono; que eles comumente submeteram os povos pela força, e que foi *por direito de conquista* que eles reinaram sobre homens subjugados a quem, podendo exterminá-los, eles deixaram com vida, e que, por conseguinte, bem longe de lhes prescrever leis, se viram forçados a aceitar aquelas que os soberanos quiseram lhes impor. Em poucas palavras, supõe-se que os povos, reduzidos à escravidão, não puderam fazer nenhum pacto com seus soberbos vencedores.

Admitiremos sem dificuldade que a maior parte dos grandes impérios foi formada pela conquista – o que prova somente que os fundadores desses impérios foram ladrões, bandoleiros, flagelos do gênero humano; a violência, o assassinato e a carnificina jamais foram meios legítimos de adquirir. Aquele que comanda apenas escravos, comanda apenas inimigos, que têm direito de opor a justiça e a força à injustiça e à força. *A justiça*, diz um Padre da Igreja, *rompe os grilhões injustos.*[68] É verdade que alguns infelizes, subjugados a ferro e fogo, dificilmente puderam fazer exigências aos seus ferozes conquistadores; mas eles puderam lhes dizer:

---

68 *Injusta vincula rumpit justitia.* (Cf. Santo Agostinho, sermão 81).

> Nós fomos os mais fracos; nós cedemos à força; porém, se algum dia nos tornarmos os mais fortes, arrancaremos de vós um poder usurpado, quando vos servirdes dele apenas para a nossa infelicidade. Não é senão nos fazendo o bem que nós consentiremos em esquecer os motivos infames pelos quais vós reinais sobre nós. Somente o nosso consentimento pode fazer de nós cidadãos submissos, e de vós soberanos legítimos. A vida que haveis nos deixado nada mais é que um presente funesto, se está destinada a nos fazer definhar no cativeiro.

É somente o consentimento livre e subsequente dos povos que pode legitimar o poder usurpado de um conquistador. Porém, os povos só podem dar esse consentimento com a condição de serem bem governados. *A conquista*, diz Locke, *é tão pouco a origem e o fundamento dos Estados, quanto a demolição de uma casa é a verdadeira causa da construção de uma outra.*[69]

Não somente a violência não pode conferir o direito de exercer o despotismo, mas mesmo o consentimento livre e passageiro de um povo não pode tornar legítimo esse abuso do governo. É em vão que nos dirão que *não se faz nenhum mal a quem o consente.*[70] Nada é mais falso que esta máxima; ela autorizaria a despojar as crianças, as pessoas embriagadas ou em demência, ou a matar os doentes em seus acessos. Ainda que se supusesse que algumas nações puderam consentir outrora em que exercessem sobre elas o despotismo; ainda que elas tivessem, por meio de atos solenes, se entregado aos caprichos de um senhor absoluto; todas essas autorizações arrancadas pela sedução ou

69 Locke, *Segundo tratado sobre o governo civil*, XVI. (N. T.)
70 *Volenti non fit injuria.*

concedidas pelo delírio não podem de maneira alguma sujeitar a posteridade. Um bom pai deve transmitir os seus bens aos seus filhos depois dele; ele não pode, sem injustiça, entregar esses bens à rapacidade de um tirano. Se os ancestrais cometeram a loucura de se tornar escravos, eles não têm o direito de tornar escravos os seus descendentes, que terão sempre o direito de quebrar suas correntes, quando tiverem poder para isso.

A superstição, sempre inimiga da liberdade e da felicidade dos habitantes desse mundo, visivelmente trabalhou para torná-los infelizes, forjando títulos para os déspotas e os tiranos. Com a ideia de fundamentarem o seu poder usurpado em uma base inacessível aos olhares dos mortais, será que os soberanos absolutos deixariam de dizer que o seu poder jamais foi recebido de suas nações, mas de Deus, e que somente a ele deveriam prestar contas de suas ações? Não seria, evidentemente, ultrajar um deus que, se existisse, deveria ser repleto de perfeições, de justiça e de bondade, supor que ele é o autor e o protetor de uma potência injusta e que trabalha, evidentemente, para a infelicidade dos Estados? Não será aniquilar toda a moral, assegurar que um poder que destrói toda a lei, toda a equidade e toda a virtude é aprovado pelo Céu? Será que um soberano perjuro não atesta, por sua conduta, que ele zomba igualmente dos deuses e dos homens?

Como último recurso, dizem-nos que o poder soberano se formou com base no modelo do poder paterno, que parece ilimitado. Mas será que a autoridade paterna pode dar o direito de tiranizar, de torturar, de despojar e de destruir os filhos? Essa autoridade, para ser justa, deve estar fundamentada nas vantagens, nas instruções e nos cuidados que ela dá aos seres que lhe estão submetidos. A tirania de um pai deve ser suportada por um filho virtuoso, mas essa tirania nem por isso é mais justa e mais racional. Além do mais, os reis não são de maneira alguma os pais dos povos, mas os povos é que são os pais dos reis – e esses últimos muitas vezes não passam de filhos desnaturados, que não reconhecem os justos direitos daqueles que os fizeram aquilo que eles são, que os sustentam, que trabalham para a sua felicidade e que se devotam a eles. Apesar das orgulhosas pretensões dos déspotas e dos sofismas dos aduladores, que querem acorrentar os povos a seus pés, é evidente que não são os reis que fazem as nações, mas que é o consentimento das nações que faz os reis. Uma nação sem rei pode ser muito bem governada, mas um rei não pode existir e nem governar sem nação. As prerrogativas, o poder e os direitos só podem se transformar em lei quando estão fundamentados na vontade da sociedade, na equidade e na utilidade geral. Assim, uma nação não pode jamais usurpar os direitos daqueles que a governam; seus chefes não têm outros direitos além dos que recebem da vontade geral ou do consentimento da nação – que não pode renunciar aos seus próprios direitos e nem ser privada do direito inalienável de restringir o poder ou de regular a conduta daqueles que ela escolhe para guiá-la para a felicidade.

Essas máximas, pouco conformes, talvez, às pretensões dos tiranos, nem por isso são menos conformes à natureza do homem, aos direitos da sociedade, às leis da equidade, à justa razão e ao interesse geral dos povos, que são unânimes em nos provar que a finalidade invariável da sociedade deve ser tornar os seus membros felizes, conservar a si própria, viver sob leis justas e desfrutar da liberdade, da segurança e da propriedade. É apenas proporcionando essas vantagens à sociedade que o governo pode ser legítimo, e que aqueles que governam podem usufruir de uma verdadeira felicidade, de um poder sólido e de uma glória verdadeira. Em poucas palavras: os interesses dos soberanos não podem jamais, sem perigo, separar-se dos de seus súditos.

De todos os princípios propagados nesse capítulo, deduz-se, evidentemente, que o pacto social, a legislação, o governo e a política não têm, na verdade, outro objetivo além de fazer com que os deveres da moral sejam respeitados por homens reunidos pelas suas necessidades em comum. As virtudes sociais nada mais são, como já vimos, que as disposições que deve ter todo homem que vive em sociedade. É para usufruir da justiça, dos benefícios, dos auxílios, da proteção das leis, dos frutos de seu labor, da tranquilidade e da segurança que o homem vive em sociedade. A sociedade lhe deve essas coisas enquanto ele se mostrar fiel em cumprir os seus compromissos com ela. O governo e as leis são feitos para assegurar ao homem que ele as tenha. Todo governo injusto, ou que negligencia e corrompe os costumes, rompe eficazmente os laços feitos para unir uns aos outros os homens associados, aniquila o contrato social e trabalha para a destruição do seu próprio poder.

De onde se vê que a moral não pode, sem o máximo perigo, se separar da *política*, que é a arte de governar os homens reunidos em sociedade. Ela nada mais deve ser, como tudo nos provará na sequência, que a moral aplicada ao governo dos Estados.

Governar é conservar, proteger e guiar para a felicidade uma sociedade – aquilo que não pode acontecer sem fazer com que todos os seus membros cooperem para a utilidade geral, e sem reprimir as paixões capazes de causar dano à felicidade de todos. De onde se deduz que o governo não tem outro objetivo além de incentivar os homens reunidos em sociedade a exercerem entre si as virtudes sociais, ou a colocarem em prática as regras das quais a moral faz com que eles sintam a necessidade para o seu próprio interesse.

Em poucas palavras: a política é a moral das nações. O objetivo da política interna é fazer com que se respeitem as leis, tanto naturais quanto positivas ou civis, necessárias à manutenção da ordem na sociedade particular. O objetivo da política externa é conservar entre as nações as leis da natureza, com a ajuda de um equilíbrio de poder que as impeça de infringir as regras da equidade, de avançar sobre os seus direitos recíprocos e de violar os deveres da moral – destinados igualmente aos povos e aos cidadãos de um mesmo Estado.

II
Origem dos governos. De suas diversas formas. De suas vantagens e desvantagens. De suas reformas

As nações, do mesmo modo que todos os indivíduos da espécie humana, passam por idades e estágios diversos. Seu primeiro estágio é uma espécie de infância: divididos em famílias, em hordas, em pequenas sociedades esparsas, vocês os veem errantes, sem moradia fixa, destituídos de artes e de indústria, buscar penosamente, através da caça e da pesca, com o que subsistir, e quase tão pouco racionais quanto os bichos – contra os quais movem uma guerra contínua. Eis o estágio selvagem, cujas misérias já descrevemos suficientemente.

O acaso leva para o meio de nossos selvagens alguns estrangeiros oriundos de nações mais esclarecidas. Esses novos hóspedes aproximam umas das outras as famílias ou hordas que viviam separadas, trazendo-lhes algumas artes úteis; ensinam-lhes a agricultura; ensinam-lhes a prever as necessidades; dão-lhes deuses, cultos e leis que esses homens grosseiros aceitam sem raciocinar. Por conta dos benefícios que lhes fazem experimentar, entregam-se de bom grado a algumas pessoas instruídas e experientes, que eles acham capazes de torná-los mais felizes, e que desde então lhes parecem amigos dos deuses ou seres muito acima da natureza humana. Esses últimos se tornam, assim, os seus legisladores, os seus oráculos, os seus sacerdotes, os seus juízes, os seus reis, e algumas vezes até mesmo os objetos do seu culto.

A religião, fundamentada no temor das potências invisíveis às quais o homem crê estar submetido, data comumente do tempo em que os povos estavam mergulhados na ignorância e na barbárie. É pela religião que todos os legisladores conseguiram domar os selvagens que eles queriam transformar em seus súditos. Os terrores religiosos são, com efeito, muito apropriados para tornar maleáveis e dóceis os homens simplórios e crédulos, ainda desprovidos de razão, de prudência e de reflexão. Ao dar religiões aos selvagens, os legisladores adotaram o mesmo método que ainda seguem as mães e as babás, quando ameaçam com algum fantasma as crianças teimosas das quais não podem fazer cessar os caprichos e os gritos. Mas esses meios imaginados para conter ou subjugar os selvagens – que são crianças grandes –, não têm mais a mesma força sobre o espírito do homem que a razão e a experiência tornaram menos crédulo e, com isso, menos tímido. As paixões, os negócios, o tumulto, as distrações e os prazeres das sociedades numerosas e civilizadas enfraquecem pouco a pouco as ideias religiosas e tornam mais fraca a sua influência sobre os costumes. Nessa conjuntura, a religião, desprezada por aqueles que raciocinam, não é mais que um caso de hábito para o vulgo que nunca raciocina, e só engana alguns homens que conservaram a credulidade e a ingenuidade de seus ancestrais selvagens.

Uma horda vizinha ataca uma sociedade nascente; esta última adota como chefe o homem mais intrépido ou o mais experiente – que, à frente de alguns cidadãos, repele a invasão inimiga. Como os ataques são frequentes, toda a sociedade, na origem, é guerreira; ela é governada como um acampamento; seu governo é militar. Seu chefe a conduz a conquistas, e subjuga por seu intermédio as hordas ou nações dos arredores, que ele reduz à servidão, e cujas terras e os despojos distribui aos seus guerreiros. Foi assim que, pouco a pouco, se formaram os grandes impérios, as vastas monarquias; eis a origem do despotismo, do poder absoluto, da tirania que só puderam se estabelecer e se manter por meio da violência.[71]

Fatigados, com o passar do tempo, pelos excessos de seus tiranos, alguns povos se revoltaram contra eles; conseguindo se desfazer de um poder incômodo, eles o partilharam entre diversos cidadãos eminentes por seus talentos, suas virtudes e suas riquezas: estes últimos se tornaram, com isso, os representantes da nação, os depositários de sua autoridade, o soberano coletivo. Eis aquilo que fez nascer o governo aristocrático.

Como os magistrados da aristocracia abusavam muitas vezes de seu poder e se estabeleciam como tiranos, o povo, usando de seus direitos, retomou o poder supremo e se convenceu de que se governava bem melhor do que havia sido governado por alguns chefes prevaricadores, dos quais havia suportado as injustiças e as desavenças. Eis como se formou o governo popular, ou seja, a *democracia*.

Logo, o povo – que pouco raciocina e que não distingue de maneira alguma a liberdade da licenciosidade – se viu dividido

---

71 A palavra *tirano*, adotada pelos gregos e pelos romanos, é originariamente uma palavra céltica ou cita que designa *aquele que distribui terras*. Entre os gregos, a palavra τύραννος designava um cidadão que havia usurpado a soberania de uma cidade ou de um país livre.

em facções: estouvado, inconstante, imprudente, impetuoso em suas paixões e sujeito a acessos de entusiasmo, ele se tornou o instrumento da ambição de algum demagogo ou chefe, que se tornou seu senhor e, logo, seu tirano.

A história nos prova que, em matéria de governo, as nações foram em todos os tempos joguetes da sua ignorância, da sua imprudência, da sua credulidade, dos seus pânicos e, sobretudo, das paixões daqueles que souberam influenciar a multidão. Semelhantes a doentes que não param de se mexer em seu leito, sem encontrarem posição adequada, os povos modificaram muitas vezes a forma de seus governos. Porém, eles nunca tiveram o poder e nem a capacidade de reformar os fundamentos, de remontar à verdadeira fonte dos seus males; eles se viram incessantemente agitados por paixões cegas. Esta flutuação se deve unicamente à falta de prudência e de luzes. Esse estado de inquietação só pode cessar quando as nações mais esclarecidas reconhecerem que o homem não serve para regular a sorte dos homens; que o abuso esteve e estará sempre ao lado do poder; que obedecer a homens é obedecer a paixões, a vícios e a fantasias sujeitos a variar; que, para serem bem governados, os povos devem obedecer apenas à justiça, cujas regras são invariáveis, e que é a única que pode fixar com precisão os limites do poder daqueles que governam, e os direitos daqueles que são governados.

Alguns especuladores discutiram por muito tempo para descobrir qual podia ser a forma de governo mais vantajosa para um Estado, ou a mais apropriada para proporcionar ou conservar a felicidade pública. Eles não viram, sem dúvida, que todas as formas eram completamente indiferentes, desde que algumas leis sensatas, sustentadas por toda a força da sociedade, contivessem igualmente os chefes – para impedi-los de abusar do poder – ou os súditos – para impedi-los de abusar da liberdade. Um bom governo é aquele no qual ninguém tem o poder de ser injusto ou de infringir impunemente as leis. Toda forma de governo é vantajosa, desde que ela deixe todo o poder à lei.

Diversos políticos pensaram que a *monarquia*, ou seja, o poder soberano exercido por um único homem, era o governo mais adequado às necessidades de um grande Estado. Porém, será possível que um só homem reúna todos os talentos e todas as virtudes necessárias para governar um povo numeroso? Um hábil guerreiro raramente é um hábil legislador, um hábil jurisconsulto ou um hábil comerciante; e o príncipe que domina as artes da paz dificilmente terá os conhecimentos e os talentos necessários para a guerra. Um soberano sem paixões é um ser de razão. As nações, por terem esperado demais de seus senhores, não obtiveram nada com isso; elas os tomaram por deuses, e muitas vezes foram governadas apenas por homens que, com o seu poder, comumente se enchiam de mais imperfeições e de mais vícios que os outros homens. Tantas causas conspiram para corromper os reis, que temos motivos para ficar surpresos de encontrar neles as virtudes ou os talentos, até mesmo os mais ordinários.

Acreditou-se ver, no governo de um monarca, as nações governadas, como as famílias, por um pai; mas a experiência nos mostra que os pais dos povos quase sempre só se parecem com o Saturno da fábula, que devorava seus próprios filhos.[72] O governo monárquico, colocando forças enormes nas mãos de um único homem, deve, por sua própria natureza, tentá-lo

72 Homero muitas vezes chama os reis de *comedores de povos*.

a abusar do seu poder para se pôr acima das leis e para exercer o despotismo e a tirania, que são os mais terríveis flagelos das nações. Por outro lado, pela própria natureza das coisas, ou seja, pela impossibilidade na qual um único homem se encontra de conduzir com mãos seguras o leme de um grande império, as monarquias, de fato, se transformam em verdadeiras aristocracias: os ministros e os poderosos se tornam, muitas vezes, os senhores da sorte dos súditos e do soberano. Nas cortes dos reis, constitui-se quase sempre, contra o bem público, uma liga igualmente funesta às nações e aos seus chefes.

Em algumas nações a coroa é *eletiva*; o poder real não passa aos descendentes daquele que o possui. Mas as eleições dos reis, acompanhadas de conspirações, de perturbações e de guerras, se tornam comumente épocas muito fatais à tranquilidade dos povos. A ambição dos poderosos, que atribuem apenas a si próprios o direito de escolher um soberano, raramente permite que se façam leis e que se tomem medidas capazes de deter os desregramentos que eles cometem nessas ocasiões. Uma eleição por escrutínio e fixada pela lei pareceria dever prevenir eficazmente as desordens pelas quais as eleições tumultuosas são quase sempre acompanhadas. Porém, as reformas mais simples e mais fáceis encontram obstáculos infinitos nas prevenções dos homens em favor dos seus antigos usos.

A maior parte das monarquias são *hereditárias*; assim, as nações se tornaram o patrimônio de seus chefes, que as transmitem à sua posteridade. Esta forma de governo, embora muito utilizada, parece muito ridícula para alguns pensadores republicanos. Segundo eles, se os povos, por esse meio, se preservam das perturbações e das dificuldades que normalmente acompanham as eleições dos reis, descobre-se que eles não se preservam da infelicidade mais duradoura de suportar durante uma longa série de séculos os inconvenientes que devem resultar da imperícia, da negligência, da ambição e da violência de uma dinastia ou de uma família inteira. Um bom rei é uma produção tão rara que os povos não têm motivo para se vangloriarem de tê-los tido muitas vezes. Daí se conclui que as nações não puderam, sem imprudência, confiar irrevogavelmente seus destinos ao poder de uma estirpe que, com o sangue, não transmite a trabalhosa arte de reinar. Será que homens que, para reinar, só têm necessidade de nascer, podem ter motivos bem prementes para adquirir, através de um longo esforço, os talentos e as virtudes necessários ao governo? A experiência de todos os tempos prova, com efeito, que um monarca virtuoso pode a cada instante ser substituído por um monstro ou por um insensato capaz de aniquilar de chofre o bem que ele pôde fazer. Os anais de todas as monarquias, na mais longa série de reis, mostram apenas dois ou três que tenham se dado ao trabalho de governar por conta própria ou de pensar na felicidade de seus súditos. A realeza estabelece uma enorme distância entre o soberano e os súditos para que o monarca se rebaixe a se ocupar com as necessidades deles.

Essas reflexões, pouco favoráveis ao governo monárquico, fizeram com que muitas pessoas acreditassem que o governo *republicano* era mais vantajoso para as nações. Eles acham, entre outras coisas, que esta última forma é infinitamente menos onerosa para os povos, que muitas vezes têm a dor de se verem oprimidos, empobrecidos e arruinados sob o pretexto de sustentar o esplendor do trono, ou seja, a vaidade das cortes e o fausto dos reis. Um zeloso defensor da liberdade dizia que a *bagagem supér-*

flua de uma monarquia é mais que suficiente para prover as necessidades de um Estado republicano.[73]

Por outro lado, não se encontra quase nenhuma segurança e solidez na sorte dos cidadãos de um Estado cujos destinos felizes ou infelizes dependem unicamente das virtudes e dos vícios, da razão ou do delírio, do vigor ou da fraqueza de um único homem, que é levado a se enganar e a se corromper por tudo o que o rodeia.

No entanto, os partidários do governo monárquico o louvam pela sua estabilidade e sua duração, ao passo que as repúblicas estão sujeitas a comoções e a desordens contínuas. Porém, *os tumultos e as guerras civis não são*, segundo Sidney,[74] *os maiores males que podem ocorrer às nações*. A tranquilidade e a duração do governo monárquico não provam de maneira alguma a sua superioridade sobre o governo republicano. O próprio despotismo parece, algumas vezes, reinar pacificamente sobre as nações que ele entorpece em seus grilhões. As convulsões das repúblicas se assemelham bastante às doenças agudas às quais os temperamentos robustos e sanguíneos são os mais expostos. A tranquilidade das monarquias e dos Estados des-

---

73 Cf. Milton,* *Obras políticas*. As rendas que Felipe II obtinha das sete províncias que hoje formam a República das Províncias Unidas não chegavam a totalizar 80 mil escudos (por volta de 400 mil libras de Tours); apenas as rendas da Província da Holanda totalizavam, no ano de 1700, 22.241.339 florins, que são 46.706.811 libras de Tours. (Cf. *Ideias republicanas*,** p.29).

* John Milton (1608-1674), poeta e historiador inglês. Autor do célebre poema *O paraíso perdido*. (N. T.)

** Trata-se de um panfleto publicado por Voltaire, em 1762, como resposta ao *Contrato social* de Rousseau. (N. T.)

74 Algernon Sidney (1622-1683), político inglês. (N. T.)

póticos se assemelha a essas doenças crônicas, que minam pouco a pouco o corpo do homem, e lhe causam uma fraqueza da qual ele jamais se recupera. Locke compara a paz proporcionada pelo despotismo ao antro de Polifemo, onde Ulisses e seus companheiros eram forçados a esperar em silêncio a sua vez de serem devorados![75]

Porém, será verdadeiro que o despotismo seja uma condição tranquila? Desde o sultão até o último de seus escravos, tudo está rodeado de terrores. O silêncio triste que reina no império de um tirano não anuncia nem um pouco a paz. É possível compará-lo à calma pérfida que se vê nos dias de calor violento, que não tarda a ser seguida por medonhas tempestades. *Eu prefiro*, dizia um polonês, *uma liberdade cercada de perigos do que uma escravidão pacífica*.[76] É fácil viver em paz em Estados que foram transformados em desertos.[77] Porém, a história nos prova que a paz de um déspota está sujeita a ser perturbada por revoluções que, não somente o derrubam de seu trono, mas também lhe custam a vida. Se a tirania pode ser permanente, os tiranos que a exercem são de pouca duração.

Às agitações súbitas, e muitas vezes cruéis e longas, das repúblicas, vê-se comumente sucederem a apatia e o entorpecimento mortal que produz o despotismo, no seio do qual os povos vão muitas vezes descansar dos arroubos que lhes causaram as suas loucuras. Na esperança de se recompor, eles se submetem

---

75 Locke, *Segundo tratado sobre o governo civil*, XIX (N. T.)

76 *Malo periculosam libertatem quam quietum servitium*, dizia o palatino da Posnânia, pai do rei Estanislau Leczinski.

77 *Ubi solitudinem faciunt, pacem appelunt.**
* Tácito, *Vida de Agrícola*, XXX. (N. T.)

a algum tirano que deixam trabalhar sem obstáculos para a sua destruição final.

Todas as formas de governo têm suas vantagens e suas desvantagens. A monarquia aniquila comumente a felicidade pública para contentar a ambição e a avidez de um senhor que jamais pode satisfazer a corte que o rodeia. Uma nobreza irrequieta, e para a qual a paz é uma condição violenta, o incentiva incessantemente à guerra; exércitos numerosos devoram a sua nação, que pouco a pouco cai na indigência e na miséria; o monarca, que suas necessidades tornaram injusto e despótico, termina, à força de opressões, por reinar somente sobre Estados transformados em desertos e desprovidos de lavoura, de comércio, de força e de indústria.

A democracia, sujeita aos conluios, ao desregramento e à anarquia, não proporciona nenhuma felicidade a seus cidadãos, e os torna muitas vezes mais inquietos com a sua sorte que os súditos de um déspota ou de um tirano. Um povo sem luzes, sem razão e sem equidade só pode ter aduladores, e jamais tem amigos sinceros. E como ele os teria? Ele mortifica e pune muitas vezes aqueles que melhor o servem; ele é ingrato; ele teme seus benfeitores, porque é melindroso; ele oprime a virtude, porque tem inveja dela; ele se entrega a celerados, porque as pessoas de bem o abandonam. Charlatães políticos o conduzem de loucura em loucura, até que ele tenha esmagado a liberdade aparente, da qual podia usufruir, sob o peso de seus próprios furores.

A aristocracia não nos apresenta cenas mais aprazíveis. Nela vemos nobres, magistrados e senadores orgulhosos que, concentrados em si mesmos, sacrificam o Estado a seus interesses pessoais. Nela o plebeu sofre os desdéns de seus senhores soberbos, nos quais ele vê apenas tiranos dispostos a se perdoar reciprocamente pelas iniquidades que fazem os seus súditos suportarem. No entanto, não existe nenhuma felicidade para esses próprios soberanos; forçados a viver em uma inveja contínua, os colegas se ocupam unicamente em observar uns aos outros, em se combater secretamente, em armar emboscadas uns para os outros. Não existe nenhuma liberdade verdadeira em um governo desconfiado; nele, todos vivem na inquietude, cada cidadão teme o seu concidadão. Qual pode ser a felicidade em um Estado de onde a confiança é banida?

Nas diferentes reformas que os homens fizeram para melhorar os seus governos, a razão, a utilidade real do Estado e o bem público quase nunca foram consultados. Em geral, todas as mudanças tentadas nada mais foram que obras informes da perturbação, da discórdia, da vertigem, da ambição e do fanatismo. De acordo com semelhantes móveis, não é surpreendente que, bem longe de tornar a sua sorte melhor, as nações muitas vezes nada mais tenham feito que torná-la mais deplorável. Os povos, sempre inebriados pelas loucuras que lhes são inspiradas, comumente são apenas instrumentos cegos de alguns sediciosos que lhes fazem esperar o fim de abusos muitas vezes leves, dos quais eles se queixam, e que eles exageram; e que não tardam a fazê-los experimentar males mais reais do que aqueles que lhes causavam mau humor.

Ainda não existe nenhuma constituição política bem ordenada sobre a Terra. O acaso, a insensatez e a violência têm presidido até aqui o estabelecimento dos governos, assim como as suas reformas, e não a reflexão, a previdência, a equidade e o amor pela pátria. As revoluções mais sangrentas nada mais fizeram, comumente, que banir alguns nomes e modificar formas inúteis, sem jamais tocar na fonte do mal; elas fizeram desaparecer alguns tiranos, deixando subsistir as raízes da tirania, sempre prontas a tornar a crescer sob algumas novas formas. Depois das revoluções, os povos recaem sob o antigo jugo, ou sob algum jugo novo; depois que a tempestade passou, vocês não os veem tomar nenhuma precaução para o futuro. Um tirano morto ou castigado é substituído por um novo tirano, muitas vezes mais implacável e mais malvado que o primeiro. O vulgo descontente não se conduz com mais sagacidade que o cão que ataca a pedra que atiram nele, sem ir até o braço que a lançou.

Que efeitos verdadeiramente úteis resultaram, em um grande número de países, de tantas guerras civis, de tantas revoltas, de tantos tiranos destronados, expulsos e assassinados?[78] A sorte dos povos terá se modificado por isso? Será que eles se tornaram mais livres, mais afortunados? Será que essas tragédias sangrentas, tantas vezes reiteradas na Ásia, terão proporcionado algum alívio a escravos que a ignorância e a superstição parecem ter destinado a correntes eternas? É preciso haver luzes, prudência e virtude para reformar uma administração viciosa; é preciso razão para conhecer o valor da verdadeira liberdade; é preciso coragem e previdência para estabelecê-la sobre fundamentos sólidos; a liberdade que se adquire pela

78 A morte do rei Carlos I não foi de nenhuma utilidade para o povo inglês. Seu rei foi substituído por Cromwell, que foi um tirano. O exemplo desse mesmo príncipe de nada serviu a seus dois filhos; Carlos II foi um tirano de bom humor, continuamente ocupado em oprimir seus súditos; Jaime III, seu sucessor e irmão, se fez depor por sua crueldade e seu fanatismo tirânico.

desordem, pela ambição e pelo desregramento não pode ser de longa duração.

Não; não é por convulsões perigosas, não é por combates, regicídios e crimes inúteis que as feridas das nações poderão se fechar. Esses remédios violentos são sempre mais cruéis que os males que se quer fazer desaparecer. É com a ajuda da verdade que é possível fazer Astreia[79] descer entre os habitantes da Terra. A voz da razão não é sediciosa e nem sanguinária. As reformas que ela propõe, por serem lentas, são por isso mesmo mais bem estudadas. Ao se esclarecerem, os homens se abrandam; eles conhecem o valor da paz; eles aprendem a tolerar os abusos que, sem perigo para o Estado, não podem ser aniquilados de imediato. Se a equidade permite que as nações ponham fim a seus sofrimentos, ela proíbe que o cidadão isolado perturbe a pátria e ordena que ele sacrifique o seu interesse ao da sociedade. É retificando a opinião, combatendo o preconceito e fazendo com que os príncipes e os povos conheçam o valor da equidade que a razão pode esperar curar os males do gênero humano, e estabelecer solidamente o reinado da liberdade.

79 Na mitologia grega, uma das personificações da justiça – que vive nos céus, na forma da constelação de Virgem. (N. T.)

III
Da liberdade

Embora nada seja mais necessário à felicidade dos povos que a liberdade, aqueles que foram encarregados do cuidado de governá-los sempre se acreditaram fortemente interessados em privá-los dela, a fim de que eles próprios tivessem condições de dar um livre curso às suas paixões. O despotismo tem sua fonte no próprio coração do homem, que, se não é contido pela justiça ou pela força, procura se tornar independente dos outros e chega a querer subjugá-los, na esperança de obrigá-los a cooperar com os seus propósitos. Somente uma razão esclarecida pode curar desse preconceito deplorável, e fazer sentir que só é possível adquirir direitos reais, ou exercer uma autoridade legítima sobre seus semelhantes, proporcionando a eles algumas vantagens e demonstrando-lhes algumas virtudes. Os príncipes, na sua maioria, desconhecem essas verdades; eles acham bem mais simples sujeitar de chofre os seus súditos, do que adquirir, por meio de trabalhos penosos e contínuos, as luzes requeridas para bem governar, ou do que se submeter ao jugo da equidade – que lhes parece pouco condizente com os seus interesses pessoais.

O poder arbitrário, o despotismo, a capacidade de fazer as nações se dobrarem às suas vontades e às suas fantasias, foi comumente o objeto da ambição dos soberanos, o centro dos seus desejos, a finalidade de todos os seus esforços. Eles não se acreditaram verdadeiramente poderosos, felizes e grandes senão quando tudo lhes foi permitido; eles se consideraram como fracos e desprezíveis enquanto encontraram, nas sociedades, algum obstáculo bastante forte para resistir às suas paixões. Unicamente ocupados com o projeto de contentar os seus caprichos de momento, incapazes de voltar os olhos para o futuro, perpetuamente incitados por ministros que, para tiranizar, sempre quiseram transformar os seus senhores em tiranos, os reis ignoraram os seus próprios interesses, que jamais deveriam se separar dos de suas nações; eles não perceberam que nenhum poder sobre a Terra pode estar assegurado se não estabelece alguns limites para si próprio.[80]

Como consequência dessas falsas ideias dos soberanos, houve em quase todos os tempos e em todos os países uma luta contínua entre os povos – que trataram de defender algumas porções da sua liberdade – e os príncipes – que procuraram aniquilá-la totalmente. Esses últimos levaram comumente a vantagem nesse combate; os príncipes, em todas as nações, sempre tiveram em suas mãos os motores mais capazes de convencer os homens a colaborar com os seus projetos. Eles foram, em toda parte, os senhores dos exércitos, os depositários dos tesouros e os distribuidores das honrarias e das graças. Eles tiveram, portanto, condições de esmagar aqueles de seus súditos

80 *Ea demum tuta est potentia quae viribus suis modum imponit.* (Salústio)

que seus benefícios não puderam seduzir. Eles separaram os seus interesses, e as nações, assim divididas e traídas por alguns cidadãos vendidos ou intimidados, só puderam opor uma resistência muito fraca aos esforços redobrados de seus chefes, cuja vontade foi constante; que empregaram ora a força e ora a astúcia; que se serviram intencionalmente da esperança e do temor, e cuja ambição ativa tendeu sempre para o seu alvo, sem jamais perdê-lo de vista. As nações foram muito felizes quando puderam conservar alguns meios para se defender dos golpes desferidos em seus direitos naturais por aqueles que estavam destinados apenas a conservá-los.

Apesar dos combates tão desiguais, alguns povos, servidos pelas circunstâncias mais do que pela prudência, conseguiram conservar ou recobrar, se não uma liberdade inteira e sólida, ao menos uma porção de liberdade que lhes proporciona algumas vantagens acentuadas sobre os outros povos, forçados, na sua maioria, a sucumbir sob o poder de seus senhores. No entanto, até hoje as nações obtiveram apenas uma liberdade precária que, por falta de estar estabelecida sobre fundamentos sólidos, pode se perder a cada instante. Aquelas que se acreditam mais livres, e que nos exaltam com ênfase as vantagens da sua feliz constituição, parecem ainda bem distantes de fazer uma ideia justa da liberdade, de saber distingui-la da anarquia ou da licenciosidade, e de conhecer os meios de torná-la inquebrantável.[81]

---

81 Na Inglaterra, o povo se entrega ao mais extremo desregramento e a sedições muito frequentes. Aqueles que governam a nação ainda não puderam estabelecer nenhuma segurança nas estradas, onde os ladrões exercem as suas malfeitorias. Os ingleses temem a *polícia* porque a veem como um instrumento que, nas mãos do soberano,

Os antigos, embora muito zelosos quanto à liberdade, não nos transmitiram ideias bem precisas sobre ela. Essa liberdade foi quase sempre para eles, assim como para os modernos, uma palavra vaga, uma divindade desconhecida que eles adoravam sem definir. Para os atenienses, a liberdade nada mais foi que o desregramento desenfreado de um povo vão, leviano, ocioso, injusto e alegremente cruel, que muitas vezes acreditou exercitá-la cometendo os crimes mais tenebrosos e mais opostos aos seus verdadeiros interesses. Qual podia ser a liberdade de um povo que punia o mérito e a virtude com o ostracismo e a cicuta, ou que perseguia os Aristides, os Sócrates e os Fócions?

Os romanos se acreditaram livres a partir do momento em que não tiveram mais reis. Iludidos por uma palavra, eles foram, em todo o período da república, escravos inquietos e turbulentos, guiados por tribunos ambiciosos que os sublevavam a todo momento, e com razão, contra os senadores e os patrícios aliados para exercerem sobre os plebeus a usura e a mais severa tirania. Impacientes com seu jugo, depois de desavenças, de guerras civis e de proscrições sangrentas, e enfraquecidos por seus furores, esses orgulhosos romanos caíram sob o jugo de um ditador, que os transmitiu como sua herança a imperadores detestáveis, sob os quais esses inimigos da palavra *rei* foram escravos muito satisfeitos por terem pão e espetáculos,[82] e nos

pode introduzir o despotismo: eles preferem ser roubados a confiar ao monarca o cuidado de protegê-los; e esse último prefere deixar que os seus súditos sejam roubados e assassinados a permitir que eles se protejam por conta própria e sem ele.

82 *Panem et circenses* (Cf. Juvenal, sátira X, verso 81).

corações dos quais não foi mais possível despertar nenhum sentimento de liberdade.

Mostram-nos os Pompeus, os Catões, os Cíceros e os Brutus como campeões e mártires da liberdade romana, ao passo que, examinando a coisa mais de perto, descobriremos que na realidade eles foram apenas os defensores e as vítimas das pretensões injustas do senado tirânico, do qual o ambicioso César pretendeu livrar seus concidadãos. Este último, sob o pretexto de libertar sua pátria do jugo de uma aristocracia opressiva, apoiado por suas legiões, a pôs em seus próprios grilhões. Assim, o povo mais livre se tornou o escravo voluntário de um cidadão cheio de coragem e de artimanhas que, depois de tê-lo conquistado com generosidades, espetáculos públicos e façanhas gloriosas, soube habilmente se servir da bela palavra liberdade para acorrentá-lo para sempre.

Por falta de terem ideias verdadeiras sobre a liberdade, os povos foram comumente enganados por aqueles que sacrificavam evidentemente a pátria à ambição que tinham de desempenhar um papel eminente nela. As facções, nos corpos políticos, podem ser comparadas às heresias e às disputas na religião – nelas, os povos tomam partido sem nunca compreender nada; eles combatem por palavras que outros lhes dizem ter importância. Em todos os países, *liberdade* quase nunca passou de uma palavra de mobilização da qual alguns impostores ambiciosos se serviram – assim como os sacerdotes, da palavra *religião* – para inflamar a multidão. Alguns patifes tiraram proveito da credulidade do vulgo e só o incitaram em prol da liberdade com o intuito de exercerem eles próprios o mais atroz dos desregramentos.

A liberdade, como já foi dito, é o poder de adotar os meios necessários para obter o bem-estar. Essa liberdade é limitada pela razão ou pelo interesse da nossa própria conservação, mesmo quando estamos sozinhos. No estado de sociedade, os limites da liberdade do cidadão são fixados, seja pela equidade natural que o proíbe de causar dano aos outros, seja por leis positivas destinadas a fazer com que ele respeite os seus deveres para com seus associados.

Assim, em qualquer condição na qual o homem se encontre, embora ele tenha o direito de ser livre, embora a liberdade política seja necessária à sua felicidade, não lhe é permitido abusar dela. Sozinho, ou no estado de natureza, ele é punido pelos abusos que prejudicam o seu bem-estar. Na sociedade, ele é punido pela lei que protege tanto os seus associados quanto a ele próprio.

A sociedade só é útil porque fornece a seus membros os meios de trabalhar livremente pela sua felicidade. De onde se deduz que o governo, feito para executar as intenções da sociedade que ele representa, deve a seus súditos a liberdade necessária a seus trabalhos, e deve assegurar essa liberdade por meio de leis capazes de reprimir todos aqueles que quiserem invadi-la. A liberdade é, portanto, uma dívida, e não um favor; ela é um bem sem o qual todas as outras vantagens desaparecem. A sociedade, o governo e a lei são feitos apenas para traçar o nosso caminho rumo ao bem-estar, de maneira a não pôr obstáculos ao bem-estar dos outros.

Um país verdadeiramente livre seria aquele onde cada cidadão, protegido pela lei, usufruísse da capacidade de trabalhar pelo seu próprio bem-estar, ou pelo seu interesse particular, e onde não fosse permitido a ninguém agir contra o interesse geral, ou prejudicar o bem-estar de seus concidadãos. Uma sociedade é livre quando todos os seus membros, sem distinção, estão submetidos à equidade, que é invariável, e não à vontade do homem, tão sujeita a mudar. Uma liberdade justa só deixa a cada um o poder de buscar a sua própria vantagem, sem prejuízo da de um outro. Não somos mais livres, somos licenciosos, a partir do momento em que nos afastamos das regras imutáveis da equidade, da virtude e da moral, que nenhuma instituição jamais pode contradizer, e que nenhuma sociedade pode aniquilar sem destruir a si mesma.

A liberdade não consiste, portanto – como algumas pessoas imaginam –, em uma pretensa igualdade entre os concidadãos: esta quimera adorada nos Estados democráticos, mas totalmente incompatível com a nossa natureza, que nos torna desiguais pelas capacidades, tanto as do corpo quanto as do espírito. Esta igualdade também seria injusta, e, com isso, incompatível com o bem da sociedade, que quer que os cidadãos mais úteis à coisa pública sejam os mais homenageados e os mais bem recompensados – sem serem, por isso, dispensados da lei geral que prescreve a todos regras uniformes. A verdadeira liberdade consiste em se conformar às leis que remediam a desigualdade natural dos homens, ou seja, que protegem igualmente o rico e o pobre, os grandes e os pequenos, os soberanos e os súditos. De onde se vê que a liberdade é igualmente vantajosa para todos os membros da sociedade.

Quando nos dizem que as leis devem ser estáveis e permanentes, não querem indicar com isso que essas leis jamais possam ser modificadas. Como as circunstâncias e as necessidades das nações não são eternamente as mesmas, suas leis são feitas para se regular com base nessas circunstâncias e nessas necessidades.[83] As leis têm toda a solidez e estabilidade adequadas quando ninguém pode modificá-las sem o consentimento da nação, para quem essas leis são feitas. Em qualquer lugar onde alguém tem o direito de modificar as leis sem a aprovação da sociedade, não pode haver liberdade.

Seja qual for a forma de governo, é-se livre em qualquer lugar onde não seja permitido a ninguém exercer o desregramento ou tocar nas leis; é-se escravo em toda parte onde aqueles que governam podem se colocar acima da justiça e das leis. A lei assegura a liberdade, ela não a destrói; ela é feita para atar as mãos de todos aqueles que quiserem invadir a liberdade dos outros ou privá-los dos seus direitos. Todo soberano que quer avançar sobre a liberdade do seu povo é um prevaricador, um usurpador, um inimigo da sociedade. A liberdade não dá o direito de resistir à autoridade ou de se isentar das regras; ela dá o direito de fazer aquilo que se deve querer, e não aquilo que se quer. Em poucas palavras, ser livre é obedecer apenas às leis.

Um cidadão não exerce a sua liberdade resistindo a uma autoridade legítima; ele é, então, um insensato que rompe a barreira destinada a protegê-lo. *Todo cidadão*, diz Locke, *que derruba um governo justo, se torna culpado pelo sangue derramado e pelos males de*

83 Assegura-se que, na república de Gênova, a duração de qualquer lei é fixada em cinquenta anos, ao fim dos quais o senado delibera para saber se ela deve ser abolida ou se deve continuar a ser cumprida. As leis que o sábio Locke havia feito para a colônia da Carolina deviam durar apenas cem anos.

seus concidadãos.[84] Todo soberano que aniquila as leis é um alucinado que se expõe ao desregramento dos cidadãos que ele próprio desencadeou.

As paixões dos homens devem ser contidas pela razão, ou reprimidas pelo temor. Todo homem que não teme nada sobre a Terra, ou que não escuta a razão, torna-se um ser insociável. Uma nação que conhece o valor da sua liberdade deve desarmar a ambição de seus chefes, privá-la da força da qual ela poderia abusar, e prescrever-lhe regras que ela não possa infringir sem perigo. Em poucas palavras, é evidentemente à sociedade que cabe regular a maneira como ela quer ser governada, e julgar se as regras são fielmente cumpridas.

Porém, como já se viu, somente a violência e a desordem têm presidido o estabelecimento ou as reformas dos governos. As nações sem experiência raramente souberam aquilo que deviam exigir de seus soberanos, e não tiveram nem a força, nem a prudência e nem a previdência necessárias para lhes prescrever algumas regras de administração – e, quando o fizeram, elas foram tão vagas e tão pouco precisas que foi sempre fácil para a audácia estendê-las, ou, para a habilidade, fugir delas. As leis que regulam o poder supremo deveriam ser as mais simples e as mais claras de todas; elas são as mais importantes para a felicidade social; nos casos incertos ou duvidosos, é apenas à nação que cabe o direito de interpretá-las, de ampliá-las ou de reafirmá-las – em poucas palavras, de fazer conhecer as suas verdadeiras intenções.

---

84 Locke, *Segundo tratado sobre o governo civil*, XIX. (N. T.)

Ainda não existe uma forma de governo pela qual a liberdade pública seja convenientemente assegurada e a ambição dos chefes eficazmente contida. A liberdade é incerta e vacilante nas próprias nações que parecem mais fortemente apegadas por ela. Ela está totalmente banida de todos os outros cantos da Terra, onde o seu próprio nome é completamente ignorado.[85]

---

85 Um povo de Lahor e de Cachemira, chamado *sikh*, é governado por quatro magistrados eleitos todos os anos por seus concidadãos. O soberano desta nação é um livro colocado sobre um trono com um sabre, um escudo e um punhal. Através desses símbolos, esse povo republicano designa que é governado apenas pela lei que pune, que protege e que comanda igualmente os chefes e os cidadãos. Os quatro magistrados estão encarregados de consultar o livro e de anunciar ao povo os oráculos da lei, que são acatados com uma veneração profunda. Outros relatos nos informam que esse povo não tem culto, assim como não tem monarca, e que ele é o mais virtuoso e o mais corajoso do Indostão. Cf. o *Journal des Beaux Arts*, março de 1771, p.408 e seg.; e Dow,* *História do Indostão*.

* Alexander Dow (1735-1779), orientalista britânico nascido na Escócia. (N. T.)

IV
Do governo misto. Dos representantes de uma nação

Com o objetivo de remediar os abusos e os inconvenientes de cada um dos governos dos quais falamos, alguns povos imaginaram governos *mistos*, ou seja, nos quais a autoridade soberana fosse partilhada e contrabalançada por corporações encarregadas de definir os interesses da sociedade e de reclamar em nome dela contra os abusos que ela pode sofrer. A necessidade dessas corporações já é um vício na constituição de um Estado, onde os interesses do soberano jamais deveriam ser opostos aos dos seus súditos. Esses últimos muito raramente conheceram os verdadeiros meios de se precaver contra uma autoridade destinada a protegê-los e a torná-los felizes.

As nações, compostas de uma multiplicidade de indivíduos pouco de acordo, não puderam comumente definir por si mesmas os seus próprios interesses; elas foram obrigadas a escolher *representantes*, ou seja, cidadãos que elas encarregaram de falar em seu nome, de expor ao soberano as suas intenções, suas necessidades e seus desejos. Em quase todos os países submetidos ao governo monárquico, vemos alguma corporação encarregada de deliberar com o príncipe sobre os negócios públicos. O senado romano, estabelecido por Rômulo, foi um corpo de representantes, ou um conselho nacional, estabelecido pelo próprio soberano. Segundo Tácito, todas as nações da Germânia desfrutavam de um governo misto, no qual o chefe deliberava com os guerreiros mais eminentes ou com os nobres, que colaboravam com ele na confecção das leis e nos assuntos de importância. Encontramos a mesma forma de governo entre os citas, os tártaros, os sármatas e os antigos saxões; e, nos modernos, entre os poloneses, os suecos, os alemães, os ingleses, os franceses etc.

Os governos, na sua maior parte, como já foi visto, se estabeleceram pela força das armas. Os povos vencidos acataram a lei dos vencedores, que comumente os governaram à maneira militar. Reduzidos à escravidão, esses povos não tiveram nenhuma participação na administração pública, não tiveram nenhuma importância no Estado; os guerreiros que colaboraram na conquista se tornaram os únicos representantes da nação, e regularam a sorte dela conjuntamente com o soberano. Porém, esses representantes, estabelecidos pela força ou pela vontade do príncipe, raramente pensaram em definir os interesses de um povo desprezado; eles não pensaram senão nos seus próprios interesses, que definiram tudo e se tornaram a lei geral; eles se aproveitaram da fraqueza dos reis para limitar a autoridade suprema que estes últimos não puderam conservar contra guerreiros turbulentos e sediciosos que jamais conheceram outra lei além da força. Assim, esses representantes se tornaram tiranos igualmente incômodos para os soberanos e para os súditos. Tal foi o estado de coisas durante o banditismo sistemático conhecido pelo nome de *governo feudal*, que durante um grande número de séculos regulou a sorte de quase todas as nações europeias, e que subsiste ainda, no todo ou em parte, em alguns povos modernos. Os nobres ou os poderosos são, em quase todos os países, os representantes-natos das nações; por conseguinte, as nações são comumente sacrificadas aos interesses dos poderosos, que, depois de tê-los separado dos interesses da sociedade, terminam, mais cedo ou mais tarde, por se tornar escravos de um príncipe hábil.

Os reis se aproveitaram habilmente das contínuas divisões desses representantes armados, para submetê-los à autoridade soberana. Com o intuito de contrabalançar o seu poder, eles admitiram o povo, sob o nome de *comunas* ou de *terceiro Estado*, nas assembleias nacionais, onde esse último foi representado por cidadãos da sua corporação. Desta maneira, a parcela mais numerosa da nação obteve o direito de tomar parte nos negócios e de definir os seus próprios interesses. Porém, como esses interesses raramente se compatibilizavam com os dos príncipes, esses últimos se serviram das forças e das riquezas depositadas em suas mãos para dividir, intimidar e corromper os representantes de suas nações – que, muitas vezes, tiveram que temer tanto a traição ou a venalidade daqueles que elas haviam encarregado de cuidar dos seus direitos, quanto os atentados violentos ou os artifícios do poder supremo. Os soberanos, que sempre tenderam ao despotismo, muitas vezes conseguiram destruir pouco a pouco as corporações outrora encarregadas de moderar e de servir de contrapeso ao seu poder. Essas corporações foram aniquiladas em diversas regiões. Porém, quando os reis não conseguiram fazê-las desaparecer, eles se serviram do apelo dos títulos, das recompensas, dos cargos e das riquezas para atrair para os seus próprios interesses aqueles que eles viam encarregados dos interesses de seus povos. Assim, a representação se tornou ilusória, e o poder soberano encontrou comumente, nos representantes das nações, homens sempre dispostos a aderir aos seus projetos, e a prover suas vontades com os seus sufrágios venais.

É assim que, pela atividade dos príncipes ou de seus ministros, pela perfídia dos representantes dos povos, pela divisão de interesses entre as diferentes ordens do Estado, pela negligência ou pela inexperiência das nações, a liberdade se perde pouco a pouco, e termina muitas vezes por dar lugar a um despotismo evidente, que algumas vezes consegue extingui-la totalmente no próprio coração dos súditos.

O problema mais importante, na política, é encontrar o meio de impedir que aqueles que não têm nenhuma participação no governo se tornem vítimas daqueles que os governam. Que remédios opor à ambição dos príncipes, sempre prontos a invadir tudo? Como uma nação pode se garantir contra as traições daqueles que ela encarrega de falar em seu nome? Como proteger seus representantes das seduções do poder soberano que distribui todos os bens que os homens desejam? Esses efeitos só podem se realizar por intermédio de boas leis, feitas para fixar os direitos dos soberanos e dos representantes do povo, e para unir pelos mesmos interesses todos os membros da sociedade.

Uma enorme massa de poder e de riquezas confiada ao monarca, prerrogativas demasiado extensas e direitos indefinidos são coisas que sempre o incentivarão a avançar sobre os direitos legítimos de seu povo. Um príncipe sempre armado se tornará mais cedo ou mais tarde o senhor absoluto de um povo desarmado; este último jamais terá força para evitar os golpes imprevistos que a autoridade soberana quiser lhe desferir. Só existem tantas nações escravizadas porque, em todos os países, seus chefes têm às suas ordens mercenários, homens sem pátria, ou que não conhecem outros laços além daqueles que os prendem aos interesses de seus senhores. É da sociedade que devem depender os cidadãos que ela remunera; é à sociedade que eles devem jurar ser fiéis; nenhum poder pode ter o direito de armar contra a pátria os filhos que ela alimenta. É para se defender que uma nação tem exércitos. Não é para ser escravizada que ela mantém soldados; uma nação armada tem em suas mãos a sua própria segurança. Em um país cioso da sua liberdade, todo cidadão deveria estar em condições de usar armas. Se o ofício da guerra fizesse parte da educação pública, nenhuma força poderia usurpar os justos direitos de um povo.

Os dinheiros públicos, cobrados sobre o trabalho e as posses dos cidadãos, estão destinados a servir às verdadeiras necessidades do Estado; eles não são feitos para sustentar o esplendor e a vaidade de uma corte, ou para corromper os representantes do povo. Não é para alimentar a preguiça de alguns cortesãos inúteis, ou para recompensar os conselhos pérfidos de alguns favoritos, que os cidadãos sacrificam uma porção dos seus bens. Os tesouros de uma nação não podem, sem uma prevaricação manifesta, ser empregados na corrupção ou para pagar traidores. A própria nação deve confiar os fundos destinados à manutenção da coisa pública a homens escolhidos que prestem contas fielmente a ela mesma, sob pena de serem severamente punidos. As malversações e os roubos públicos seriam, pois, os únicos que as leis devem autorizar?

Para ser fielmente representada, a nação escolherá cidadãos ligados ao Estado por suas posses, interessados na conservação dele assim como na manutenção da liberdade – sem a qual não pode haver nem felicidade e nem segurança. É em vão que uma sociedade entregaria a sua sorte nas mãos de homens avaros, viciosos, depravados, sem boa conduta, sem luzes, sem probidade, e que não conhecessem os direitos da equidade. O povo dificilmente se engana sobre os homens que tem diante dos olhos; qualquer um que tenha mérito e talentos logo se faz conhecer pelos seus concidadãos. Uma nação deve escolher pessoas de bem, se quer ficar tranquila quanto aos seus interesses.

Para ter representantes dignos de estipular os interesses da pátria, a venalidade, a corrupção, o desregramento e a intriga devem ser rigorosamente banidas das eleições. Um povo que vende covardemente os seus votos deve esperar ser covardemente revendido. A via tranquila da votação em urna deve ser preferida a essas eleições tumultuosas que necessariamente fazem com que o sangue-frio desapareça da razão. Que frutos é possível esperar de representantes eleitos em meio à devassidão e em orgias tão turbulentas quanto o festim dos centauros e dos lápitas?![86]

Satisfeitos com a escolha honrosa de seus concidadãos – ou, se preferirem, com o salário fixado pela nação –, os representantes se comprometerão da maneira mais solene a não receber nem favores, nem pensões e nem graças do trono, sob pena de serem destituídos, por esse fato, do direito de estipular os interesses de seus concidadãos. Além do mais, que estes últimos conservem o direito de revogar os poderes que julgarem terem sido entregues em mãos infiéis. Será, pois, que não está na ordem que os representantes dependem de seus constituintes, que são os únicos que devem julgar se são bem ou mal representados?

---

86 Povo mítico da Tessália, que teria massacrado os centauros em uma guerra sangrenta. (N. T.)

Nenhum representante de um povo deve ser permanente, nem transmitir o seu direito à sua posteridade. Os interesses de todo homem estão sujeitos a variar: toda corporação permanente estabelece direitos e interesses isolados. O nascimento não confere nem os talentos, nem a sabedoria e nem as virtudes necessários para exercer funções das quais depende o bem-estar de uma nação inteira. O mérito pessoal deve conduzir a essa honrosa magistratura.

A capacidade de eleger representantes só pode pertencer a verdadeiros cidadãos, ou seja, a homens interessados no bem público, ligados à pátria por posses que avalizem o seu apego. Esse direito não é feito para uma populaça desocupada, para vagabundos indigentes, para almas vis e mercenárias. Homens que não têm nenhuma ligação com o Estado não estão aptos a escolher os administradores do Estado.

Pela palavra *povo*, não se designa aqui de maneira alguma uma populaça imbecil que, privada de luzes e de bom senso, pode a cada instante se tornar o instrumento e a cúmplice dos demagogos turbulentos que gostariam de perturbar a sociedade. Todo homem que tem como subsistir honestamente com o fruto das suas posses, todo pai de família que tem terras em um país, devem ser vistos como cidadãos. O artesão, o comerciante e o mercenário devem ser protegidos pelo Estado que eles servem utilmente à sua maneira; mas eles só se tornam verdadeiros membros desse Estado quando, pelo seu trabalho e pela sua engenhosidade, adquirem bens fundiários nele. É o solo, é a gleba que faz o cidadão; um político moderno disse, com razão, que *a terra constitui a base física e política de um Estado*.[87]

87 A frase é do próprio Holbach, no verbete "Représentants" da *Enciclopédia*. (N. T.)

Uma representação sabiamente distribuída poderia remediar os inconvenientes que resultam da demasiada extensão de uma nação. Nesse caso, cada província ou distrito poderia ter uma assembleia de representantes, ou Estados provinciais, estabelecida em cada distrito, que escolheria alguns de seus membros ou deputados para irem à assembleia nacional, ou aos Estados gerais. Esses estados particulares dariam suas instruções a seus deputados, e lhes prescreveriam a conduta que teriam que seguir conforme o desejo do distrito ou da província.

Enfim, os estados ou representantes de uma nação devem ter o direito de se reunir à vontade, para trabalhar nos negócios públicos, ou, então, em períodos fixos, sem ter necessidade de uma convocação expressa; eles devem, do mesmo modo, se separar por vontade própria. A experiência nos mostra que os príncipes, sempre inimigos dos obstáculos que se opõem às suas vontades arbitrárias, não têm pressa para convocar os representantes de seus povos; ou, então, dissolvem suas assembleias, a partir do momento em que não preveem poder levá-las a aderir aos seus projetos.

V
Da liberdade de pensar. Influência da liberdade sobre os costumes

A livre transmissão de ideias, a instrução e a publicação das descobertas úteis são coisas interessantes para toda sociedade. Todo bom cidadão deve seus talentos e suas luzes aos seus associados. Assim, em um país bem governado, o homem está no direito de pensar, de falar e de escrever; esta liberdade é uma barreira poderosa e necessária contra os complôs e os atentados da tirania. Uma boa advertência, um escrito, podem ser algumas vezes serviços importantes. Não existe nenhum cidadão que não deva contribuir para a felicidade do seu país; o homem que pensa, inútil e desagradável sob o despotismo, serve sua pátria com as suas investigações e as suas reflexões. A apatia e a indiferença pelo bem público não podem ser virtudes senão em escravos; elas não o são para o homem de bem, que deve se interessar pela felicidade da sua pátria.

Aquele que, sob o pretexto de servir a sociedade, busca apenas perturbá-la caluniando seus chefes, alarmando intempestivamente seus concidadãos e mergulhando o punhal no coração de seus associados, um tal homem, digo eu, não exerce a sua liberdade, mas a sua perversidade. Não se perturba com escritos um país bem governado. Uma administração equitativa tem, em sua própria conduta, com o que calar a boca da impostura. A virtude é um escudo impenetrável para a calúnia. Privar os cidadãos da liberdade de falar e de escrever, sob o pretexto de que eles podem abusar dela, é tão pouco sensato quanto impedi-los de ter tochas para se iluminar, sob o pretexto de que é possível se servir delas para produzir um incêndio.

A liberdade de pensar em matéria de religião não pode ser arrebatada dos homens, a não ser por uma injustiça tão absurda quanto inútil. Cada homem, tendo recebido a religião de seus pais, está preso a ela por hábito e supõe que ela seja necessária à sua felicidade eterna. Só cabe, portanto, à tirania querer arrancar dele aquilo que lhe parece indispensável ao seu bem-estar. Apesar dessas reflexões tão simples, não se vê, mesmo nas nações mais livres, uma tolerância completa em matéria de religião. O cristianismo, insociável por sua essência, dificilmente permite que os adeptos de seitas diferentes se amem. Em todos os países, a religião do príncipe oprime e faz sentir sua antipatia aos que se recusam a aderir a ela. Nada é mais contrário à humanidade, à justiça e à perfeita sociabilidade do que todas as religiões nacionais, que pretendem desfrutar com exclusividade da aprovação do Céu; elas se tornam comumente tirânicas, inimigas da liberdade do homem, e espezinham os deveres mais sagrados da moral.

As múltiplas seitas só se tornam perigosas em um Estado quando uma dentre elas se atribui o direito de perseguir ou de oprimir as outras. A violência só gera fanáticos e produz perturbações no Estado. A liberdade de pensar e de escrever é um contrapeso seguro contra as loucuras e os delírios do fanatismo. A razão cultivada em liberdade espalha as suas luzes por um povo livre e atenua pouco a pouco a influência das quimeras e dos terrores. Além do mais, sob um governo próspero e sábio, os impostores não têm motivos para inflamar os espíritos; é apenas em uma nação oprimida e descontente que os velhacos encontram materiais dispostos a se incendiar. Uma nação verdadeiramente livre logo seria feliz e racional e, por conseguinte, muito difícil de perturbar.

Talvez venham nos dizer que os países livres que vemos hoje em dia estão sujeitos a perturbações frequentes, e a intrigas contínuas. Porém, é fácil ver que essas desordens provêm do fato de que, mesmo nas nações mais livres, a liberdade ainda não está estabelecida sobre uma base bastante sólida. As pessoas são forçadas a temer incessantemente por ela, sobretudo quando têm a oportunidade de ver que ela é incessantemente atacada, de maneira aberta ou oculta, por inimigos poderosos, e defendida por amigos fracos ou traidores. Além do mais, como já foi dito, as agitações às quais os países livres estão muitas vezes expostos, seriam preferíveis à estagnação mortal que o despotismo produz. Porém, já deixamos ver aquilo que se deve pensar da tranquilidade que o despotismo proporciona; e tudo nos prova que é nas terras onde ele reina com mais violência que se veem as revoluções mais súbitas, mais terríveis e mais fatais para os soberanos.

As revoltas dos povos são sempre efeitos da opressão e da tirania. Os povos só passam a ter desconfiança e ódio dos seus chefes depois de ter percebido sinais reiterados da sua má vontade. A injustiça dos soberanos rompe os laços da sociedade; seu desregramento incentiva os povos ao desregramento; seus atentados provocam atentados, ou forçam as nações a puni-los e a fazer justiça por sua própria conta. Se os príncipes fossem mais justos, os súditos seriam mais tranquilos; se eles não atentassem a todo momento contra os direitos dos homens e contra a sua liberdade, eles não forneceriam tantas vezes pretextos para os projetos dos facciosos, dos espíritos inquietos e turbulentos. Geralmente, os homens preferem o repouso ao movimento; sua preguiça, sua timidez, o amor pelo repouso e os laços tão poderosos do hábito os retêm, quando eles acreditam entrever o término dos seus sofrimentos. Será que não vemos alguns povos muito infelizes, que sofrem em silêncio, e que não ousam empreender nada para melhorar a sua sorte? Comumente, é apenas o excesso de tirania que incendeia as nações; então, são os tiranos que devem ser considerados como os verdadeiros incendiários. Locke[88] nos diz que *uma longa sequência de opressões, de abusos, de negligências, de injustiças e de prevaricações faz com que todo cidadão racional conheça bastante o estado de seu país*. E, no caso de que chegue o momento em que a nação tenha que resolver as suas diferenças, ele saberá que não deve se colocar do lado dos bandoleiros e dos piratas.

É, repito, à nação, fonte única e verdadeira de toda autoridade legítima, que cabe julgar se ela é bem ou mal governada, bem ou mal representada, se suas leis lhe são úteis ou nocivas. Um governo, qualquer que seja ele, é feito para a nação, e não a nação para o governo. Os reis são feitos para os povos, e não os povos para os reis. Uma nação está, portanto, no direito de revogar, de anular, de estender, de restringir, de discutir e de alterar todos os poderes que ela concedeu. Quando ela combate um tirano, ela combate um furioso, ela se defende de seus golpes; não é ela quem se revolta, é o tirano. Se cada indivíduo de nossa espécie

88 Locke, *Segundo tratado sobre o governo civil*, XIX. (N. T.)

tem o direito de se defender contra o agressor que o ataca, por que estranha jurisprudência uma nação como um todo estaria privada de um direito que não pode ser contestado ao mais ínfimo dos cidadãos? Um povo pode não somente resistir ao tirano que o ultraja e que trabalha para a sua ruína, mas pode também tratá-lo como inimigo: se ele violou as leis, com que direito reclamaria a proteção dessas leis? Destinadas a servir de escudo para aqueles que cumprem os seus compromissos com a sociedade, elas são feitas para castigar todos aqueles que se declarem seus inimigos.

Porém, se as nações desfrutam incontestavelmente do direito de punir os tiranos que as ultrajam, esse direito não pertence de maneira alguma ao cidadão isolado; este último não poderia, sem crime, se tornar juiz em sua própria causa. O mais justo dos príncipes, o mais querido pelo seu povo, não estaria a salvo dos atentados de um fanático ou de um celerado, se fosse permitido a todo cidadão julgar ou punir os chefes da sociedade. É às leis fundamentais, ditadas pela justiça, pela previdência e pelo sangue-frio, que cabe fixar os direitos dos príncipes e os limites da obediência dos súditos. É de acordo com essas leis, e não de acordo com o capricho ou o ressentimento do cidadão muitas vezes cego, que os soberanos devem ser julgados.[89]

89 Segundo as leis de Esparta, os éforos eram os juízes dos reis, e os puniam em nome da nação, quando eles mereciam. Esse tribunal tinha até mesmo o direito de condená-los à morte. Se Carlos I, rei da Inglaterra, foi um tirano, ele foi condenado por rebeldes que, com sua autoridade privada, se estabeleceram como juízes do soberano sem o consentimento da nação. Os povos, em quase todos os países, ou não puderam fazer as leis, ou previram tão pouco os casos que só a violência termina com as querelas entre as nações

Sempre inquietos quanto a direitos que eles sabem estar fundamentados apenas na opinião e no preconceito; sempre ciosos de uma autoridade que não querem partilhar com ninguém; sempre ávidos de um despotismo que não podem exercer sem alarmes e sem perigo, os príncipes encaram comumente todos aqueles que reclamam em favor dos povos como inimigos de toda autoridade, quando eles são os seus amigos mais sinceros. Se nenhum cidadão está interessado em viver na servidão, nenhum soberano está interessado em exercer a tirania – que, como tudo demonstra, sempre se torna fatal para aquele que a exerce, e põe em risco a sua vida, assim como a sua autoridade.

Independentemente da equidade, que quer que o soberano cumpra seus deveres, é do interesse dele estar exatamente instruído das necessidades, das aspirações e das disposições do seu povo; este último só pode se exprimir pacificamente pela voz de seus representantes, que compartilham as suas necessidades e formulam os mesmos desejos. Quando as leis fundamentais de um Estado deixaram de estabelecer corporações encarregadas de estipular os interesses das nações; ou quando a tirania conseguiu fechar a boca daqueles que estavam originariamente destinados a falar em nome delas, pela própria necessidade das coisas formam-se corporações que fazem ver aos soberanos as verdades que seus cortesãos e seus ministros lhes deixavam ignorar. Será que, reduzindo-as ao silêncio, o príncipe não declara manifestamente que não quer conhecer a verda-

---

e seus chefes. Até aqui, em nenhum país os homens conseguiram fazer leis fundamentais sólidas e nem acordos estáveis e sensatos com os soberanos.

de, que aprova os abusos dos quais seus súditos se queixam, e que pretende eternizá-los? Os escravos de um tirano não têm ninguém que lhe fale por eles. Eles lhe falam apenas através de revoltas, de revoluções e de assassinatos. Os janízaros[90] são, na Turquia, os únicos representantes da nação. Pelos erros de um vizir, eles degolam um sultão que muitas vezes nem desconfia que o seu povo está descontente. Nos governos despóticos, as maiores revoluções são comumente provocadas pelas causas mais superficiais e mais imprevistas. O déspota está sempre exposto aos golpes de seus escravos, que sempre veem apenas nele a fonte de seus males. Muitas vezes, ele é exterminado com mais rapidez e menos formalidades que o mais ínfimo dos seus súditos. É sempre a tirania quem arma as mãos dos homens contra si mesma. Tais são os efeitos desse governo perigoso ao qual os príncipes têm a loucura de aspirar, por falta de perceberem os seus perigos.

Em um Estado despótico, o déspota mais indulgente é muitas vezes tratado com tanto furor quanto o tirano mais culpado; ele é punido pelos crimes de todos os seus ministros. "*Teu reino chegou ao fim,*" dizia um efêndi ao sultão Ahmed, "*teus súditos revoltados não te querem mais como senhor; eles exigem em altos brados o teu sobrinho.*" "*Por que não me disseram antes a verdade?*", respondeu o sultão abatido. Mas qual é o temerário que ousaria falar a verdade a um senhor do qual uma única palavra pode aniquilar seu escravo? *Aconselhar um déspota é*, diz um persa, *lavar suas mãos em seu próprio sangue*. É apenas em um país livre que o soberano pode escutar a verdade, e desfrutar em segurança de um poder legítimo.

---

90 Soldado de elite no antigo exército turco. (N. T.)

Nunca é demais repetir aos príncipes: nenhum poder sobre a Terra está seguro se não reconhece limites, sempre bastante fixados pela justiça e pela razão. Um poder ilimitado nas mãos do homem deve, pela própria natureza do homem, degenerar em abuso, e se tornar tão funesto para aquele que o exerce quanto para aqueles contra os quais esse poder é exercido. Tudo provará, no decorrer dessa obra, que o interesse do soberano jamais pode, sem perigo, se separar do da sociedade que ele governa; esse interesse exige que a autoridade suprema seja guiada pela moral, igualmente necessária à felicidade daqueles que governam e daqueles que são governados.

Existe no poder absoluto alguma coisa tão sedutora – para aqueles que não o examinaram sob o seu verdadeiro ponto de vista – que é sempre muito difícil subtrair uma porção dele daqueles que estão acostumados a exercê-lo por inteiro; daqueles que fazem a sua glória consistir na capacidade de seguir cegamente as suas fantasias; daqueles que têm nas mãos forças para defender esse poder. A libertação dos povos só pode ser obra da justiça, da sabedoria, das luzes e dos grandes desígnios daqueles que governam; ou, então, na falta disso, da prudência das nações – que algumas circunstâncias felizes podem, às vezes, pôr em condições de reformar os abusos que por tanto tempo as afligiram.

Não é senão esclarecendo os homens que se pode esperar torná-los melhores e mais felizes do que eles são. Os povos e os soberanos estão igualmente interessados nos progressos das luzes, e essas luzes só podem ser fruto da liberdade. Não é senão em um país livre que o homem aprende a pensar; todo homem que nunca reflete é tão pouco capaz de regular os seus costumes quanto de se tornar feliz. O republicano é altivo; o súdito do despotismo é dócil e complacente; o cidadão livre tem ímpeto, energia e coragem; ele conhece seus direitos, ele sente a sua dignidade, ele estima a si mesmo e dá importância à estima alheia. Essas disposições, desconhecidas das almas aviltadas que rastejam sob o despotismo, provêm da ideia da segurança, do conhecimento dos apoios que a sociedade proporciona e da certeza que se tem de que ninguém tem o direito de causar dano. Em uma nação livre, cada cidadão se sente defendido pela lei e apoiado por todos os seus concidadãos; ele sabe que sua pessoa e seus bens não estão à mercê do mais forte, e que nenhum poder pode lhe arrebatar algumas vantagens que lhe são garantidas por todos os seus associados.

Assim, a liberdade enobrece o homem, eleva sua alma, inspira-lhe o verdadeiro sentimento da honra, torna-o capaz de generosidade, de amor pelo bem público, de entusiasmo pela pátria, de nobreza e de virtude.

É apenas em um país livre que existe uma pátria digna de ser amada e defendida por seus filhos. A pátria não passa de uma madrasta, pouco apta a ser amada, quando está subjugada aos caprichos de um tirano. É no seio de uma nação livre que se encontram as virtudes públicas; é lá que os cidadãos opulentos procuram agradar a nação, merecer a sua estima e se notabilizar por monumentos úteis. Os escravos abjetos não têm outro objetivo além de agradar a seu déspota e de conquistar os seus favores com baixezas. O poder absoluto enfraquece o amor pela pátria; a ideia do bem público lhe causa apreensão; nada se faz pela nação; todos os monumentos e os trabalhos só têm como objetivo alimentar o fausto, a vaidade e a fantasia do senhor; o público desdenhado não tem a menor importância; nos empreendimentos mais ruinosos para ele, só se consulta a comodidade do príncipe, e nunca a dos súditos desprezados. O bom cidadão é uma planta exótica e rara que não pode fincar raízes em um terreno que o despotismo tornou árido.

A razão cultivada é o mais seguro antídoto contra a corrupção dos costumes. Mas a razão só é cultivada em um país de liberdade. O despotismo, assim como a superstição, é o inimigo nato da razão humana; ele não quer comandar senão escravos privados de razão, de luzes e de bons costumes.

Se, nos países que desfrutam da maior liberdade, vemos reinar vícios e desordens tão grandes quanto naqueles que estão escravizados, é porque, até aqui, as nações mais livres não refletiram o suficiente sobre os objetos para contribuir eficazmente para a felicidade nacional. Elas não perceberam a importância da educação, a necessidade de formar desde a infância cidadãos virtuosos; elas não reconheceram os vícios dessas instituições antigas que entregam a juventude nas mãos dos homens menos capazes de torná-la útil à sociedade. Os legisladores dessas nações, arrastados pela rotina, ou entregues eles próprios a paixões e a vícios nocivos, não perceberam a ligação necessária da virtude com o bem público, e das luzes com a virtude. Eles não viram que a liberdade não pode ser bem defendida senão por almas nobres, honestas e generosas, e que ela não pode subsistir por muito tempo quando tem como sustentáculos apenas algumas almas venais ou homens corrompidos. Enfim, esses legisladores não zelaram suficientemente pelos costumes do povo – que, comumente, privado de razão, nunca sabe distinguir a liberdade da licenciosidade. O povo, sendo em toda parte a porção menos instruída e mais estouvada de uma nação, está destinado a atrair sobretudo a atenção do legislador, e deve ser contido por meio de leis equitativas e por uma polícia severa que o impeça de perturbar a sociedade ou de cometer injustiças.

Porém, por um efeito natural da preguiça ou da pouca previdência dos homens, eles adormecem rapidamente, a partir do momento em que desfrutam do bem-estar presente, e se ocupam muito pouco com o futuro. A liberdade, continuamente atacada pela ambição ativa, exige ser defendida por cidadãos vigilantes. O embotamento e o sono são tão nocivos à liberdade quanto as intrigas e as dissensões civis.[91] O despotismo sabe tirar proveito de tudo; quando não pode triunfar pela força, ele se introduz graças à indolência na qual as riquezas e o descanso mergulham muitas vezes as nações. A opressão e a desgraça, quando não esmagam totalmente os homens, os mantêm despertos e aceleram fortemente o impulso de suas almas; é por isso que, do seio oprimido de um escravo cuja alma ainda não está quebrantada, saem algumas vezes gritos mais estridentes que os dos cidadãos de uma sociedade que desfruta de uma parcela de seus direitos.

---

91 *Libertas per inertiam amittitur.** (Salústio)
* A liberdade se perde por negligência. (N. T.)

VI
Reflexões sobre o governo britânico

Se as nações devem esperar verem-se algum dia mais sábias e mais afortunadas, esses efeitos, como acabamos de dizer, só podem ser esperados do progresso das luzes, do desenvolvimento ulterior da razão humana, das experiências reiteradas e das reflexões sérias sobre o passado, o presente e o futuro. Se é raro encontrar homens que reflitam, é ainda mais raro encontrar nações cujas ideias se desenvolvam de modo consequente, mesmo sobre os objetos mais interessantes para elas. As experiências dos pais são comumente perdidas para os filhos. As revoluções anteriores são logo esquecidas pelas sociedades presentes. Grande parte dos homens se deixa arrastar pelo hábito, e quase não se dá ao trabalho de meditar sobre as coisas que se passam diante dos seus olhos; acredita-se que aquilo que subsiste sempre subsistiu, e não pode ser diferente do que é.[92]

Eis, sem dúvida, a causa desta indiferença quase geral que encontramos nos homens acerca dos objetos que mais teriam

92 *Vivimus ad exempla, nec ratione conponimur sed consuetudine abducimur.** (Cf. Sêneca, Epístola 123).

o direito de interessá-los; eis a causa da indolência que eles demonstram quando se trata da reforma dos costumes ou dos abusos políticos. Cada um sofre, cada um se queixa, cada um desejaria que as coisas fossem de outra maneira, mas logo eles se consolam com a ideia de que elas jamais foram e nunca serão dispostas de um modo mais sábio. É assim que quase todos raciocinam. É assim que a preguiça dos homens consegue enfraquecer e vencer neles até a tendência natural que os incita a buscar o bem-estar. As nações, assim como os indivíduos, perpetuamente ocupadas com objetos frívolos, nos quais a opinião e o preconceito fazem com que elas depositem a felicidade suprema, perdem de vista a todo instante os objetos sólidos e sobre os quais a sua felicidade duradoura deveria se estabelecer. Os povos, contentes de usufruir de uma porção de liberdade quase sempre muito pequena e muito precária, entusiasmam-se com o comércio, inebriam-se com a paixão pelas riquezas, sacrificam tudo a esta ídola vã, envolvem-se a todo momento em guerras fatais, arruínam-se para enriquecer e, repletos dessas ideias extravagantes, não pensam nem em remediar os abusos com que sofrem mais, nem em obter a felicidade interior e doméstica e nem em consolidar por meio de boas leis a liberdade pública que correm o risco de ver desaparecer a todo

---

*Assiduitate quotidiana, et consuetudine oculorum, assuescunt animi; neque admirantur, neque requirunt rationes earum rerum, quas semper vident.*** (Cf. Cícero, *Da natureza dos deuses*, livro II, 96).

* Vivemos de exemplos e não nos governamos pela razão, mas nos deixamos levar pelo hábito. (N. T.)

** Pelo contato cotidiano e pelo hábito de ver, o espírito se acostuma; não ficamos surpresos nem exigimos explicações para as coisas que sempre vemos. (N. T.)

momento. Eis aí como os homens buscam sempre a felicidade fora, correm atrás da imagem dela e não veem que é neles mesmos que seria necessário estabelecê-la.

Apliquemos essas reflexões à nação britânica, a mais livre que encontramos hoje sobre a Terra; cujo governo é tido como a obra-prima da sabedoria humana; que desfruta das maiores riquezas e do comércio mais extenso, e que, no entanto, sempre vítima de contínuas intrigas, só contém habitantes descontentes com a sua sorte e, muitas vezes, mais infelizes que os escravos do próprio despotismo.

Não basta ser rico para ser feliz; é preciso também saber empregar as suas riquezas de uma maneira apropriada para obter a felicidade. Não basta ser livre para ser feliz; é preciso não abusar da liberdade, nunca deixá-la degenerar em desregramento e nunca fazer um uso injusto dela. Não basta ser livre para conservar a sua liberdade; é preciso conhecer o valor dela, considerá-la como o maior dos bens, e nunca sacrificá-la a interesses sórdidos ou à paixão servil pelo dinheiro – esta, mais do que todas as outras, é própria para degradar as almas, para estreitar o coração e para conduzir o homem à escravidão.

O povo inglês, célebre na história por seu amor pela liberdade – que, por muito tempo, o fez combater com sucesso contra seus reis –, é governado por um monarca cujo poder é supostamente contrabalançado justamente por duas corporações encarregadas de colaborar com ele na legislação e na administração dos negócios. Uma dessas corporações é composta pelos nobres, pelos poderosos, pelos *pares* do reino; a outra é composta pelos representantes do povo, escolhidos pelo próprio povo, que formam a *Câmara dos Comuns*.

No espírito de muita gente, esta constituição é tida como o máximo esforço do espírito humano; acredita-se desfrutar, por seu intermédio, das vantagens da monarquia, da aristocracia e da liberdade democrática. Porém, para julgar judiciosamente uma máquina tão complicada, é preciso contemplar o funcionamento dos seus diferentes mecanismos.

Uma aristocracia composta de poderosos cujo brilho nunca passa de uma emanação do trono, deve, pela sua própria natureza, temer o poder do povo e favorecer o do príncipe, fonte visível dos títulos, das honrarias civis e militares, das pensões e dos favores. Assim, os interesses da porção autocrática se confundem, evidentemente, com os do monarca, e quase nunca podem se separar deles. O rei, portanto, tem assegurada a pluralidade dos votos na Câmara dos Lordes. Além do mais, ele encontra nos *senhores espirituais*, ou nos bispos que nomeou, uma facção sempre devotada às suas vontades. O clero, em todos os tempos e em todos os lugares, sempre esteve bem mais disposto a favorecer os príncipes em seus empreendimentos do que a defender a liberdade dos povos. O sacerdote, assim como o déspota, nada mais quer além de escravos e teme sobretudo a liberdade de pensar.

Todos os cidadãos de um Estado estão igualmente interessados na manutenção da liberdade; todas as distinções de classe social, todos os privilégios deveriam desaparecer quando se trata de um objeto tão importante, feito para servir de base à felicidade social. Os poderosos, assim como o povo, têm um mesmo interesse; sua grandeza não é nada quando depende apenas do capricho de um senhor. Será que a distinção inútil e bárbara entre o *nobre* e o *plebeu* deve subsistir em um país no qual todos os cidadãos devem trabalhar em consenso para sustentar os direitos da razão e da justiça, sem os quais a liberdade não pode ser sólida? Será, pois, ser livre e poderoso desfrutar de privilégios contrários à equidade? "A distinção odiosa e humilhante entre *nobres* e *plebeus* nada mais significa, na sua origem, que tiranos e escravos, insolentes e desgraçados."[93]

A Câmara dos Comuns, que constitui a parte democrática do governo inglês, é uma assembleia numerosa – e, consequentemente, tumultuosa e discordante– de representantes que, uma vez eleitos, não pretendem mais estar sujeitos a prestar contas aos seus constituintes, e não podem ser privados do direito de representá-los ou de falar por eles. Assim, esses representantes podem, sem correr nenhum perigo, trair os interesses do povo e vender a liberdade dele ao monarca; este último, em virtude de suas *prerrogativas*, é o distribuidor único dos tesouros de uma nação – que, com isso, fornece ao monarca os meios de comprar os sufrágios daqueles que ela encarrega de falar em seu nome. De onde se vê claramente que o soberano e seus ministros estão em condições de se tornarem os senhores absolutos dos representantes do povo.

Esses representantes são eleitos por uma populaça composta em grande parte de cidadãos indigentes, cuja miséria dispõe a conceder seus votos aos candidatos que quiserem pagar por eles. É em meio a rixas, a intrigas e a combates sangrentos de um bando assim composto, quase sempre mergulhado na libertinagem e na embriaguez, que são eleitos os homens que serão encarregados de defender a liberdade pública contra os atentados de um monarca e de um ministério em condições de corromper por mil meios os adversários que lhes são opostos.

---

93 Cf. *Ideias republicanas*, p.7.

Representantes desta qualidade lhes entregarão sem dificuldade os direitos de um povo que, para escolhê-los, já traficou seus votos.

O que pode resultar desta conduta tão ridícula quanto desordenada? Isso: uma nação à qual sua liberdade custou tanto sangue e esforços não pôde adquirir, até aqui, senão o direito de viver em apreensões contínuas; por não ter tido a prudência de reservar para si o poder de punir os representantes prevaricadores, ela é forçada a aquiescer em silêncio às suas mais indignas perfídias. As prerrogativas imensas concedidas a um rei que ela converte no executor das leis – às quais apenas ele dá a sua sanção –, que ela torna depositário do tesouro público, que ela deixa senhor absoluto dos exércitos; essas prerrogativas, digo, são suficientes para pô-lo em condições de subjugar, quando for resoluto, todos aqueles que não puder conquistar com suas liberalidades, seus títulos e seus cargos.

Uma experiência muito longa prova que, na Grã-Bretanha, o *patriotismo* daqueles que se mostram opostos à corte ou ao partido do ministério não tem outro objetivo além de importunar o soberano, de contrariar as ações de seus ministros, de derrubar os seus projetos mais sensatos, unicamente para tomar parte no ministério, ou seja, nos despojos da nação. O patriota inglês não passa comumente de um ambicioso que faz esforços para se pôr no lugar dos ministros que ele difama; ou, então, de um homem ávido que tem necessidade de dinheiro; ou, então, de um conspirador que procura restabelecer uma fortuna dilapidada. Será que patriotas desse tipo estarão, pois, aptos a empenhar-se sinceramente nos interesses do seu país? A partir do momento em que eles desfrutam dos objetos de seus desejos, eles seguem os passos de seus adversários, e se tornam, por sua vez, os objetos da inveja e das lamúrias daqueles que eles substituíram; estes últimos, por sua vez, parecem verdadeiros patriotas aos olhos de um povo inquieto, que sempre acredita que os seus verdadeiros amigos são os inimigos daqueles que estão atualmente no poder. Os povos são eternamente colhidos nas mesmas armadilhas.

De onde se vê que um povo assim governado deve necessariamente ser arrastado por eternas intrigas, viver em uma desconfiança e em alarmes contínuos; ele deve temer o poder, a influência e as artimanhas de um monarca ambicioso ou de um ministério astucioso. Ele deve temer a complacência dos poderosos para com esse monarca, que é a fonte da sua própria grandeza. Ele deve temer a perfídia dos representantes que ele encarrega dos seus próprios interesses, e que tantas causas podem seduzir. Enfim, ele deve temer a sua própria loucura.

Uma nação dilacerada por intrigas, facções e comoções populares, onde os direitos de nenhuma ordem do Estado estão claramente fixados, e cujas leis, além do mais, são multiplicadas, ininteligíveis e contraditórias; uma semelhante nação, digo eu, pode estar algum dia tranquila e contente? Todos os cidadãos de um Estado têm os mesmos interesses: viver em paz, ser bem governados, ter boas leis e desfrutar em segurança das vantagens que a natureza e a indústria podem proporcionar. Porém, que felicidade e que segurança pode haver para um povo que, a cada instante, a intriga, a desordem e o interesse sórdido de alguns comerciantes ávidos podem lançar em guerras inúteis para os verdadeiros cidadãos, com enormes despesas que fazem nascer enormes dívidas pelas quais o Estado é esmagado durante uma longa série de anos sem poder jamais se libertar?[94] Enfim, será que a liberdade pode estar segura por um só instante nas mãos de um bando de depositários pérfidos que preferem o dinheiro à honra e à liberdade?

Para ser um verdadeiro patriota, é preciso possuir uma alma grande, luzes, um coração honesto e virtude. O patriotismo é uma paixão nobre, altiva, generosa; ele é incompatível com a avareza, paixão sempre sórdida, reles e insociável. Um povo inebriado de amor pelo dinheiro não acha nada mais estimável que o dinheiro; ele teme a pobreza ou a mediocridade como o cúmulo do infortúnio, e sacrificará tudo ao desejo de enriquecer. Um povo de comerciantes não vê nada comparável à riqueza; cada um quer obtê-la. Se esta paixão epidêmica toma conta de todas as ordens do Estado, o representante do povo nunca estará isento dela; ele tratará da liberdade pública com o príncipe e seu ministro, que logo saberão *o preço a pagar pela honestidade do seu país*.[95]

Será que uma nação venal, viciosa e corrompida pode, pois, conservar por muito tempo a sua liberdade? Ela só dá impor-

---

94 Cf. parte III, capítulo VII.

95 Essas palavras são do célebre Robert Walpole, primeiro-ministro da Inglaterra no reinado de George II. Em 1729, foi proposta no parlamento da Grã-Bretanha uma fórmula de juramento pela qual cada representante do povo devia se comprometer a não receber nenhum benefício da corte; mas esta proposição foi rejeitada pela Câmara dos Lordes, cuja maioria dos membros são submissos ao ministério. As despesas secretas do ministério, entre 1731 e 1741, totalizaram 1.453.400 libras esterlinas (cerca de 25 milhões de libras de Tours). (Cf. *Seasonable hints from an honest man*, publicado *in octavo*, em 1761). Os bons cidadãos, na Inglaterra, consideram a lei denominada *Septennial act*, que fixa a duração de cada parlamento em sete anos, como um grande golpe desferido contra a liberdade nacional.

tância a essa liberdade enquanto ela lhe proporciona os meios de enriquecer. A liberdade, para ser sentida e conservada, exige almas nobres, corajosas e virtuosas; sem isso, ela degenera em licenciosidade, e termina por se tornar vítima do senhor que tiver com o que corromper. Um povo sem bons costumes não está pronto para ser livre; um povo injusto para com os outros, um povo abrasado pela sede do ouro, um povo conquistador, um povo inimigo da liberdade alheia, um povo invejoso até dos seus próprios concidadãos ou dos súditos de um mesmo Estado, terá ideias verdadeiras sobre a liberdade? A verdadeira liberdade deve estar acompanhada do amor pela equidade, de humanidade e de uma percepção profunda dos direitos do gênero humano; esses sentimentos só podem ser o fruto de uma educação virtuosa e generosa, bem diferente dessa educação servil que se dá aos homens em todos os países.

O que poderia, portanto, faltar à felicidade completa de um povo que se gaba de desfrutar da constituição mais excelente e da máxima liberdade? O que restaria a desejar para uma nação nos portos da qual as riquezas do mundo inteiro vão abordar? O que lhe falta é uma educação generosa, costumes honestos e noções verdadeiras de justiça – em poucas palavras, disposições contrárias a uma sede inextinguível de riquezas, cuja abundância só serve para sufocar nas almas as virtudes mais nobres e mais úteis à sociedade.

Povos de Albion, de onde vêm essas inquietações contínuas, essas intrigas que vos dilaceram, esses desgostos sombrios que vos devoram e que se desenham em vossa fronte?! Como esses tesouros que se acumulam em vossas mãos, longe de assegurarem a vossa felicidade, nada mais fazem que perturbá-la sem cessar? Porque, no próprio seio da abundância e da liberdade, vós sois vistos pensativos, inquietos, e mais descontentes com a vossa sorte do que os escravos frívolos que são objetos do vosso desprezo? Aprendei a verdadeira causa de vossos temores e de vossos sofrimentos. O amor pelo ouro nunca fez bons cidadãos. A liberdade só pode ser firmemente estabelecida com base na equidade, e só pode ser corajosamente defendida pela virtude. Deixai para os déspotas a glória louca e destrutiva de fazer conquistas e de derramar em grandes torrentes o sangue de seus súditos. Quanto a vós, contentes de desfrutar em paz dos benefícios da natureza, não vades vos aniquilar em guerras insensatas que só seriam úteis para um punhado de comerciantes insaciáveis, e que seriam ruinosas para os vossos verdadeiros cidadãos. Cultivai, pois, ó britanos!, a sabedoria e a razão. Ocupai-vos em aperfeiçoar o vosso governo e as vossas leis. Atai para sempre as mãos cruéis do poder arbitrário. Não adormeçais em uma segurança presunçosa, da qual a ambição desperta se aproveitaria para vos carregar de grilhões. Receai um luxo fatal aos bons costumes e à liberdade. Temei os efeitos do fanatismo religioso e político. Zelai pela vossa segurança e pela da Europa. Humilhai os tiranos, acorrentai a ambição deles, protegei a justiça oprimida; e, então, vossa ilha afortunada se tornará o modelo das nações, a pira da liberdade em cujo fogo todos os povos da Terra virão se iluminar e se aquecer.

VII
Dos interesses dos príncipes
ou
Da política verdadeira

Confundir os interesses do homem com os dos seres que a natureza torna necessários à sua própria felicidade; eis, como se viu, o objetivo da moral. Reunir por interesses os soberanos e seus povos; eis, como iremos provar, o objetivo da política. Esta reunião auspiciosa seria prontamente efetuada se os príncipes se dignassem a se instruir acerca dos seus verdadeiros interesses. Eles reconheceriam, então, que o despotismo, esta maneira de governar que não segue outra regra além do capricho e da paixão, não pode ser vantajoso nem para aquele que o exerce, nem para aqueles contra quem se gostaria de exercê-lo; eles sentiriam que a tirania aniquila a segurança do soberano destruindo a afeição dos súditos; eles veriam que leis equitativas são os sustentáculos mais firmes das nações e dos tronos; eles se aperceberiam que o príncipe não pode se tornar feliz sozinho, ou fazer para si um bem-estar distinto do da sociedade da qual é o chefe; eles descobririam que somente a virtude faz florescer os impérios; que, sem ela, não existe nem verdadeiro poder, nem verdadeira grandeza, nem verdadeira glória e nem segurança verdadeira. Tudo lhes provaria que a virtude do senhor faz brotar a virtude dos súditos, cujo efeito é produzir a felicidade pública e a felicidade particular. Enfim, tudo lhes convenceria de que a moral é a mesma para o monarca e para o cidadão, para as nações e para as famílias, para a sociedade e para cada um dos membros pelos quais ela é composta, e que nenhum poder pode violar impunemente as suas regras imutáveis, cuja base se encontra na natureza do homem.

Que interesse um soberano poderia ter em governar? Que vantagens podem fazer desejar o poder supremo? No que pode estar fundamentada a ambição, esta paixão que faz desejar comandar os outros homens? O poder soberano só proporciona bens reais àquele que o possui porque deposita em suas mãos os motores mais poderosos e mais capazes de comprometer, de exortar e de obrigar todos os membros de uma sociedade a cooperarem com os seus propósitos, a apoiarem os seus projetos, a contribuírem para o seu próprio bem-estar e a lhe demonstrarem afeição, respeito, deferência e submissão, os sentimentos que são devidos à autoridade suprema.

Será que existe um homem maior, mais respeitável, mais forte e mais digno de amor do que um príncipe que, situado em um trono onde está exposto aos olhares de todo o seu povo, desfruta nele da ternura de todos os corações, e vê cada cidadão pessoalmente interessado no sucesso, no contentamento, na conservação e na manutenção da autoridade de um chefe que o defende, que lhe quer bem, que se ocupa das suas necessidades e que zela pela sua segurança? Um bom rei é amigo de cada um de seus súditos, e encontra em cada um deles um amigo verdadeiro.

O que falta a um soberano para ser tão grande, tão poderoso, tão glorioso e tão feliz quanto comporta a natureza humana?

Cumulado de todos os bens que o homem possa desejar; cercado de homens solícitos em adivinhar todos os seus desejos; exposto aos olhares de uma nação inteira – da qual depende apenas dele se tornar o ídolo; distribuidor das graças, das honrarias, das riquezas e das distinções que são o objeto de todos os desejos, como acontece que um príncipe arraste comumente uma vida debilitada e infeliz? Desgostoso de tudo, ele normalmente não sabe usufruir de nada; ele ignora a maneira de fazer todos os meios que tem em suas mãos servirem à sua felicidade; farto, fatigado dos prazeres e dos divertimentos mais excitantes, ele busca no tumulto das guerras, nos divertimentos frívolos – ou muitas vezes criminosos –, em uma pompa vã, em festas ruinosas e em despesas tão imensas quanto inúteis, meios de evitar a si mesmo e remédios momentâneos contra a ociosidade que o consome.

Será concebível que um soberano possa estar sujeito ao tédio? Esse suplício, reservado à ociosidade, será feito para atormentar um príncipe do qual todos os momentos podem ser agradavelmente preenchidos? Como as ocupações múltiplas da soberania, os detalhes tão curiosos quanto variados da administração e o cenário sempre diversificado da política poderiam dar lugar ao desgosto e produzir a saciedade? O príncipe, dirão vocês, confia aos seus ministros o cuidado de governar o seu império. Pois bem, que ele próprio governe; que ocupe em pessoa as funções mais augustas que um mortal possa exercer; que aprenda a saborear a cada instante da sua vida a felicidade maior, mais pura, mais diversificada e mais constante que se possa experimentar nesse mundo; que ele aprenda a fazer todos os dias as pessoas felizes; que desfrute por si próprio do prazer tão doce de secar as lágrimas da aflição e de ver correr o pranto da gratidão; que ele alivie a miséria; que faça cessar a opressão; que reforme os abusos; que corrija as leis; que se ocupe das necessidades do seu povo – e cada momento do seu reinado será marcado por novos prazeres; ele escutará perpetuamente ressoarem em seus ouvidos os aplausos e as bênçãos dos seus súditos; ele se nutrirá não com a fumaça da adulação, mas com uma glória sólida. Ele se voltará com alegria para dentro de si mesmo, onde terá estabelecido a sede da sua felicidade; ele saboreará sem interrupção a satisfação de se amar, sentimento que verá ser sinceramente aplaudido não pelas lisonjas suspeitas de alguns cortesãos, mas pelas aclamações e as preces de um povo inteiro. Ele desfrutará de antemão das homenagens da posteridade, a quem a história transmitirá as ações das quais a prosperidade e a felicidade de seus antepassados terão sido os efeitos memoráveis.

Tais são as fontes inesgotáveis de alegria que a virtude reserva aos soberanos que tiverem aprendido a conhecer os seus encantos. Os prazeres mais intensos perdem pouco a pouco sua atividade, terminam por causar desgostos e por se transformar em sofrimentos. Os objetos mais sedutores fatigam a visão com o passar do tempo; o próprio belo se torna indiferente, mas só a virtude proporciona um contentamento inalterável. Será que o homem pode um dia se cansar daquilo que incessantemente o leva, de forma agradável, para dentro de si mesmo? Um bom rei desfruta de todas as felicidades que espalha sobre seus povos. Ele reúne em seu coração todas as alegrias de seus súditos.

Se os poderosos encarregados da educação dos reis, em vez de torná-los orgulhosos e de ensiná-los desde cedo a desprezar os homens, lhes ensinassem a amá-los, mostrando-os como os instrumentos da sua própria felicidade; se, em vez de insensibilizá-los, eles os acostumassem a sentir, os reis teriam virtude. Será que os prazeres ruidosos, as volúpias desprezíveis, os edifícios ruinosos, os espetáculos frívolos e até mesmo as conquistas mais brilhantes lhes pareceriam comparáveis à satisfação tão pura de poder dizer para si mesmo, todos os dias: "Esse dia não foi perdido; um édito consolador, bem como uma lei justa e benfazeja, vão atrair para mim as bênçãos de todo um povo enternecido. Minhas províncias mais distantes pronunciarão meu nome com entusiasmo; não existe um único de meus súditos a quem eu não tenha proporcionado alegria; eu sou o pai de uma família imensa, e todos os meus filhos estão satisfeitos com os meus cuidados. Meus vizinhos serão forçados a me prestar homenagens; seus súditos terão inveja dos meus e desejarão viver sob as minhas leis. Meus inimigos ciumentos serão obrigados a respeitar o meu poder; eles o verão sustentado por todas as forças de um povo fiel, cujos interesses estão confundidos com os meus."?

Não resta nenhum desejo a ser formulado por um príncipe equitativo e benfazejo que soube merecer a confiança e o amor de seus súditos. Será que ele desejaria um poder ilimitado? Será que existe um poder mais absoluto que aquele que é exercido com a concordância de uma nação inteira? Será que ele desejaria que a sua autoridade fosse respeitada? Será que existe alguma autoridade mais santa e mais sagrada que aquela na qual cada um encontra a sua própria felicidade, e que, quando desprezada, acarretaria o seu próprio infortúnio? Será que ele ambicionaria ser amado? O que há de mais apropriado para fazer nascer o sentimento do amor nos corações que benefícios contínuos e variados? Ele teria necessidade de riquezas, de auxílios, de impostos? Será que um monarca equitativo não poderia dispor sem violência dos bens de seus súditos, quando eles sabem que ele fará uso desses bens para torná-los mais felizes, ou para conservar a felicidade deles? Ele exigiria exércitos para defender a pátria? Será que todo cidadão ciente das vantagens de que desfruta não se tornará um soldado pronto a derramar seu sangue por uma sociedade cujo chefe lhe proporciona bens tão prezados quanto a vida, e sem os quais esta própria vida perderia todos os seus encantos?

Quantos trabalhos, inquietações, despesas, tramoias e incômodos os soberanos não poupariam a si próprios?! Quantos rumores, aflições, lágrimas e sangue não poupariam a seus súditos! Quantas patifarias, perfídias, negociações insidiosas, guerras e perjúrios vergonhosos os príncipes não poupariam a si mesmos, se fossem mais equitativos, e se renunciassem às máximas de um maquiavelismo odioso que constitui muito comumente a base da política dos reis?!

A verdadeira política está sempre em conformidade com a moral e jamais pode se afastar dos seus princípios. A dos soberanos, assim como de cada um dos seus súditos, consiste em serem justos, moderados, de boa-fé e virtuosos. A equidade é a salvaguarda das nações, dos príncipes e dos indivíduos. Ela os defende igualmente contra as paixões desordenadas; ela proscreve a violência, as conquistas, as usurpações e as perfídias entre as nações; ela torna os tratados invioláveis e sagrados; ela põe em segurança a vida, a pessoa, os bens e a liberdade do cidadão. Ela mantém a concórdia, a união e a paz entre os diferentes povos da Terra, do mesmo modo que entre os membros de uma cidade. Ela assegura o império das leis, tanto naturais quanto civis. Se os homens fossem justos, o mal moral estaria banido da Terra; se os príncipes fossem justos, seus súditos seriam justos, e seus Estados desfrutariam de toda a felicidade a que são suscetíveis.

Reconheçamos, portanto, a falsidade, assim como a perversidade, de uma política que coloca os príncipes acima das regras eternas da moral, e que lhes faz desdenhar o cuidado de cultivar a razão de seus súditos. Os soberanos injustos e pérfidos encontrarão inimigos em todos os povos que os rodeiam. Senhores desprovidos de virtudes só terão como súditos escravos sem virtudes. Os vícios dos soberanos e dos súditos não podem senão torná-los mutuamente infelizes, e conduzi-los ambos a calamidades sem fim.

A esperança e o temor, eis os grandes motores das ações humanas: eles estão nas mãos daqueles que governam os homens. As recompensas e os castigos colocam o poder soberano em condições de moderar as paixões e de dirigir as vontades, seja para o bem ou para o mal. Os príncipes dão sempre os impulsos mais fortes à máquina política, na qual entra uma multiplicidade de engrenagens que o governo deve colocar em operação de tal maneira que produzam o bem geral. Porém, esse bem geral só pode ser o efeito dos esforços de todos; e para que todos colaborem para ele, é preciso que o príncipe ou a força motriz os leve ao mesmo objetivo.

Cada membro na sociedade tende ao bem-estar à sua maneira. Seus movimentos estão sujeitos a variação e quase sempre ele está pouco de acordo consigo mesmo; caminha com pouca segurança e vacila a cada passo, pelos choques diversos e muitas vezes opostos que o impelem a seguir em diferentes direções. Cabe ao governo dar a ele impulsos úteis e sustentá-lo na direção que lhe dá. A grande arte da política estaria em fazer de modo que, na complicada máquina da sociedade, não houvesse nenhuma engrenagem supérflua, inútil, contrária ao funcionamento universal, mas que todos colaborassem para o mesmo objetivo sem variar. Esse problema será perfeitamente resolvido quando, em um Estado, o mérito e a virtude puderem aspirar às recompensas, e quando a inutilidade, o vício e o crime tiverem sempre temor do castigo ou do desprezo.

Soberanos da Terra, sede justos! Segurai uma balança equilibrada entre todos os vossos súditos. Sede fiéis em recompensar a virtude, em honrar a utilidade e em assinalar o verdadeiro mérito; sede exatos em punir o crime; mostrai desprezo ao homem inútil e vão; privai o vício dos vossos benefícios; bani de vossa presença até mesmo o poderoso, quando desconhece os seus deveres; não deis cargos senão aos cidadãos eminentes por sua probidade, suas virtudes e seus talentos; e logo os vossos súditos terão virtude, adquirirão as qualidades necessárias para vos agradar, e se esforçarão para mostrar quem é que se torna mais útil à sociedade. Um príncipe que, firmemente apegado às regras da equidade, só derramasse suas graças e seus favores sobre os homens de bem, e que mostrasse um rosto severo para os malvados, preconizaria a moral e a reforma bem mais eficazmente que todos os sacerdotes e os moralistas deste mundo.

Que os ministros do Altíssimo vociferem do alto de seus púlpitos contra a corrupção do mundo secular; que eles ameacem os mortais com a cólera das potências invisíveis; que entreabram sob seus passos as cavernas abrasadas da outra vida. As potências visíveis serão bem mais fortes que os deuses. O exemplo do príncipe, suas bondades e seus desfavores, serão mais eficazes que as promessas de bens desconhecidos e que as ameaças de castigos remotos dos quais é possível facilmente se esquivar.

As exortações mais comoventes da religião nunca causarão sobre os corações uma impressão tão forte quanto uma única palavra, um olhar, um sinal, um benefício, uma censura ou uma recusa de um soberano virtuoso e firmemente decidido a fazer os bons costumes reinarem em seus Estados.[96]

Nada é mais sábio que o provérbio persa que diz: *Se queres fazer crescer o mérito, semeie as recompensas.* Se os soberanos demonstrassem estima pelos cidadãos mais virtuosos, logo não haveria na sociedade senão uma auspiciosa emulação de virtude. Não lhes seria, portanto, infinitamente mais fácil incitar

---

96 *Rex velit honesta, nemo non eadem volet.** (Sêneca, *Tiestes*, v.213).
Erasmo, falando de Geradas o Espartíata, diz que "ele compreendeu muito bem que os vícios não podiam nascer nos lugares onde não haviam sido semeados, e que eles se enfraqueciam em toda parte onde, em vez de serem homenageados, eram punidos com a ignomínia. E eis aí, acrescenta ele, a maneira mais branda de corrigir os maus costumes e de incentivar o amor pela virtude". *Prudenter intellexit ibi non posse nasci vitia, vbi non admittuntur vitiorum seminaria, eaque vbique iacere, quibus pro honore tribuitur ignominia. Atque haec est clementissima ratio medendi prauis moribus excitandique virtutis studium.* (Cf. Erasmo, *Apotegmas*, livro I).
De todos os meios que um príncipe pode empregar para fazer a virtude ser considerada e para pô-la, por assim dizer, em voga, não existe nenhum mais poderoso que o exemplo. "Todos, diz Claudiano, se espelham no príncipe; os éditos não têm tanto poder sobre os espíritos dos homens quanto a vida do soberano."
[...] *Componitur Orbis*
Regis ad exemplum: Nec sic inflectere sensus
Humanos edicta valent, ut vita regentis.
(Cf. Claudiano, *Panegírico ao quarto consulado do imperador Honório*, v.299-301).
* Se o rei quiser o que é honesto, ninguém quererá algo diferente. (N. T.)

entre seus súditos uma emulação de honra do que incitar entre eles uma emulação de baixezas, de opróbrio e de infâmias? A virtude proporciona glória; o vício proporciona apenas vergonha e arrependimento; qualquer que seja o sucesso do vício, todos aqueles que triunfam por seu intermédio são forçados a se envergonhar por isso. Se só acedessem às honrarias e aos cargos pelo mérito e pela virtude, de quantas vantagens não desfrutariam? Saboreariam primeiramente a satisfação interior vinculada ao mérito; obteriam a estima dos outros; enfim, usufruiriam do objeto da sua ambição. Qual é, pois, a cegueira, a negligência ou a má vontade de tantos príncipes que, podendo fazer nascer os bons costumes, os talentos e a virtude em seus Estados com tanta facilidade, não percebem as vantagens que resultariam disso para eles?!

A China é o único país conhecido no qual a política se encontra, pela própria constituição, intimamente ligada à moral. A antiguidade desse império fez, sem dúvida, com que aqueles que outrora o governaram aprendessem que um Estado não pode prosperar sem a virtude. Há mais de vinte séculos, os imperadores e os poderosos desta nação, desenganados da superstição – que eles deixam para a escória do povo –, evitaram mesclá-la com a moral, com a qual os seus princípios, sempre sobrenaturais e maravilhosos, não podem ter nada em comum. Porém, se a religião perdeu o seu crédito junto aos chefes desta nação, a ciência dos costumes assumiu o seu lugar. Nenhum homem, na China, pode aceder aos cargos públicos ou tomar parte na administração do Estado a não ser que esteja isento das religiões populares; percebeu-se, nesse vasto território, que a moral era a única religião de todo homem racional. Por conseguinte, um estudo aprofundado da ciência dos costumes é o único caminho para progredir na hierarquia, para obter a magistratura ou para chegar ao ministério. Entre nós, esse estudo, reservado a alguns pensadores obscuros, seria um motivo para ser excluído da direção dos negócios e da proteção daqueles que governam os Estados.

Na China, no lugar das lições fanáticas e misteriosas dos fundadores de seitas, os preceitos racionais de um sábio, há mais de dois mil anos, regulam a marcha de um império que tem quase a extensão da Europa inteira. Suas leis foram consideradas tão cheias de sabedoria que subjugaram até os ferozes tártaros que se tornaram senhores desse vasto país; por um efeito muito raro do seu poder sobre os príncipes, a razão venceu os vencedores da China. Os imperadores transformados em tiranos desapareceram, suas estirpes ou dinastias foram destruídas, o ferro e o fogo arrasaram as cidades e as províncias; mas a moral do sábio Confúcio, fundamentada na base eterna da verdade, sobreviveu a essas tempestades e ainda direciona a marcha de um governo que se fez respeitar pelos conquistadores mais selvagens.

Imperadores que se glorificam de ser chamados de *pais* e *mães* de seus povos não desdenham se encarregar eles mesmos do cuidado de instruir a sua numerosa família. Comumente, os éditos desses príncipes não são senão lições úteis de moral, nas quais eles dão a seus filhos alguns preceitos sobre o amor paterno, a devoção filial, os deveres do homem e sobre a humanidade para com os infelizes. Ora o soberano incita entre seus súditos a emulação do trabalho, ora exorta os ricos a se tornar queridos pela nação através de monumentos úteis, por canais, aquedutos, pontes, estradas etc. Ora ele recomenda aos patrões que sejam brandos com os seus criados. Ele faz os pais sentirem o interesse que têm em dar uma educação honesta a filhos a quem ele ensina a docilidade. Em poucas palavras, o monarca, assim como os ministros, governadores e mandarins que o representam, estão continuamente ocupados com a instrução do povo; recolocam frequentemente diante dos seus olhos os deveres apropriados para torná-lo feliz e lhe indicam os meios de facilitar os seus trabalhos. Eles chegam até mesmo a inspirar nos homens mais grosseiros a polidez e a deferência mútua – que, entre nós, só encontramos nas pessoas mais elevadas.

Porém, esse governo esclarecido percebeu que as lições mais úteis, se não fossem fortalecidas por recompensas sensíveis, só causariam sobre os espíritos uma impressão passageira. Pouco contente, portanto, de recompensar com cargos e dignidades aqueles que se distinguem pelo estudo da moral, o governo atua ainda sobre os corações dos cidadãos por meio de distinções honoríficas, de benesses e de elogios públicos que ele concede àqueles que se fazem notabilizar por sua atividade, seu engenho e seu zelo pela pátria, assim como pela sua fidelidade em cumprir os seus deveres. Uma ação resplandecente de virtude e os talentos raros são anunciados a todo o império através dos noticiários públicos, e põem aqueles que mereceram essa honra em condições de usufruir dos aplausos de todos os seus concidadãos.[97]

---

97 Cf. a *História da China* do padre Du Halde,* as *Memórias da China* do padre Le Comte** e as *Cartas edificantes*,*** tomo XV. Os últimos relatos sobre o Indostão nos falam de um povo vizinho de Bengala que afortunadamente se preservou da escravidão e dos vícios atrozes que afligem todas as nações pelas quais está rodeado. A justiça, a beneficência, a humanidade e a hospitalidade são exercidas, ali, não somente entre os concidadãos, mas também para com os estrangeiros. Quando alguém perde a bolsa ou alguma outra coisa

Por pouco que se reflita sobre usos tão louváveis, se reconhecerá que soberanos virtuosos, a partir do momento que desejarem, estarão em condições de reformar os costumes, de banir o vício de seus Estados, de fazer nascer neles a atividade e de estabelecer neles o reinado da virtude. Talvez nos digam que esses usos estabelecidos na China não fizeram de seus habitantes homens mais virtuosos que os outros; e que muitos relatos são unânimes em descrevê-los como patifes, ladrões e homens muito viciosos. Responderemos que ao menos algumas virtudes, sobretudo a devoção filial, são lá muito religiosamente respeitadas, e que, além do mais, nenhum povo sobre a Terra levou mais longe a sua engenhosidade. Enfim, diremos que, não obstante suas instituições tão sábias, o governo chinês é despótico, e que o despotismo, por sua negligência, permite que todos os tipos de abusos se introduzam; ou, pelas suas violências e os seus caprichos, aniquila os efeitos das instituições mais úteis – fica a forma e o conteúdo desaparece.

---

na estrada, aquele que a encontra a pendura na primeira árvore, e avisa o magistrado sobre aquilo que encontrou. (Cf. Holwell,**** *Relação dos acontecimentos de Bengala*, parte II).

* Jean-Baptiste Du Halde (1674-1743), jesuíta francês. A obra mencionada é a *Description de l'empire de la Chine* (4 volumes, 1735). (N. T.)

** Louis Le Comte (1655-1728), jesuíta francês. A obra mencionada é *Nouveaux mémoires sur l'état présent de la Chine* (2 volumes, 1696). (N. T.)

*** *Lettres édifiantes et curieuses écrites des missions étrangères*, publicação coletiva jesuíta (34 volumes, 1703-1776). (N. T.)

**** John Zephaniah Holwell (1711-1798), cirurgião britânico nascido na Irlanda. A obra mencionada é *Interesting historical events relative to the provinces of Bengal, and the Empire of Indostan* (3 volumes, 1765-1771). (N. T.)

VIII
Das qualidades e das virtudes necessárias ao soberano

Moralistas, filósofos, sacerdotes e políticos! Escrevei volumes para nos mostrar as qualidades e as virtudes que devem ter um grande príncipe. Entrai em longos pormenores sobre os conhecimentos que ele deve adquirir, os talentos que deve possuir, as grandes coisas que deve fazer e a conduta que deve adotar com relação a seus súditos e a seus vizinhos. Ministros do Senhor! Insisti, sobretudo, acerca das virtudes religiosas que ele deve demonstrar, e sobre as práticas minuciosas às quais deve se submeter para agradar ao Eterno. O príncipe não vos lerá – ou, se dignar-se a ler-vos, vossos escritos não farão mais do que desencorajá-lo. Para tornar o príncipe tal como ele deve ser, o cidadão racional lhe dirá: *Sede justo*; com isso, vós sereis felizes e vossos povos serão felizes.

IX
Causas do abuso do poder
ou
Da corrupção dos príncipes

De todos os homens, os príncipes são aqueles a quem a verdade mais deveria interessar, e aqueles que têm menos condições de ouvi-la. Tudo conspira para lhes dar ideias falsas sobre si mesmos, sobre os seus direitos, a sua autoridade, o seu poder, a sua grandeza e os seus súditos. As nações seriam tão felizes quanto pudessem desejar se, para instruir seus chefes, tivessem a centésima parte dos esforços e das precauções necessários para enganá-los e corrompê-los.

A arte de reinar, a mais importante de todas as artes, é a única que se tem o direito de exercer sem jamais tê-la aprendido. Para governar os homens e decidir a sorte deles, basta comumente ter nascido ou descender de uma estirpe particular. Em quase todos os países, os povos supuseram que o nascimento conferia todas as qualidades do coração e do espírito necessárias para a administração dos impérios. Será que devemos, pois, nos surpreender de encontrar tão poucos bons príncipes sobre a Terra? Dificilmente se encontra na história, em mil anos, um soberano que tenha o mérito, os talentos e as virtudes do homem mais banal. E, no entanto, a história nos mostra quase sempre os reis mais como eles deveriam ter sido do que como eles foram; os homens estão dispostos a elevar até às nuvens as menores virtudes dos soberanos; para ser um grande príncipe, basta às vezes ter demonstrado alguma boa vontade, ainda que essa boa vontade nunca tenha sido posta em prática. Todo homem que vive em sociedade tem ideias de justiça, conhece aquilo que deve aos outros, se sente interessado em agradá-los, quer merecer a afeição e a estima deles, é cioso da sua influência presente e da memória que pode deixar atrás de si; esses sentimentos são quase sempre desconhecidos daqueles que a sorte designa para governar os povos.

Com os esforços a que se entregam para ocultar dos príncipes aquilo que eles devem aos outros, e com a ignorância em que os príncipes são mantidos acerca das relações que os ligam a seus súditos, se devemos ficar surpresos com alguma coisa, e de não vê-los cem vezes piores do que são. Aqueles que são encarregados de criar um jovem príncipe lhe ensinam com cuidado aquilo que os seus povos lhe devem, mas raramente lhes falam daquilo que ele deve a seus povos. Prosternados aos pés de seu discípulo, esses vis professores não o habituam a regular as suas paixões, nem a moderar os seus desejos e nem a resistir a nenhuma das suas fantasias. Quem é que teria a coragem de contradizer uma criança na qual seu preceptor já vê o seu senhor? Nada é mais importante do que quebrar desde cedo as vontades do homem, a fim de acostumá-lo a fazer com que os seus caprichos cedam às leis da razão. Porém, temem afligir os príncipes; afastam de seus olhos todos os objetos próprios para comovê-los; não permitem que eles conheçam os infortúnios dos homens. Eles parecem feitos para ignorar que existem infelizes sobre a Terra; seu coração jamais se enternece com os males de seus semelhantes. Aliás, será que os soberanos acreditam ter semelhantes? Não seriam deuses que a sua posição separa do resto dos mortais?

O que fazer com uma criança voluntariosa, desatenta, continuamente distraída, corrompida pela adulação desde o momento em que nasce, a quem todos falam da sua grandeza futura, a quem seus mestres só falam tremendo e que seu preceptor é forçado a chamar de MONSENHOR? Como encontrar docilidade em um jovem imperioso, que, desde o seu berço, tudo embriaga incessantemente de orgulho e de adulação? Como fazer um ser a quem todos se apressam a ceder, a quem ninguém tem coragem de resistir, perceber os direitos da equidade, da humanidade e da decência? É quase impossível que um príncipe, sobretudo se ele nasceu no trono, tenha a mais leve ideia de justiça ou de virtude. Os melhores reis foram aqueles que, antes de reinar, sofreram os golpes da sorte, ou, então, que viveram em uma condição privada.

As nações mais grosseiras nos dão algumas vezes exemplos de sabedoria que deveriam envergonhar aquelas que se creem civilizadas. Em um povo negro da África, o uso quer que o herdeiro presuntivo da coroa seja, no momento de seu nascimento, levado da corte de seu pai e confinado em uma aldeia, onde, até a morte do rei, vive em uma completa ignorância do ilustre destino que o aguarda. Nas nações governadas por monarcas hereditários, as leis deveriam ao menos prover a educação daqueles que são feitos para reinar. Um imperador da China, não tendo encontrado em seu filho nenhuma das qualidades adequadas a um grande príncipe, designou para seu sucessor um cidadão virtuoso cujos talentos ele havia reconhecido. *Eu prefiro,* disse ele, *que meu filho fique mal, e meu povo, bem, a que apenas o meu filho esteja bem e todo o meu povo, mal.*

Será que existe uma traição mais criminosa e mais funesta à pátria que a desses preceptores que pervertem os príncipes com as suas adulações, ou que deixam de inspirar o gosto pela virtude em homens cujas vontades regularão um dia a sorte das nações? Será que existe um delito comparável ao desses envenenadores que, desde a infância, só semeiam nos corações de seus pupilos o orgulho, a dureza e o desprezo pelos homens – disposições cruéis das quais os povos colherão durante séculos os frutos abomináveis? Que traição é mais infame que a de formar para o seu país um chefe capaz de destruí-lo? Não será envenenar um povo inteiro, adular um príncipe que se tornará o árbitro da sorte desse povo?

A verdadeira moral não tem, comumente, nenhuma participação na educação dos príncipes; não é nas cortes que se aprende a virtude; essas cortes são as cloacas das nações; tudo nelas exala o desregramento, a volúpia, a devassidão, a perfídia e a mentira; tudo conspira para desviar da razão, da reflexão e da probidade. A escola dos cortesãos não passa da escola da dissipação, da intriga e do crime; um jovem príncipe só aprende nela lições de vaidade, de dissimulação e de tirania; ele aprende a considerar os outros homens como seres de uma espécie diferente da sua, como joguetes de seus próprios caprichos, como uma raça abjeta e pouco digna de seus cuidados. Que ideias podem se formar na cabeça de um mortal a quem tudo persuade de que Deus, ao fazê-lo nascer, quis que ele fosse o senhor absoluto da pessoa, dos bens e da vida de seus súditos?

Sob um governo despótico, que sempre é melindroso, o sucessor ao trono não pode comumente adquirir conhecimentos e nem talentos. Suas luzes e suas virtudes causariam inquietações ao déspota reinante, feito para temer as qualidades das quais ele próprio se sente desprovido. A segurança do Estado – ou, antes, a tranquilidade do senhor e de seus favoritos – exige que o seu herdeiro seja mantido na ignorância, entorpecido na indolência e mesmo totalmente estupidificado. O tirano considera seu filho como um inimigo; ele prefere bem mais vê-lo estúpido a vê-lo perigoso. O príncipe que deve reinar um dia sobre os otomanos, privado de toda a instrução, confinado em um serralho, cercado de vis eunucos, só lê o *Alcorão* e não vê o Divã[98] senão depois da morte do sultão. Algumas poções, cujo efeito é entorpecer, asseguram um mongol contra os temores que ele poderia ter de seus próprios filhos.[99]

A educação que é dada aos príncipes, mesmo nas terras mais esclarecidas, não parece ter outra finalidade além de lhes endurecer o coração e de lhes estreitar o espírito; sacerdotes interesseiros, devotos imbecis e homens de partido são aqueles escolhidos de preferência para formar os árbitros da Terra. Eles não lhes ensinam senão maravilhas, fábulas e dogmas inconcebíveis, noções bem mais apropriadas para destruir a razão em seu embrião do que para desenvolvê-la. A eles são impostas as práticas minuciosas de superstição como únicos deveres; como únicas virtudes, são-lhes inspiradas virtudes religiosas totalmente estranhas ao bem da sociedade; em vez de fazer nascerem neles os sentimen-

98 Nome dado ao conselho do sultão na antiga Turquia. (N. T.)

99 Shah Abadin Khan, vizir do Indostão, mandou assassinar Alamgir, seu senhor, a fim de se conservar em seu posto, e escolheu o mais estúpido dos príncipes de sangue real para colocar no trono. O mesmo vizir já havia mandado depor e cegar Ahmad Shah, que reinava em 1754.

tos da equidade, do amor pelo bem público, da grandeza de alma e da verdadeira glória – que poderiam fazê-los merecer o apego e a estima das pessoas de bem –, os enchem de um santo zelo por algumas opiniões pueris, por algumas futilidades teológicas, por algumas facções religiosas. Esse zelo fará deles algum dia tiranos, perseguidores, fanáticos e carrascos. Formam neles uma consciência errônea que os levará, pelos interesses de uma facção, a cometer sem remorsos os crimes mais tenebrosos. Se lhes falam do temor de Deus, de seus temíveis julgamentos e dos terrores de uma outra vida, essas ideias apavorantes são logo apagadas pela facilidade que lhes mostram de expiar os maiores delitos. Além disso, os reis tratam com os deuses de coroa para coroa; os deuses da Terra têm motivos para crer que encontrarão indulgência nos deuses do Céu, dos quais lhes dizem que eles são os suplentes, os representantes e as imagens.

Dizem, e repetem sem cessar, que não existe outro freio para os príncipes além da religião; mas é possível lhes responder que, nesse caso, os príncipes não têm nenhum freio. Será que vemos, de fato, que esse freio imaginário seja capaz de conter algumas paixões que tudo conspira para que sejam semeadas, nutridas e fortalecidas em seus corações? Será que achamos, de boa-fé, que o temor de um deus vingador dos povos que são ultrajados torne esses potentados mais equitativos, mais humanos, mais moderados, mais fiéis a seus juramentos, mais atentos em governar? Será que as ameaças de uma religião austera serão, pois, bastante fortes para impedi-los de se entregar à volúpia, aos prazeres desonestos, aos vícios mais vergonhosos? Além do mais, a religião das cortes não é a mesma que a dos povos; ela inspira ainda bem menos respeito aos príncipes do que a seus súditos, sobre os quais ela já não causa senão pouquíssimo efeito. Uma religião de corte se acomoda às circunstâncias, presta-se a todas as paixões e não contém nenhuma. Não é no Céu, mas na Terra que é preciso buscar barreiras que possam ser eficazmente opostas às inclinações impetuosas dos senhores do mundo. Uma educação verídica e leis sustentadas pela nação: eis aí os verdadeiros meios de conter as paixões dos reis e de impedi-los de se tornar tiranos.

X

Da falsa política. Do despotismo e da tirania

De acordo com as ideias funestas de uma falsa política, com a qual se enche o espírito dos senhores da Terra, eles não governam, eles tiranizam; em vez de proteger os seus súditos, eles lhes declaram guerra. Por essa inversão das noções mais claras da moral e da política, o governo, destinado em sua origem a defender, a conciliar e a tornar os povos felizes, tornou-se para eles o maior dos flagelos, a ponto de que muitas pessoas tenham duvidado de que as frágeis vantagens que ele proporciona às nações pudessem contrabalançar os inumeráveis males que lhes fazem sofrer sem interrupção aqueles que as governam: a anarquia lhes parece um mal momentâneo, ao passo que as calamidades produzidas pelo despotismo nunca têm fim. Eis aí, sem dúvida, o que faz com que, como já foi visto, alguns pensadores tenham decidido que a vida selvagem ou a renúncia total à sociedade proporcionariam aos homens uma sorte mais branda que a vida social, que eles viram perpetuamente agitada pelas paixões discordantes dos chefes e dos membros da sociedade.

O soberano é o chefe ou a cabeça que faz mover as engrenagens do corpo político. Por nunca ter prestado atenção à ligação íntima e necessária que devia invariavelmente subsistir entre a cabeça e o corpo, a política se tornou, em quase todos os países, um tecido de mistérios à vista dos quais o bom senso permanece confuso. A ciência do governo, por estar distanciada dos princípios naturais e simples da moral, se tornou uma ciência enigmática, sobrenatural, cujos princípios e máximas estão em uma perpétua contradição com a justa razão. A ignorância dos povos, a baixeza das cortes e as adulações blasfematórias dos sacerdotes transformaram os príncipes em divindades,[100] que logo se mostraram tão cruéis, tão caprichosas e tão bizarras quanto aquelas com as quais o terror havia povoado o Olimpo. Como uma consequência dessas apoteoses, não houve mais proporções e nem relações entre um monarca e seus súditos. Como os frágeis mortais não têm o direito de discutir nada com os seus deuses, tudo foi permitido aos deuses da Terra, assim como aos do Céu; a resistência, as queixas e as reclamações mais brandas e as súplicas mais legítimas foram interditadas aos povos. Com efeito, com que direito míseras criaturas poderiam se opor às vontades de uma potência totalmente divina, cujos direitos são apoiados pela autoridade celeste que representa a da própria Divindade?

Conforme as ideias gerais que os homens elaboraram da Divindade, à qual eles atribuem essencialmente a justiça e a bondade, a autoridade do próprio Deus sobre os homens só pode

100 Todos sabem que Alexandre, inebriado com as suas conquistas, se fez reconhecer como um deus em toda a extensão de seus Estados. As cidades gregas fizeram diferentes decretos para lhe outorgar essa qualificação. Os lacedemônios fizeram um nos seguintes termos: *Já que Alexandre quer ser um deus, que ele seja um deus.* (Cf. Eliano, *Histórias diversas*, livro II, cap.19).

estar racionalmente fundamentada nos bens que eles esperam dele, e não no terror que o seu poder pode inspirar. O poder de um deus sobre suas criaturas não passaria de uma tirania, se tivessem como base somente o poderio e a força. A dependência desse deus, na qual o homem se encontra, não passaria de uma servidão abjeta, involuntária e revoltante se fosse motivada apenas pelo medo. Assim, pelo poder absoluto que o déspota atribui a si sobre os povos, ele se eleva insolentemente acima da divindade, e se arroga direitos dos quais ela não pode desfrutar. De onde se vê que, nos próprios princípios da religião, o poder despótico é um insulto contínuo à Divindade que ele pretende representar na Terra.

Esse poder não é menos contrário aos princípios da moral, que a verdadeira política jamais pode abolir. A moral, como não cansamos de provar, fundamenta seus preceitos, suas obrigações e seus deveres nos interesses e nas necessidades recíprocas dos homens, que a natureza tornou imprescindíveis à sua felicidade mútua. De onde se deduz que não existem nem moral, nem obrigações e nem deveres para um monarca divinizado, que deve, por conseguinte, imaginar que não tem necessidade de ninguém; que se sente bastante forte para se fazer temer e para se proteger de todos os temores; que se acredita acima da opinião pública; que se incomoda muito pouco com o apego e com a estima de seu povo; cuja consciência e os remorsos são perpetuamente abafados pela voz sempre ouvida das sereias que o impedem de escutar os suspiros e os gritos de sua nação e os perigos pelos quais ele está ameaçado. Como um soberano que imagina que é de uma espécie diferente daquela do comum dos mortais, que é o representante da Divindade sobre a Terra, que acredita – talvez de boa-fé – que é um deus; como, digo eu, ele poderia se submeter a deveres? Um ser desse caráter deve ficar indignado com todo laço que o incomode; ele deve se acreditar dispensado de tudo em relação aos mortais que o rodeiam, pelos quais concebe o mais profundo desprezo. Existem pouquíssimos príncipes que não são persuadidos de que são moldados com um barro diferente daquele do resto dos homens. Para ousar dizer a um rei que ele é *um homem como os outros*, seria preciso uma coragem com a qual ele próprio e toda a sua corte ficariam espantados.

Não existe nenhuma máxima mais apropriada para corromper os príncipes e mais destrutiva para os povos do que aquela que persuade a ambos de que *os reis só devem prestar contas sobre a sua conduta a Deus*. A impunidade sempre levará os homens à licenciosidade. Dizendo aos soberanos que eles não têm outro juiz além da Divindade, foram visivelmente aniquiladas para eles todas as barreiras que podiam contê-los. Arrastados, então, pelas más inclinações que lhe eram fomentadas em todas as circunstâncias, eles não se incomodaram mais com os juízos dos homens, nem com o poder das leis e nem com a afeição de seus súditos, fracos demais para reconduzi-los aos seus deveres.[101]

Subsiste em quase toda parte um pacto entre o tirano e os sacerdotes. Esses últimos dizem ao tirano: "Comete todos os crimes que quiseres, e nós os expiaremos; tiranize os outros, mas sê nosso devoto. O Céu te entrega teus povos, desde que

101 [...] *Nihil est quod credere de se*
*Non possit cum laudatur dis aequa potestas.**
(Juvenal, Sátira IV, vv. 70-71).

* Não há nada em que não possa acreditar sobre si mesma, em matéria de louvores, a majestade semelhante à dos deuses. (N. T.)

respeites os direitos sagrados de seus ministros. Obedece a nós e te faremos ser obedecidos como deuses." De acordo com as condições desse tratado, os tiranos se associaram aos sacerdotes, conquistando-os com benesses e imunidades. Apaziguando por meio deles o Céu em cólera, os príncipes mais corrompidos não duvidaram de que os julgamentos de um Deus venal fossem favoráveis a eles no outro mundo, mesmo depois de ter desolado o mundo atual. Os soberanos mais perversos não são os menos notáveis pela sua devoção, pela sua submissão aos ministros da religião, pela sua generosidade com relação a eles. Maquiavel aconselha muito prudentemente o seu tirano a aparentar, diante dos olhos dos povos, um grande respeito pela religião.[102]

---

102 *Nil pudet adsuetos sceptris.** (Lucano, livro VIII).
Virtus et summa potestas
*Non coeunt.*** (Lucano, livro VIII).
Luís XI era o homem mais devoto e mais perverso do seu reino. Ele levava uma imagem da Virgem Maria à qual pedia permissão todas as vezes que queria cometer algum crime grande. Felipe II demonstrou durante toda a sua vida o mais extremo zelo pela preservação da religião romana em seus Estados. No entanto, ele foi muito devasso, e todo o seu reinado não passou de uma longa série de perfídias, de assassinatos, de envenenamentos, de perjúrios e de tiranias. Mulai Ismail, imperador do Marrocos, era o muçulmano mais devoto de seu país; no entanto, assegura-se que ele degolou com as suas próprias mãos mais de 50 mil de seus súditos. Comumente, era ao sair da mesquita onde ele próprio pregava que promovia as suas execuções, das quais seus próprios filhos foram algumas vezes as vítimas.

* De nada se envergonham os que estão habituados ao cetro. (*Farsália*, VIII, 452).

** A virtude e o poder supremo não são compatíveis. (*Farsália*, VIII, 494).

Por uma inclinação muito natural, os tiranos devem ser levados à superstição. Um soberano só se torna tirano porque é ignorante e sem virtude; sua ignorância o torna crédulo, e sua maldade torna necessários para ele os pretensos meios que seus sacerdotes lhe fornecem para expiar os seus delitos e para pôr em repouso a sua consciência agitada. É comumente nos reinados dos piores príncipes que o sacerdote desfruta da maior autoridade.

Graças aos preconceitos aviltantes que a superstição e a adulação tornaram críveis na Terra, a maior parte dos corpos políticos apresentam troncos descarnados, sobre os quais se encontram encravadas enormes cabeças, que atraem para si toda a riqueza das nações. Esses corpos se dobram e vacilam sob um peso que só sustentam com dificuldade; eles quase não têm força para contrabalançar uma terrível massa que os arrasta para a ruína comum. Em cada sociedade civil se encontra um ser único, destinado pelo Céu a não fazer nada por ela, ou a fazê-la servir aos seus próprios caprichos.

Assim, a política se tornou, em muitas terras, uma verdadeira conspiração contra os povos. Segundo a ordem natural das coisas, o todo é preferível à sua parte. Pareceria, por conseguinte, que uma nação inteira deveria ser preferida a um único cidadão que ela escolheu para representá-la. Seria possível supor que o representante deve depender de seus constituintes. Seria de se acreditar que aquele que governa é feito para o povo governado. Enfim, se diria que é visando assegurar o seu bem-estar, e não destruí-lo, que os seres racionais se submetem à autoridade de um dentre eles. Porém, segundo os princípios de uma política verdadeiramente misteriosa e totalmente inconcebível, todas essas ideias se encontram invertidas: a parte leva a melhor sobre o todo; milhões de homens são feitos apenas para um único homem; e esse homem isolado não se acredita de forma alguma interessado na felicidade daqueles que só lhe obedecem na esperança das vantagens que esperam dele. Em poucas palavras, a sociedade inteira está absorvida no esplendor do trono que ela sustenta, e que extrai dela todo o brilho com o qual ela é ofuscada.

Em quase todas as partes do nosso globo, o soberano é tudo e sua nação não é nada. *Não existe aqui nenhuma nação, aqui só conheço um senhor e alguns súditos,* dizia arrogantemente um vizir a alguém que ousava lhe falar dos interesses de sua nação. Com efeito, uma nação privada de liberdade não é mais nada: ela está despojada de tudo aquilo que poderia fazê-la ser conhecida, prezada e respeitada pelos seus filhos. Reduzida a tremer, ela não impõe respeito a ninguém; privada de seus próprios tesouros, do direito de punir e de recompensar, todos a abandonam e voltam seus olhares para aqueles que ela tornou os senhores da sua sorte; esses últimos se apegam a ingratos que desconhecem a fonte da autoridade, das riquezas e das honrarias, que só lhes são distribuídas sob a condição de manter a pátria sob o jugo. Os cidadãos que permanecem fiéis à nação, ou que têm a coragem de representar os seus direitos, são vistos como audaciosos, como perturbadores, homens perigosos, e seus castigos parecem justos e merecidos mesmo para aqueles cuja causa eles defendem. Assim, as nações não têm nada que seja delas – nem mesmo as suas maneiras de pensar, que lhes são sugeridas por aqueles que as mantêm sob tutela.

Em países assim constituídos, o pacto, ou o contrato que liga o soberano ao seu povo, não parece mais que uma quimera. Um príncipe que acredita dever somente a Deus a sua coroa se preocupa muito pouco com documentos que só têm a seu favor a razão e a equidade. Ousar falar desse pacto seria uma temeridade sediciosa. Ou, então, se a existência desse pacto é admitida, ele liga apenas os súditos, sem de modo algum incomodar o soberano.

Assim, em virtude do estranho contrato que acorrenta os povos, esses últimos, sem nenhum proveito, se comprometeram a contribuir com os seus esforços para o esplendor, para o engrandecimento e para as fantasias de um senhor que, não somente não se compromete a nada, mas que ainda se reserva o direito de causar dano a todos, sem deixar a ninguém o direito de reclamar. Em poucas palavras, diríamos que em cada nação existe um ser privilegiado, designado pelo Céu para comandar povos numerosos que, transformados em autômatos, devem se persuadir de que seus bens, sua liberdade e sua vida não lhes pertencem; que eles só estão na Terra para trabalhar sem descanso e para perecer conforme as fantasias do deus visível, ao poder do qual a Providência os entrega.

Se as noções lisonjeiras da superstição são apropriadas para perverter os príncipes, elas não são menos adequadas para aniquilar, ou para tornar pouco seguras, as ideias de justiça no espírito dos súditos. Por toda parte se prega aos povos uma obediência *passiva* e mecânica a qualquer das vontades de seus senhores mais injustos; por toda parte lhes proíbem de resistir a elas; por toda parte onde reina o despotismo, alguns escravos adotam como máxima que *nunca se é culpado executando cegamente as ordens de seu sultão*. Que ideias de moral e de equidade podem ter homens que imaginam que a vontade de um tirano pode tornar a opressão, a rapina e a crueldade legítimas? Que ideias sobre a moral divina podem elaborar alguns seres a quem é dito que Deus protege os tiranos e quer que eles sejam obedecidos?!

Os acordos da maioria dos povos da Terra com os seus impiedosos senhores se assemelham bastante aos de um viajante que, atacado em um bosque por bandoleiros, lhes entrega tudo para obter a vida, e que, além do mais, ainda se acha obrigado a trabalhar para eles, e a carregar o butim que eles lhe roubaram. Todo déspota, todo soberano injusto não possui senão um título fraudulento que somente o temor força seus súditos a reconhecer; eles não ousam examinar esse título, e muito menos anulá-lo, porque imaginam que os esforços que fariam para recuperar os seus próprios direitos os tornariam ainda mais infelizes do que são. Eis a posição na qual se encontram tantas nações escravizadas; elas raramente têm a coragem de esperar uma sorte mais branda. Quase sempre, elas se habituam de tal forma às suas correntes que não imaginam que seja possível dispensá-las. A tirania mais acentuada, as injustiças mais gritantes e as violências mais manifestas terminam por não revoltar, e parecem, com o passar do tempo, atos de um poder legítimo para povos inteiros. A escravidão degenerada em hábito é um mal incurável. O universo está cheio de escravos contentes, bastante covardes para amar os seus grilhões, bastante loucos para rir deles e bastante vis para se glorificar com eles. Os turcos respeitam como o próprio Deus os sultões dos quais a todo momento suportam os furores; eles consideram honroso perecer sob as suas ordens; entre eles, a segurança pessoal é considerada o atributo ignóbil dos homens mais vis.[103]

---

103 Os habitantes do império do Marrocos consideram como uma grande honra perecer pelas ordens do monarca, e se persuadem de que aqueles que ele mata com as suas próprias mãos vão direto para o Paraíso.

Se não conhecêssemos os efeitos do hábito fortalecido pela ignorância, nada deveria nos parecer mais espantoso do que a facilidade com a qual os homens se acostumam ao governo mais injusto. À força de sentir os golpes do poder, da autoridade e da grandeza, as ideias de equidade se apagam totalmente dos espíritos – ou, antes, jamais podem se formar neles. Imagina-se que existam na natureza seres a quem tudo é permitido, e que existem outros que são feitos para suportar tudo da parte dos primeiros. Nada é mais raro do que homens que elaborem ideias verdadeiras sobre a equidade; se o seu número fosse maior, veríamos bem menos tiranos e escravos sobre a Terra. A ignorância e a preguiça dos homens – eis os únicos sustentáculos do poder absoluto e da falsa política.

São também a ignorância, a preguiça e a incapacidade dos soberanos que os fazem aspirar a um poder absoluto. É preciso vigilância, justiça e firmeza para governar um povo; é preciso apenas da força para tiranizá-lo. Se a inexperiência e a inércia fazem os déspotas, elas também fazem os escravos. Com a ajuda do despotismo, o soberano está dispensado do cuidado de aprender alguma coisa; o mais inepto e o mais perverso se acham tão capazes de comandar as nações quanto o príncipe mais sábio e mais esclarecido.

Na maior parte das nações, o monarca é arrogante demais para se rebaixar a governar ou a reinar por si mesmo. Comumente, ele parece feito apenas para desfrutar, na apatia e na ociosidade, do trabalho das nações, para receber como um ídolo as suas adulações, os seus tributos e as suas homenagens, para vegetar na indolência ou para diversificar os seus tédios por meio dos prazeres comprados à custa do suor e das lágrimas de seus súditos. Seria possível dizer que a maior parte dos príncipes só estão no mundo para que se coloque, sem o seu conhecimento, seu nome no cabeçalho de um édito.[104]

Nada é mais raro que um soberano que se dê ao trabalho de cumprir as funções da sua condição. A educação que se dá aos senhores da Terra os torna comumente mais adequados para ser escravos do que para governar os outros. Na grande maioria das vezes, nas mãos dos seus ministros, eles não passam de seus cortesãos e suas sultanas, de autômatos que cada um, por sua vez, faz mover ao seu bel-prazer. É raramente ao seu monarca, e sim aos seus vizires, que as nações estão escravizadas. Um príncipe sem luzes, ainda que não tivesse paixões perigosas, adota cegamente todas aquelas das mulheres, dos eunucos, dos proxenetas e dos favoritos que o governam. O soberano e seu Estado são cotidianamente imolados às suas intrigas, aos seus complôs e às suas loucuras criminosas. O sultão temível em geral não passa do primeiro escravo do escravo que encontra o segredo de se apoderar dele.[105]

No reinado de príncipes sem talentos, os ministros são os reis. Assim, os soberanos só desejam o despotismo a fim de fazer com que os seus escravos tenham condição de se tornar os seus senhores. Um sacerdote ambicioso falava bem como ministro quando dizia ao seu monarca que *sua majestade não*

---

104 Os siameses ignoram o nome do soberano reinante; quando esse príncipe concede audiência, ele não fala nada e se explica por sinais.

105 Plínio (*História natural*, livro VI, cap.30) assegura que um povo da Etiópia conferia a dignidade real a um cão, ao qual se prestavam as honras divinas; era pelos seus movimentos que julgavam as suas intenções (*motu ejus imperia augurantur*). Alguém dizia que, *se os reis fossem as imagens da Divindade, a maioria deles só se assemelharia a ela pelo fato de deixarem tudo ser feito pelas causas segundas.*

podia ser culpada diante de Deus enquanto seguisse a opinião do seu conselho.[106] Além disso, esse político admirado insinua a seu senhor que ele deve evitar chamar para o ministério ou para os grandes cargos as pessoas de bem, *porque elas não são bastante maleáveis nos negócios*. Será que príncipes a quem se fala nesse tom serão, pois, monarcas? Isso não será aconselhá-los, sem rodeios, a entregar a outros as rédeas do governo, que suas débeis mãos são incapazes de segurar? Os reis seriam, portanto, grandes demais para governar por si mesmos? Que apego pode esperar de seu povo um príncipe que o entrega às vexações, aos caprichos e às intrigas de alguns tiranos subalternos, e que parece existir apenas para conceder a sanção real às suas opressões? Que consideração pessoal pode atrair para si um soberano que, por sua negligência e sua apatia, parece anunciar à Terra inteira que não é apto para reinar? Enfim, que gratidão podem esperar daqueles mesmos que eles cumulam de favores e de graças, os príncipes que, incapazes de fazerem o bem por conta própria, só o fazem com base nas sugestões ou pelas intrigas daqueles que os rodeiam?

Em todas as nações civilizadas, as leis privam um cidadão com demência da capacidade de gerir os seus próprios negócios; não ocorre o mesmo quando se trata dos negócios de um Estado. Dir-se-ia que os povos, para serem governados, só têm necessidade de um simulacro, e que pouco lhes importa que aquele que reine sobre eles seja racional. Nem a infância, nem a decrepitude, nem a estupidez e nem a loucura mais completa tiram o direito de comandar os homens. Tem-se visto algumas nações célebres preferirem se tornar vítimas das maquinações

---

106 Cf. o *Testamento político* do cardeal de Richelieu.

mais sangrentas e da anarquia mais atroz a privar alguns príncipes dementes do direito de regular a sorte dos humanos.[107]

Uma antiga máxima diz que *o bem-estar do povo deve ser a lei suprema*.[108] Pela inversão introduzida por uma política absurda, conseguiu-se fazer crer que o bem-estar daqueles que governam deve ser a primeira das leis. De acordo com esses princípios, vê-se que os príncipes habilmente assumiram o lugar da sociedade; assim, servir o Estado é servir aquele que conquistou o Estado, e que muitas vezes o trata como um país conquistado. A grandeza de alma, a honra e o valor consistem em enfrentar por ele os perigos e a morte; o dever do cidadão e do nobre é se sacrificar às suas ordens mais injustas, à sua ambição desenfreada – e, ainda muito mais vezes, à de seus ministros. Portanto, o gênero humano não é feito senão para ser o joguete do capricho de alguns indivíduos![109]

---

107 Cf. Mézeray,* *História de Carlos VI*.
* François Eudes de Mézeray (1610-1683), historiador francês. (N. T.)

108 *Salus rei publicae suprema lex est*.

109 *Humanum paucis vivit genus*.* (Lucano, livro V).
* A humanidade vive em função de poucos indivíduos. (*Farsália*, V, 343). (N. T.)

XI
Da guerra

Se, como acabamos de ver, a inércia, a apatia e a ociosidade dos príncipes são quase sempre funestas às nações, sua atividade, quando não é guiada pela justiça, pela prudência e pelos interesses do Estado, é igualmente destrutiva para elas. Já observamos anteriormente que os chefes dos povos mais civilizados ainda não puderam se curar do furor da guerra, que revela neles algumas disposições verdadeiramente selvagens, e diretamente contrárias à felicidade das sociedades, para quem a paz será sempre o maior dos bens.

Será que existe, com efeito, alguma coisa que ponha mais obstáculos à felicidade pública, aos progressos da razão humana e à civilização completa dos homens que as guerras contínuas pelas quais os príncipes imprudentes se deixam arrastar a todo momento? É nessa política verdadeiramente bárbara e insensata que encontraremos a fonte dos males mais cruéis e mais duradouros que padecem as nações.

As leis de Creta e de Esparta só tinham relação com a guerra, e pareciam supor que a paz não era feita para os homens. Os governos modernos parecem ter conservado o mesmo espírito. Dir-se-ia que as nações foram colocadas sobre a Terra apenas para se odiar, se atormentar e destruir umas às outras. O repouso, para os seus chefes, é uma condição violenta da qual eles imaginam mil pretextos para sair. Por um efeito dessa mania sempre subsistente, os povos e os reis estão em uma miséria contínua; no próprio seio da abundância, eles não desfrutam de nada. As nações mais opulentas se despovoam, se arruínam sem nenhum proveito e quase nunca têm tempo de se recompor dos abalos frequentes e dolorosos que lhes dão os senhores destinados a conduzi-los pacificamente à felicidade. Elas se parecem com esses doentes que, pela imprudência de sua dieta, tornam a mergulhar a todo momento em recaídas, porque uma convalescença demasiadamente curta não pôde restabelecê-los. Em geral, é apenas a necessidade, ou seja, a impossibilidade de continuar a guerra, como um esgotamento total dos recursos, que leva os príncipes à paz; esta paz, sempre inquieta e pouco segura, parece ser ela mesma destinada apenas a acumular novas forças para combater novamente. Logo que uma nação começa a respirar, a restabelecer o seu comércio, a se entregar à indústria e a cultivar suas terras, uma vertigem da corte vem subitamente interromper todos os seus projetos: os campos são despovoados para formar exércitos; impostos opressivos esmagam o agricultor; o comércio é destruído ou estorvado; toda atividade é suspensa; tudo cai na apatia e a atenção do governo, absorvida pela guerra, não pode se voltar para nenhum dos objetos necessários ao bem-estar interno.

Por uma consequência dos preconceitos selvagens dos quais os povos estão imbuídos, e que aqueles que os governam parecem querer eternizar, uma educação marcial é quase a única que se dá aos príncipes, assim como aos poderosos pelos quais eles estão rodeados. Só se semeiam e só se cultivam raramente neles as virtudes pacíficas; elas parecem ignóbeis ao soberano, e são desdenhadas por uma nobreza impetuosa, a quem persuadem de que é unicamente na coragem que se constitui a honra. É assim que o príncipe e sua corte se acostumam a encontrar a glória na violência, e não veem nenhum divertimento mais digno de um coração valente que não seja exterminar homens. De acordo com essas noções fatais, nas quais tudo conspira para manter os reis e aqueles que lhes são próximos, as nações são arrastadas para guerras perpétuas, por senhores que foram transformados em tigres sedentos de sangue, que não conhecem nada mais belo do que derramá-lo e que a calma atiraria na inação e no tédio.

Por outro lado, o despotismo sempre tem necessidade de soldados para se manter; é um estado de guerra de um senhor alarmado contra escravos aflitos que é preciso manter sob o jugo. Será que, mesmo durante a paz, o déspota, cercado por uma corte ávida e por suas tropas, não estará continuamente ocupado em combater as leis, a liberdade do seu povo, e em reprimir as queixas que as suas opressões podem incitar? É pela força que se sustenta um governo estabelecido pela força. É, como já se viu, pela conquista que o despotismo se introduz; assim, os príncipes, na sua maioria, vivem em seus Estados como em um país conquistado do qual temem a revolta.

Sob o pretexto de zelar pela defesa do Estado, os governos mantêm em atividade o tempo todo exércitos numerosos, cujo objetivo real é perpetuar a tirania. Se as nações só pegassem em armas para a sua própria defesa, para a sua própria segurança, pelos seus interesses verdadeiros – em suma, por causas legítimas –, as guerras seriam muito pouco frequentes. Com efeito, a que são devidas essas guerras periódicas que despovoam, empobrecem e ensanguentam a todo momento a Terra, e que fazem dela a morada da carnificina? É à ambição dos reis, às suas pretensões injustas, à sua cupidez sem limites, à sua ociosidade inquieta e à incapacidade na qual eles se encontram, normalmente, de se ocupar em paz do bem-estar interno de seu país. Para representar um grande papel no mundo; para fazer valer títulos fraudulentos ou duvidosos; e, muitas vezes, até mesmo com a intenção de promover uma vã ostentação de poderio, eles imolam aos seus interesses pessoais, à elevação de suas famílias, a suas vaidades infantis, a invejas injustificadas e a delírios, o repouso, as forças, as riquezas, a indústria e a felicidade de todo um povo.

Como os motivos dos maiores acontecimentos desse mundo são feitos para parecer pequenos aos olhos da razão! Disputas sobre a etiqueta, pretensões pueris, querelas sobre primazia, o mau humor de um ministro ou de uma amante, a impertinência de um embaixador, a brutalidade de um pirata ou de um corsário, uma palavra mal-entendida – não é necessário mais do que isso para pôr o mundo em chamas!

A guerra só é justa quando é necessária: a guerra é necessária quando o bem-estar de uma nação está verdadeiramente em perigo. Uma nação está em perigo quando vizinhos injustos querem privá-la de um governo equitativo, de um príncipe necessário à sua felicidade, da liberdade, do usufruto de seus direitos legítimos. Enfim, a guerra é justa e necessária quando, sem ela, não se pode estar seguro da paz.[110] Uma guerra

110 *Justum est bellum quibus est necessarium, et pia arma quibus nulla nisi in armis relinquitur spes.** (Cf. Tito Lívio, livro IX, cap.1).

é injusta quando não tem outro objetivo além de estender o poder, de fazer valer pretensões pouco embasadas, de contentar a avidez, de alimentar a vaidade e de aumentar o poderio já muito extenso de um soberano sem equidade, cujos interesses não têm nada em comum com os do povo que ele governa. As nações fazem, algumas vezes, guerras muito injustas para engrandecer tiranos contra quem elas teriam os mais justos direitos de fazê-la.

Será, portanto, que as nações serão feitas para se arruinar e se massacrar em querelas que não deveriam de maneira alguma interessá-las? Será que elas serão mais felizes pelo fato do seu chefe possuir uma cidade, ou mesmo uma província a mais? A proibição rigorosa de jamais pegar em armas para aumentar o seu território deveria ser uma lei fundamental e irrevogável para toda a nação prudente e racional; ela poria os soberanos na feliz impossibilidade de perturbar a sua tranquilidade mútua. Um povo bastante sábio para se impor uma lei semelhante logo se tornaria o árbitro e o amigo de todos os outros – ou, ao menos, não seria a cada instante vítima das pretensões pessoais de seus senhores, a quem comumente o sangue humano não custa nada.

E do mesmo modo como *nenhum homem pode servir dois senhores*, nenhum príncipe pode governar bem dois Estados. Um soberano que quer reinar com sabedoria sobre um povo qualquer, já não teria, pois, suficientes ocupações? Aumentar os Estados nunca é mais do que aumentar a dificuldade de bem governá-los, e multiplicar os pretextos para a guerra. Como os diversos

* A guerra é justa quando é necessária; e as armas são inocentes quando são a última esperança que resta. (N. T.)

Estados pelos quais esse globo é composto seriam pequenos se fossem proporcionais aos talentos daqueles que os governam! Se existem tão poucas pessoas que sabem reger sabiamente uma família, será surpreendente que tão poucos soberanos saibam reger sabiamente um Estado? A vasta extensão de um império o conduz mais cedo ou mais tarde ao despotismo, e o despotismo mais cedo ou mais tarde o conduz à sua destruição.

Que motivos reais as nações poderiam ter para serem inimigas umas das outras? Existiria alguma coisa mais contrária à equidade, à humanidade e à razão do que alimentar entre os povos esses ódios hereditários, absurdos e insensatos que dividem os infelizes habitantes da Terra? Será que cada país não fornece, pois, aos seus habitantes com o que manifestar a sua engenhosidade e os seus talentos? Será que cada Estado não oferece a todo príncipe racional um campo bastante vasto para exercer a sua generosidade, a sua justiça, a sua benevolência e os seus cuidados? Será, nele, uma prova de sabedoria só saber se ocupar de fazer infelizes, incapazes de lhe proporcionar a grandeza, o poderio e a felicidade?

Em todas as guerras, os soberanos afirmam jamais ter outro objetivo além do bem-estar futuro ou da segurança de seus Estados, a preservação do equilíbrio do poder e o desejo de aumentar o comércio e as riquezas de seus súditos. Imprudentes! Será que eles não veem que essas guerras empreendidas pela avidez só tendem a dissipar de chofre as forças subsistentes e as riquezas plenamente adquiridas, para adquirir outras incertas e imaginárias? Nada é mais raro do que ver as aquisições e as conquistas compensarem verdadeiramente as despesas que elas deram; a política dos príncipes se limita comumente a fazer coisas mínimas com enormes meios. Os sucessos mais estrondosos nada mais fazem, comumente, que diminuir as forças reais para obter forças ideais. A *balança do poder* não é, na verdade, senão uma balança da fraqueza. Os príncipes, com suas guerras, nada mais fazem do que se enervar reciprocamente; e muitas vezes o vencedor é mais digno de lástima que o vencido.[111] Fazer a guerra é derramar os tesouros acumulados pelo comércio e pela indústria de seus próprios súditos sobre nações que não têm nem comércio e nem indústria; é enriquecer povos estrangeiros à sua própria custa. Ter grandes sucessos é aumentar o número de seus inimigos e dos invejosos, sob os esforços dos quais se verão algum dia forçados a sucumbir. Todo príncipe ambicioso e toda nação ávida logo se tornam inimigos comuns, cujo poderio causa apreensão e a ele se procura destruir. Assim, as guerras mais exitosas não conduzem à paz; elas conduzem a novas guerras provocadas pela desconfiança e pelos temores, que uma ambição irrequieta faz nascer nos espíritos dos vizinhos. Daí esta inquietude universal espalhada por todos os governos, que os força a manter o tempo todo mobilizados exércitos formidáveis, igualmente ruinosos para todos os Estados, e cujo efeito é tornar a própria paz inútil às nações.

Para conquistar uma nova província, ou para se engrandecer, a fim de desempenhar um maior papel entre as potências que o cercam, um soberano belicoso se expõe algumas vezes

111 Um homem de espírito dizia que *a balança da Europa consiste nas tolices que se fazem em todas as partes*. Cícero disse: "*Quorum bello solum id scires, deteriorem fore qui vicisset.*"*

* A citação, na verdade, é de Tácito (*Histórias*, I, 50). (N. T.)

a perder seus antigos Estados. Não obstante a extravagância de um jogo tão perigoso, ao qual os povos ou as leis deveriam vigorosamente se opor, se o acaso ou seus talentos o salvam desse perigo, ao voltar ao seu país, o que ele fará? Ele sabe que uma guerra atrai outra guerra; ele sente a necessidade de mostrar firmeza, a fim de impor respeito àqueles que ele acaba de despojar; ele se vê, portanto, forçado a manter mobilizadas incontáveis legiões; precisa de muito mais homens do que o seu Estado pode fornecer; precisa de mais dinheiro do que o que pode obter através de impostos razoáveis; então, despovoa os seus campos e suas cidades para ter soldados; para encher seus tesouros, ele é forçado a empregar a violência e a fraude; tudo é arrasado pelas suas pilhagens; ele tem uma província a mais, mas seu antigo domínio está totalmente arruinado; acredita ser mais poderoso, e tudo deveria lhe mostrar que ele está realmente mais fraco; ele tem a ambição de fundar um grande império, mas começa por destruí-lo, e não deixa para a sua posteridade senão a vantagem de gemer durante séculos pelos funestos efeitos do seu temperamento inquieto e dos seus imensos esforços. Eis, pois, aquilo que se chama de um herói, um grande político! Todo homem sábio o chamará de insensato, de um mau calculador, de um flagelo do gênero humano.

O vulgo estúpido tem, em todos os tempos, admirado e reverenciado como heróis e deuses alguns bandidos célebres que a história só nos faz conhecer pelos seus atrozes massacres. Que direitos podem ter à estima dos homens tantos gladiadores memoráveis que, tal como os dilúvios, os vulcões e as epidemias, só se notabilizaram por suas tristes devastações? Que ideias selvagens de glória podem elaborar alguns seres bastante extravagantes para nos exaltarem os altos feitos de um Alexandre, de um César, de um Pompeu?![112]

Dizem que Tamerlão[113] travava batalhas somente para se proporcionar o maravilhoso prazer de formar pirâmides com as cabeças daqueles que ele havia degolado. Nero, esse tirano renomado por sua loucura cruel, em um momento de capricho, mandou incendiar a cidade de Roma enquanto, do alto de um monumento elevado, contemplava as chamas que reduziam sua capital a cinzas. Não existe ninguém que não trema diante desta ação tão bárbara quanto insensata; no entanto, quantos príncipes igualmente detestáveis foram celebrados na história por terem se divertido pondo todo o universo em chamas?! Quantos conquistadores transformaram em um passatempo destruir cidades, devastar províncias e desfrutar, do alto de seus tronos, das desgraças do gênero humano?! Quantos Neros existem nesse mundo, aos quais os homens cometem a tolice de conceder lauréis?! Quantos príncipes inquietos parecem,

---

112 Plínio nos informa que o grande Pompeu, depois de ter triunfado sobre diversos povos da Ásia, construiu com os seus despojos um templo a Minerva, na entrada do qual mandou colocar a seguinte inscrição, bem digna de ser aprovada pelos romanos: *Cn. Pompeu o Grande, general, depois de ter terminado uma guerra de trinta anos; depois de ter derrotado, posto em fuga, matado e feito aprisionar* DOIS MILHÕES* CENTO E OITENTA E TRÊS MIL HOMENS; *depois de ter afundado ou tomado oitocentos e quarenta e seis navios; depois de ter submetido mil quinhentas e trinta e oito cidades e fortalezas; depois de ter subjugado todos os países contidos entre o Mar Vermelho e o Palus Meotida, cumpre com justiça seu voto a Minerva.* (Cf. Plínio, *História natural*, livro VII, cap.26).
* A obra de Plínio menciona 12 milhões. (N. T.)

113 Imperador turco-mongol célebre por sua crueldade (1336-1405). (N. T.)

como Calígula, se lamentar do fato de que o seu reinado não seja marcado por grandes calamidades.

A maioria das nações teria o direito de dirigir a seus senhores sanguinários o discurso que um dervixe ousou fazer a Kuli-Khan,[114] no momento em que esse vencedor bárbaro do Indostão ordenava o massacre dos habitantes de Delhi: "*Se tu és um deus, age como deus. Se tu és um profeta, conduze-nos no caminho da salvação. Se tu és um rei, torna teu povo feliz e não o destruas.*" A resposta do conquistador está em conformidade com aquela que poderiam dar tantos heróis gloriosos diante dos quais o universo se extasia: "*Eu não sou um deus, e não ajo como deus. Eu não sou profeta, encarregado de mostrar o caminho da salvação. Eu sou aquele que Deus envia às nações que ele resolveu visitar em sua cólera.*"

Povos imprudentes! Dai gritos de alegria, acendei fogueiras, fazei vossos poetas cantarem os vossos triunfos, dai graças ao Céu por tantos homens que vossos guerreiros tiveram o prazer de assassinar. Ah! Será que não vedes que o sangue de vossos concidadãos, cruelmente desperdiçado, se misturou com o de vossos pretensos inimigos?! Lamentavelmente, vós logo ireis chorar pelos vossos próprios sucessos! Eles despovoaram os vossos campos; eles vão forçar vossos senhores a vos esmagar com impostos. Vossa desgraçada posteridade se ressentirá durante séculos com as vossas cruéis vitórias. Contende, pois, para sempre, a impetuosidade de vossos chefes imprudentes; que eles se desencantem, assim como vós, dessas ideias falsas de glória, que só fazem de suas terras desertos e de vossas cidades moradas de lágrimas.

---

114 Xá do Irã entre 1736 e 1747. (N. T.)

Qual é, com efeito, o coração honesto que não ficaria dilacerado com a visão detalhada das calamidades que o frenesi ambicioso de um só homem produz, muitas vezes em um instante, no mundo?! Que quadro atroz para uma imaginação sensível, aquele que apresenta apenas cidades incendiadas, campos fumegantes, lavradores em prantos erguendo seus braços ao Céu ao verem as colheitas, os frutos de seus trabalhos, se tornarem em um instante presas das chamas, *mães chorosas arrancando suas filhas trêmulas das mãos do soldado desenfreado*?! Quem pode pensar, sem tremer, na longa série de dores propagadas em toda uma nação pela destruição súbita de tantos milhares de homens – pais de famílias, parentes, amigos – que uma única batalha faz desaparecerem? Pereçam, pois, esses monstros que, com olhos secos, ordenam ou contemplam semelhantes horrores! Pereça para sempre a ambição que sacrifica a elite de uma nação, o repouso de um Estado e a felicidade pública ao desejo insensato de deixar um nome famoso na história! Que os homens que têm o descaramento de cantar essas atrocidades sejam eles mesmos destinados ao opróbrio eterno!

Já que os ministros do Altíssimo nos asseguram de que a religião é um freio tão poderoso para conter as paixões dos reis, por que não se servem dela para reconduzir à justiça, à humanidade e à *caridade* tantos potentados indomáveis que só parecem ter sido colocados na Terra para desolá-la? Em vez de abençoar covardemente os estandartes da guerra, por que os sacerdotes de *um Deus de paz* não os dilaceram sobre os seus altares? Ou, ao menos, por que não lançam seus anátemas contra aqueles que têm a crueldade de desperdiçar sem verdadeira causa a vida dos cidadãos? Toda alma honesta fica consternada pensando na espantosa facilidade com a qual um príncipe, do fundo de seu gabinete ou serralho, assina uma sentença de morte contra milhões de seus súditos. Será que existe, neste globo infeliz, uma única polegada de terra que não tenha sido, em mais de uma ocasião, fertilizada com sangue humano?!

Assim, não busquemos na cólera dos deuses as causas dos despovoamentos, das fomes, dos reveses, da ruína e das misérias de tantos Estados. De onde vem o fato de que, nas terras mais favorecidas pelo Céu, encontre-se a cada passo somente solidões medonhas, habitadas por alguns punhados de desgraçados que definham sob o peso da indigência? Será, portanto, às potências invisíveis que esses povos devem implorar para pedir o fim dos infortúnios que os atormentam? Não, sem dúvida. As guerras intermináveis, os rigores de um despotismo insensato, a arbitrariedade dos impostos, as extorsões dos coletores, a injustiça das autoridades, a indolência ou a insensibilidade dos príncipes – assim como sua ambiciosa atividade –, os conselhos atrozes de seus ministros e os furores que os preconceitos inspiram às nações: eis aí as verdadeiras causas dos males dos quais o mundo é o palco. Os deuses raramente se irritariam com os homens se aqueles que os governam tivessem equidade.

Os viajantes nos dizem que, em quase todas as nações selvagens, um doente manda chamar em seu socorro malabaristas, feiticeiros ou sacerdotes, que supostamente teriam autoridade sobre os espíritos malignos – que se acredita serem os autores dos acidentes mais naturais que acontecem com os homens. Sob o pretexto de expulsar a doença, esses velhacos pronunciam conjurações em linguagem desconhecida, invocam os espíritos, fingem conversar com eles, soltam urros medonhos, atordoam o pobre enfermo com ruídos assustadores, fazem mil contorções e caretas. Por fim, executam danças das quais, não obstante sua fraqueza, eles forçam o doente a tomar parte, até que, esgotado de fadiga, ele cai por terra, de onde muitas vezes não se levanta nunca. Qualquer que seja o sucesso do remédio, o médico é pago; ele está livre, quando o doente morre, para dizer aos parentes dele que as potências invisíveis, obstinadas em perdê-lo, não quiseram ser apaziguadas. Esse método não se parece com aquele que seguem os sacerdotes das nações mais esclarecidas? É sempre por meio das preces, das conjurações e das cerimônias que eles prometem aos povos fazer cessar os seus infortúnios. É sempre à cólera do Céu que eles atribuem a duração dos males que são devidos unicamente aos delírios de uma administração insensata.

Se é na ordem física do universo que se buscam as provas mais fortes da existência e dos cuidados de uma Providência repleta de inteligência, de poder e de bondade, quantas incertezas não deve lançar sobre essas provas a desordem moral e política da qual esse mundo é continuamente o palco? Será que a ordem moral, a ordem política, a bondade permanente dos príncipes e dos governos e as virtudes dos cidadãos teriam honrado menos a Divindade do que o movimento regulado dos astros ou o retorno periódico das estações? Será que o Deus que governa a natureza e que regula os destinos dos homens seria menos bem representado por soberanos justos e bons do que por tiranos impiedosos, por sultões ávidos e por conquistadores ferozes, perpetuamente ocupados em devastar a Terra, em perturbar a paz e a ordem das sociedades? Será que esse Deus poderoso teria manifestado menos claramente o seu poderio forçando os príncipes e os povos a fazer o bem do que forçando os planetas a descreverem uma rota invariável? Não teria sido mais vantajoso para o homem ser necessariamente determinado à virtude em cada instante da sua duração, ou agradar necessariamente a seu Deus, do que desfrutar da funesta liberdade de se determinar ao mal e de incorrer, com isso, na cólera do Céu?

XII
Do maquiavelismo ou da perfídia na política

Tendo a superstição e a adulação transformado os soberanos em seres de uma natureza diferente da dos outros homens, tendo feito deles divindades na Terra, tendo lhes outorgado direitos divinos, esses príncipes divinizados tiveram uma moral à parte, uma jurisprudência feita só para eles e intransferível ao resto dos mortais. Se a religião produz efeitos úteis apenas sobre um número muito pequeno de homens, é evidente que são as leis, a educação, a opinião pública, o temor da desonra ou do castigo que contêm eficazmente a grande maioria e que a impedem de se entregar às suas paixões. O cidadão tem por toda parte alguma coisa a temer; os príncipes estão isentos de todo o temor e podem impunemente se permitir tudo aquilo que o seu interesse lhes sugere.

Um dos preconceitos mais fortemente enraizados no espírito do vulgo é que a licenciosidade é o apanágio do poder. Considera-se como feliz aquele que tem o poder de fazer tudo, ou cujas vontades desregradas não encontram nenhum obstáculo. Embora os homens não ousem acusar os deuses de injustiça, todas as religiões, no entanto, tanto antigas quanto modernas, os fizeram injustos, libertinos, impetuosos e insensatos; com isso, os teólogos estão livres para dizer que os deuses têm uma justiça à parte, ou que não se parece em nada com a justiça dos homens. É assim que a superstição, mais do que qualquer outra coisa, contribui para inverter as ideias da equidade natural!

Se os deuses invisíveis do Céu desfrutaram do direito de ser injustos ou de violar as regras da moral humana, os deuses visíveis da Terra se atribuíram o mesmo direito, e os povos ofuscados pelo brilho e pelo poderio de seus senhores não ousaram contestá-los. Os soberanos fizeram para si, portanto, um código à parte segundo o qual todo crime bem-sucedido se justifica. Os maiores delitos são perdoados aos príncipes e são aplaudidos pelas nações, quando veem resultar dele uma enorme vantagem. Roubar, em um cidadão obscuro, é uma ação odiosa e punível; porém, fazer conquistas, cobrar impostos onerosos e tirar o que é necessário dos seus súditos são ações gloriosas ou autorizadas pelo uso.[115] Assassinar um homem é perturbar a ordem social, é cometer um crime digno de morte; porém, assassinar nações inteiras e conduzir temerariamente seus súditos à carnificina assinala uma alma heroica que merece os louvores dos contemporâneos e da posteridade. Violar seus juramentos, faltar a seus compromissos, falsear sua palavra e não pagar suas dívidas são coisas puníveis pelas leis e desonrosas para um homem privado. Porém, para um soberano, *a razão de Estado, o direito de conveniência, o interesse da nação e as desgraças*

---

115 *Sua retinere privatae domus; de alienis certare, regiam laudem esse.** (Tácito, *Anais*, XV, I, 22).

* Conservar o que se tem é próprio do cidadão comum; a glória dos reis consiste em lutar pelo que é dos outros. (N. T.)

dos tempos são razões que o autorizam a fazer tudo aquilo que lhe convém sem ter nada a temer. Os crimes mais tenebrosos, as perfídias mais horríveis, as injustiças e as violências mais manifestas e os perjúrios mais vergonhosos terminam por se abrandar aos olhos dos homens, comumente bastante cegos para acreditar que tudo deve ser permitido àqueles que desfrutam de um grande poder. Os *golpes de Estado* são muitas vezes crimes cujos efeitos são imensos, mas não deixam de valer para um príncipe ou para o seu ministro os títulos de grandes políticos e de estadistas. Em poucas palavras, elaboraram-se ideias tão falsas e tão perversas da política que muitas pessoas acreditaram que ela era totalmente incompatível com a moral comum; como consequência, em quase todos os países ela se tornou um sistema de patifarias, de mentiras, de má-fé, de artifícios, de violências e de crimes. Imaginou-se que era impossível reinar ou governar seguindo as regras da probidade.

Eis aquilo que fez eclodir na Terra os princípios destruidores e as máximas infames do maquiavelismo, quer dizer, desta política execrável que faz com que a maioria dos príncipes, não contentes em escravizar e enganar os seus próprios súditos, estejam perpetuamente ocupados em se surpreender reciprocamente, em fazer armadilhas e em causar prejuízos uns aos outros, seja abertamente, seja de uma maneira tenebrosa e oculta. De acordo com esta moral odiosa, não devemos ficar espantados de ver que as nações governadas por homens nutridos com essas máximas jamais tenham podido desfrutar de uma tranquilidade duradoura. Como elas teriam sido por muito tempo pacíficas não tendo outras garantias além de tratados insidiosos, rompidos com a mesma rapidez com que foram feitos, e da confecção dos quais a boa-fé foi sempre cuidadosamente banida?

Se, além do mais, tudo não provasse o pouco efeito da religião sobre os príncipes, nada seria mais apropriado para desenganar da sua utilidade, com relação a eles, do que a espantosa facilidade com a qual os vemos esquecerem os seus juramentos mais solenes, e espezinharem os compromissos mais sagrados. Se julgarmos as suas opiniões religiosas pela sua conduta, seremos forçados a concluir que eles desprezam igualmente os deuses e os homens, e que somente a força é capaz de reconduzi-los aos princípios da moral, feita para regular a conduta de todos os seres da espécie humana, e da qual jamais é possível se afastar sem perigo. É às nações que cabe fazê-la ser respeitada pelos seus chefes – que, enquanto não tiverem nada a temer nesse mundo, se incomodarão muito pouco com os castigos com os quais os ameaçam em um outro.

Os soberanos e os ministros pérfidos imprimem o selo da infâmia sobre as nações que eles governam. Um povo inteiro é, muitas vezes a contragosto, desonrado durante séculos pela infame política de seus tiranos ambiciosos. Sempre compartilhamos as iniquidades e as atrocidades com as quais, pelo nosso silêncio, parecemos consentir.[116] Que ideia é possível fazer dessas nações escravizadas nas quais os crimes, as perfí-

116 É evidente que é às patifarias da corte de Roma e aos crimes de uma multidão de príncipes sem fé que os italianos devem a sua má reputação. Fernando o Católico, Carlos V e Felipe II, todos príncipes muito devotos, desonraram durante muito tempo a nação generosa, espirituosa e nobre dos espanhóis com a sua conduta e a sua política odiosas. *Quidquid delirant reges** etc.

* "*Quidquid delirant reges, plectuntur Achivi*". (Quando os reis deliram, os gregos é que sofrem). (Horácio, *Epístolas* I, II, 14). (N. T.)

dias mais evidentes e as guerras mais injustas encontram uma multidão de defensores e de advogados?! Qual pode ser a moral de um povo que aplaude todos os excessos de seus soberanos mais perversos?!

Um monarca dizia que *se a boa-fé fosse banida da Terra, é na boca dos reis que seria preciso buscá-la*. Lá, ela seria buscada em vão; ela está banida das cortes; uma política tão falsa quanto criminosa a trata como fraqueza e ingenuidade. Acredita-se que ela está reservada unicamente para aqueles a quem suas forças não permitem ser injustos ou enganar sem temer as consequências. O único crime na política é não ser bem-sucedido. Assim, o interesse dos tiranos, ou seja, dos mais perversos dos homens, tornou-se a regra da conduta dos reis!

Porém, o que resulta, enfim, dessa política abominável? Por meio de tantos perjúrios, perfídias e iniquidades, os príncipes se tornam mais felizes, mais seguros de suas possessões usurpadas, mais tranquilos quanto aos seus direitos? Não, sem dúvida. Já alarmados quanto às disposições de seus próprios súditos, que eles oprimem, temem os seus semelhantes; eles sabem que não existe nenhuma segurança entre bandidos, cujas alianças, as amizades e os compromissos têm apenas interesses variáveis como base, e não são feitos senão para enganar os rivais que se desejaria despojar. Sabem que a força e a astúcia não conferem direitos que a força e a astúcia não possam aniquilar. Consequentemente, vivem em contínuas apreensões; mantêm-se de guarda, arruínam-se à força de precauções; e, na esperança de um dia desfrutar pacificamente, não desfrutam de nada.

Não existe senão uma única moral para todos os homens. Ela é a mesma para as nações e para os indivíduos, para os soberanos e os súditos, para o ministro e para o cidadão obscuro.

A política mais verídica é sempre a mais segura. É aquela que tem a probidade, a justiça e a boa-fé como base.[117]

A retidão, a boa-fé, a franqueza e a simplicidade fazem a mais sábia das políticas, tanto para os príncipes quanto para os particulares, mesmo na atual constituição das coisas. Uma política honesta e verídica talvez fosse a mais apropriada para confundir os patifes que não acreditam na probidade alheia. Além do mais, a retidão se faz respeitar mesmo por aqueles que não a têm. A mentira e a tergiversação são sinais de fraqueza; a franqueza e a verdade anunciam as grandes almas; elas são feitas para causar uma forte impressão nesses espíritos estreitos que não têm a coragem de ser verdadeiros.

Que exemplos atrozes os soberanos não dão a seus povos pela maneira como esses povos os veem agir e tratar uns com os outros? Será que existe alguma coisa mais apropriada para banir a probidade da Terra do que ver o desprezo que têm por ela os príncipes, cujos exemplos influem tão poderosamente sobre a conduta dos homens? Ó príncipes! Não sois vós os verdadeiros corruptores de vossos súditos? Não será a vossa política abominável que se opõe à reforma dos costumes? Se esses deuses,

---

117 Lorde Cecil,* primeiro-ministro da rainha Elizabeth, lhe dizia que *tudo aquilo que causava dano à reputação de um soberano não podia jamais lhe proporcionar vantagens bem reais*. Um ministro moderno (o duque de Choiseul),** pela sua nobre e franca maneira de agir, fez com que em poucos anos o seu país recuperasse a consideração e a posição que uma guerra muito infeliz lhe havia feito perder aos olhos da Europa.

* William Cecil (1520-1598). (N. T.)

** Étienne François, duque de Choiseul (1719-1785), primeiro-ministro no reinado de Luís XV. (N. T.)

dos quais pretendeis vos servir para assustá-los e contê-los, vos impõem tão pouco respeito, com que direito esperáveis que eles impusessem respeito aos vossos povos?[118]

Pouco contentes de esmagar muitas vezes as nações sob um cetro de ferro, os soberanos ainda parecem querer juntar o insulto à injustiça. Haverá, com efeito, alguma coisa mais insultante para algumas nações do que a maneira como seus chefes dispõem delas, sem se dignar a consultá-las? Eles as vendem, as

---

118 *Vitia non solum ipsi principes concipiunt, sed etiam in civitatem infundunt, plusque exemplo quam peccato nocent.** (Cícero, *De legibus*, III, 32).
O papa Clemente VI, através de uma bula de 20 de abril de 1351, datada de Avignon, deu ao confessor do rei da França, João, e da rainha Joana, sua segunda esposa, o poder de desobrigá-lo, no passado e no futuro, de todos os compromissos, mesmo apoiados em juramentos, que eles não pudessem respeitar sem incômodo – graça que devia se estender aos seus sucessores perpetuamente. *Juramenta per vos praestita, et per vos et eos prestanda in posterum, quae vos et illi servare commode non possetis.* (Cf. D'Achery,** *Spicilegium*, t.IV, p.276, Paris, 1661, *in*-4º). Sabe-se que a Igreja Romana ensinou constantemente que não se devia manter os juramentos feitos aos heréticos; e que os papas muitas vezes incentivaram os príncipes a violar os tratados com os infiéis; e os mesmos papas muitíssimas vezes desobrigaram os súditos de seus juramentos de fidelidade feitos a seus soberanos. De onde se vê que a Igreja Romana é uma escola de perfídias e de perjúrios, e que põe as nações de uma outra religião na impossibilidade de fazer tratados seguros com os príncipes que lhe são devotos.

* A citação correta é: *Vita concipiunt ipsi, sed ea infundunt in civitatem: neque solum obsunt, quod ipsi corrumpuntur, sed etiam quod corrumpunt, plusque exemplo, quam peccato nocent.* (Não somente eles próprios adquirem esses vícios, mas também os espalham pela cidade. Eles não causam dano porque são corrompidos, mas porque corrompem; e seu exemplo causa mais mal que o seu crime). (N. T.)

** Lucas d'Achéry (1609-1685), monge beneditino e historiador da Igreja. (N. T.)

alugam, as trocam, as concedem como dote, as legam em testamento – em poucas palavras, eles dispõem delas como rebanhos de bestas que não têm o direito de escolher seus condutores. Se tantos príncipes consideram seus povos como seu patrimônio, sua herança, seus servos, será que eles não deveriam ao menos ser ciosos de transmiti-los em bom estado à sua posteridade? Porém, pouco preocupados quanto ao futuro, os príncipes se ocupam apenas do momento presente – seríamos tentados a crer que eles não veem, depois deles, senão a terrível perspectiva da dissolução do globo.

XIII
Efeitos físicos ou naturais do despotismo

Tudo nos mostra que é por falta de conhecerem os seus verdadeiros interesses que tantos príncipes fazem o mal, seguem uma política funesta e desprezível e exercem sobre os povos um despotismo destrutivo do qual eles próprios não tardam a sentir os efeitos deploráveis. A preguiça, o desencorajamento, a indolência, a miséria, a corrupção e os descontentamentos dos povos são as consequências necessárias e fatais de um poder insensato que, contente de satisfazer as suas fantasias presentes, jamais tem a prudência de voltar os seus olhos para o futuro.

O déspota é um chefe que pretende que apenas a sua vontade deva regular a sorte de um Estado. Porém, como esta vontade raramente está de acordo com as regras da equidade, ele se torna comumente um tirano cujo poder está perpetuamente se batendo contra a justiça, a razão, os direitos, a liberdade e o bem-estar do seu povo – e, por conseguinte, age a todo momento contra o seu próprio interesse.

Governar, como já se viu, é reunir pelos interesses os membros de um corpo político, a fim de fazê-los cooperar com o bem público. O déspota os divide, separa seus interesses dos da pátria, e só lhes permite trabalhar naquilo que ele supõe útil ao seu interesse particular. O governo conserva, defende, mantém a associação; o despotismo a dissolve. Para governar, é preciso experiência, cuidados, vigilância, luzes e razão; para tiranizar, não é preciso nada além da força. Para edificar e conservar, é preciso talentos e virtudes; para destruir, não se precisa de nada. A autoridade, para ser legítima, deve estar fundamentada na felicidade pública e no consentimento dos povos; a autoridade despótica está fundamentada apenas na violência e na miséria pública, de onde se deduz que ela jamais pode ser aprovada pelos infelizes que ela oprime.

Assim, o despotismo não pode ser considerado como uma forma de governo; ele é, evidentemente, a ausência de todas as formas, o aniquilamento de todas as regras. Ele não pode ser legal porque, unicamente fundamentado no capricho, ele é contrário às leis naturais que sempre estão em conformidade com a justiça; ele é contrário às leis civis, que não podem jamais abolir as da natureza; ele é contrário às leis fundamentais de um Estado, que sempre devem ter como objetivo a administração equitativa do Estado. Um *despotismo legal* é uma contradição nos termos.

O despotismo é essencialmente contrário à natureza do homem e ao objetivo de toda sociedade. É totalmente impossível que um mortal frágil, sujeito às paixões, aos vícios, aos preconceitos, aos erros e às enfermidades não se engane muitíssimas vezes sobre os meios de pôr em prática o bem público. Um príncipe infalível e sem defeitos é um ser de razão, e a experiência nos prova que o poder supremo é comumente bem mais apropriado para corromper do que para formar o coração e o espírito. Tudo colabora para nos convencer de que o despotismo ou o poder absoluto é o desregramento, a anarquia, a violência de um só, ou de seus cúmplices, exercida contra todos. É um banditismo atroz que termina por ser tão funesto aos déspotas quanto aos seus escravos.

As devastações do despotismo estão traçadas em caracteres legíveis sobre todas as partes do nosso globo. É fácil reconhecer seus sinistros efeitos no despovoamento, no embotamento, na pobreza e na inércia de todas as nações que padecem os seus furores. Por que alguns povos, que a natureza havia situado em um solo fértil; à cuja indústria tudo fornecia amplas matérias-primas e que as circunstâncias pareciam destinar à felicidade, definham na indolência mais covarde, na preguiça mais vergonhosa, no desencorajamento mais completo? Por que eles estão privados das artes mais necessárias à vida, das manufaturas mais úteis, dos conhecimentos mais comuns? Será, pois, que o solo terá mudado completamente na Grécia que hoje vemos sem cultivos e despovoada? Nessa Itália cujas mais belas províncias estão desertas? Nessa Espanha que não oferece ao viajante espantado mais que uma terra árida, habitada por alguns mendigos inúteis e preguiçosos? Não, sem dúvida. O despotismo, à força de desordens, venceu a natureza, e tornou todas as suas dádivas inúteis. Ele há muito tempo acorrentou os corpos e os espíritos; ele conseguiu extinguir nos corações toda ideia de liberdade; ele até mesmo aniquilou a vontade de trabalhar pelo seu bem-estar. Os príncipes cheios de um orgulho pueril, e que não têm nenhuma ideia da verdadeira grandeza e nem da verdadeira potência, se contentam em reinar tristemente sobre imensos desertos onde só se encontram alguns infelizes afastados uns dos outros. Será que um soberano pode, portanto, se acreditar grande e poderoso, quando seus Estados só lhe apresentam o quadro lúgubre da fraqueza, da aflição e da servidão? Quando suas províncias se tornaram o covil das bestas ferozes e das serpentes venenosas, a morada da pestilência e da morte?

Sim, repito, é a avidez do despotismo, são as suas extorsões, a sua negligência e as suas extravagâncias que transformam as mais belas regiões em medonhas solidões, das quais ele faz desaparecer a abundância e a salubridade. As terras abandonadas pelo agricultor produzem fomes, seguidas de frequentes epidemias – que acabam de arrebatar os infelizes que o furor guerreiro dos tiranos havia poupado. Florestas estéreis e insalubres, águas estagnadas e pântanos infectos que espalham vapores mortais vêm substituir pouco a pouco os graciosos campos dos quais os habitantes foram forçados a se banir.[119] Dir-se-ia que os déspotas se comprazem em repelir as dádivas da natureza e querem forçá-la a ser apenas uma madrasta para

---

119 Todos aqueles que foram à Itália conhecem os perigosos efeitos dos Pântanos Pontinos, que se encontram nos territórios da Igreja, entre Terracina e Netuno, cujo efeito é espalhar exalações pestilenciais que todos os anos fazem perecer muita gente. Calcula-se que a drenagem desses pântanos resultaria em dois milhões e quinhentos mil pés quadrados de bom terreno, capazes de preservar para sempre as terras do papa da frequente escassez e das epidemias pelas quais elas são assoladas. Porém, até aqui, os pontífices nunca se dignaram a consagrar a módica soma de 500 mil libras a esse projeto útil, cuja execução é tida como segura e fácil. É assim que a negligência e a avareza perpetuam as desgraças físicas e morais da espécie humana! Molesworth* observou que, desde o estabelecimento do despotismo na Dinamarca, reinaram ali as epidemias causadas pela má alimentação do povo.
É possível observar que, nos países livres, reina mais limpeza que nos países escravizados; os escravos se tornam desleixados; a limpeza é o fruto do conforto e contribui para a saúde.

os seus desgraçados súditos. A julgar pelas suas ideias e pela sua conduta, seríamos tentados a crer que eles fazem muitas vezes toda a sua glória consistir em exercer sua maldade sobre mendigos e pestíferos. Os países só se tornam salubres em razão do cultivo agrícola; eles só são cultivados na proporção de sua população; eles só são povoados na proporção do bem-estar, do conforto e da liberdade de que desfrutam os seus habitantes. Assim, o despotismo consegue até mesmo corromper o ar e modificar a natureza do clima e do solo.

Será que existe uma máxima mais falsa e mais detestável que aquela de tantos príncipes a quem persuadiram de que, para tornar os povos mais dóceis, é vantajoso mantê-los na miséria?! Um soberano se vê cedo ou tarde cruelmente punido quando dá ouvidos a esse atroz princípio, cuja prática só serve para produzir uma inação mortal ou um desespero perigoso do qual ele mesmo pode se tornar vítima. No entanto, ele logo se aperceberá de que um soberano não pode ser amado e nem considerado se só tem sob as suas ordens alguns escravos sem saúde, famintos e descontentes com a sua sorte.

Para ser amado pelos homens, é necessário lhes fazer o bem. Esta máxima tão simples e tão demonstrada é, no entanto, ignorada pela grande maioria daqueles que governam os homens. Eles parecem ter adotado a máxima de um tirano que dizia: "Que eles me odeiem, desde que me temam".[120] O soberano

---

* Robert Molesworth (1656-1725), aristocrata, político e diplomata britânico. Holbach se refere à obra *An account of Denmark, as it was in 1692*. (N. T.)

120 *Oderint, dum metuant.** Mas o tirano, segundo Sêneca, é forçado a temer aqueles que o temem.

que negligencia seus súditos se torna indiferente para eles. O tirano que os oprime se torna odioso; aquele que junta a obstinação à tirania os reduz ao desespero e deve temer tudo para si mesmo. Será que escravos irritados por contínuas vexações, que só conhecem o nome terrível de seu senhor através de ordens cruéis, a quem esse senhor não fala, em seus éditos senão para lhes anunciar novas desgraças, novos impostos, podem, pois, amar a fonte dos seus sofrimentos? Estarão eles sinceramente apegados a um príncipe do qual só lhes falam para amedrontá-los e para arrancar o pão das mãos de seus filhos?

É preciso que um soberano seja bem malvado ou bem cego quando não é amado. Os povos, ofuscados pela pompa e pelo luxo dos quais a grandeza está rodeada, respeitam sempre o poder supremo, e são naturalmente levados a prezá-lo e a se glorificar com o seu brilho. É apenas o excesso e a continuidade do mal que destroem essas ideias, e que levam os súditos ao ódio. Em meio aos rigores mais evidentes, eles ainda procuram desculpar os seus senhores; eles preferem acreditar que esses senhores ignoram seus males do que ousar acusá-los de serem os seus autores. Não será bem bárbaro servir-se dessas disposições para ousar tudo? Um rei de Castela dizia que *ele temia muito mais o ódio do seu povo do que o ferro de seus inimigos.*

Qui sceptra duro savus imperio regit
*Timet timentes: metus in auctorem redit.***
(Cf. Sêneca, *Édipo*, IV, 705).

* Cícero, *Tratado dos deveres*, I, XXVIII. (N. T.)

** "Aquele que faz uso do cetro com cruel tirania.
Teme aos que o temem: o medo se volta para aquele que o causa." (N. T.)

Se julgarmos pela sua conduta inquieta e pelas enormes despesas que eles fazem para pôr suas pessoas em segurança, somos forçados a dizer que os pais dos povos vivem muitas vezes, em suas famílias, como se acreditassem estar cercados de inimigos.[121] Inacessíveis aos seus súditos; cercados por uma tríplice fileira de guarda-costas, será que eles não parecem anunciar abertamente a pouca confiança que têm naqueles que eles deveriam considerar seus filhos? Será que um príncipe pode ser mais bem guardado do que quando conta com a ternura de todo um povo interessado na conservação de seus dias?

Os soberanos e seus ministros, por uma cegueira fatal, consideram inimigos de sua autoridade aqueles que lhes colocam diante dos olhos os perigos evidentes de uma política tão contrária aos seus próprios interesses quanto aos das nações, cujo amor ela aniquila. Será que eles jamais perceberão que as leis que eles querem enfraquecer ou destruir são a sua própria segurança? Que a liberdade que eles querem esmagar é necessária à atividade, à indústria, ao desenvolvimento da razão nacional? Será que eles não veem que os verdadeiros inimigos da autoridade são aqueles que a tornam odiosa e que acumulam sobre ela a indignação pública? Enfim, será que esses homens, cujos olhos são tão perspicazes a ponto de lerem o futuro, jamais se aperceberão de que é preciso semear para colher?

Um mau governo é um campo árido e queimado, incapaz de fornecer uma colheita abundante. Os benefícios da natureza não são feitos para aqueles que contradizem a natureza;

---

121 *Não há,* diz Xenofonte, *verdadeira paz entre um rei e os povos que ele mantém sob o jugo. Jamais um tirano ousou confiar em tratados.* (Cf. Xenofonte, *Diálogo sobre a condição dos reis*).

as vantagens que ela proporciona se transformam em veneno para os que abusam delas. Porém, assim como a teologia, o poder despótico gostaria de conciliar as coisas mais inconciliáveis: ele gostaria de se fazer amar, quando só sabe inspirar o terror. Ele gostaria de uma agricultura próspera, quando seus impostos arbitrários desencorajam o cultivador. Ele gostaria da indústria, quando suas correntes atam os braços e punem a indústria. Ele gostaria do comércio, mas o comércio definha sem liberdade. Ele gostaria das províncias povoadas, e suas guerras contínuas imolam os homens muito mais rapidamente do que a natureza pode reproduzi-los.[122] Sob um governo injusto e voraz, o escravo não tem a coragem de se multiplicar; ele sabe que a vida é um presente funesto, quando está destinada apenas a infortúnios contínuos; ele sabe que dar à luz filhos é aumentar o peso da sua própria miséria.[123]

O homem só tem apreço pela sua existência quando ela é feliz ou pode se assim tornar; ele se entrega e deixa de amar a vida a partir do momento em que ela só lhe mostra sofrimentos sem fim. É contra a natureza amar a violência, a indigência e a

---

122 Dizem que o Grande Condé, tendo perdido muita gente em uma batalha, disse que *uma noite de Paris repararia tudo isso*. Porém, esse príncipe, por maior capitão que pudesse ser, era um mau calculador. *Uma noite de Paris* não fornece ao Estado homens formados; de cada dez crianças que nascem, existe no máximo uma que chega aos 30 anos.

123 Nos últimos anos do reinado de Luís XIV, os habitantes da Champagne, esmagados pelos impostos, recitavam todos os dias e ensinavam a seus filhos uma fórmula de prece pela qual pediam a Deus a graça de morrerem naquele ano.
Nos Estados do Marrocos, e em todo o Império Otomano, as pessoas casadas têm alguns segredos infames para não ter filhos, mesmo fazendo uso dos direitos do casamento.

fome, e amar as suas causas. O mais extremo excesso da cegueira e da loucura é beijar com arrebatamento a mão que nos enfia o punhal no coração. No entanto, para a vergonha da espécie humana, a tirania, por mais cruel que ela seja, encontra defensores, aprovadores e apoiadores. Os déspotas mais perversos, cercados de bajuladores, são comumente aqueles que são mais adulados; espera-se, talvez, à força de rastejar, abrandar a ferocidade desses leões furiosos – ao passo que, realmente, o que se faz é torná-la mais presunçosa e mais ávida. Apresentar a verdade aos príncipes, mostrar-lhes os seus interesses, expor-lhes as consequências perigosas da sua negligência ou das suas paixões, fazer os povos conhecerem os seus direitos, expor-lhes as vantagens da liberdade, anunciar-lhes a verdade: eis aí os únicos remédios que se pode opor aos males dos quais eles tantas vezes são vítimas.

XIV
Da corrupção das cortes

Se não existissem aduladores, não existiriam tiranos sobre a Terra. Os homens, como já dissemos, nunca se envergonham daquilo que veem aprovado e aplaudido por aqueles que os rodeiam. Os príncipes, perpetuamente cercados de pessoas dispostas a louvar as suas inclinações mais desregradas, cometem muitas vezes o mal por ignorância ou não sentem nenhum remorso. Comumente, é apenas quando é tarde demais que eles finalmente abrem os olhos, e são tomados de pavor com a visão do abismo que uma complacência criminosa cavou sob os seus pés.

O monarca, em todos os países, é um deus. A etiqueta é o seu culto; seus ministros são seus sacerdotes, do mesmo modo que os da Divindade. Esses sacerdotes raramente estão de acordo uns com os outros; estão encarregados de traduzir os oráculos do ídolo, que são comumente ditados por eles mesmos ou pelos seus próprios interesses. Grande demais para tomar parte nos negócios, o deus permanece oculto em seu palácio – transformado em seu santuário –, cujas proximidades são cuidadosamente guardadas, com medo de que algum profano tenha a liberdade de lhe expressar seus votos ou de se queixar das injustiças que sofre. Só a posição social, o nascimento e o favor dão acesso aos príncipes, destinados a distribuir a justiça a todos os seus súditos.

A ignorância e a incapacidade – muito comuns entre os príncipes, sobretudo quando eles desfrutam de um poder absoluto – os fazem normalmente se apegar com muita força às pomposas minúcias da etiqueta; eles creem que reinar é se fazer adorar. As cerimônias faustosas sempre impõem respeito ao vulgo, lhe inspiram uma admiração estúpida e constituem, a seus olhos, a grandeza. O vulgo teria uma ideia desprezível do seu senhor se o visse se conduzir com simplicidade. Como consequência, os príncipes gostam de *se exibir*. Porém, o seu fausto não inspira respeito à razão: em um cerimonial bem esmerado, em uma etiqueta orgulhosa, em um monarca inacessível, ela percebe comumente a fraqueza, a vaidade e o espírito estreito de um homem que se esforça para ser envolvido por um aparato enganador. Os príncipes que têm talentos e grandeza de alma desdenham muitas vezes as frivolidades que consideram muito incômodas; o tempo lhes parece muito precioso para ser sacrificado em bagatelas pueris. Eles deixam para os desprezíveis sultões da Ásia esse vão arsenal que só anuncia a pequenez daquele que se ocupa dele.

Um príncipe que só deixa que se aproximem dele os seus ministros e os seus cortesãos pode estar seguro de que jamais a verdade penetrará até ele. Ele não ouvirá, sem dúvida, nada de aflitivo para a sua alma; as justas queixas de seu povo permanecerão eternamente interceptadas; ele não desconfiará de maneira alguma de que os seus súditos estejam sendo oprimidos, de que as suas províncias estejam arruinadas, de que a agricultura esteja destruída e de que o comércio esteja banido de seus Estados. Todas as vozes se reunirão para lhe dizer que, sob suas leis benfazejas, os povos estão contentes, e que todos se interessam pela conservação do melhor dos senhores – em suma, de que nada falta à prosperidade do Estado.

O interesse do cortesão e do ministro injusto é que o príncipe seja fraco, desatento, indolente e vicioso; é, então, que eles estão seguros de tirar o maior proveito dele ou de reinar por si mesmos. Nada é mais incômodo para uma corte, essencialmente corrompida pela prostração e pela ociosidade, do que um príncipe firme, ativo, clarividente e amigo da equidade; nada é mais desagradável que a ordem e a economia para lacaios interesseiros que vivem da desordem, que se aproveitam dos vícios e da negligência de seu senhor, que fazem comércio de suas graças e que só se encontram à vontade quando os povos estão oprimidos. Na linguagem das cortes, um bom príncipe é aquele que não pode recusar nada aos esfomeados que o cercam, ou que ao menos lhes permite vexar impunemente. Um bom príncipe para a sua corte é um príncipe muito cruel para o resto dos seus súditos. Bodin[124] diz, com razão, que *um mau homem se torna muitas vezes um excelente soberano*. Um rei perverso, se tem atividade, é preferível a um príncipe que, pela falta de vigor, se presta comumente a todas as iniquidades que lhe queiram sugerir.

O fausto, o luxo, os esbanjamentos inúteis, as generosidades mal-empregadas, a desordem, as dívidas: eis aquilo que constitui a grandeza de um príncipe no espírito de um cortesão. A partir do momento em que é ouvido, ele mostrará ao seu se-

124 Jean Bodin (1530-1596), filósofo e jurista francês. (N. T.)

nhor a economia como uma baixeza indigna dele; a organização e a ordem como coisas que não são feitas senão para potências inferiores, e não para o chefe de um grande império; ele lhe dirá que as leis incômodas da equidade não têm nenhum direito de deter as fantasias de um grande potentado, que deve se distinguir dos reis vulgares por meio dos palácios suntuosos, das festas contínuas, dos espetáculos ruinosos e, sobretudo, das guerras que o colocam em condições de impor suas leis ao universo. Enfim, ele o persuadirá de que nada é mais aviltante para um rei do que governar, do que cumprir os deveres do seu posto, do que gerir os seus próprios negócios. Encontram-se comumente no homem de corte os vícios que formam o caráter do lacaio; um cortesão com elevação na alma é um fenômeno raro e que nunca seria demais admirar; ele com frequência desagrada os seus semelhantes e termina, quase sempre, por desagradar o seu senhor.

Se tantos príncipes querem exercer um despotismo insensato; se eles não têm normalmente nenhuma ideia dos seus deveres e dos seus verdadeiros interesses; se eles quase nunca escutam a verdade; se as nações são continuamente esmagadas por impostos excessivos e desoladas por guerras; se os cidadãos são vexados em sua pessoa e seus bens, vítimas de mil flagelos dos quais não lhes é nem mesmo permitido se queixar; é aos aduladores famélicos, aos ministros covardemente complacentes e aos poderosos ávidos de distinções e de posições que todos esses males são devidos. *Vossos povos são muito felizes, eles ainda não são forçados a comer capim,* dizia um ministro a seu rei.[125]

---

125 O superintendente Bullion* a Luís XIII, cognominado *O justo*.
* Claude de Bullion (1580-1640), superintendente de finanças de Luís XIII, entre 1632 e 1640. (N. T.)

Depois disso, será preciso ficar surpreso com o orgulho insuportável que o poder absoluto confere àqueles que o exercem, e com o desprezo que têm pelo resto dos homens? É em vão que se reclama a um déspota os direitos da humanidade. O vizir de um sultão que tinha uma paixão extrema pela caça ousou lhe advertir de que este divertimento arrasava as colheitas, e até mesmo custava, muitas vezes, a vida de vários de seus súditos. Seu senhor, encarando-o com um olhar colérico, deu-lhe apenas a seguinte resposta: *Que cuidem dos meus cães; e vós mesmos vede que eles estejam bem alimentados e bem tratados.*[126] É assim que os cortesãos enchem os príncipes de orgulho, e esses últimos acabam por tratá-los com um profundo desprezo; a arrogância dos soberanos nunca deixa de ser obra dos aduladores pelos quais eles estão rodeados.

Com a intenção de elevar a si próprio, ou ao menos de justificar e de desculpar a sua conduta vil e rastejante, o homem de corte se acostuma a considerar o seu senhor como um deus, e se esforça para fazer com que ele assim pareça aos olhos dos outros. A partir daí, ele não se envergonha mais, e até mesmo se glorifica, de se tornar o agente de seus prazeres infames; ele assume como um dever respeitar os seus gostos e antecipá-los. Tudo é permitido aos príncipes, assim como aos deuses; com base nesse princípio, nada parece abjeto ao cortesão; ele sabe extrair sua glória do opróbrio; os serviços mais humilhantes, dando-lhe influência sobre o príncipe, o enobrecem aos seus próprios olhos. Ele transforma em um mérito, junto a seu se-

---

126 Cf. Cantemir,* *História otomana*, t.IV.

* Dimitrie Cantemir (1673-1723), estadista e escritor nascido na Moldávia. (N. T.)

nhor, o sacrifício total da honra, da virtude e dos sentimentos naturais do homem.[127] Nada prova de uma maneira mais con-

127 Nada é mais incrível e mais revoltante que os excessos de baixeza aos quais a história nos ensina que alguns cortesãos foram levados em todos os países. Astíages* fez com que Harpagus comesse a carne de seu filho, e tendo perguntado a ele o que havia achado, o cortesão lhe respondeu que na mesa do rei não se comia nada que não fosse excelente e que tudo aquilo que ali se fazia por suas ordens lhe era muito agradável. – Cambises, para mostrar sua destreza no tiro com arco, trespassou o coração do filho de um senhor da sua corte diante dos olhos do próprio pai; diante disso, este último exclamou que *o próprio Apolo não teria atirado com mais precisão*. – Quando o navio que conduzia Xerxes estava prestes a naufragar, a maioria dos seus cortesãos se atiraram ao mar a fim de aliviar o peso. – Como Dionísio, o Jovem, tirano de Siracusa, tinha a vista muito fraca, seus cortesãos fingiam incessantemente se chocar uns contra os outros, e se colocavam em lugares onde ele pudesse cuspir sobre eles. – Como Alexandre queria ser considerado um deus, Anaxandro lhe perguntou seriamente, em um dia de tempestade, se não era ele quem tinha trovejado. Nicesius, cortesão do mesmo príncipe, assegurou-lhe que as moscas alimentadas com seu sangue real se tornavam mais valentes e picavam mais vigorosamente que as outras. – Combabus, ministro de Seleuco,** se fez eunuco para escapar do amor da rainha Stratonice, a fim de não alarmar o ciúme de seu senhor; todos os seus partidários na corte fizeram o mesmo, e tiveram a complacência de se privar das partes que faltavam ao seu protetor. – Um rei moderno estava doente e, junto ao seu leito, armou-se uma discussão muito acalorada entre um de seus lacaios e um príncipe, seu camareiro-mor, para saber a quem cabia o privilégio de levar o penico de Sua Majestade. O direito ficou com o príncipe que, todo glorioso, levou sob o seu chapéu o objeto da querela. – Os poderosos, na ilha do Ceilão, têm um soberano desprezo pelos plebeus; porém, sua arrogância desaparece na presença do monarca; quando lhe falam de si próprios, eles se qualificam de *cães*. – Os poderosos da corte da Pérsia adotam muitas vezes o título de *Kuli*, ou seja, de

vincente a que ponto o homem pode ser modificado pelo hábito do que a docilidade, a baixeza, a renúncia a si mesmo e o domínio sobre as paixões mais fortes que se adquire na corte.

Na ordem natural das coisas, os cidadãos mais úteis à sociedade deveriam ser os mais considerados, os mais honrados e os mais bem recompensados; porém, pela inversão que produz um governo absoluto, não é de modo algum à nação que se trata de ser útil, é ao seu senhor; desservir o seu país é, comumente, o meio mais seguro de agradá-lo. Em todos os países existe uma classe de homens que absorve todas as honrarias, as recompensas e as riquezas de um Estado; ao passo que ela não tem outra função além de enganar, de adular e de perverter os príncipes e de separar o interesse desses últimos do de suas nações. Sempre ao alcance dos favores e das graças, o cortesão está ocupado apenas em despertar e fomentar as paixões de seu senhor, em entorpecê-lo no vício para impedi-lo de ouvir os gemidos de seu povo; enfim, sua imaginação só trabalha para buscar os meios de aumentar a miséria pública, a fim de tirar proveito dela.

A pátria não passa, aos olhos do cortesão, de um país conquistado feito para ser incessantemente tributado. Inimigo nato

---

escravo. – Em várias cortes da Europa, os poderosos não se sentem menos gloriosos de serem escravos que nas cortes asiáticas: eles parecem manifestar com ênfase que não passam de lacaios cheios de orgulho da sua condição. – Muitas pessoas criticaram o duque de La Rochefoucauld por ter, em seus *Pensamentos*, representado a espécie humana sob os traços mais chocantes; ele está justificado, se refletirem que a corte lhe forneceu os seus modelos.

* Rei da Média entre 585 e 550 a.C. (N. T.)

** Seleuco I (358?-281 a.C.), militar macedônio que, após a morte de Alexandre o Grande, fundou o reino Selêucida. (N. T.)

da liberdade de seu país, ele só vê em tudo os direitos de seu senhor, só se apega a ele e não deseja senão a extensão do seu poder; ele precisa de um déspota que possa lhe distribuir os despojos de seu povo. O patriotismo do homem de corte é o apreço do abutre pela sua presa; seu apego por seu senhor é o do parasita por um rico estúpido que é um bom anfitrião.

Não é somente para contentar as suas próprias fantasias que um príncipe empreende guerras, redobra os impostos, se reduz à miséria, sobrecarrega seus súditos e se expõe a perder o amor deles. É para se prestar aos desejos de uma nobreza impetuosa que exige ascender socialmente, merecer um grau na hierarquia; é para fazer um ministro desempenhar um maior papel que o universo é posto em chamas; é para contentar a avidez, o fausto e as loucuras de uma corte; é para distrair sua ociosidade, para aliviar seus tédios e para alimentar seus vícios que as nações são arruinadas. No seio das sociedades mais opulentas, os príncipes estão sempre esgotados e forçados a recorrer aos expedientes mais injustos, sob o pretexto das necessidades do Estado. Porém, o que serão essas pretensas necessidades do Estado que servem para desculpar as extorsões mais gritantes, os impostos mais excessivos e a violação dos juramentos mais sagrados? Examinando a coisa de perto, se descobrirá normalmente que as necessidades do Estado são as desordens das finanças causadas pela falta de economia, pelo esbanjamento do príncipe e pela voracidade dos cortesãos insaciáveis pelos quais ele está sitiado, e aos quais ele sacrifica vergonhosamente a sua própria comodidade e o que é necessário para o seu povo.

Será, pois, que as nações são feitas para trabalhar incansavelmente para fornecer com o que alimentar a vaidade, o fausto e a avareza de uma multidão de sanguessugas inúteis e corrompidos? Derramar os tesouros e as graças da sociedade sobre homens que, bem longe de servi-la, não são mais que os instrumentos da sua ruína, não será um roubo, uma injustiça, uma prevaricação manifesta? Um soberano, cumulando de riquezas e de favores um ministro indigno, um bajulador, um sicofanta, uma amante, não força o seu povo a honrar e a pagar as adulações, as patifarias, os maus conselhos, os vícios, a perda de tempo e as loucuras que reduzem esse povo à mendicância?

Os preconceitos degradaram de tal forma o espírito humano que até mesmo aqueles que, pela sua condição e pelas suas circunstâncias, deveriam ter mais elevação na alma, conseguiram transformar em uma honra quimérica aquilo que naturalmente deveria cobri-los de ignomínia e aviltá-los, seja a seus próprios olhos, seja aos olhos de seus concidadãos. Como pode acontecer de os homens mais poderosos de uma nação serem comumente aqueles que, perdendo toda a estima e todo o respeito por si próprios, consintam mais facilmente às baixezas? As pessoas que, pelo seu nascimento, as suas riquezas, a sua posição na sociedade e o seu poder, deveriam pensar com mais nobreza são precisamente aquelas que vemos muitíssimas vezes se rebaixarem e sacrificarem com mais facilidade a estima que todo homem deve ter por si mesmo. Um homem que não tem necessidade de nada, que tem até mesmo com o que contribuir para o bem-estar de muitos outros; que, desfrutando nas possessões de seus antepassados de uma fortuna notável, poderia reinar por si mesmo sobre os corações de seus vassalos, prefere o prazer ignóbil de ir rastejar em uma corte, de se confundir com um bando de mendigos esfaimados, de se misturar a intrigas criminosas e pueris, de se expor aos desprezos e às afrontas de um ídolo que o hábito torna insensível às baixezas daqueles que vêm diariamente se prosternar aos seus pés! Será que existe coisa mais dura que se humilhar diante de um senhor que nos avilta e nos desdenha? Será que existe coisa mais revoltante para um grande coração que suportar a arrogância de um vizir insolente que desprezamos?

A nobreza, nas monarquias, constitui sempre uma corporação à parte, que sua vaidade pouco refletida isola comumente dos interesses de todos os outros cidadãos. Os membros dessa corporação, divididos entre si por conta de ciúmes contínuos e paixões por objetos desprezíveis, se deixam comumente lograr por distinções frívolas, por privilégios aparentes, por primazias inúteis e por ornamentos fictícios que, em vez de adorná-los, nada mais fazem que aviltá-los, que mantê-los na escravidão e que separá-los do corpo da sociedade. Assim, uma vaidade pueril, que se confunde com a honra, subjuga realmente a parcela mais eminente do Estado, que logo dá o exemplo da baixeza às outras classes de uma nação. Será que a verdadeira nobreza, o sentimento da verdadeira glória e o sentimento da honra verdadeira podem se conciliar com o espírito de servidão? Como aspirar à estima dos outros quando se começa por se aviltar e por desprezar a si mesmo?

Afirma-se que *a honra é o grande motor das monarquias*. Mas em que consiste, pois, esta honra? É em uma vaidade ridícula, em vantagens imaginárias, em títulos ou em sons, em insígnias fúteis, que o cortesão e o nobre fazem consistir toda a sua honra, e aos quais eles sacrificam o seu bem-estar verdadeiro, sempre ligado ao da nação. O que será uma honra que depende dos caprichos, do favor, da opinião e da moda?[128] A verdadeira honra é, como

---

128 O rei do Sião concede a seus elefantes favoritos os mesmos títulos que dá aos poderosos de sua corte.

já fizemos ver, o direito que temos à estima de nossos concidadãos e à nossa própria estima. Esse direito só pode se apoiar no bem que fazemos. A honra fundamentada na virtude não depende nem das fantasias de um monarca, nem das convenções dos homens e nem dos preconceitos de uma corte. Nenhuma força sobre a terra pode privar o homem de bem da honra verdadeira, que não pertence senão a ele.

Denomina-se *qualidade* por excelência, o nascimento abrilhantado por uma posição na corte. O homem de qualidade, conforme os preconceitos estabelecidos, sem fazer nada de estimável – e, algumas vezes, até mesmo se desonrando por ações vergonhosas e criminosas –, está tão acima do plebeu quanto o homem está acima do animal. Para julgar os fundamentos deste ponto de vista, não seria necessário examinar se a qualidade proporciona aquele que a possui algumas vantagens reais, para o corpo, para o espírito ou para os costumes? A nobreza, em todos os países, desfruta – ou acredita desfrutar – de um grande número de vantagens, muitas vezes ideais, que ela se acostuma a considerar como essencialmente inerentes à sua natureza. *Os poderosos consideram a qualidade como incorporada ao seu ser*[129] e o vulgo lhes concede os direitos que eles atribuem a si mesmos. A nobreza representa as riquezas, a influência, a força, a proteção e os prazeres – em suma, os meios de obter benefícios. Em favor desses benefícios, o humilde cidadão se humilha diante dos poderosos e os reverencia. No entanto, esses poderosos não são nada, se eles próprios não estão isentos dos caprichos da sorte ou se não proporcionam nenhuma das vantagens que se tem o direito de esperar deles. Eles são

129 Cf. Nicole, *Ensaios de moral*, tomo II, p.84, 87 e 143.

usurpadores, quando se apropriam, na sociedade, de uma superioridade ou dos direitos que só podem pertencer legitimamente ao mérito, à utilidade e à virtude.

Não escutemos as declamações melancólicas de uma filosofia que gostaria de rebaixar a grandeza ou que proibiria de desejá-la. Não digamos, como os invejosos dos quais fala Montaigne: *Já que não podemos chegar à grandeza, vinguemo-nos em maldizê-la*. Os poderosos são cidadãos respeitáveis quando fazem um bom uso das vantagens de que desfrutam; haveria injustiça em recusar suas homenagens a cidadãos dispostos a contribuir para a felicidade de seus concidadãos. Nada é mais natural do que desejar a grandeza e do que buscar obtê-la como um meio legítimo de trabalhar pela nossa própria felicidade, contribuindo com a dos outros. Os poderosos só são desprezíveis quando se aviltam; a grandeza só é odiosa quando contribui para a infelicidade da sociedade. O orgulho e a inveja, sempre injustos, difamam a grandeza útil; porém, a sabedoria, mais equitativa, honra essa mesma grandeza quando ela se distingue por serviços reais, por inclinações louváveis ou por sentimentos generosos. A razão, a equidade e o interesse da sociedade exigem que se respeite a verdadeira grandeza.

Ser grande é ter muita grandeza de alma e muito respeito por si mesmo para consentir em se aviltar; é ter adquirido, por seus talentos e seus serviços, direitos à consideração pública. Ser nobre é pensar com nobreza; não é descender, por um efeito do acaso, de uma longa série de antepassados com títulos, que muitas vezes nada mais fizeram que dilacerar e oprimir a pátria, e contribuir para lhe forjar grilhões. Trata-se de defender esta pátria, conservá-la em seus direitos, proteger a sua liberdade. Ter influência não é usufruir do direito infame de violar impunemente as regras da justiça, de desprezar as leis, de oprimir os infelizes; é ter o poder de fazer valerem os direitos da equidade, de fazer as leis serem respeitadas, de proteger a inocência oprimida. Ter privilégios e desfrutar da independência é estar protegido dos golpes do despotismo caprichoso; é não depender senão da lei. Ser poderoso é possuir aquilo que é necessário para estender uma mão auxiliadora aos fracos. Ter honra é merecer a estima de seus concidadãos, e temer, mais do que a morte, perder um sentimento que nada pode substituir.

As opiniões falsas, autorizadas pelo despotismo, inverteram todas as ideias verdadeiras de grandeza. Esse governo covarde e fundamentado em uma falsa política impede quase sempre de conhecer os objetos que o homem deve desejar. Unicamente estabelecido sobre a ilusão e a impostura, ele apresenta noções enganosas de tudo; ele separa os interesses dos nobres e dos poderosos dos interesses do Estado, para ligá-los exclusivamente aos de um senhor que se acredita interessado na infelicidade e na opressão de seus povos. Para atingir esse objetivo, ele seduz os cidadãos que quer fazer entrarem em seus projetos por meio de brinquedos fúteis, que fazem com que eles percam de vista os objetos mais aptos a interessá-los. Será que existem, pois, cidadãos mais interessados no bem-estar do Estado, na segurança das propriedades, na preservação das leis e na liberdade pública do que aqueles que desfrutam dos maiores benefícios no Estado?

Porém, o poder mágico da opinião faz com que os homens tenham apenas ideias enganosas e sejam vítimas de uma multidão de imposturas. Algumas palavras, quimeras e puerilidades fazem com que eles deixem de lado as realidades, as coisas mais graves e mais dignas de ocupá-los. Por conseguinte, vê-se que, de fato, muitas vezes nada é mais ignóbil que o homem que se mostra mais orgulhoso de sua nobreza; nada é mais abjeto que a alma de alguns poderosos; nada é mais rastejante que esses cortesãos tão arrogantes com os cidadãos que eles se acreditam no direito de espezinhar. Não há nada mais tímido, na presença do príncipe e de seus ministros, que esses homens tão corajosos que se gabam de ser os defensores da pátria. O próprio guerreiro, a quem a honra impõe o dever de enfrentar os perigos e de correr para a morte, se torna covarde e trêmulo com a visão do seu senhor, e suporta, sem dizer uma palavra, as mais ofensivas afrontas, as injustiças mais cruéis e os tratamentos mais vergonhosos!

Em quase todas as nações, os soberanos se arrogam o direito de dispensar da submissão devida às leis aqueles que eles querem favorecer. Os privilégios, as isenções e as imunidades não passam, comumente, de armadilhas montadas para algumas ordens ou corporações, a fim de se separar os seus interesses dos do resto da nação. Somente uma vaidade pueril e estúpida pode ficar lisonjeada com alguns direitos precários, com distinções únicas e parciais que só têm como apoio o capricho e o interesse inconstante do príncipe, e que devem humilhar e afligir os outros cidadãos. Que se notabilizem e que se recompensem os homens mais úteis à pátria; mas nenhum cidadão deve estar independente da lei, que é feita para servir de remédio à desigualdade natural que subsiste entre os membros da sociedade. De acordo com as opiniões falsas que se vê difundidas pelo mundo, pareceria que a grandeza, a nobreza e a influência não são nada se não proporcionam a vantagem de oprimir e de ser injusto com impunidade. As vãs distinções e os privilégios fazem nascer o *espírito de corpo*, que, como já foi dito em outra parte, é muito contrário ao *espírito social* ou ao verdadeiro patriotismo, do qual a equidade deve ser a base. Em todos os Estados, o clero, a nobreza e a magistratura constituem corporações à parte, com ciúmes umas das outras, divididas pelos interesses e que, unicamente preocupadas com as suas vantagens frívolas e a sua vaidade, são umas após outras atacadas com sucesso pelo despotismo, que somente poderia ser detido mediante a reunião sincera de todas as ordens do Estado. Em quase todos os países não se é cidadão, mas sacerdote, nobre ou magistrado – e, quando o déspota quer, não se é mais nada; sucessivamente, cada um vive da desgraça de seu vizinho.

Ter uma grande influência é, muitas vezes, ter o direito atroz de ser injusto, de violar impunemente as regras, de poder fazer o mal e de afrontar insolentemente a justiça e as leis. Uma mulher influente, em uma corte, solicitada a se interessar por um caso que se mostrava muito justo e muito fácil, respondeu orgulhosamente: *Nunca me envolvo senão em casos injustos e impossíveis.*[130]

É assim que tudo se perverte nas mãos de um governo injusto. Não pode haver honra, nem nobreza, nem verdadeira grandeza, nem privilégios assegurados e nem influência permanente sob um despotismo caprichoso, que adota como princípio seguir apenas o seu capricho e os impulsos momentâneos das suas paixões. Toda a grandeza é eclipsada por um senhor perante o qual todas as faces se voltam para o chão. Que desprezível grandeza é aquela que extrai o seu brilho dos serviços humilhantes que presta a um mortal acostumado a considerar todos os poderosos que o rodeiam como lacaios que um único de seus olhares pode aniquilar?

---

130 A princesa de Ursins, no reinado de Felipe V da Espanha.

Uma vaidade ridícula, e não interesses verdadeiros, é o que em todos os tempos, em todos os países e em todas as cortes causou as maiores e mais contínuas agitações. Pretensões quiméricas, direitos insensatos e prerrogativas contrárias ao bem geral impedem perpetuamente os cidadãos de unir os seus interesses, e os entregam ao poder da tirania habilidosa, que se aproveita de suas querelas para subjugar a todos. O que serão os privilégios que um poder injusto concede e pode destruir à vontade? O que será uma influência que depende do humor variável de um sultão ou de um vizir, governados eles próprios por aduladores, sicofantas, mulheres e lacaios mercenários? O que é um favor que o capricho e a intriga concedem e podem arrebatar a qualquer instante?

Nunca é demais repetir a todos os poderosos da Terra: somente a virtude proporciona uma grandeza, uma dignidade e uma honra verdadeiras; somente a liberdade pode assegurar aos homens a independência e os privilégios que eles têm o direito de desejar. Não existem distinções reais para escravos que podem ser todos igualmente derrubados por um sopro. Nenhum homem, em um Estado, está interessado na manutenção de um poder ilimitado; é uma arma pérfida que fere inesperadamente todos aqueles que dela se aproximam. O raio está mais próximo dos poderosos do que dos pequenos que eles desdenham. Um favorito caído em desgraça se torna um pestífero do qual todos fogem, e que nem mesmo tem permissão para se lamentar.[131] Um ministro injusto encontra algumas

---

131 Na Rússia, a desgraça de um poderoso ou de um ministro era, antigamente, anunciada publicamente, e, a partir desse momento, ninguém ousava conviver com ele.

vezes os grilhões que ele forjou para os outros. Todo déspota é um ingrato que se persuade de que lhe devem tudo, e de que ele não deve nada a ninguém. Desagradá-lo por um só instante, recusar-se a respeitar ou a servir seus gostos mais vergonhosos, não adorar os ídolos que ele próprio cultua, desaprovar sua conduta e lhe dizer a verdade são crimes bastante graves para lhe fazer esquecer os serviços mais longos e mais insignes. Além do mais, a alma melindrosa e o espírito estreito de um tirano o tornam muitas vezes ciumento da glória daquele que melhor o serviu. Os talentos atraem o ódio ou a inveja de um senhor que se vê desprovido deles.

Nenhum erro, nenhuma loucura, nenhuma iniquidade permanecem impunes. Os cortesãos, os ministros e os poderosos, em um mau governo, por falta de conhecerem em que consiste a verdadeira grandeza, são punidos por isso a todo momento pelos sacrifícios reais e difíceis que eles fazem a quimeras. O que será que obtêm com tantas baixezas, complacências, fadigas e crimes? Uma influência pouco sólida, um poder efêmero, um favor incerto, honrarias vãs e frívolas – mas, muito mais vezes ainda, humilhações, inquietações, amarguras, afrontas, desgraças e a desorganização total de seus negócios. A inveja que os pequenos têm dos grandes diminuiria, ou mesmo desapareceria totalmente, se eles os contemplassem com olhos menos predispostos.[132] A vida de um cortesão ou de um ministro lhes pareceria tão penosa e tão digna de piedade quanto

---

132 *Magna ista quia parvi sumus credimus: multis rebus non ex natura sua, sed ex humilitate nostra magnitudo est.** (Cf. Sêneca, *Questões naturais*, III, prefácio).

* Quase sempre, não é a natureza das coisas, mas a nossa pequenez, que faz a grandeza delas. (N. T.)

a de um forçado, sempre curvado para esperar o golpe que o ameaça. Usar incessantemente uma máscara, digerir afrontas incontáveis, adular um senhor que muitas vezes se despreza, aparentar um rosto sereno em meio às tempestades, intrigar sem descanso e sem fim, são coisas que exigem muito mais esforços do que custaria para ter probidade e para adquirir justos direitos sobre a estima dos homens.

Nada é mais apropriado para perturbar o cérebro que a posse de um grande poder. As quedas contínuas e as desgraças dos ministros mais influentes raramente são capazes de fazer com que os favoritos dos reis reflitam. O amor-próprio os persuade, sem dúvida, de que eles terão a habilidade de evitar os obstáculos nos quais os outros tropeçaram. Porém, será que está no poder da sagacidade mais hábil prever ou prevenir os caprichos que cada instante faz eclodirem na cabeça de um sultão? Será que mesmo o amor é capaz de torná-lo constante? Daria no mesmo, para uma nação e para um ministro, fazer com que a sua sorte dependesse do rumo dos ventos que do favor de um senhor desprovido de equidade, de sensibilidade, de gratidão e de razão.

Quanto mais se refletir sobre as coisas humanas, mais se terá motivo para se convencer de que, em qualquer posição em que os homens se encontrem, seus interesses verdadeiros não podem se separar dos da justiça. O corpo político tem necessidade da justiça de seus chefes para ser bem governado. Esses chefes têm necessidade de colaboradores experientes e virtuosos para compartilhar com eles os cuidados da administração. Os ministros têm interesse de servir senhores equitativos que sintam e reconheçam os serviços que lhes são prestados. Os poderosos têm mais interesse que quaisquer outros na prosperidade de um Estado, à qual a sua grandeza e a sua opulência estão vinculadas. Os verdadeiros privilégios são aqueles que a justiça assegura, que a lei garante e que são apoiados por uma nação livre ou desfrutando de seus direitos. De onde se deduz, evidentemente, que todos aqueles que se aliam a uma administração corrompida contra a coisa pública são insensatos bastante extravagantes para conspirar contra a sua própria felicidade.

O ministro é o homem da nação bem mais do que o homem do rei; ele trai a ambos quando separa os seus interesses. Ele trai o seu senhor quando faz dele um tirano desagradável a seus súditos; ele trai a nação quando fornece meios de lhe pôr grilhões; ele trai a si mesmo e à sua posteridade quando estabelece em seu país um despotismo destrutivo.

Vizires, cortesãos, nobres e poderosos! Vós que transformais, muitas vezes, os príncipes em tiranos impiedosos! Vós que os incentivais a invadir os direitos de vossos concidadãos! Que mostrais tanto ardor para estender o poder dos reis e para esmagar sob seus cetros a liberdade das nações! Por que cegueira vos credes interessados em transformar vossos senhores em monstros? Do mesmo modo que os mais ínfimos cidadãos, não estareis interessados em torná-los humanos, moderados e equitativos? Sim; estais interessados na conservação das leis que protegem a vós mesmos; estais interessados na liberdade pública, sem a qual não existe para vós mesmos nenhuma segurança. Fabricando tiranos, não sereis mais que instrumentos efêmeros de um poder efêmero e vacilante. Vós só usufruireis de uma existência precária; a intriga, a baixeza e a calúnia podem a cada instante vos arrebatar a influência da qual sois tão orgulhosos. Uma palavra bastará para vos reduzir a pó e para vos fazer recair na multidão dos oprimidos. Aprendei, portanto, a vos tornar cidadãos; e não desvieis mais contra a pátria tigres que podem a qualquer momento vos dilacerar. Sede justos, benfazejos e virtuosos e, mesmo no seio da desgraça, desfrutareis da estima dos homens e da vossa própria estima; elas vos consolarão no retiro; elas vos compensarão da perda de um poder que só tereis exercido para o bem-estar de vossos concidadãos. A desgraça é honrosa para aquele que leva consigo os lamentos de uma nação a que ele fielmente serviu.

XV
Do governo militar

Sendo o governo despótico, como já vimos, obra da força, ele não se sustenta senão pela força; fundamentando-se apenas na injustiça, ele se conserva por meio de injustiças; não tendo outro sustentáculo além da mentira, ele se esforça para perpetuar a ignorância, o preconceito e o reinado da ilusão.

As nações subjugadas pelo poder arbitrário são continuamente administradas como um país inimigo. Os súditos oprimidos são contidos pelos laços invisíveis da opinião, e por exércitos visíveis que, sob o pretexto de defendê-los contra os inimigos de fora, os entregam sem defesa aos inimigos de dentro.

Os povos amantes da sua liberdade sempre consideraram os exércitos mercenários e numerosos como totalmente incompatíveis com os direitos dos cidadãos. As nações antigas eram mais livres que as modernas porque estavam armadas. Cada cidadão era soldado; o acampamento era sua cidade; ele levava na cinta o ferro que assegurava a suá liberdade. As nações, tendo se tornado mais numerosas e se consolidado, perderam, em todo ou em parte, a sua liberdade primitiva. A grande maioria dos cidadãos, entregue a trabalhos necessários à vida social, confiou o cuidado de protegê-la ao soberano, que se encontrava naturalmente no comando daqueles cuja função foi continuar a defender os outros. O direito de comandar os soldados não pôde ser tirado do chefe que sempre os havia comandado. Esses soldados, acostumados a obedecê-lo, não reconheceram outra autoridade além da dele, e foram naturalmente dispostos a servi-lo em seus projetos.

Em todos os países, os homens de guerra não pertencem mais à nação; eles pertencem ao seu chefe, eles lhe prestam juramento, prometem-lhe ser fiéis, creem não dever nada à sociedade, não têm nada em comum com seus concidadãos; e se o senhor ordena, estão prontos a feri-los. O homem de guerra é, em toda parte, um mercenário que não conhece outros laços além daqueles que o ligam ao seu comandante; ele só se liga à pátria como essas trepadeiras que sufocam pouco a pouco a árvore da qual roubam as seivas nutritivas.[133] No entanto, ele se acredita o defensor de seu país, ao passo que só é, muitas vezes, o instrumento fatal do inimigo doméstico que busca continuamente pô-lo em grilhões. O déspota considera seus

133 Xenofonte nos informa que, entre os atenienses, os cidadãos proprietários de terras eram os melhores soldados, assim como os mais interessados na conservação de seu país. Entre os antigos germanos, só se concedia aos homens livres a honra de combater pela pátria; somente os possuidores da terra tinham o direito de defendê-la. O imperador Henrique, o Passarinheiro* não seguiu esta política, ele indultou todos os ladrões de estradas que incorporou em suas tropas. As prisões públicas fornecem um amplo contingente aos nossos príncipes modernos.

* Henrique I, rei da Germânia entre 919 e 936. (N. T.)

soldados como pertencendo mais particularmente a ele; ele os julga como os únicos apropriados a apoiar os seus projetos; como feitos para servi-lo cegamente em todas as suas empreitadas – seja contra os seus próprios súditos, seja contra os súditos dos príncipes rivais.

Nutrido nos princípios de uma obediência servil; acostumado, por condição, a uma disciplina rigorosa que lhe proíbe de refletir sobre as ordens que recebe, o soldado é comumente um escravo, e se torna por isso mesmo inimigo da liberdade de seus concidadãos. A partir do momento em que seus chefes ordenam, ele deixa de lado todas as relações que o ligam aos outros homens; ele enfiará, se quiserem, a espada no peito do cidadão, de seu irmão, de seu amigo; ele seria punido com a morte ou a infâmia se hesitasse em seguir as ordens que ele jamais tem permissão para examinar. Em poucas palavras, o homem de guerra, do mesmo modo que o devoto fanático, não se acredita feito para pensar; torna-se cruel, desumano e impiedoso; comete o crime sem remorso, quando seus chefes lhe dizem que é necessário cometer o crime.[134]

Os preconceitos seduziram de tal maneira os espíritos, o exemplo tem tanto poder sobre os homens, e as ideias mirabo-

---

134 A maior parte dos soldados parecem dizer a seus chefes aquilo que Lucano põe na boca de um dos oficiais de César: "Se for preciso ferir um irmão ou enfiar a espada na garganta de meu pai, ou então mergulhá-la no ventre de uma esposa grávida – minha mão, embora a contragosto, vai se prestar a tudo."
Pectore si fratris gladium juguloque parentis
Condere me jubeas, plenaeque in viscera partu
Conjugis, invita peragam tamen omnia dextra.
(Cf. Lucano, *Farsália*, livro I).

lantes que se criaram da grandeza e da majestade divina dos reis de tal modo fizeram desaparecer as noções de pátria, de sociedade e de verdadeira glória, que o cidadão pacífico não apenas considera honrosa a escravidão do soldado, que o intimida, mas também vê a guerra como o mais nobre e o mais respeitável dos ofícios. É assim que, a exemplo dos selvagens, a força ainda parece a qualidade mais digna de estima e de consideração. Na origem das sociedades, o homem foi exclusivamente apegado à coragem, porque a coragem era, então, a virtude por excelência, ou seja, a qualidade mais útil a nações totalmente guerreiras. Nas nações modernas e civilizadas, que pelo seu interesse deveriam ser mais pacíficas, seria tempo de vincular a ideia de honra a qualidades mais brandas e mais vantajosas para a sociedade, cujas necessidades se modificaram.

Porém, a ignorância perpetua os erros dos mortais. A nobreza ainda vincula, entre nós, a mais elevada ideia à valentia, e não suporta que suspeitam que é carente dela; a infâmia segue sempre a covardia. No entanto, como observa muito bem um moralista: "A valentia inútil é uma loucura; aquele que, sem razão, se expõe à morte, é um louco que troca sua vida pela débil vaidade de ser tido como bravo; ele ignora o valor da vida."[135]

Além do mais, por um preconceito verdadeiramente bárbaro, a nobreza, em um grande número de países, imagina que a profissão das armas é a única digna de ocupá-la; ela acreditaria se degradar e se desonrar se servisse a pátria de uma maneira mais real. Os soberanos, comumente interessados em encontrar homens exclusivamente apegados à sua sorte, têm um grande cuidado de conservar esse preconceito; em uma nobreza

135 Cf. Nicole, *Ensaios de moral*, tomo II, p.95.

numerosa, eles têm um viveiro de bravos devotados aos seus interesses, os quais se creem obrigados a derramar o próprio sangue pela glória daqueles.

Sem uma credulidade prodigiosa, que até aqui nada pôde curar, como se teria podido encontrar milhões de homens dispostos a combater em querelas que não têm nada em comum com os seus interesses pessoais nem com os da pátria? Como teria sido possível persuadir seres, que a natureza torna apaixonados pela vida, de que a honra exigia deles que marchassem alegremente para a morte e que se deixassem assassinar a sangue-frio, sem ser de nenhum modo provocados? Como teria sido possível levá-los a se sacrificar aos caprichos de um senhor, comumente desconhecido, que desdenha seus escravos; que imagina de boa-fé que o sangue das veias desses escravos é dele, que ele pagou o suficiente por esse sangue com um soldo módico, que ele tem o direito de fazê-lo correr pela sua ambição ou sua diversão, e que, perecendo um escravo por ele, este não faz mais do que cumprir o seu dever. *Infelizes! Será que não fostes feitos para serem mortos?*, bradava para suas tropas abaladas um famoso herói, que comandava seu exército.

É belo, nos dizem, *morrer pela pátria*. Porém, será que morrer pela pátria é derramar seu sangue por aquele que a oprime ou que, por vis interesses, estranhos à pátria, conduz seus cidadãos à carnificina? Será que existe algo mais baixo, mais covarde e mais desonroso do que se imolar à vaidade desprezível de um tirano desumano? Será que existe algo mais abjeto do que servir-lhe de estribo para atingir um poder do qual ele não pode deixar de abusar?

Porém, pelo valor da sua valentia e do sangue que ele perdeu, o guerreiro será ao menos justamente, dignamente, seguramente recompensado? O déspota se mostrará mais equitativo para com os sustentáculos do seu poder e os mártires das suas loucuras do que para com seus outros súditos? Não; veremos muitas vezes esse campeão da honra forçado a digerir em silêncio as rejeições, os desprezos e as injustiças que lhe farão sofrer um senhor insensível ou um ministro arrogante – que mal se dignarão a ouvir as suas justas queixas ou a lançar um olhar de piedade para as suas feridas. As solicitações de um intrigante, de um adulador, de um protegido, de um proxeneta ou de uma mulher prevalecerão sobre os direitos do homem corajoso que tiver mil vezes desperdiçado sua vida nas batalhas. Muitas vezes privado de seus membros, carregado de enfermidades e de anos, ele arrastará seus dias na indigência, no pesar e na vergonha de ter loucamente sacrificado sua fortuna e seu bem-estar por alguns ingratos que riem da sua ingenuidade e da sua cólera impotente.

Ó guerreiros! É assim que vós sois punidos por vossos cegos preconceitos! É assim que vos recompensam por ter ignorado a pátria que vos deu à luz para vos entregar aos perversos que a oprimem. É assim que, ingratos vós mesmos para com uma mãe que haveis traído, experimentais, por vossa vez, a ingratidão de um sultão desprezível que, enquanto expúnheis vossos dias nos combates, deliberava, no fundo de um serralho, nos braços de sua amante, as injustiças com as quais devia pagar a vossa fidelidade.

Graças ao poder mágico da opinião, os príncipes mais injustos não devem temer verem faltar tão cedo as vítimas que considerarão uma honra serem imoladas em suas querelas. Eles assumiram o lugar da pátria; eles são os senhores das graças; eles possuem o grande motor dos homens; eles obrigam os povos a pagar caro pelos grilhões que os oprimem. Enfim, por uma obra-prima da política, eles são senhores da opinião e persuadem homens racionais de que o emprego mais nobre e mais glorioso é o dos cidadãos que banem a liberdade de seu país!

O soldado, em todos os países, é um selvagem inconsequente do qual os senhores compram a liberdade lhe permitindo a desordem e o desregramento. Em todo lugar o soldado é um autômato, um escravo, um inimigo da liberdade de seus concidadãos, que o forçaria a se envergonhar da sua própria servidão. Acostumado com os seus grilhões, ele fica muito indignado de ver que outros pretendem se libertar deles. É escravizando todas as ordens do Estado que ele acredita justificar sua dependência abjeta.

Além do mais, o homem de guerra é, por condição, forçado a viver um dia de cada vez, sem pensar no amanhã, que nunca pertence a ele. Ele é leviano, frívolo e inconsequente como uma criança. Orgulhoso de sua força e cioso da honra ou da consideração que se acredita no direito de aspirar, ele é vão, implicante, brigão, arrogante e sujeito à cólera. Suas ideias falsas o tornam vingativo, injusto e fazem com que ele assuma o dever de ser implacável e cruel com sangue-frio. Uma vida errante e dispersa o impede comumente de cultivar sua razão, o leva à devassidão e o incita ao desregramento. Às fadigas e ao tumulto sucede uma ociosidade profunda, da qual somente o jogo ou o vício podem tirá-lo. Um governo militar influi de uma maneira muito marcante sobre os costumes e o caráter de uma nação, sempre disposta a imitar aqueles que ela admira e considera. Assim, ao mesmo tempo que escraviza seus concidadãos, o soldado contribui para corromper seus costumes.

Uma política mais racional exigiria que se ocupasse mais utilmente o soldado durante a paz. Ao menos, ele compensaria o Estado por uma parte dos males que sempre lhe são causados pela guerra.[136] As mãos vitoriosas dos romanos não desdenhavam os trabalhos públicos nos países que a sua valentia havia dominado; a paz não os mergulhava em uma ociosidade nociva; as legiões triunfantes não se envergonhavam de se servir da enxada e do enxadão; elas abriam estradas públicas, desbravavam as terras incultas, transportavam pedras, usavam a colher de pedreiro, construíam aquedutos e escavavam canais. Com esta política tão sábia, o soldado – sempre ativo – se tornava mais resistente à fadiga; ele escapava dos vícios produzidos pela preguiça; tornava mais prósperas as províncias que havia conquistado; tornava-se, ao menos durante a paz, um membro útil ao Estado. Atualmente, os príncipes parecem temer que os seus mercenários proporcionem alguns benefícios ao resto de seus súditos.

À força de preconceitos e de ilusões, os déspotas conseguem se ligar com uma porção de seus súditos para subjugar todos os outros, e para se colocarem em condições de trabalhar sem obstáculos para a ruína da sociedade. Mas, enfim, o que resulta desta política tão profunda e tão bem concatenada? No meio de uma nação trêmula e desencorajada, será que o déspota é, pois, verdadeiramente poderoso? Intimidado por suas legiões, será que o seu povo é bem ativo, bem industrioso, bem afor-

---

136 Na maior parte das terras da Europa, uma política injusta e bárbara faz condenar impiedosamente à morte os *desertores*. Por uma consequência das leis militares, o homem que, pela sedução ou pela violência, se fez soldado, por ter ousado se libertar de sua escravidão, é aniquilado para a sociedade, e perdido para a sua injusta pátria. É assim que a injustiça e o despotismo, sempre cegos, prejudicam a si mesmos!

tunado? Cercado por suas tropas, será que ele próprio é muito feliz? Não, sem dúvida. A nação esmagada sob o jugo cai pouco a pouco em um completo embrutecimento; seu tirano, armado de desconfiança contra todos os seus súditos, rodeado por seus asseclas, se torna o triste carcereiro de si mesmo, sem desfrutar por isso de uma maior segurança. Seus guardas se tornam seus senhores e logo lhe fazem a lei; sua coroa e sua vida dependem a cada momento dos caprichos de uma soldadesca impetuosa, inconsequente e mercenária, que lhe faz sentir os efeitos de seus descontentamentos. Um sultão adormecido na indolência, governado por um vizir, por um eunuco avaro, por uma sultana frívola, corre a cada instante o risco de se tornar vítima de seus janízaros amotinados. Em um Estado despótico, o trono pertence àquele que tem a coragem de se sentar nele.

É assim que o despotismo, que é obra da força e da usurpação, se destrói pela usurpação e pela força. Os maiores inimigos dos reis são aqueles que os aconselham a se apossar de um poder absoluto. Sidney observa muito bem que, *se a usurpação conferisse direitos, não haveria ninguém que não fosse tentado a fazer esforços para usurpar uma coroa que seria o seu prêmio.*[137] Um soberano que usurpa os direitos de seus súditos parece convidá-los a usurpar os dele ou a destruí-lo.

Suponha-se o problema de encontrar o meio mais seguro de tornar um povo e seu chefe os mais infelizes que fosse possível; o problema se acharia resolvido da seguinte maneira: ponha a autoridade absoluta nas mãos de um homem sem luzes; tome precauções para que ele jamais possa se esclarecer; torne esta autoridade permanente; dai a ela, como apoio, exércitos bem

---

137 Sidney, *Discursos sobre o governo*, capítulo II, seção V. (N. T.)

numerosos; permita que ela oprima seus súditos, sem jamais querer ouvir as suas queixas.

O poder arbitrário não proporciona a ninguém bem-estar, nem repouso, nem poder e nem segurança. Um tirano é um insensato que, estando sozinho contra todos, deve temer cada um de seus súditos. O que ele lhes opõe? Alguns soldados mercenários, brutos sem razão, almas venais, fáceis de conquistar, e que qualquer chefe ambicioso pode amotinar contra o soberano. Todo déspota é um louco furioso que se fere a todo momento com a espada da qual se serve para ferir o seu povo. Um governo militar torna o soldado o árbitro da sorte do príncipe; a força cega que sustenta o trono também pode derrubá-lo. Leis justas e o apreço dos povos, eis os fundamentos mais sólidos do poder dos reis. O despotismo é um mar tempestuoso no qual o piloto e os passageiros estão continuamente expostos a naufrágios.[138]

Toda loucura pune sempre a si mesma. As falsas ideias de grandeza fazem com que um príncipe acredite que é belo exercer um poder ilimitado, ou que é indigno dele encontrar obstáculos às suas vontades supremas? Logo a sua ambição se acende, ele destrói todas as barreiras, ele aniquila as leis, ele impõe um silêncio eterno àqueles que poderiam lhe fazer conhecer o estado de sua nação; mas ele é punido pela sua loucura com o desencorajamento e a miséria que se estabelecem

---

138 *Non exercitus neque thesauri praesidia regni sunt, verum amici, quos neque armis cogere neque auro parare queas: officio et fide pariuntur.* (Salústio)*

* Não são os exércitos e os tesouros que defendem um reino, mas os amigos verdadeiros, que não são conquistados com armas e nem comprados com ouro, mas com serviços e lealdade. (Salústio, *Guerra de Jugurta*, X, 4). (N. T.)

em seu país. Ele acredita se proteger dos descontentamentos públicos à força de exércitos e de soldados? Só o que ele faz é aumentar a devastação; seus guardas e seus cúmplices se tornam seus senhores; sua indigência o impede de ter condições de contentar a avidez deles, e sua vida está exposta aos caprichos de uma milícia insolente que não tarda a tomar consciência de sua força. Foram as legiões que deram ao Império Romano tantos tiranos que o conduziram à sua destruição; foi pela mão dos soldados que esses monstros se viram forçados a perecer uns após outros.

Um tirano é um verdadeiro delirante que, pelos vãos esforços de sua falsa política, nada mais faz que preparar a sua própria destruição; ele cava a todo momento a tumba que deve sepultá-lo sob as ruínas do Estado. A tranquilidade passageira da qual, algumas vezes, o despotismo parece desfrutar, assemelha-se a essas calmarias traiçoeiras que precedem comumente as tempestades, os furacões e os terremotos pelos quais a Terra é abalada até em suas fundações.

Soberanos do mundo! Vos enganam quando vos dizem que sois deuses. Conquistadores! Vos enganam quando vos persuadem de que sois grandes homens. Monarcas! Vos enganam quando vos incentivam a usurpar um poder absoluto sempre cercado de perigos e de sobressaltos. Vos enganam quando vos dizem que o vosso interesse exige que arranqueis de vossos povos a liberdade, sem a qual eles não podem trabalhar nem pelo vosso próprio poderio e nem pela vossa felicidade. Vos enganam quando vos fazem crer que sois amados, quando não pensais senão em espalhar o terror. Vos enganam, enfim, quando vos dizem que exércitos numerosos e asseclas mercenários vos porão em segurança. Sede justos; tornai vossos povos livres; reinai com as leis;

não suporteis que se sirvam de vosso nome para exercer a tirania; amai vossos súditos; ocupai-vos das necessidades deles; escutai suas justas queixas; estabelecei o império dos bons costumes; recompensai o mérito e a virtude; bani de vossa presença o vício; puni a opressão e o crime. É então que sereis verdadeiramente grandes, ricos e poderosos; é então que sereis sinceramente amados; é então que desfrutareis de uma segurança verdadeira no meio de um povo satisfeito, e vossos dias preciosos serão muito mais bem guardados por vossos súditos, unidos convosco pelos corações, do que por alguns cortesãos abjetos ou por soldados mercenários, que sempre serão incapazes de ter um apreço sincero. Só a virtude tem direito de ser sinceramente amada.

FIM DA SEGUNDA PARTE

Terceira parte

Da influência do governo sobre os costumes; ou Das causas e dos remédios da corrupção

I
Das verdadeiras fontes da corrupção dos costumes. Da opinião

Tudo se reúne para provar que, das diferentes causas capazes de influir sobre os homens, não existe nenhuma que atue sobre eles de uma maneira mais acentuada que o governo. Por pouco que reflitamos sobre aquilo que se passa diante dos nossos olhos, reconheceremos as marcas da administração no caráter, nas opiniões, nas leis, nos usos, na educação e nos costumes das nações. A natureza dá os corpos; o clima contribui para o temperamento; mas o governo modifica a natureza e o clima. A natureza inspira nos homens as mesmas paixões; a força ou a fraqueza dessas paixões dependem do temperamento; mas o governo dirige as paixões dadas pela natureza e domina o próprio temperamento. Deem árvores da mesma espécie a cultivadores diferentes, e vocês as verão variar estranhamente pelo cultivo que receberem. Os príncipes são os cultivadores; os homens, que são os mesmos por sua natureza, se diversificam nas mãos deles; conforme os cuidados que lhes dão, eles produzem frutos agradáveis ou perniciosos.

Um ilustre moderno[139] parece atribuir ao clima uma influência muito grande sobre as instituições humanas. Embora não se possa negar que esta causa atue de uma maneira muito acentuada sobre os homens e contribua visivelmente para diversos de seus usos, de suas leis, de suas opiniões etc., basta, no entanto, abrir os olhos para se aperceber de que não é o clima que influi da maneira mais forte sobre os seres da espécie humana e sobre as suas instituições. Será que não vemos o despotismo estabelecer igualmente seu trono nas areias escaldantes da Líbia e nas florestas geladas do Setentrião? Nas planícies férteis do Indostão e nos desertos da Cítia? É verdade que o habitante sem energia de um país quente, cujo solo generoso lhe provê quase todas as suas necessidades sem cultivo, deveria ser mais frouxo, mais covarde, mais efeminado e, por conseguinte, mais disposto a receber grilhões que o habitante robusto de um país montanhoso ou de uma terra ingrata que o obriga a trabalhar. Porém, por que se vê o árabe vagabundo se esquivar há tantos séculos do jugo da escravidão, que há milhares de anos oprime o persa, o egípcio e o mouro, seus vizinhos? O clima da Arábia diferiria, pois, muito do da Caldeia, da Assíria ou do Marrocos? O tártaro indomável habitaria uma região mais favorável que o siberiano? Será que existe um mortal mais resistente à fadiga e, no entanto, mais escravo que o russo, o japonês e o turco? Eles enfrentam a morte com coragem e, no entanto, vivem em grilhões.

---

139 O presidente* Montesquieu, em *Do espírito das leis*.

* Montesquieu ocupava o cargo de presidente do Parlamento de Bordeaux. (N. T.)

Mas, sem ir buscar exemplos longínquos, será que não vemos o país dos romanos, dos conquistadores do mundo, habitado em nossos dias por escravos que rastejam aos pés de um padre? Os espanhóis e os portugueses, hoje entorpecidos na escravidão, na preguiça e na miséria, não ocupam, no entanto, as terras que foram outrora cultivadas por iberos e lusitanos cheios de coragem e de atividade? Enfim, será que o clima, o Sol e o terreno se modificaram para esses gregos que, descendentes dos mais generosos defensores da liberdade, tremem hoje diante da visão de um janízaro?

Não é, portanto, o clima que faz dos homens aquilo que eles são, ou que influi sobre seus costumes da maneira mais forte; é, sobretudo, a *opinião*, que nada mais é que o conjunto das ideias transmitidas e perpetuadas pela educação, a religião e o governo, e continuamente fortalecidas pelo exemplo e pelo hábito – que conseguem, por assim dizer, identificá-las conosco. A opinião verdadeira é aquela que se fundamenta na experiência e na razão. A opinião falsa é aquela que só tem como base a ignorância e o preconceito; esta última é a verdadeira fonte do mal moral. Apoderando-se do espírito dos soberanos e dos povos, ela os cega acerca dos seus interesses mais sensíveis, ela os engana sobre os objetos que eles são feitos para desejar; ela inflama a sua imaginação por vãs quimeras; ela os faz andar às cegas no caminho da vida; eles se chocam incessantemente uns contra os outros na trilha destinada a conduzi-los à felicidade; semelhantes a viajantes perdidos durante uma noite escura, eles são a todo momento seduzidos por luzes enganosas e passageiras que os desviam da rota para conduzi-los à sua perdição.

Por que será que vemos a Terra ser vítima de tiranos que a devastam e que parecem ter jurado banir dela a felicidade?

É que a opinião lhes mostra a felicidade, o poder e a glória nas conquistas ruinosas, em um fausto pueril, nas despesas frívolas e nas paixões extravagantes que eles só podem contentar tornando os povos miseráveis. Por que será que vemos algumas nações, outrora generosas, agora esmagadas sob o jugo vergonhoso de um despotismo importuno? É que, nelas, a opinião se modificou; é que a violência dos conquistadores e dos déspotas quebrou o ânimo dos espíritos: é que a superstição, cúmplice da tirania, conseguiu degradar as almas e torná-las covardes, temerosas e insensíveis. Por que será que vemos povos inteiros se fazerem notáveis pelas perfídias, as traições, os assassinatos e os costumes infames? É que a opinião os submete, de um lado, a senhores cujos exemplos os familiarizam com a violência, o perjúrio, o maquiavelismo e a falsidade; e, do outro, a sacerdotes que, longe de esclarecer os homens, os fazem perseverar na mais profunda ignorância, à sombra de uma religião venal sempre pronta a expiar os crimes mais tenebrosos. Por que será que vemos nações, inebriadas do entusiasmo pelo comércio e da paixão pelas riquezas, sacrificar-lhes imprudentemente o seu repouso, o seu bem-estar presente e a sua liberdade? É que a opinião lhes persuade de que somente o dinheiro constitui a verdadeira felicidade, ao passo que ele nada mais é que a sua representação enganosa, e que ele em nada contribui para a felicidade pública. Por que será que encontramos, em algumas nações, um caráter de vaidade, de desatenção e de frivolidade que as desvia dos objetos mais interessantes para elas? É que um governo fútil, inconstante e leviano regula a opinião de uma multidão de estouvados que imaginam que é belo imitar as loucuras e os vícios aos quais os príncipes e os poderosos conferem, por seus exemplos, à sanção pública. Enfim, por que será que, em quase toda parte, os homens são injustos, perversos e se ocupam em tornar a vida alheia desagradável? É que não existe em parte alguma uma educação capaz de retificar a opinião pública comumente depravada; é que, por toda parte, o governo convida os homens a se corromper, e os impede de se esclarecer; é que, por toda parte, aqueles que poderiam incitar e exortar eficazmente os homens ao bem, os exortam poderosamente ao mal, tornam o vício necessário para eles e lhes fazem considerar a virtude como diretamente oposta à sua felicidade.

Tudo nos mostra, portanto, a necessidade de combater a opinião falsa para substituí-la pela opinião verdadeira. Que não venham nos dizer que o homem é incorrigível, que tem apreço pelos seus erros e que está ligado a seus preconceitos. Será que a experiência não nos mostra que as suas opiniões mudaram? É verdade que, muitas vezes, ele só abandonou um erro para abraçar um outro; mas isso não prova de maneira alguma que o seu coração seja feito para o mal, nem o seu espírito para a mentira; isso prova somente que, por falta de experiência, os homens foram muitas vezes vítimas daqueles que lhes apresentavam quimeras como realidades; que lhes mostravam o bem-estar em objetos onde ele não existia; que nada mais fizeram além de diversificar os seus preconceitos, sem jamais lhes anunciar a verdade – da qual esses próprios guias não faziam nenhuma ideia.

Se a opinião conseguiu transformar pouco a pouco os gregos e os romanos livres e corajosos em escravos abjetos e desprezíveis, por que a verdade não conseguiria transformar homens cansados das suas misérias em cidadãos generosos, em entusiastas da liberdade e da virtude? Com que direito se acreditaria que somente a mentira tenha o poder de inflamar a imaginação e de aquecer os corações dos povos? Por que a verdade não transformaria em entusiastas aqueles que, por uma vez, tivessem sentido a que ponto ela é necessária à felicidade das nações? Se a paixão pela liberdade reacendeu intensamente na alma dos britânicos e dos batavos, e os fez sair do embotamento em que eram mantidos pelo despotismo, por que, a exemplo deles, outras nações não abririam os olhos para os seus direitos e os seus interesses mais caros? Enfim, que razões teríamos para perder a esperança de um dia podermos encontrar soberanos magnânimos e virtuosos que, fatigados dos caminhos tortuosos e pouco seguros de uma falsa política, compreendam finalmente os seus verdadeiros interesses, e renunciem às máximas de um despotismo insensato, cujo efeito foi – e sempre será – aniquilar a felicidade do príncipe e a dos súditos?

É à experiência, à reflexão e à verdade que cabe abrir os olhos dos homens e daqueles que os conduzem. Somente a razão pode reconduzi-los ao caminho apropriado e levá-los ao objetivo que eles desejam. Na falta dela, a necessidade, cuja mão poderosa se faz sentir pelos povos, assim como pelos seus senhores, forçará ambos, mais cedo ou mais tarde, a recorrerem à verdade, à razão e à equidade como aos únicos remédios para as suas longas loucuras e para suas calamidades que se tornam insuportáveis. A desgraça, essa grande mestra dos homens, os torna mais prudentes e mais sábios; a adversidade amadurece o espírito dos mortais; os golpes redobrados do infortúnio forçam a própria frivolidade a refletir. Chega um tempo em que a razão encontra almas dispostas a escutá-la; chega um tempo em que a equidade encontra nos povos materiais apropriados para serem inflamados por ela. Chega um tempo em que o escravo se indigna com os grilhões que por tanto tempo carregou. Enfim, chega um tempo em que os próprios tiranos são obrigados a buscar um asilo junto aos altares da virtude que eles haviam desprezado.

Assim, a voz enérgica da verdade, longe de ofender os príncipes, é necessária para adverti-los a tempo dos perigos que os ameaçam; se eles se recusarem a ouvi-la, ela despertará os povos do sono funesto no qual tudo conspira para conservá-los. Esta verdade só pode desagradar aqueles a quem o erro persuade de que a sua própria felicidade consiste em fazer o mal. Será que os condutores dos povos teriam, pois, interesse em extraviá-los? Seu interesse não seria conduzi-los seguramente, facilmente, alegremente, e lhes proporcionar vantagens que jorrarão sobre esses próprios condutores? É útil inspirar um temor salutar a esses déspotas, tantas vezes adormecidos à beira dos precipícios que a adulação e a mentira estão perpetuamente ocupadas em cavar sob seus tronos? Que eles tremam com a visão das desolações produzidas pela sua indolência, suas injustiças, suas paixões e suas extravagâncias; que eles conheçam, enfim, o valor da razão; que eles deixem de perseguir a verdade; que eles próprios se esclareçam e esclareçam seus súditos; que eles aprendam que é da bondade dos costumes que depende a felicidade sólida das nações e de seus chefes. Que seus súditos aprendam com eles que nenhum homem pode ser feliz se não se submete às leis da virtude.

Os príncipes, quando abrirem os olhos, se convencerão facilmente de que as desgraças das nações, com as quais eles próprios sofrem continuamente, são devidas apenas às ideias enganosas que uma falsa política lhes dá de seus próprios interesses; às adulações com as quais as cortes aviltadas os envenenam; aos conselhos funestos dos homens sem luzes pelos quais eles estão rodeados. Encontrarão as causas das calamidades mais frequentes e mais duradouras no cego frenesi que, a quase todo momento, os arrasta para a guerra; nos impostos excessivos; nas injustiças cotidianas cujo efeito é desencorajar os povos, e lhes fazer odiar a autoridade que só se manifesta pelos seus rigores. Esses príncipes verão a fonte dos vícios e dos crimes na corrupção das cortes, essas cloacas respeitadas de onde o contágio parte para infectar os cidadãos. Eles perceberão que é a injustiça do governo que torna os homens malvados, injustos, enganadores, invejosos, ciumentos e vãos, sempre prontos a causar dano uns aos outros. Eles reconhecerão a verdadeira causa da raridade dos talentos, do mérito e da virtude na negligência da administração, em sua indiferença quanto à educação pública, em seu pouco cuidado em recompensar o verdadeiro mérito e em sua parcialidade muito comum em favor da incapacidade e do vício complacentes. Eles descobrirão a fonte de uma infinidade de abusos clamorosos e de transgressões nas leis tendenciosas, nos usos bárbaros e nos costumes diretamente contrários ao bem público. Eles se aperceberão de que os exemplos funestos que dão às nações aqueles mesmos que deveriam lhes servir de modelos, são as causas visíveis de tantas desordens que aniquilam, para a maioria dos cidadãos, a felicidade pública e individual. Tudo lhes fará perceber as consequências fatais de um luxo desenfreado, de uma paixão desordenada pelas riquezas, de uma tola emulação de vaidade – em suma, de todas essas loucuras que conduzem um Estado à sua ruína. Enfim, tudo lhes provará que, para se tornarem mais felizes e melhores, os povos têm necessidade de instrução, de luzes e de liberdade; que a ignorância só pode produzir estúpidos; que o preconceito só produz insensatos; que a tirania só produz escravos perigosos e que somente a razão pode produzir cidadãos tranquilos, sábios, virtuosos e submissos a uma autoridade racional.

Quase sempre exigem-se efeitos contrários às suas causas. Querer virtude, razão e bons costumes com um governo violento, com uma corte corrompida e com exemplos insensatos, não será querer que uma árvore seca produza frutos saborosos? A reforma dos costumes só pode ser o efeito de uma administração sábia. Os costumes pervertidos, os vícios epidêmicos, as loucuras multiplicadas e os crimes frequentes manifestam sempre a corrupção dos chefes, as más instituições, os preconceitos nocivos, uma educação defeituosa e opiniões impertinentes.

Opor os preceitos mirabolantes e a moral impraticável de uma religião tenebrosa às iniquidades dos príncipes e dos povos é opor fantasmas, hipóteses e palavras a paixões poderosas que tudo conspira para fomentar. Recomendar a moderação, o desprezo pelas riquezas, a equidade e a razão a homens vãos, afundados no luxo, governados por senhores injustos e insensatos, que só favorecem as qualidades que eles acham adequadas aos seus desígnios, é evidentemente lhes fazer ouvir que é preciso renunciar à fortuna. Os conselhos sublimes que a religião faz descerem do Céu não são feitos para os habitantes da Terra. Os princípios da moral mais simples e mais verdadeira já são perpetuamente contrariados pelos exemplos dos príncipes e dos poderosos, e por aquilo que se passa na sociedade. Como, depois disso, esses princípios poderiam influir sobre a prática? A moral se parece com uma moça amável, cuja beleza todos admiram, mas que ninguém quer desposar porque ela não tem um dote.

Somente um governo equitativo, com a ajuda de uma legislação esclarecida, pode tornar os homens mais sábios e lhes pregar a moral com resultado. Um governo iníquo e insensato só produzirá homens injustos, viciosos, vãos, frívolos, estouvados e incapazes de ouvir e de seguir a razão – e para os quais a própria virtude deve parecer incômoda e ridícula.

II
Das influências do governo sobre os poderosos de uma nação

Percebemos e lamentamos os efeitos, e sempre nos obstinamos em fechar os olhos para as suas verdadeiras causas. Os preconceitos da superstição, a adulação das cortes, a violência e a imperícia dos príncipes, a inércia e a ignorância dos povos fizeram, como já se viu, eclodir o despotismo e a tirania. Esse governo – ou, antes, esse banditismo – se tornou o flagelo das nações, o destruidor de toda ordem, o inimigo de todo bem, o corruptor de toda moral. A política, destinada a conduzir os povos à felicidade, nada mais foi, em quase todos os países, que um guia cego que os extravia, que o instrumento de sua infelicidade, a fonte dos preconceitos, da insensatez, dos vícios e das loucuras incontáveis dos quais as sociedades são vítimas. A arte de governar os homens, por um abuso vergonhoso, tornou-se, muito comumente, apenas a arte de enganá-los, de dividi-los, de opô-los uns aos outros, de torná-los perversos ou insensatos, a fim de escravizá-los e de despojá-los com mais facilidade.

Sob um governo tirânico poderia haver bons costumes? E a que a virtude poderia conduzir? Toda moral não será incompatível com o despotismo, que põe perpetuamente o capricho cego no lugar da razão e da lei, que espezinha a justiça, a humanidade, a piedade, a moderação e os direitos mais sagrados dos homens? Não; a virtude não é feita para escravos acorrentados por um senhor que os arrasta ao sabor dos seus próprios desejos; os desejos de um tirano são sempre desregrados. Os povos só serão justos e sensatos quando forem governados por chefes justos e sensatos. A equidade e a razão não são feitas para serem conhecidas, nem ensinadas e nem praticadas por aqueles que odeiam a equidade, que proscrevem a razão, que temem a verdade, que se recusam a ver claro e que põem tudo em ação para impedir que seus súditos se esclareçam.

Todo homem injusto é feito para odiar a equidade, que o condena, e a virtude, da qual a consciência lhe mostra que ele próprio é desprovido. A tirania deve temer as virtudes sociais; ela deve recear tudo aquilo que tende a aproximar os cidadãos, a unir os seus interesses, a estreitar os laços da sociedade. Por outro lado, o homem de bem não pode amar e nem apoiar a tirania, cuja marcha é contrária a toda virtude. Um tirano só pode amar aqueles que se parecem com ele e que lhe são úteis; ele precisa dos aduladores, dos aprovadores de suas iniquidades, dos ministros sem piedade, dos conselheiros injustos e dos escravos divididos – cujas paixões discordantes se tornam necessárias à sua própria segurança, e servem para consolidar o seu poder. *Dividir para reinar* sempre foi a máxima mais querida pelos tiranos.

Todo homem que desfruta de um poder absoluto não tem mais nenhum motivo para agir bem. Quais motivos poderia ter, para se instruir ou para conter as suas paixões, um homem que pode fazer tudo impunemente; cujos próprios delírios são respeitados; que tem o poder de esmagar por sua força todos aqueles que ele não pode seduzir pelas suas liberalidades? Como fazer um verdadeiro Briareu,[140] que tem duzentos mil braços armados às suas ordens, se convencer de que deve alguma coisa a alguns desgraçados que só têm, cada um, dois braços dos quais não ousam se servir? Como pôr um freio nas paixões de um príncipe orgulhoso com a ideia da sua própria grandeza, e cheio de desprezo por todos os outros homens? Como conter um homem que, para a satisfação das suas vontades mais bizarras, se acha em condições de pôr em funcionamento as vontades e as paixões de asseclas suficientes para fazerem calar os lamentos e os suspiros importunos de todos os seus súditos? O poder absoluto aniquila, aos olhos de todo homem que o exerce, todos os laços da sociedade – e, por conseguinte, todos os deveres da moral.

A ociosidade, dizem, *é a mãe de todos os vícios*. Todo homem que não é levado ao trabalho por algum interesse poderoso dificilmente é tentado a ocupar-se. A indolência e a preguiça se apoderam comumente dos príncipes que, tendo quem antecipe todas as suas vontades, não têm nenhuma dificuldade para obter os objetos de seus desejos. Criados na ociosidade e no ódio pelo trabalho, eles não têm, contra o tédio, outros recursos além da libertinagem, da devassidão, da dissipação contínua e do jogo, prazeres extraordinários e custosos – os únicos que são bastante estimulantes para dar comoções passageiras às suas almas embotadas. Os divertimentos contínuos são incompatíveis com a administração de um Estado; é preciso, portanto, desvencilhar-se dela e confiá-la a outros. Porém, um príncipe desprovido de luzes e de atividade só emprega aque-

140 Na mitologia grega, gigante com cem braços e cem cabeças que ajudou Zeus em sua guerra contra os Titãs. (N. T.)

les que lhe são propostos pela intriga. Um príncipe vicioso só escolhe aqueles que lhe darão condições de contentar as suas fantasias. Sem talentos, sem mérito e sem virtude, ele é um juiz incompetente do talento, do mérito e da virtude. Um déspota não conhece outro mérito que não seja o de agradá-lo e outro talento que não seja o de satisfazer as suas vontades. O bem do Estado é, para ele, totalmente indiferente; ele o detesta, a partir do momento em que se opõe às suas paixões, que jamais querem encontrar nada que seja impossível.

Para incentivar eficazmente os homens a se corromperem, basta promover e recompensar a baixeza, e sufocar ou punir a grandeza de alma.[141] Em tudo aquilo que fazem, os homens só buscam a honra, o bem-estar e a fortuna; se eles só os veem vinculados ao mal, eles se entregam ao mal, e não encaram a virtude senão como um sacrifício doloroso demais para que se queira consentir nele. É preciso não perceber a ligação necessária entre as coisas para se surpreender ao ver que, em um mau governo, os favores, a reputação, as distinções e os cargos não podem ser o prêmio pelas luzes e pela probidade. Se, em uma semelhante administração, o homem de bem obtivesse os cargos importantes, é então que se teria motivo para ficar surpreso.

O mérito confere altivez, orgulho e grandeza de alma. A virtude estima e respeita a si mesma; os grandes talentos ignoram a arte de rastejar. Como consequência, eles desagradam aqueles que querem que se rasteje diante deles; eles despertam

---

141 *Ubi malos praemia secuntur, haud facile quisquam gratuito bonus est.** (Salústio)
* "Quando os maus são recompensados, é difícil encontrar alguém que queira fazer o bem gratuitamente." (*Fragmentos das Histórias*, II, 9). (N. T.)

suspeitas nos homens vãos, fúteis e medíocres – que são os únicos distribuidores das benesses. Seria contra a natureza ver ministros abjetos, que não creem na virtude, amar e proteger as almas nobres, favorecer os talentos que os eclipsariam e dar importância à virtude que lhes parece uma quimera. Está na ordem das coisas que, em uma administração corrompida, exista uma longa cadeia de corrupção, desde o senhor até o último de seus asseclas. Está na ordem das coisas que homens deste caráter detestem as pessoas de bem, e deem preferência aos patifes, aos aduladores, aos sicofantas e aos intrigantes dispostos a fazer qualquer coisa.

A ambição ou o desejo de se elevar acima dos outros é, como já fizemos ver, uma paixão natural no homem. Ela é muito legítima naquele que se sente capaz de servir utilmente seus concidadãos. Um governo sábio pode e deve empregar essa paixão, a fim de ter colaboradores ativos apropriados para cooperar com os seus projetos. Os altos postos são, nas mãos do príncipe, recompensas capazes de despertar os talentos. Um governo tirânico exige apenas cúmplices. Um tirano vicioso só quer, junto à sua pessoa, homens que se pareçam com ele. Um príncipe que tem consciência da sua própria incapacidade teria medo de ter ministros que o suplantassem aos olhos de seus súditos.

Um príncipe que emprega maus ministros trabalha pela sua própria ruína. Vão nos dizer, sem dúvida, que os príncipes são homens, e que podem ser enganados; mas todo soberano que tem olhos não pode ser enganado por muito tempo; sua negligência é imperdoável, se ele persiste na sua cegueira. Se é difícil conhecer o coração dos homens, ao menos é fácil julgar os seus talentos pela sua conduta. Será que existe algo mais imprudente do que esses príncipes que entregam a administração a homens que se veem muitas vezes incapazes de gerir os seus próprios negócios, afundados em dívidas e mergulhados no desregramento e na devassidão? Um ministro sem princípios, sem luzes, sem bons costumes e sem prudência será um homem adequado para governar um Estado? Porém, os príncipes encontram comumente, nos agentes que empregam, todos os talentos requeridos, desde que eles tenham o de diverti-los, o de livrá-los dos negócios, o de encorajá-los em seus gostos, e o de insensibilizá-los quanto aos seus deveres mais importantes.[142]

A matéria-prima dos altos funcionários está inteiramente viciada em um governo despótico; nele, todo homem de bem está totalmente deslocado. As virtudes públicas, a decência, a boa-fé, a humanidade e a equidade são inúteis e perigosas, no governo de senhores aos quais o bem público causa apreensão. Como um déspota vicioso e esbanjador poderia se acomodar a um ministro equitativo e compassivo que, em vez de imaginar meios de contentar os seus caprichos, tentasse tolamente comovê-lo com os males de seu povo? O ministro de um tirano deve ter um coração de ferro e uma cara de bronze. Sua cabeça engenhosa deve tentar o impossível e fazer brotarem todos os dias novos recursos, a fim de satisfazer a rapacidade de um senhor imaginativo e de seus cortesãos insaciáveis. O ministro fiel de um déspota deve se colocar acima da vergonha, dos re-

142 Um soberano moderno, a quem advertiam acerca da má conduta de seu primeiro-ministro, respondeu, depois de ter ouvido tranquilamente: *Eu sei que ele é um patife, mas estou acostumado com isso, e ele me faz ouvir excelentes óperas*. Esse ministro, pouco tempo depois, o comprometeu em uma guerra que o privou desses Estados durante vários anos. [É provável que Holbach esteja se referindo a Luís XIV e a seu primeiro-ministro, o cardeal Mazarino (1602-1651). (N. T.)]

morsos e dos julgamentos públicos. Qual é o homem honesto que poderia consentir em se encarregar de um trabalho no qual existe a certeza de só fazer o mal a seus concidadãos?

De onde se vê que, em toda parte onde o despotismo fixou sua morada, não pode haver senão uma longa cadeia de tiranos que, cada um em sua esfera, fazem o povo suportar incontáveis vexações. Um soberano indiferente quanto à felicidade de sua nação incitaria entre os seus ministros a emulação e o desejo de agir bem? Um príncipe pródigo e governado por aduladores, sicofantas e amantes; um príncipe cujas necessidades terminam por não ter mais limites; um príncipe cujas fantasias mais ruinosas não querem encontrar nada que seja impossível, só pode ser servido por ministros injustos e violentos – que, eles próprios, só empregariam homens pouco escrupulosos quanto aos meios de procurar obter as suas graças e de trabalhar pela sua própria fortuna.

Em um governo arbitrário, nenhum cidadão é tentado a adquirir mérito e talentos; ele sabe que as recompensas e os cargos estão reservados apenas para a intriga, e são distribuídos pelo capricho injusto. Portanto, ele se torna intrigante e se incomoda muito pouco em ter méritos. Ninguém se ocupa do bem do Estado quando os próprios distribuidores das benesses o negligenciam e não têm nenhuma consideração com os esforços que se faz para servir a pátria. Um privilégio ou uma recompensa tirada de um cidadão que tem mérito privam o Estado não somente dos serviços desse cidadão, mas também dos serviços e dos talentos de todos aqueles que teriam sido tentados a imitá-lo. Não existe mais emulação verdadeira em um país onde a mediocridade, a intriga, o favor e a influência aniquilam os direitos do mérito e da virtude.

O sábio deveria se misturar com os negócios públicos? Sim, quando se sente capaz de servir o seu país, ao qual deve suas luzes e seus talentos. O homem de bem pode se permitir impulsos de ambição? Ele pode e deve, quando prevê poder fazer o bem. A ambição é uma virtude nas almas que se sentem bastante fortes para fazer um grande número de pessoas felizes; a ambição é um crime naqueles que só sabem causar dano. A ambição é uma covardia no despotismo, no qual só se sobe na vida por meio de infâmias, e no qual só se mantém no alto por meio de intrigas, de baixezas e de atrocidades. No governo de um tirano, o ambicioso não passa de um escravo habilidoso que busca sair do bando dos oprimidos para passar para o dos opressores.

III
Da corrupção das leis
ou
Da inversão das ideias de justiça

Um governo injusto familiariza os espíritos dos súditos com a injustiça, e faz com que pouco a pouco eles se acostumem a vê-la sem horror. A justiça é, como já foi dito em outra parte, a base de todas as virtudes sociais, um centro comum de onde todas as outras devem partir. No entanto, nada é mais raro neste mundo do que esta virtude tão necessária à felicidade pública e individual. A ideia desta virtude está quase totalmente apagada do espírito dos povos – ou, antes, nem nasceu em suas cabeças. Se os homens tivessem ideias claras da equidade, não haveria tantos tiranos e escravos no mundo; cada um, conhecendo os seus próprios interesses, respeitaria os dos outros.

À força de ver e de sofrer injustiças, a maioria dos homens parece se persuadir de que, com efeito, *a razão do mais forte é sempre a melhor*. Um grande filósofo não se envergonhou de fazer desse princípio absurdo a base de sua política,[143] e muitas pessoas esclarecidas ainda são enganadas pelos sofismas com os quais ele muito engenhosamente o apoiou. A força, segundo ele, é o

143 Thomas Hobbes, em seu *Tratado do cidadão* e no *Leviatã*.

único fundamento do poder, e é somente o poder quem decide o que é justo e injusto. Assim, as luzes do bom senso ainda não puderam, até aqui, banir alguns princípios verdadeiramente bárbaros e selvagens do espírito de muitas pessoas que, no entanto, se consideram seres civilizados. Existem pouquíssimos homens no mundo que, de acordo com o que veem, não conseguem acreditar que o fraco está destinado pela natureza a se tornar a presa, o joguete e o escravo do mais forte – e, consequentemente, que a sociedade deve necessariamente se dividir em opressores e em oprimidos.

Os homens poderosos desfrutam sempre da impunidade; os crimes mais destruidores da sociedade são cometidos todos os dias com o seu consentimento e diante dos seus olhos. Todo príncipe, todo homem de posição, todo assecla do poder supremo pode, sem perigo, se permitir as violências mais clamorosas. Os tiranos têm como princípio que seus agentes devem desfrutar de um poder tão ilimitado quanto o deles; eles perdoam facilmente os crimes que têm apenas os povos como objeto; o próprio abuso do poder que eles confiam parece deleitar sua vaidade; imaginam-se poderosos porque não têm nenhum freio, e pretendem ter o direito de conceder a outros a faculdade que eles consideram como o signo da grandeza. No governo de um déspota, o ministro dificilmente é punido pelo mal que faz à sua nação; seu único crime é sempre desagradar a seu senhor, ou àqueles que dispõem do amor ou do ódio desse senhor pouco acostumado a julgar por si mesmo.

É uma máxima abominável, introduzida pela política mais cega, aquela que persuade os soberanos de que *a autoridade não deve jamais recuar*. Em consequência desse princípio, a reclamação mais justa da parte do fraco é quase sempre tratada como insolência punível; fica-se totalmente espantado com a audácia de um desgraçado que ousa resistir ao mal que quer lhe fazer um homem mais poderoso do que ele. Sob um governo despótico, o povo sempre está errado; suas súplicas são taxadas de revoltas; suas reclamações são punidas como sediciosas; dir-se-ia que as nações, ao se darem chefes, perderam o direito até mesmo de lhes pedir justiça; esses chefes, assim como os agentes que eles empregam, se pretendem infalíveis como a divindade. É comumente com golpes de espada que os príncipes respondem aos gemidos de seus súditos. Com efeito, com que direito os magistrados ou os súditos ousariam pôr obstáculos às vontades daqueles que eles cometem a loucura de considerar como deuses, ou como as imagens da divindade na Terra?

Sob um governo violento, os cidadãos estão de tal modo isolados, separados por interesses, indiferentes ao bem público e concentrados em si mesmos, que as injustiças e as opressões mais evidentes que eles veem seus concidadãos sofrerem não os comovem de maneira alguma, e às vezes os regozijam. O sinal mais completo de estupidez é ser insensível à iniquidade; o sinal mais completo de loucura é rir dela ou aprová-la. Todo homem que não fica alarmado com uma injustiça cometida contra o mais obscuro de seus concidadãos é um imbecil que só merece grilhões. É próprio de um mau governo fazer com que cada um só pense em si mesmo, e não se incomode de maneira alguma com os sofrimentos alheios. Será que um poderoso que, cheio de si pelos seus vãos privilégios ou pelos favores que recebe, aplaude a injustiça de seu senhor, não sabe, pois, que a fantasia desse senhor poderá esmagá-lo ou reduzir a nada os privilégios dos quais seu favor lhe permitia desfrutar?

A justiça tem, em quase todos os países, duas balanças: uma que serve para pesar os direitos dos poderosos e outra para pesar os do pobre. Fazer justiça aos cidadãos é lhes conceder uma benesse; ela exige que se tenha boas recomendações e, comumente, não pode ser obtida sem influência. Quando se trata de julgar alguém, se informam daquilo que ele é, e não daquilo que ele tem o direito de aspirar. Em todo lugar onde se precisa de recomendações, de influência, de riquezas e de amigos para obter a justiça, o fraco é necessariamente vítima do mais forte ou do mais intrigante.[144]

Pela negligência daqueles que governam os homens, pela sua imprudência e, muitas vezes, pela sua má-fé, os costumes mais insensatos, as instituições mais aviltantes para os povos e as injustiças mais manifestas, quando duram muito tempo, se convertem em leis e conferem direitos. Nada é mais fácil do que criar direitos para si mesmo, quando se é o mais forte. Nada é mais difícil do que reclamar contra esses direitos, quando se é o mais fraco. Os abusos mais clamorosos se transformam em leis sagradas quando subsistem durante muito tempo.[145]

Não é a razão e a equidade que governam as nações; é a força, apoiada na rotina, que regula despoticamente a sua sorte.

---

144 "As leis são redes através das quais os peixes pequenos escapam, que os peixes grandes rompem e que só agarram os peixes de médio porte." Cf. Shenstone, *Works*, p.151.

145 Assim são as vexações exercidas sobre os habitantes do campo sob o pretexto de *direitos senhoriais*, de direitos de *mão-morta* e, sobretudo, de *direitos de caça* etc. Existem países onde os campos que são vizinhos das florestas estão inteiramente devastados pelos cervos, os javalis, os gamos, as feras etc. A caça, esse divertimento tão apreciado pelos príncipes, não é um dos menores flagelos para os povos.

Não existe nenhum preconceito que ponha mais obstáculos à reforma dos abusos e à perfeição das instituições humanas que a veneração pouco racional que se demonstra em toda parte pelos antigos usos e pelas leis de seus antepassados.[146] A máxima de *não inovar nada* foi visivelmente ditada pela ignorância e pela preguiça. Dizendo-se apenas *é o uso*, a equidade, o bom senso e a evidência são forçados a se calar. Os políticos limitados veem fantasmas assustadores em qualquer mudança. A indolência e a incapacidade fazem fracassar os projetos mais úteis. Nada é mais mirabolante que as razões sutis que a tolice imagina quando se trata de reformar os abusos!

Dir-se-ia que as nações não receberam da natureza nenhum direito, e que aqueles dos quais elas desfrutam são devidos apenas à indulgência de seus soberanos. Quando se trata de determinar os interesses de um povo, ou de reclamar a justiça para ele, recorre-se a registros antigos, a diplomas obscuros e defeituosos e a documentos equívocos e duvidosos.[147] Quanto mais antigos são esses documentos, menos eles são racionais e mais são reverenciados. No entanto, os direitos das nações são fundamentados na natureza; eles são inalienáveis. Os direitos do homem são tão antigos quanto a espécie humana; os direitos da justiça não podem jamais prescrever. Os interesses e as necessi-

---

146 O ilustre Leibniz, falando da autoridade que se persiste em conceder às leis e aos costumes antigos e bárbaros, diz que *é querer que nos alimentemos de bolotas depois que possuímos a arte de cultivar o trigo*. (Cf. Leibniz, *Scriptores rerum Brunswic*, tomo I, p.79).

147 Os ingleses fundamentam a sua liberdade unicamente em um documento obscuro e muito grosseiro, extorquido do rei João pelos barões do seu reino que se achavam em condições de lhe impor leis. Ele é conhecido na Inglaterra pelo nome de *Magna Carta*.

dades presentes e as circunstâncias atuais colocam a sociedade no direito de anular as instituições que a ferem. Será que um abuso, uma injustiça, um uso insensato se tornariam, pois, ao cabo de mil anos, mais sábios, mais justos ou melhores do que no primeiro dia?

Fala-se incessantemente da fixidez que as leis devem ter. Opõem-se incessantemente, aos projetos mais vantajosos e mais equitativos, algumas instituições que datam da origem das monarquias ou do berço das nações. Porém, trata-se de verificar se essas coisas convêm ao estado presente dessas nações; as leis são feitas para os povos, e não os povos para as leis. *Uma lei*, diz Locke, *deve desaparecer a partir do momento em que a sociedade é mais feliz sem esta lei.*[148] *Não é*, diz Tertuliano, *o número de anos, são a sabedoria e o peso daqueles que fizeram as leis, é somente a equidade dessas leis que as torna estimáveis; assim, temos razão de rejeitá-las quando as achamos iníquas.*[149]

Quando se examinam as variadas legislações que servem de regra para a maior parte das nações, não se encontra nelas nenhum plano, nenhum sistema, nenhum conjunto. Elas apresentam apenas massas irregulares, sem gosto, sem ordenamento, bastante semelhantes a essas cidades nas quais só se vê uma reunião de estruturas diferentes; as ruas, sem alinhamento e repletas de curvas, mostram dos dois lados casebres góticos e arruinados, ao lado de palácios de uma arquitetura mais moderna. É possível julgar, pelo gosto que reina em cada edifício,

148 Locke, *Segundo tratado sobre o governo civil*, VI. (N. T.)

149 *Leges non annorum numerus, nec conditorum dignitas, sed sola aequitas commendat; atque ideo, si iniquae cognoscuntur merito damnantur.* (Tertuliano, *Apologético*).

os talentos e o gênio do século que o viu nascer. Porém, a moradia que conveio aos antepassados se torna quase sempre muito incômoda para os descendentes; esses últimos, algumas vezes, correm até mesmo o risco de ser soterrados, quando demoram muito tempo para demoli-la ou para sair dela.

Se, para conferirem uma solidez inquebrantável a seus direitos tantas vezes usurpados, os soberanos estabeleceram como máxima que esses direitos são imprescritíveis, inalienáveis e sagrados; se, como se sustenta, *os reis são sempre menores de idade*, por que os direitos das nações, cujo consentimento é o único que pode fazer os soberanos legítimos, não seriam tão sagrados quanto os dos reis? Se os reis, como pretendem, são os tutores dos povos, eles reconhecem, com isso, que os povos são *menores*, cujos tutores não podem fazer nada em seu prejuízo. Não será bem estranho que as nações, em quase todos os lugares, sejam privadas de recursos jurídicos que as leis concedem a qualquer cidadão, e não possam jamais se opor aos atos da violência ou da má-fé?

As nações gemem, em quase toda parte, sob o jugo de leis viciosas e caducas, de usos tão injustos quanto onerosos e de vexações multiplicadas que aqueles que as exercem têm a petulância de chamar de direitos. No entanto, os homens se apegam a isso; desconfiam das novidades; têm, comumente, tão pouca confiança naqueles que os governam que temem até mesmo os seus benefícios. Um governo que quer reformar com sucesso deve começar por esclarecer seus súditos e atrair a confiança deles. As leis e as formalidades, por mais defeituosas que sejam, são, em muitos países, as únicas barreiras que defendem, bem ou mal, os povos contra os atentados de seus tutores e de seus pais.

As leis civis estabelecidas em todas as nações, e ainda nelas subsistentes, foram e ainda são os efeitos da força, do capricho, da avidez e da falsa política dos conquistadores ou dos príncipes. Quase não existem povos sobre a Terra que tenham leis verdadeiramente conformes à natureza do homem vivendo em sociedade, acomodadas às suas necessidades presentes, à sua posição atual e aos seus interesses verdadeiros. Todos os países estão submetidos a leis elaboradas por selvagens, no seio do tumulto e da guerra, combinadas com aquelas que convinham outrora a outras nações. Nada é mais raro que um código feito expressamente para o povo que é forçado a obedecê-lo. As diferentes províncias de um mesmo Estado têm muitas vezes pesos, medidas, costumes e leis muito diferentes, e uma jurisprudência totalmente contrária à de seus concidadãos.

Choverão armadilhas sobre eles.[150] Trata-se de uma passagem que um sábio jurisconsulto aplica muito bem a todos os povos que, devido à multiplicidade, à obscuridade e à malignidade de suas leis, se tornam tantas vezes mais infelizes do que se não

---

150 *Pluet super eos laqueos.** O chanceler Bacon diz que as leis da Inglaterra sofrem o suplício imaginado por Mezêncio,** *as vivas morrem abraçadas às moribundas*. As leis romanas, adotadas parcialmente pela maioria das nações modernas, não lhes convêm de maneira alguma. As *Pandectas**** de Justiniano, descobertas no século XII, fizeram um grande mal às nações bárbaras cujos chefes ignorantes adotaram as leis romanas por falta de saberem fazer leis mais adequadas às necessidades de seus súditos.

* Francis Bacon, *Ensaios*, LVI. (N. T.)

** Rei mitológico etrusco que tinha o costume de torturar seus prisioneiros costurando suas bocas a bocas de cadáveres. (N. T.)

*** Compilação de leis organizada no reinado do imperador bizantino Justiniano, no século VI. (N. T.)

as tivessem. Na maior parte das terras desse mundo, longe de terem ideias claras sobre a equidade, os homens não estão em condições de compreender nada das leis contraditórias, confusas e enigmáticas que são forçados a seguir. A jurisprudência, assim como a religião, se fundamenta em livros que o povo não entende, e sobre o sentido dos quais os jurisconsultos estão tão pouco de acordo quanto os sacerdotes sobre os dogmas nos quais é-se forçado a crer. Como essa jurisprudência está totalmente repleta de mistérios, as nações são forçadas a sustentar uma multidão de sacerdotes de Têmis, que vendem seus oráculos por um preço tão caro quanto o dos sacerdotes do Altíssimo. Julgando as coisas pela jurisprudência e pela teologia, dir-se-ia que os homens não são feitos para compreender nada das matérias que mais lhes interessam. Com a ajuda das leis, nenhum cidadão está seguro de seus direitos; sua fortuna pode se tornar presa de qualquer chicaneiro habilidoso. As leis são tão confusas que uma máxima, tida como sensata, diz para *se acomodar a elas quando se tem razão e para se queixar quando se está errado*. A obscuridade das leis faz com que elas tenham necessidade de intérpretes, e esses intérpretes se tornam os donos da lei e da sorte dos cidadãos.

Um mau governo tem vantagem em obscurecer e em multiplicar suas leis; com isso, o déspota é sempre o dono delas, faz com que elas sirvam ao seu capricho e as emprega à vontade, seja para salvar o culpado, seja para assassinar o inocente. Tácito diz, com grande razão, que *quanto mais um Estado é corrompido, mais nele se fazem leis.*[151] Um duplo inconveniente acompanha sempre a multiplicidade das leis: um é impedir os povos

---

151 *In corruptissima republica plurimae leges.* (Tácito, *Anais*).

de conhecê-las; o outro é multiplicar os juízes e as forças necessárias para fazê-las serem respeitadas – forças sempre mais nocivas para a felicidade das nações do que as leis instituídas podem lhes ser vantajosas.

Não há nada mais absurdo que sustentar que o conhecimento das leis de seu país não é feito para aqueles que devem cumpri-las. Todo mistério anuncia sempre a intenção de enganar ou de lançar na dificuldade. É preciso que cada membro da sociedade entenda e conheça as regras da sociedade, a fim de se conformar a elas. Um código simples e breve, de leis em conformidade com o bom senso natural, seria mais útil e mais fácil de gravar do que um catecismo ininteligível que se ensina sem nenhum proveito ao vulgo ignorante.

E o que dizermos do delírio ou do abuso que vemos reinar em algumas nações, onde o direito tão nobre de fazer justiça aos cidadãos é comprado com dinheiro e transmitido como uma herança?! Assim, nesses países, basta ser rico ou ser filho de um juiz para adquirir o direito de decidir sobre a fortuna, a liberdade e a vida de seus concidadãos! A que ponto as ideias de equidade devem estar aniquiladas em povos que são obrigados a pagar pela justiça e a ter recomendações para obtê-la, e que veem todos os dias os cidadãos arruinados pela ignorância, a parcialidade e a injustiça de seus juízes!

Assim, tudo se corrompe e se transforma em veneno em uma administração corrompida. Até mesmo a justiça se torna ali um flagelo temível! Dizem, com a máxima razão, que a justiça é muitas vezes a maior das injustiças.[152] A jurisprudência que

---

152 *Summum jus, summa injuria*. Se o uso não conseguisse familiarizar os espíritos com as injustiças mais absurdas e mais revoltantes, seria

decide a sorte dos cidadãos só lhes dá, em quase todos os países, as ideias de uma justiça fictícia ou convencional, que tira o direito daquele que o recebeu da natureza e da razão, e que faz continuamente com que a propriedade do homem simples e de boa-fé passe para aquele que faz mais uso da chicana e da astúcia. *A forma*, em todas as nações, *leva vantagem sobre o conteúdo*, ou seja, converte os direitos mais justos em nada.

Por outro lado, essa jurisprudência, mascarada com o nome de justiça, é um verdadeiro pomo da discórdia: ela divide as famílias; ela torna os concidadãos falsos e atentos para abusar uns dos outros; ela favorece a força contra a fraqueza, a patifaria contra a ingenuidade, a impostura contra a franqueza. Em poucas palavras, seria possível definir o penoso conhecimento das leis bizarras e muitas vezes injustas que servem de regras às nações como *a arte de embaralhar e de destruir as ideias naturais da equidade no espírito dos homens, a fim de que nele subsista a fraude, o abuso de confiança e a má-fé*.

Sólon dizia que tinha dado aos atenienses *as melhores leis que eles podiam receber*. Um governo sem equidade só pode fazer leis injustas; uma nação de escravos só é suscetível de leis opressi-

---

possível não se chocar ao ver que, em algumas nações racionais e civilizadas, as leis atribuem ao primogênito de uma família todos os bens de seu pai, e não deixam nada, ou muito poucas coisas, para os filhos mais novos e para as irmãs? Essas leis, tão bárbaras quanto contrárias à natureza, se baseiam nos interesses de alguns nobres, cuja vaidade exige que *o esplendor de uma família seja conservado*. Porém, o interesse do Estado exige que os bens sejam partilhados entre o maior número possível de cidadãos; e a natureza clama a um pai que ele é um homem odioso por dar à luz alguns filhos para enriquecer um deles e mergulhar os outros na indigência.

vas; um povo corrompido só pode receber leis análogas à sua depravação habitual. É preciso instruir, formar e esclarecer os homens; e, sobretudo, torná-los livres, para torná-los capazes de receber boas leis. Que leis podem fazer os tiranos, a quem a injustiça e o crime são sempre necessários? De que leis são suscetíveis homens cegos que a força arrasta incessantemente para a maldade?

IV
Da fonte dos crimes

É visivelmente à injustiça, à tirania e à negligência daqueles que governam os homens que são devidos os crimes frequentes pelos quais vemos as nações inundadas. O homem do povo é, em toda parte, um verdadeiro selvagem, cujo espírito e o coração não foram de maneira alguma cultivados; o cuidado com os seus costumes é entregue a sacerdotes que, como já mostramos, contentando-se em encher-lhe a imaginação de terrores, de fábulas e de quimeras, e a obrigá-lo a se conformar a algumas práticas mecânicas, não pensam de maneira alguma em torná-lo racional e nem sociável. Comumente, em todos os países, o povo é muito devoto, muito crédulo, muito zeloso da sua religião – da qual não compreende nada – e muito disposto a sustentar os interesses de seus sacerdotes, que ele segue cegamente; mas permanece sempre em uma ignorância completa sobre os princípios da verdadeira moral; não tem nenhuma ideia de equidade, de humanidade, de sensibilidade; descobre o segredo de aliar a religião com a devassidão, com a embriaguez e, muitas vezes, até mesmo com o crime. Os países mais cegamente submetidos à superstição não se notabilizam, no mundo, nem pela pureza e nem pela inocência dos costumes.

Os injustos rigores do poder arbitrário, as vexações e o desprezo dos poderosos, dos ricos e dos homens de posição roubam do homem do povo todo sentimento de honra e toda estima por si mesmo. A partir daí, ele está pronto a fazer tudo para sair da miséria na qual, quase sempre, a opressão o mergulhou; a dependência na qual vive obriga-o a se conformar aos vícios daqueles dos quais ele tem necessidade para subsistir, ou cuja benevolência se tornou necessária para ele; consente facilmente em lhes sacrificar uma honra à qual não dá nenhum valor; ele não tem nenhuma ideia da virtude; vende sua consciência por dinheiro ou proteção; imita de longe os vícios e os defeitos daqueles que supõe serem mais afortunados que ele. Lacaios, que o luxo arrebata dos trabalhos da lavoura, vêm, no séquito dos ricos e dos poderosos, se entregar, nas cidades, a uma ociosidade fatal que logo os leva à devassidão, à licenciosidade, à prodigalidade e à fatuidade; eles acreditam se enobrecer imitando a arrogância e os desregramentos de seus senhores; para contentar essas paixões novas e essas necessidades adquiridas, são forçados a recorrer ao roubo e à fraude – e chegam, muitas vezes, aos crimes mais tenebrosos. Eis como, paulatinamente, o contágio do vício se espalha até às mais ínfimas classes do povo; a preguiça e a devassidão fazem eclodir nessas classes ladrões e celerados cujo único recurso é fazer a guerra contra a sociedade – e se vingar, por meio dos crimes, da rigidez ou da negligência do governo.

Na China, pune-se o mandarim em cuja circunscrição foi cometido algum grande crime. É a sua própria negligência ou a sua própria injustiça que um mau governo deveria responsabilizar pelo grande número de malfeitores que se encontra em um Estado. A multiplicidade dos criminosos evidencia uma administração tirânica e pouco cuidadosa. O rigor dos impostos, as vexações e a insensibilidade dos ricos e dos poderosos levam à multiplicação dos desgraçados que a miséria muitas vezes reduz ao desespero, e que se entregam ao crime ou ao meio mais rápido para saírem dela. Se a opulência é a mãe dos vícios, a indigência é a mãe dos crimes. Quando um Estado é malgovernado, quando as riquezas e a comodidade estão muito desigualmente repartidas – de maneira que milhões de homens carecem do necessário, ao passo que um pequeno número de cidadãos tem o supérfluo em abundância –, veem-se nele, comumente, muitos malfeitores, e os castigos não diminuirão o número de criminosos. Se um governo pune os desgraçados, ele deixa tranquilos os vícios que conduzem o Estado à sua ruína; ergue cadafalsos para os pobres, quando é ele quem, ao produzir os miseráveis, produz ladrões, assassinos e malfeitores de toda espécie: ele pune o crime, ao passo que incentiva incessantemente a cometê-lo.[153]

Exaltam a todo momento as vantagens de uma grande população, e buscam os meios de produzi-la. Será que não veem que, pela natureza das coisas, a população se adequa por conta própria à bondade do governo, à sabedoria de suas leis, à fecundidade do solo, à atividade dos habitantes, à liberdade e à segurança de que se desfruta? Um governo injusto já tem muitos escravos; ele não sabe empregar os homens, e só faz deles mendigos, vagabundos e malfeitores; ele só pensa em

153 *Interdum puniunt immania scelera, cum alioquin scelerum irritamenta praebeant suis.* (Cf. Erasmo, *Apotegmas*, I, 72).

enriquecer alguns cidadãos favorecidos, à custa de todos os outros; ele desencoraja o agricultor; ele desencoraja a indústria com impostos opressivos; ele torna inútil a fertilidade do solo. Longe de atrair novos habitantes, ele força os antigos a emigrações contínuas. Uma administração tão cruel quanto insensata será, pois, feita para usufruir das vantagens reservadas a uma administração humana e racional? Será que um governo despótico não multiplica os vícios, a miséria e os crimes na mesma progressão em que comete injustiças? Um país malgovernado nunca é muito povoado. A fermentação perigosa que devem necessariamente provocar os desgraçados amontoados em uma prisão malsã termina por infectar o ar que nela se respira, e por torná-lo mortal.

Em vez de abrandar a sorte do agricultor, a fim de incentivá-lo ao trabalho; em vez de ocupar utilmente o pobre; em vez de apegá-lo a seu país com terras que respondam pela sua conduta; em vez de zelar pela instrução do povo; em vez de impedir os vícios e os crimes de germinar e de eclodir, um mau governo nada mais faz do que agravar dia após dia a miséria do infeliz. Ele força o lavrador a abandonar uma terra maldita que o expõe a opressões sem fim. Obriga-o a buscar na mendicância uma subsistência menos penosa; sufoca, nesse lavrador, o sentimento da vergonha e do apego ao seu país. Lançam, assim, as sementes do vício, da preguiça e do crime; nutrem-nas; deixam que desenvolvam raízes profundas e lhes opõem, em seguida, alguns castigos pouco capazes de inspirar temor a seres depravados para os quais o crime se tornou necessário. Quantos suplícios cruéis e multiplicados uma administração equitativa e vigilante não pouparia?! Não seria, portanto, mais sábio impedir os crimes de nascerem do que se pôr na condição de puni-

-los incessantemente e sem resultado? Porém, um mau governo se vê na impossibilidade de dar alívio a seus povos. A economia sempre parece o mais violento dos remédios para príncipes que jamais podem consentir em pôr limites ao seu luxo e às suas extravagâncias.

Em um Estado, o homem que não tem nada não está ligado por nenhum laço à sociedade. Como querem que uma multidão de miseráveis, a quem não foram dados princípios e nem bons costumes, continuem sendo os espectadores tranquilos da abundância, do luxo, da opulência supérflua e das riquezas injustamente adquiridas de tantos cidadãos corrompidos que parecem insultar a miséria pública, e que raramente são vistos dispostos a aliviá-la? Com que direito a sociedade poderia punir com a morte um ladrão doméstico que terá sido testemunha das rapinas impunes e das roubalheiras de seu senhor, ou que verá os ladrões públicos andarem de cabeça erguida, desfrutarem da consideração e das homenagens de seus concidadãos e exibirem sem pudor, diante dos próprios olhos dos chefes do Estado, um luxo insolente, fruto das suas extorsões? Como se fará com que a propriedade alheia seja respeitada por desgraçados que foram, eles mesmos, vítimas da rapacidade do rico, ou que viram a todo momento os bens de seus concidadãos impunemente invadidos pela violência ou pela fraude? Enfim, como induzir a se submeter às leis homens a quem tudo prova que essas leis, armadas apenas contra eles, são indulgentes com os poderosos e os felizes da Terra, e só são inexoráveis com o desgraçado e o pobre? *Só se morre uma vez*; a imaginação do celerado se acostuma pouco a pouco com a ideia dos suplícios mais cruéis; ele termina por encará-los como um *momento desagradável*; se é para morrer, tanto faz perecer pelas mãos do carrasco quanto perecer de fome, ou mesmo trabalhar infrutiferamente por toda a sua vida.

A que ponto as ideias do justo e do injusto não devem se confundir no espírito de um povo que vê apenas extorsões, pilhagens e rapinas exercidas com o conhecimento do governo, e até mesmo por sua ordem? Que noções pode fazer da equidade um povo que seus senhores entregam à rapacidade de um exército de contratadores de impostos,[154] que enriquecem juridicamente e legalmente com a subsistência do pobre? O que pode pensar das leis do seu país um homem que se apercebe de que elas só têm comumente o objetivo de proteger os grandes criminosos dos ataques dos criminosos subalternos? Será que o horror que se deveria ter pela injustiça e pelo roubo não deve ser aniquilado em todos os espíritos, quando se vê o próprio chefe da nação fazer um tráfico vergonhoso, com alguns súditos favorecidos, da propriedade de todos os outros? Aos olhos da equidade natural, os impostos não seriam roubos, quando eles não têm, verdadeiramente, como objetivo as necessidades reais da sociedade? Enfim, o que acontece se os concussionários, os extorsionários e os opressores privilegiados, não somente não são desprezados, mas exercem abertamente um ofício que é julgado honroso, e são considerados as colunas de um Estado?

É a falta de justiça que empurra comumente os homens ao crime; a partir do momento em que ela é espezinhada pelos príncipes e pelos poderosos; a partir do momento em que o forte pode impunemente oprimir o fraco; a partir do momen-

154 Na França do Antigo Regime, era possível comprar do rei o direito de cobrar impostos sobre alguns produtos, serviços ou regiões. (N. T.)

to em que a sociedade não se preocupa ou se recusa a vingar e a proteger, o homem procura fazer justiça por si mesmo; ele se entrega às suas paixões, acredita que tudo lhe é permitido; declara guerra à sociedade, que é forçada a viver continuamente alarmada. É culpa da justiça que, em certos países, os assassinatos, as vinganças privadas, as traições e os envenenamentos sejam tão frequentes? Os homens se vingam por conta própria, quando a lei não quer vingá-los.[155]

Na punição dos crimes, os governos modernos parecem ter conservado em grande parte a violência e a barbárie dos selvagens. As leis penais do despotismo carregam, sobretudo, a marca do seu caráter brutal; elas são comumente atrozes; seu princípio é inspirar o terror. Os tiranos são muito preguiçosos, muito indolentes e muito privados de luzes para procurar meios brandos de regenerar os homens ou de impedi-los de causar danos; eles só corrigem com furor e destruindo tudo com um golpe. Parece que sempre querem encontrar culpados e temem encontrar inocentes; eles empregam torturas requintadas, muitas vezes capazes de arrancar de um infeliz muito fraco a confissão dos crimes que ele jamais cometeu. Em poucas pa-

---

155 Na Itália, na Espanha, em Portugal etc., os assassinatos são muito frequentes, porque nesses lugares é quase impossível obter alguma justiça. O povo, nesses países, simpatiza com o assassino e lhe facilita, comumente, os meios de se evadir. Além disso, as igrejas lhe oferecem um asilo. Na Inglaterra, um assassino desperta o horror do povo; todos se creem interessados em entregá-lo nas mãos da justiça. Dizem que os venezianos não punem os assassinatos, muito frequentes, em *terra firme*, a fim de manter os desentendimentos entre os súditos – cuja concórdia lhes pareceria preocupante. Pausânias assassinou Felipe, pai de Alexandre, por uma negação de justiça. (Cf. Justino, *História universal*, livro IX, cap.6).

lavras, sempre iníquos e desprovidos de humanidade, punem sem medida e proporcionam o castigo não ao mal real feito à sociedade, mas à sua cólera, à sua vingança, ao seu interesse. Acostumados a desprezar o homem, eles o exterminam com a máxima facilidade; a simples suspeita lhes basta, algumas vezes, para tirar a vida. Os filhos inocentes são punidos pelos delitos de um pai culpado; um confisco tão injusto quanto bárbaro os priva de tudo e os reduz à mendicância – com a intenção, sem dúvida, de forçá-los a se tornarem malfeitores. O inocente, depois de ter sofrido muito, e que foi arruinado pela sua detenção, não obtém nenhuma indenização. Eis aquilo que se chama de *fazer justiça* em muitas nações!

A clemência de um déspota é atroz; ela não passa, muitas vezes, de um suplício continuado, cem vezes mais cruel que a morte; ele acredita poupar suas vítimas mergulhando-as para o resto da vida em calabouços infectos, onde o homem de bem, o cidadão virtuoso, por ter desagradado algum vizir injusto, é confundido com os maiores criminosos.

O efeito dos suplícios rigorosos é fazer com que o povo simpatize com o desgraçado que os sofre; esquecem do seu crime para se comover com a sua sorte. Em um governo injusto, fica-se indignado com a crueldade das leis, facilmente suspeitas de injustiça e de parcialidade. Quem é que não ficaria revoltado com a visão do suplício de um desafortunado que um furto, muitas vezes de pouca monta, fez condenar à morte? É preciso que se dê uma grande importância ao dinheiro, e bem pouca à vida de um homem, já que ela é tirada tantas vezes por ninharias! Se a preguiça e o vício produzem os malfeitores, seria pelo trabalho que se deveria puni-los. Um homem morto está perdido para a sociedade; aquele que trabalha para ela, lhe é de alguma utilidade; ele repara, de algum modo, o mal que lhe pôde fazer.[156]

Exaltam-nos todos os dias a eficácia da religião; asseguram-nos de que suas terríveis ameaças são o freio mais poderoso que se possa opor aos crimes do povo. Mas por que, no entanto, vemos um tão grande número de ladrões, de assassinos e de malfeitores de toda espécie, sobretudo nas nações mais religiosas – que, como já foi observado, são aquelas onde se encontram os costumes mais desregrados e os crimes mais frequentes? É que a religião não procura tornar os povos racionais; é que a moral que ela ensina não é nem persuasiva e nem inteligível para o homem comum; é que seus dogmas obscuros, seus terrores distantes e suas quimeras invisíveis não causam mais que uma impressão passageira no espírito dos infelizes – que tudo, além do mais, incita ao mal, que a miséria oprime e leva comumente ao crime; é que a religião não é bastante forte para desarraigar os vícios que o governo, que os exemplos funestos e que o luxo semearam e cultivaram; é que ela não pode aniquilar inclinações habituais e confirmadas, tais como a embriaguez, a devassidão, a licenciosidade e, sobretudo, a preguiça

---

156 Dizem que um imperador da China, tomando conhecimento, quando da sua coroação, de que todas as prisões estavam cheias de criminosos que haviam, segundo as leis, merecido a morte; e tendo visto que, por outro lado, a colheita não podia ser realizada por falta de braços, mandou devolver a liberdade aos prisioneiros, ordenou-lhes que fizessem as colheitas e que voltassem, em seguida, para as suas prisões; eles obedeceram e, depois da colheita, retornaram para as suas prisões. Diante disso, o imperador, comovido com a sua obediência, perdoou-os e lhes devolveu a liberdade. Acrescentam que nenhum deles mereceu ser preso uma segunda vez. (Cf. Du Halde, *História da China*, vol.IV).

obstinada que muitas vezes faz preferir o crime e seus perigos a um trabalho honesto. Enfim, será que esta religião não tranquiliza aqueles que ela ameaça? Se ela faz entrever os suplícios eternos de uma outra vida, será que não faz esperar que um arrependimento sincero na hora da morte seja suficiente para apagar os crimes mais atrozes? Os maiores celerados sempre prometem para si mesmos *terem um final feliz*; eles se gabam de obter as recompensas eternas oferecendo à divindade os suplícios e a morte aos quais as leis os condenam.

Não é a religião que contém as paixões dos homens. É a educação, o exemplo, o temor da desonra e a razão mais exercitada que fazem com que as pessoas da alta sociedade tenham geralmente uma conduta mais circunspecta que a da gente da ralé – entre as quais encontram-se os malfeitores que são punidos pelas leis. Todas essas coisas são nulas para a última classe dos cidadãos, que não tem outra instrução além daquela que recebe dos seus sacerdotes. Além do mais, o homem do povo, grosseiro e cercado de seres que se parecem com ele, não tem nenhuma ideia da decência, da honra, do mérito ou da vergonha; ele permanece um autômato incapaz de refletir e, por conseguinte, pouco suscetível de vergonha e de remorsos: é, como dizem, um verdadeiro selvagem, que leva para as cidades a brutalidade, a estupidez, a imprudência e a insensatez do habitante das florestas. O homem de sociedade é um ser mais civilizado, mais acostumado a raciocinar sobre a sua conduta, a temer a opinião pública e a conservar sua reputação; se ele tem vícios, raramente se permite os crimes que poderiam ter consequências; ele só se permite aqueles que vê autorizados pelo governo; roubará o público, mas se envergonhará de roubar do bolso de um cidadão.

Em um governo cego e corrompido, os remédios que se opõem à corrupção dos povos se tornam, eles próprios, uma fonte de corrupção. A *polícia* é um ramo da administração destinado a zelar pela segurança das cidades, a fazer as leis serem cumpridas e a exercer uma censura vigilante sobre os costumes. Nas mãos de um governo perverso, ela se torna apenas uma inquisição detestável, um flagelo temível, um instrumento de opressão. Ela é vista menos ocupada com a segurança pública do que com a segurança privada, os interesses e as vinganças daqueles que atacam abertamente a segurança dos cidadãos. Em vez de reprimir eficazmente a depravação dos costumes, ela a conserva e paga por ela; seus asseclas cobram tributos sobre a corrupção pública, sobre a prostituição e sobre os delitos. Em vez de formar homens de bem, esta polícia, em vários lugares, inunda a sociedade de espiões, de delatores, de almas vis e mercenárias, que se tornam os censores públicos e os árbitros da sorte dos cidadãos mais honestos; é a esses últimos, sobretudo, que um governo tirânico declara guerra; ele sabe que as pessoas de bem não podem aplaudir as suas desordens e as suas iniquidades. Será que um Estado pode, pois, ser feliz quando aqueles que governam vivem em uma desconfiança contínua das pessoas mais honestas?

Que juízo um homem de bem poderia fazer de uma polícia perpetuamente ocupada em buscar no santuário das famílias, da amizade e da sociedade vítimas para imolá-las à vingança e às suspeitas dos ministros ou dos poderosos – que sua consciência atormentada força a estar continuamente alarmados sobre os discursos dos cidadãos que eles ultrajam? O despotismo solta as rédeas de todos aqueles que o exercem, e, seguindo a inclinação de sua violência natural, vinga-se com furor e ignora a piedade. Uma palavra indiscreta, um gracejo imprudente, são muitas vezes punidos com a perda da fortuna e da liberdade.

Assim, a virtude mais nobre, a grandeza de alma – esse sentimento que revolta o homem contra a opressão e a injustiça –, está continuamente exposta aos golpes de um governo perverso, e é objeto dos inquéritos de seus infames asseclas. Não fiquemos espantados com isso. A virtude e a tirania são feitas para se detestarem; a tirania força a própria virtude a preparar sua ruína. Quantas grandes almas e gênios sublimes foram forçados a expiar no cativeiro, ou mesmo com o seu sangue, o crime de terem se irritado com os inimigos do gênero humano!

V

Da influência do governo sobre o caráter nacional, sobre os talentos do espírito e sobre as letras

Tudo aquilo que precede prova claramente que o governo influi da maneira mais marcante sobre os costumes dos homens, e não influi menos sobre o caráter, as opiniões e o espírito dos cidadãos. Os príncipes parecem ordenar que se faça tudo aquilo que eles mesmos fazem. Os exemplos dos grandes são seguidos pelos pequenos; as cortes dão o tom às nações, e regulam as noções do vulgo – que segue cegamente os impulsos que recebe daqueles que ele vê como os árbitros da sua sorte, cuja superioridade ele reconhece, e que supõe serem os mais felizes.

O despotismo, desprovido de luzes e de razão, mostra a quem o examina atentamente todas as características da infância. Ele faz, desfaz e refaz incessantemente. Nele se encontram a todo instante o mau humor, a impaciência, a presunção, o estouvamento e a frivolidade da tenra idade. Seria tão útil às nações serem governadas por crianças quanto por senhores absolutos que, pouco capazes de prever algo, sacrificam tudo aos seus caprichos do momento.[157] Não pode haver nada de estável

157 Em 1720, o imperador da China mostrou uma cólera furiosa e desgraçou todos os *kolaos* – ou principais ministros – porque, para o

no reinado de príncipes que podem destruir tudo aquilo que atrapalha as suas fantasias; toda regra, toda barreira e toda lei se tornam insuportáveis para eles. E a paz e a guerra, e a prosperidade e as calamidades, a riqueza e a pobreza, a fortuna do sultão e dos escravos estão a todo momento por um fio. Os interesses cambiantes, as imprudências de um vizir, as intrigas de uma corte e os conselhos de uma mulher decidem a sorte da nação e do chefe, e são suficientes para demolir o sistema do governo.

Em um Estado despótico, toda mudança de ministro produz uma desorganização total na administração. A essência de um governo arbitrário é não seguir nenhum plano. A cabala e a intriga empregam e desempregam continuamente homens sem talentos e sem virtudes, que transmitem de mão em mão um Estado no qual cada um, à sua maneira, causou profundas feridas. Uma nação é incessantemente vítima da imperícia, da voracidade, da negligência, da malícia e da loucura daqueles que disputam o direito de atormentá-la. Em uma semelhante desordem, a única preocupação do alto funcionário é intrigar para se manter em seu cargo; ele negligencia a coisa pública; faz assiduamente sua corte; sacrifica a pátria e o príncipe; deixa o Estado se tornar aquilo que pode. Como um ministro que prevê que o menor capricho pode fazê-lo perder o posto, que sabe que o seu senhor, indiferente quanto ao bem do Estado, não lhe será grato pelos seus cuidados e pelos seus trabalhos, se empenharia

---

dia do seu aniversário, eles tinham mandado preparar para ele um arco do triunfo menos belo que o do ano precedente. (Cf. a *Viagem de Petersburgo a Pequim*, por J. Bell*).

* John Bell (1691-1780), médico britânico nascido na Escócia. A obra mencionada se intitula *A journey from St. Petersburg to Pekin*, 1719-22. (N. T.)

em agir bem? A estima pública não tem nenhuma importância em um país onde o único interesse é agradar ao príncipe e fazer amigos próximos a ele. É impossível que um alto funcionário trabalhe com atenção nos negócios de uma nação, quando todo o seu tempo é empregado em poupar o espírito de um senhor sempre na infância, bem como das crianças que o rodeiam.

Se o déspota não passa de uma criança irracional, os cortesãos que o rodeiam seriam mais sensatos do que ele? O homem mais sério é forçado a rir ou a se indignar ao ver as pomposas bagatelas que, comumente, são objeto dos cuidados, das intrigas e das manobras de uma corte. Pretensões pueris, direitos impertinentes, prerrogativas ridículas, ninharias nas quais se faz consistir a *dignidade*, frivolidades com as quais o bom senso se envergonha, querelas de mulheres – eis aí, muitas vezes, os grandes motores de uma monarquia! Espíritos vãos e estreitos são incapazes de apreender objetos verdadeiramente grandes; pessoas que só existem pela opinião só conhecem uma grandeza e bens de opinião. As crianças estão ocupadas com brincadeiras; bailes, festas e espetáculos absorvem comumente a atenção das principais figuras do Estado – que, às vezes, se encontra arruinado sem que a corte pareça se aperceber disso.

Em um governo absoluto não é permitido a ninguém se ocupar com a sua sorte ou pensar no bem público; esses objetos, interditos a escravos, convêm apenas aos cidadãos de um país livre. A vaidade ocupa o lugar da grandeza nos súditos de um senhor absoluto. Um caráter estouvado, inconstante e desleixado é aquele que melhor lhes convém. Todo homem que não pode contar com nada deve viver um dia de cada vez; o dia de amanhã não lhe pertence; o acaso e o capricho decidem continuamente a sua sorte; ele nunca deve encarar um futuro angustiante; uma fantasia pode aniquilar os seus direitos, as suas leis, os seus privilégios, a sua posição social, a sua fortuna e a da sua posteridade; todo homem que volta suas vistas para o futuro parece apenas um sonhador incômodo e melancólico, nas nações cujos chefes não têm princípios, e onde nada é feito para ter estabilidade. Os países submetidos ao poder arbitrário só contêm homens inteiramente embrutecidos ou frívolos, igualmente incapazes de reflexões. Uma completa indiferença pela pátria, uma incúria estúpida, uma paixão desordenada por divertimentos fúteis e uma aversão acentuada por todos os objetos sérios são os efeitos naturais e necessários de um governo para quem nada é sagrado, e que trata levianamente os assuntos mais importantes. Como seria possível fazer seres que só tratam de desviar seus pensamentos do presente e do futuro, ou seres estúpidos e privados de toda energia, que não pensam em nada, sentirem os interesses de uma pátria, as ideias da verdadeira grandeza e os direitos da equidade?

Além do mais, como já observamos, o hábito identifica a escravidão com os homens; eles terminam por viver muito contentes com os seus grilhões; ou, então, semelhantes a crianças, eles se vingarão, quando muito, através de um epigrama, de uma canção ou de uma sátira, das violências de um ministro ou das opressões do governo.

Lamentam-se muitas vezes de ver que, em nações frívolas, histriões, cantores, dançarinas etc., estão em condições de absorver a atenção do público, e que, nelas, os talentos fúteis são preferidos aos grandes talentos. Porém, será que não se apercebem de que o mérito, a ciência e os verdadeiros talentos são inúteis ou fora de lugar em países nos quais seres sem mérito e sem talentos dão o tom à sociedade? Os povos efeminados pelo despotismo, e que permanecem em uma infância perpétua, só precisam de poetas galantes, joalheiros e inventores de modas. O luxo, as mulheres e o espírito militar são obstáculos feitos para impedir constantemente que as cabeças cheguem à maturidade.

A afetação, os maneirismos, a fatuidade, o luxo, os diferentes meios de mascarar sua pequenez sob uma aparência imponente, a arrogância, o tom insolente e a importância são produtos das cortes, cujas maneiras são comumente copiadas por uma multidão de homens vãos, que se creem alguma coisa imitando – algumas vezes da maneira mais ridícula e mais desastrada – o modo de ser dos poderosos. Um convívio contínuo com os homens de guerra faz apreender com rapidez o tom do estouvamento, da leviandade e da galanteria. Enfim, o convívio frequente com um sexo que tudo conspira para manter em uma infância eterna, faz com que se dê uma grande importância a bibelôs, enfeites e bagatelas.

A elegância nos prazeres, o gosto frívolo, a arte de entreter os ociosos e de perder o seu tempo são levadas bem mais longe e mais diversificadas, no governo de um monarca absoluto, do que a arte de tornar os homens felizes. Um governo arbitrário deve se propor a desviar os espíritos da reflexão, ou a levá-los a refletir sobre objetos fúteis. Enquanto os tiranos de Roma mandavam degolar senadores, divertiam com espetáculos pomposos um povo desocupado que não cessava de aplaudir os carrascos da pátria – e que, desde que fosse entretido, se incomodava muito pouco com aquilo em que ela pudesse se transformar.

Exaltam-nos incessantemente a elegância, o bom gosto, as obras-primas e as maravilhas que alguns soberanos poderosos fizeram algumas vezes nascer com a sua generosidade e os encorajamentos que deram às ciências, às artes e aos talentos do espírito, através dos quais eles conseguiram fazer de seus reinados épocas memoráveis, e tornar seus nomes respeitados e queridos pela posteridade. Porém, se examinarmos de perto esses séculos tantas vezes celebrados, descobriremos que as fracas vantagens que eles proporcionaram a alguns cidadãos não eram de maneira alguma apropriadas para compensar nações inteiras pelas atrozes calamidades com que eles as inundaram. Alguns tiranos cheios de vaidade algumas vezes se glorificam de assombrar os povos com as suas despesas, mas jamais se glorificam de torná-los melhores e nem mais afortunados.

Entre as épocas célebres se situa comumente o século de Alexandre. Porém, não terá sido nesse século famoso que a liberdade da Grécia foi aniquilada, e que as suas repúblicas, os seus chefes outrora corajosos e os seus oradores mais sublimes se viram vergonhosamente subjugados por alguns tiranos, que logo extinguiram em toda parte o fogo sagrado do gênio? Que sorte foi mais deplorável que a da Ásia, submetida a esse conquistador impetuoso e a seus ferozes sucessores?! Seus anais só nos mostram cidades reduzidas a cinzas, planícies devastadas, povos massacrados e terras férteis transformadas em desertos.

Se lemos com enlevo as obras imortais de Virgílio e de Horácio; se examinamos com admiração os monumentos do século de Augusto, será que ao mesmo tempo não nos envergonhamos com as adulações esbanjadas por musas venais a um tirano, que só consentiu em moderar os seus furores depois de ter, por um longo tempo, se saciado com o sangue de seus concidadãos? Esse século tão memorável não terá sido a época da escravização total dos romanos, e da degradação completa de suas almas? Será que o reinado desse déspota magnífico, que se gabava *de ter transformado em mármore a capital do mundo,* não lançou as bases inquebrantáveis da tirania exercida depois por Tibérios, Calígulas, Neros, Domicianos, e por tantos outros monstros que, durante uma longa série de séculos, fizeram o mundo inteiro gemer sob o peso de seus crimes?

Contemplamos com espanto os monumentos ainda recentes de um monarca moderno cujo reinado fez nascer, de chofre, as ciências, as letras e as artes em seus Estados. Admiramos com razão as obras imortais dos poetas, dos artistas e de tantos sábios em todos os gêneros que seus benefícios e suas atenções fizeram eclodir em seu reinado. Porém, será que alguns dramas sublimes, algumas poesias muitas vezes aviltadas pela adulação, algumas estátuas e pinturas admiráveis teriam o direito de nos deslumbrar a ponto de esquecermos as guerras intermináveis, as proscrições sangrentas, as perseguições desumanas e as opressões contínuas pelas quais um reinado tão pomposo foi tantas vezes maculado? Será que teremos a coragem de aplaudir as obras-primas que custaram o sangue e o suor de tantos milhões de homens reduzidos à mendicância? Será que o homem de bem não ficaria mais comovido com uma época que tivesse tornado os povos mais felizes, do que com uma época que só se notabilizou pelas suas misérias, e pelo luxo insultante de um déspota que a baixeza se esforçou para elevar à condição dos deuses?

Tudo nos prova a influência do poder arbitrário, assim como da vaidade e da frivolidade das cortes e das nações, sobre as letras, os talentos e as produções do espírito. O gênio precisa da liberdade para seguir sua trajetória; um governo tirânico e vão o detém em seu curso ou o obriga a se voltar para objetos desprezíveis.[158] Em uma nação acorrentada, a língua das musas parece feita apenas para cantar as ilustres atrocidades dos conquistadores ou o luxo pueril dos senhores da terra. O gênio do poeta, destinado por sua natureza a planar no alto do céu e a dar coragem e elevação às almas, se vê forçado a rasar humildemente a terra, a adular a vaidade das cortes, a procurar agradar às mulheres e a celebrar seus triunfos – que são, muitas vezes, os do vício e da desordem. Uma vez que tudo conspira para manter na infância tais seres, basta-lhes ficções, romances, pinturas voluptuosas, dramas repletos de intrigas amorosas e versos galantes. Que sucessos um Tirteu[159] não poderia esperar dentro das muralhas de Sibaris?![160]

A eloquência, cujo objetivo é comover fortemente os corações apresentando-lhes grandes objetos, só pode nascer em um povo livre, no qual é permitido ao cidadão se ocupar de sua pátria. Ela estaria evidentemente deslocada nas terras onde não existe nenhuma pátria, ou pelo menos onde é proibido pensar nela. Nesses lugares, a arte oratória está exclusivamente reservada aos ministros da religião, na boca dos quais, bem longe de servir para esclarecer ou reanimar os homens, ela serve apenas para cegá-los, para torná-los ferozes ou covardes, para fazê-los tremer diante de vãos fantasmas, para alimentá-los de

---

158 O célebre cavaleiro Saville ouvia alguém exaltar as produções literárias de seu país e as obras-primas que nele haviam sido produzidas no reinado de um grande monarca. *Pode haver* – respondeu-lhe Saville – *boas obras em um país onde não é permitido escrever sobre o governo nem sobre a religião?*

159 Poeta lírico grego que viveu no século VII a.C. (N. T.)

160 Cidade grega cujos habitantes, os sibaritas, eram conhecidos pelo seu luxo e refinamento. (N. T.)

quimeras; enfim, para bradar inutilmente contra os vícios e as loucuras que tudo o mais contribui para fazer nascer e para multiplicar.

A história é feita para transmitir fielmente à posteridade as ações de seus antepassados, os vícios e as virtudes dos reis, os direitos das nações, os acontecimentos felizes e infelizes que elas sucessivamente experimentaram. Para ser útil, o historiador deve ser verídico, e explicar as causas cujos efeitos foram vantajosos ou nocivos; ele deve fixar os olhos dos povos sobre os delírios de seus senhores, sobre os quadros sangrentos de suas guerras, de seus crimes, de seus atentados contra a felicidade pública. Porém, a história não pode relatar sem perigo essas desordens, sob um governo sempre inebriado pelas mesmas loucuras, e que não suporta que o mostrem com os seus verdadeiros traços. Assim, sob penas servis, trêmulas e guiadas pelo preconceito, a história não passa de um amontoado de mentiras e de fatos disfarçados, dos quais não pode resultar nenhuma utilidade.

O despotismo só se serve dos talentos para enganar; quando se digna a deixar cair sobre eles um olhar favorável, é apenas com o intuito de fazê-los incensar a sua vaidade. E se eles têm a audácia de adotar um tom mais nobre? Ele os odeia ou os proscreve com furor, com medo de que eles despertem os escravos adormecidos em seus grilhões. Por outro lado, o tom varonil do gênio não deixaria de assustar as almas enfraquecidas pelo luxo; o fulgor da verdade feriria os olhos muito fracos para suportá-lo. Os talentos são, portanto, forçados a se pôr em harmonia com a fraqueza pública; o homem de letras se torna adulador; ele se debilita para agradar seres debilitados; ele prefere a fútil vantagem de um sucesso passageiro à glória duradoura de passar para a posteridade; ele não ousa mais ser ele; ele sacrifica o seu vigor à fraqueza daqueles que ele adota como juízes. Além disso, para fazer sua corte, ele se torna muitas vezes apologista do despotismo e da escravidão; ele levará a baixeza a ponto de maldizer a liberdade e tornar suas vantagens suspeitas para os seus concidadãos.

Os talentos se aviltam a partir do momento em que deixam de se propor a glória como objetivo. O homem de letras só tem a perder a partir do momento em que pensa na sua fortuna; em um governo frívolo e sem luzes, ele se torna intrigante, cortesão e adulador; seu espírito se degrada; ao entusiasmo que deveria inflamá-lo, sucede o desejo de obter riquezas e de arranjar protetores. A nobre estima por si concedida pelo mérito é substituída por pretensões; ele vê a todo momento que para agradar é preciso rastejar, e que as recompensas literárias são comumente o butim dos complacentes, dos bajuladores e dos espíritos medíocres que, bem mais do que o gênio, conhecem o segredo de agradar os dispensadores das graças e os seres frívolos que se tornaram os árbitros do mérito e os distribuidores das reputações.

Não é senão no silêncio do retiro, é à luz da lâmpada que o gênio se esclarece; é por meio de longos trabalhos que se adquire o conhecimento; é na conversa com seus pares – e não nos círculos frívolos – que o homem de letras se inflama e se põe em condições de incendiar as almas alheias; o seu fogo se evapora e se amortece no turbilhão do mundo. A reputação é a amante dos homens de letras, mas existem muitos que arrebatam os seus favores de surpresa, sem ter feito nada para merecê-los. Daí essas vis invejas, essas cabalas, essas manobras, essas querelas escandalosas que tomam o lugar de uma nobre emulação e só servem, quase sempre, para tornar ridículos e desprezíveis, aos olhos das pessoas da alta sociedade e dos poderosos, os talentos, os conhecimentos e as lições daqueles cujo objetivo deveria ser esclarecer seus concidadãos, instruí-los através dos seus exemplos e merecer os seus sufrágios, assim como os da posteridade, por meio de obras úteis e por uma conduta honesta.

Com efeito, é preciso reconhecer que os homens mais eminentes por seus talentos nem sempre são aqueles que mais se notabilizam pela sua razão e pela sua sabedoria. Eis a crítica, muitas vezes fundamentada, que a ignorância maligna faz aos letrados; é assim que a mediocridade se consola e se vinga dos talentos. No entanto, responderemos aos detratores das letras aquilo que Antonino[161] dizia de Marco Aurélio: *Tolerai que ele seja homem; a filosofia e o império não tiram as paixões*. A contaminação de uma sociedade vã e corrompida às vezes se faz sentir no homem que cultiva as letras; sua imaginação, sempre ativa e sensível, está sujeita a se inflamar, e deve muitas vezes contribuir para tornar as suas paixões mais fortes; os elementos que constituem o gênio que admiramos fazem também com que o homem de gênio tenha algumas falhas mais acentuadas que as do homem vulgar. Em poucas palavras, não é nada extraordinário que um caráter vigoroso mostre força até em seus defeitos. Porém, esses defeitos, tantas vezes identificados com afetação pelos inimigos do saber, não tiram daqueles que os têm seus direitos sobre o justo reconhecimento que lhes é devido pelos grandes passos que muitas vezes eles poupam à preguiça do espírito humano. Qualquer que seja a conduta do homem de gênio, admiremos seus talentos e tiremos proveito de suas li-

161 Trata-se do imperador Antonino Pio. (N. T.)

ções quando os acharmos úteis e sábios, e lastimemos a sorte da humanidade – cuja perfeição não pode ser compartilhada. Além do mais, o homem que abusa de seus talentos não estará no mesmo caso que o homem opulento que muitas vezes abusa vergonhosamente das suas riquezas? Que o poderoso que tantas vezes se avilta para obter um crédito do qual abusa? Que o sacerdote cuja conduta desmente a todo instante os preceitos austeros que ele ensina a seus ouvintes? Os vícios e os defeitos das pessoas da alta sociedade são logo sepultados no esquecimento, ao passo que os dos homens de letras são comumente publicados e transmitidos à posteridade.

A filosofia, que nada mais é que o amor pela sabedoria, pela razão e pela verdade, é sobretudo a ciência mais exposta aos desprezos de uma nação leviana e dissipada, e ao mau humor de um governo iníquo cujo poder está fundamentado apenas nas trevas da opinião. Como os tiranos poderiam aprovar ou favorecer uma curiosidade temerária que remonta aos princípios, que julga tudo de acordo com o seu real valor ou a sua utilidade, e que ousa pôr até mesmo a autoridade na balança do exame? Os homens estão de tal maneira acostumados à mentira que a verdade lhes parece comumente a mais perigosa das novidades. O amigo da verdade parece ser, comumente, o inimigo de todos; pouquíssimas pessoas consentem em ser avaliadas; a maior parte dos homens só se nutre de opiniões, de vaidades e de ilusões.

A política, como já se pôde ver, nas mãos dos tiranos, se tornou uma ciência tenebrosa, sobre a qual eles não permitem que os cidadãos lancem seus olhares profanos. Semelhantes a vis rebanhos, os homens são feitos para se deixar conduzir, sem nunca terem o direito de julgar os seus condutores; para eles, o governo é um santuário que eles devem reverenciar de longe, sem poder impunemente tentar penetrar nele.

Enfim, a moral é um objeto sério demais para seres frívolos; ela seria inútil para escravos que chefes corrompidos têm interesse em perverter e em embriagar de loucuras. Além do mais, esta ciência, sempre incompatível com a injustiça e a desordem, se chocaria de frente com as pretensões do poder arbitrário; ele não pode ver com bons olhos uma moral cujas leis são feitas igualmente para regular as ações dos soberanos e dos súditos.

De onde se vê que o espírito humano recebe entraves contínuos em um governo desconfiado, que não quer que seus súditos se esclareçam. Os objetos mais dignos de ocupar os talentos, e mais importantes para o bem-estar de um Estado, são precisamente aqueles cujo exame é mais rigorosamente proibido. Os espíritos são obrigados a vegetar no embrutecimento ou sua atividade só se volta para algumas bagatelas que os impedem de perceber os projetos funestos dos quais a ruína geral é o efeito necessário. Não existe nada que a tirania e o capricho não possam tentar impunemente contra um público ignorante, frívolo, que não pensa no dia de amanhã.

Se algumas vezes se viu nascer o gosto pelas artes no governo de alguns déspotas magníficos, ele é logo forçado a desaparecer no governo de seus sucessores, pois estes não recebem as ideias de seus antecessores. O gosto pelo belo, em qualquer gênero, exige ser semeado, cultivado e exercitado; mas a ignorância e a preguiça são atributos dos príncipes cujo espírito, assim como o coração, permanece comumente sem cultivo. Assim, sem ideias sobre o grande e o belo, vemo-los muitas vezes erigir a grande custo monumentos de mau gosto, cuja visão dificilmente compensa os povos pelos tesouros que lhes custou para fazê-los. Os melhores artistas, obrigados a se conformar às fantasias bizarras da grandeza ou da opulência estúpida, empregam todos os seus talentos apenas para produzir ricas frivolidades desprezíveis aos olhos dos conhecedores.[162]

Porém, por uma fatalidade ainda bem mais triste, o gosto pelo bom e pelo belo moral, para nascer, encontra incontáveis obstáculos em uma nação frívola e subjugada. O luxo, o esbanjamento, a vaidade, a leviandade e a contínua necessidade de ser entretido influem de uma maneira muito incômoda e muito acentuada sobre a conduta e os costumes dos cidadãos. Nada é mais difícil do que fazer com que seres totalmente afastados da reflexão, que a julgam inútil e que só pensam no prazer, percebam os interesses importantes, ouçam a voz da razão e conheçam a utilidade de uma vida regrada e virtuosa. A razão, nos homens, não pode deixar de ser o fruto tardio da experiência refletida; suas lições parecem lúgubres, fatigantes, ridículas e impraticáveis para crianças inconstantes, inebriadas demais com bagatelas para se dignarem a escutá-la.

A perversidade sistemática e convicta é muito rara nesse mundo. Os homens, na sua maioria, são mais fracos do que maus. Eles prejudicam a si mesmos e aos outros sem saber e sem pensar nisso, sem pressentir as consequências de suas

---

162 Lorde Shaftesbury observou que, *desde que a liberdade foi extinta nos corações dos romanos, não temos mais deles uma única bela estátua, uma única bela medalha nem uma bela obra de arquitetura.* (Cf. *Avis à un auteur*). No entanto, é na Itália escravizada que se viu renascerem, no começo do século XVI, a pintura e a escultura. Quando os déspotas são faustosos e têm bom gosto, eles fazem surgir artistas célebres; os poderosos e os ricos têm estátuas, quadros, poesias e espetáculos, enquanto o resto dos cidadãos não tem pão.

ações. A ignorância, a inadvertência, a incúria, o estouvamento e a frivolidade são disposições das quais resultam três quartos dos males desse mundo. Nada é menos comum que uma conduta racional ou acompanhada de reflexão. É por falta de reflexão que os homens exercem, algumas vezes, as maiores crueldades contra os seres que os rodeiam. É por falta de reflexão que um governo se torna tirânico. É por falta de reflexão que os povos se tornam escravos. É por falta de reflexão que os concidadãos, os esposos, os pais, os filhos, os senhores e os servos estão tantas vezes ocupados em se afligir, em se atormentar reciprocamente, em tornar a vida uns dos outros desagradável.

Meditar é o primeiro passo para a sabedoria, mas é comumente o último que as paixões e a preguiça dos homens lhes permitem dar. O estado de um povo que começa a se instruir, a desejar a luz, a se ocupar de objetos úteis e grandiosos, não é de modo algum desesperador. Ao passo que a tirania faz contínuos esforços para desviar os espíritos da reflexão, seus golpes redobrados os reconduzem a ela a todo momento, e esta reflexão, ajudada pelas circunstâncias, deve conseguir cedo ou tarde banir a tirania; ela não pode durar muito tempo em um povo que raciocina; um governo privado de justiça e de sabedoria é finalmente obrigado a se envergonhar, quando vê que seus procedimentos são avaliados, julgados, desprezados e detestados por um público esclarecido sobre os seus verdadeiros interesses. O clamor geral inspira respeito até nos próprios tiranos; ele os força muitas vezes a ouvir o bom senso, a pôr limites às suas extravagâncias e a seguir uma conduta mais moderada. Um povo está totalmente embotado? A opressão o enfurece, sua ignorância o impede de raciocinar e, a partir do momento em que perde a paciência, ele destrói sem raciocinar aqueles que considera os instrumentos da sua desgraça. Os escravos sem luzes exterminam sem moderação e sem reflexão os tiranos cegos que os oprimem.

Portanto, nada é mais importante que incitar os homens à reflexão, ou que entretê-los com os objetos feitos para interessá-los. A razão é igualmente útil aos soberanos e aos súditos: ela ensina uns a governar com justiça, e os outros a obedecer somente às leis da equidade. É apenas esclarecendo o público que se pode esperar fazê-lo retornar de seus extravios, tão contrários à felicidade dos indivíduos, das nações e daqueles que os governam. Voltando os espíritos para a reflexão, eles aprenderão a suportar com paciência os males e os abusos que não poderiam, sem perigo, reformar de chofre, e aplicarão os remédios mais adequados e mais brandos àqueles que quiserem fazer desaparecer. A razão é o verdadeiro bálsamo da vida; só ela pode abrandar e regular as paixões, acalmar os delírios, fazer desaparecer os vícios e as loucuras pelos quais as nações são agitadas.

VI
Do luxo

Por pouco que reflitamos, reconheceremos sem dificuldade que é ao governo que se devem as loucuras, os vícios e os flagelos que atormentam as sociedades e cada um dos cidadãos que as compõem. É evidentemente desta fonte que parte o *luxo*, essa doença cruel pela qual, principalmente, as nações opulentas são afligidas.

O fausto e o luxo são produções nativas das monarquias. Os príncipes sempre precisaram de uma etiqueta presunçosa, de um aparato imponente, de um esplendor aparente feito, como já se viu, para deslumbrar o vulgo e lhe dar uma elevada ideia daqueles que o governam. O despotismo, sobretudo, incapaz de se distinguir por uma grandeza real, sempre quis substituir pela pompa exterior e pela magnificência aquilo que lhe faltava em outras partes, para atrair a veneração dos povos. As divindades terrestres tinham necessidade de templos magníficos, de utensílios preciosos e de ornamentos refinados, a fim de seduzir os olhares dos mortais prosternados a seus pés. Os poderosos que, por seus cargos, se aproximaram da pessoa do rei, quiseram imitá-lo e se tornar, como ele, dignos de consideração pela sua magnificência. Os povos admiraram o fulgor dessas cortes brilhantes e não pensaram que todo esse vão aparato era o produto dos seus trabalhos, e que o esplendor do trono e o fausto das cortes eram muitas vezes a causa da sua miséria e a marca da sua própria servidão. Cada cidadão se esforçou para imitar, de perto ou de longe, aqueles que seus preconceitos lhe fizeram considerar como os verdadeiros possuidores e distribuidores da felicidade.

É na corte que o luxo se encontra em seu verdadeiro elemento. É sobretudo à vaidade dos príncipes e dos poderosos que os povos devem uma doença que se torna epidêmica e que pouco a pouco toma conta de todos os estamentos sociais, que consegue destruir os costumes e afrouxar ou romper todos os laços da sociedade. O luxo é uma emulação de despesas e de riquezas. O exemplo dos príncipes, dos ricos e dos poderosos incentiva a grande maioria dos cidadãos; estes últimos, sempre fiéis em imitar os homens dos quais eles têm uma ideia elevada, ou que eles supõem felizes, procuram se distinguir e se fazer considerar como eles, e pelos mesmos meios. Esta emulação pueril se torna habitual e a paixão de aparecer se transforma em uma necessidade premente à qual se termina por sacrificar tudo. Consequentemente, todos os espíritos se inebriam com o desejo de enriquecer a qualquer custo; cada um quer se mostrar com brilho, igualar e – se possível – ultrapassar seus concidadãos, deslumbrá-los com a sua prodigalidade; e logo se arruínam pelos vãos esforços que fazem para competir em despesas com aqueles que querem imitar; sacrificam loucamente o seu bem-estar real à felicidade ideal de parecer tão ou mais felizes que os outros.

O luxo de uma nação é um efeito natural da progressão dos desejos e das necessidades do homem. Ele pensa primeiramente em contentar as suas necessidades naturais. A partir do momento em que elas estão satisfeitas, sua imaginação fecunda se põe a trabalhar para forjar necessidades novas, ou para diversificar os meios de satisfazê-las. O selvagem e o camponês só pensam nos meios de subsistir; eles não são exigentes quanto aos alimentos apropriados para apaziguar a sua fome; eles não têm diante dos olhos exemplos capazes de incitar a sua inveja. O operário, o pobre e o lavrador estão contentes quando têm pão; o homem opulento, que quer se distinguir por suas riquezas ou despertar o seu apetite cansado, tem necessidade de pratos condimentados, e utiliza recursos do mundo inteiro para cobrir sua mesa ou para sobrepujar aqueles que se notabilizam pelos festins suntuosos.

Todos os homens têm o desejo de imitar, de igualar e de ultrapassar aqueles que eles supõem ter grandeza, poder e bem-estar. O pobre sempre imagina que aquele que ele vê soberbamente vestido, levado em uma carruagem elegante e rodeado por um grande número de lacaios deve ser um homem muito feliz; ele se despreza e se considera muito infeliz por ser obrigado a trabalhar para viver; não duvida de que aqueles que estão em condições de suprir amplamente todas as necessidades da vida, mesmo sem nada fazer, sejam seres para a felicidade dos quais nada deva faltar. A partir daí, fica descontente com a sua sorte, deseja ser rico, persuadido de que basta sê-lo para desfrutar de uma completa felicidade. Seus desejos, inicialmente limitados, são permanentemente atiçados pela imaginação, pela emulação e pela comparação que faz da sua condição com a dos outros. Esses desejos terminam por não conhecer mais limites e, pouco a pouco, vocês veem que o homem, que no começo aspirava apenas uma fortuna módica, ainda não está satisfeito no seio das mais imensas riquezas, porque vê sempre alguém que ele acredita ser mais opulento e mais feliz que ele. Assim, em uma nação onde o luxo se introduziu, a desigualdade da repartição das riquezas se torna um incômodo objeto de comparação para aqueles que possuem menos; e cada um se acredita infeliz em razão do excedente de felicidade que acredita ver nos outros.

O fausto, a vaidade, o aparato e a ostentação se tornam necessários nas nações pueris e corrompidas. Os príncipes e os poderosos dão o exemplo disso e só têm, comumente, um brilho vão para se enobrecer perante os olhos do público. O cidadão que tem necessidade de fortuna e de proteção é obrigado a se conformar às ideias de seus superiores; ele procura se sobressair pelos seus trajes; tem necessidade disso para ter acesso aos seres frívolos e desdenhosos dos quais depende o seu bem-estar. Qualquer um que, pela sua aparência exterior, manifeste indigência, é rejeitado em um país onde homens vãos são os árbitros da sorte dos outros.

Nas terras onde o luxo e a vaidade fixaram seu império, a pobreza é o maior dos vícios, e é aquele escondido com mais cuidado. Consequentemente, o temor do desprezo faz com que cada um queira parecer aquilo que não é, sair da sua condição, iludir os outros ao menos por um instante, afastar o desprezo que o rodeia. Tal é a fonte dessa mania ridícula e ruinosa que se espalha até pelas classes mais baixas da sociedade. Nenhum homem quer ser aquilo que é, ele quer ter a aparência de pertencer a uma classe mais elevada. É assim que o plebeu quer parecer um homem da corte. É assim que o lacaio se sobressai copiando os defeitos do seu senhor. É assim que, para impor respeito aos outros, cada um se arruína; para parecer feliz, cada um se torna realmente desgraçado.

O republicano ou o habitante de um país livre está menos exposto ao contágio do luxo que o súdito de um monarca ou de um soberano absoluto. Reina mais igualdade nas repúblicas que nas monarquias; o homem livre, protegido pela lei, tem menos necessidade de protetores; realmente mais feliz, ele tem menos razões para aparentar os sinais exteriores da felicidade. Por outro lado, ele sabe que a desigualdade das riquezas não pode dar a ninguém o direito de oprimi-lo. Assim, o pobre está mais contente com a sua sorte em uma república, ou em um Estado livre, do que em um país onde todo homem rico e poderoso pode ultrajá-lo impunemente.

A ociosidade contribui para fazer nascer o luxo. Todo homem que trabalha pensa em seus negócios e não tem tempo para pensar naqueles que o rodeiam. A imaginação trabalha muito mais quando se carece de ocupações úteis. Eis aí como a ociosidade se torna *a mãe do vício*. Não é possível, portanto, se surpreender ao encontrar vícios tão diversificados, prazeres tão requintados e costumes tão corrompidos como os que se vê, sobretudo, entre os ricos e os poderosos, ou seja, entre aqueles que servem de modelo para a sociedade. O homem opulento é, em toda parte, um ser desocupado; a riqueza o priva comumente de toda atividade; ele cai no tédio, se não aprendeu a se ocupar de maneira a preencher agradavelmente o seu tempo. Porém, o ocioso é sempre um ser inquieto, infeliz, descontente consigo mesmo; ele faz continuamente esforços para encontrar meios de dar movimento à sua alma embotada; o vício, a volúpia e a desordem se tornam necessários para que ele sinta a sua existência. De onde se vê que a ociosidade se torna fatal para os costumes.

O pobre só deseja as riquezas para ter a vantagem de viver na ociosidade; e esta ociosidade é, para o homem, um peso que ele não pode suportar.

O tédio é o verdadeiro flagelo das nações opulentas e o tirano dos cidadãos mais ricos. O espírito do homem perseguido pelo tédio está em uma tortura contínua. Para se livrar de um estado tão penoso, não há nada que ele não tente. É por tédio que se arruínam; é por tédio que buscam na devassidão meios desonestos de variar os seus prazeres. É por tédio que jogam e que se expõem a perder sua fortuna.[163] É por tédio que se envolvem em cabalas e intrigas. Quanto tédio e tormentos os homens evitariam se soubessem se ocupar! Será que o tédio e o vício podem entrar em uma alma que conhece o prazer de exercer a beneficência?

Por uma lei de Amásis, rei do Egito, que Sólon fez os atenienses adotarem, os ociosos eram punidos com a morte e podiam ser denunciados por qualquer cidadão. Segundo a lei do Egito, todo homem era obrigado a comparecer todos os anos perante um magistrado a quem declarava sua condição e suas funções. Maomé, como esses antigos legisladores, percebeu a necessidade do trabalho manual, e transformou isso em um preceito do qual

163 Nada comprova melhor que o jogo o tédio dos homens e a dificuldade em que eles estão quanto à maneira de empregar o seu tempo. Aos olhos de todo homem racional, independentemente dos perigos que acompanham muitas vezes o jogo, será que existe alguma coisa mais pueril e mais insípida que esta maneira se perder o seu tempo, tão em moda na aristocracia, e continuamente autorizada pelo exemplo dos próprios príncipes e dos poderosos? Que vazio deve haver nas cabeças de tantas pessoas que, quando se reúnem, não têm outros recursos para se entreter, a não ser as cartas ou os dados!

os próprios reis não ousam se dispensar. Todo sultão, ao menos formalmente, aprende algum ofício. O de soberano lhe daria, sem dúvida, uma ocupação suficiente, mas é comumente aquela que os príncipes consideram a mais indigna deles. Em vez de cumprir as funções augustas e multiplicadas do seu cargo, eles procuram normalmente, nos exercícios violentos, nos prazeres custosos e nos vícios vergonhosos, remédios inúteis contra o tédio que os devora.

Não existe nenhum projeto mais malconcebido e mais impraticável que o de se divertir sempre. O repouso só tem doçuras para aquele que trabalha; ele é um verdadeiro fardo para o homem desocupado. O prazer é um salário que a natureza destina apenas aos que o mereceram; ele se transforma em desgosto, dor e tédio para aquele que não sabe se ocupar. É ao homem laborioso, ao artesão, ao homem do povo que cabe desfrutar dos encantos do repouso e da alegria sincera. Querer se divertir o tempo todo é tão pouco racional ou possível quanto comer o tempo todo. O exercício faz nascer a fome; a fome faz achar sabor nos alimentos; todas as iguarias se tornam insípidas para quem vive sempre com a mesa farta. A natureza, portanto, não recusou toda a felicidade àqueles de seus filhos que ela parecia ter totalmente esquecido.

É ao tédio causado pela ociosidade dos príncipes que se devem tantas despesas inúteis, tantos divertimentos ruinosos e tantos edifícios suntuosos por meio dos quais, em vez de eternizar sua memória, apenas comprovam, para o olhar das pessoas sensatas, a sua vaidade inquieta e o tédio pelo qual foram atormentados. Esses monumentos do fausto, do luxo e do gosto dos reis são feitos para consternar todo homem sensível que compreende que eles foram comumente erguidos sobre as ruínas da felicidade das nações; ele verá esses palácios maravilhosos alicerçados com o sangue dos povos.[164] Ele gemerá pela cegueira desses desgraçados, que se glorificam por aquilo que assinala o aviltamento e a servidão de seus antepassados; ele se envergonhará com a baixeza desses poetas e desses escritores servis, que exaltam a magnificência, o bom gosto e as maravilhas do reinado desses monarcas orgulhosos que, com a ideia de transmitir à posteridade a sua grandeza e o seu poderio, só lhe anunciam realmente a sua própria pequenez e a miséria de seus súditos.

É por leis equitativas e sábias, por instituições verdadeiramente úteis e pela reforma dos abusos e dos costumes que os príncipes podem tornar seus nomes imortais. Os palácios e os jardins de Semíramis estão destruídos; as pirâmides e as tumbas dos tiranos egípcios não são mais vistas senão como monumentos bárbaros de um orgulho extravagante; porém, as sábias leis de Atenas e de Roma, as virtudes dos Trajanos, dos Titos e dos Marco Aurélios subsistirão na memória dos homens enquanto existir o mundo.

Um monarca verdadeiramente grande, para se notabilizar e ser considerado, não tem necessidade de arruinar o seu povo e a si próprio; ele não tem necessidade de impor respeito por seu luxo e seu fausto, que sempre foram sinais de uma alma estreita; ele quer desfrutar das bênçãos e das homenagens sin-

---

164 Dizem que um imperador mongol mandou misturar o sangue de seus cativos na argamassa destinada à construção de seu palácio. Luís XIV sacrificou 30 mil homens, durante uma guerra já muito ruinosa, para construir o aqueduto de Maintenon, destinado a levar as águas para os jardins de Versalhes. (Cf. o capítulo V dessa terceira parte).

ceras de seus povos felizes; é nos seus corações que ele ama ler o contentamento verdadeiro; é nos seus corações que ergue monumentos à sua glória. Desprezará esse vão aparato que só serve para mascarar a pequenez de um sultão da Ásia. Amigo da simplicidade, administrador das riquezas – das quais é apenas o depositário –, baniria da sua corte o luxo, a ociosidade e os maus costumes com tanta facilidade quanto outros banem a moderação e a virtude.

Alguns autores muito estimáveis fizeram a apologia do luxo; chegaram a acreditar que ele era muito útil em um Estado poderoso. Acostumados aos encantos da indolência, seduzidos pelos prazeres e pelas comodidades que o luxo proporciona, inebriados com as maravilhas que apresentam as artes e com as obras-primas criadas pela indústria, alguns políticos pensaram que seria um mal proscrever o luxo, que viam como apropriado para atrair as riquezas dos outros povos. Porém, se eles o tivessem examinado de seu verdadeiro ponto de vista, há todos os motivos para crer que teriam sido forçados a reconhecer que os benefícios passageiros, aparentes e frívolos que ele proporciona não podem de maneira alguma compensar os males que o acompanham. É bem mais importante que todo um povo tenha pão do que é essencial que um monarca tenha palácios, quadros e estátuas. O edifício mais soberbo, os móveis mais requintados e as obras-primas da escultura e da pintura perdem todas as suas belezas aos olhos do homem sensível, que reflete que esses objetos – destinados a recrear a visão ou a alimentar a vaidade da opulência e da grandeza – são feitos à custa das necessidades de um povo esfaimado a quem se paga com a opressão que arranca sua subsistência. Não são de maneira alguma o divertimento, o gosto e as fantasias de um pequeno número de homens ricos e desocupados o que a política deve consultar; é a utilidade da multidão; é o bem geral; é aquilo que é justo e conforme aos bons costumes, sem os quais nenhum Estado pode prosperar por muito tempo.

VII
Da riqueza de um Estado. Do comércio. Do crédito público

A história nos prova da maneira mais clara que o luxo aniquila os costumes e conduz sempre à ruína as nações mais prósperas. Comumente, ele é visto chegar como consequência das conquistas ou do comércio, que levam uma grande massa de riquezas para o país dos comerciantes e dos conquistadores. Ele próprio provoca uma corrupção dos costumes, desordens e calamidades às quais, até aqui, nenhum povo pôde resistir. Com muito dinheiro, alguns cidadãos se tornam ricos, e os outros ficam ainda mais miseráveis.

Será que as nações mais opulentas são, com efeito, as mais afortunadas? As riquezas adquiridas à custa do Estado se acumulam pouco a pouco em um pequeno número de mãos; para favorecer alguns cidadãos astutos, todos os outros são reduzidos à indigência, e subsistem com mais dificuldade do que antes. O bem de uma nação exige, não que um pequeno número de membros da sociedade enriqueça e desfrute do supérfluo, mas que a grande maioria desfrute do conforto ou, pelo menos, do necessário. A maior parte dos escritores políticos tem continuamente em vista a opulência e o bem-estar de alguns indivíduos. O homem equitativo, assim como o governo, deve sempre ter como objetivo a vantagem do maior número possível, e não pode sacrificá-la à vantagem de uma classe qualquer. É sobretudo os interesses do pobre que o sábio deve determinar.

Os chineses têm um provérbio muito sensato segundo o qual *um alqueire de pérolas não vale um alqueire de arroz*. Assim, que os povos, a quem a natureza proporcionou um solo capaz de satisfazer as suas verdadeiras necessidades, deixem um comércio ilimitado para esses governos que não têm nenhum solo, ou para essas nações ávidas, bastante tolas para crer que o dinheiro as tornará mais poderosas e mais felizes. Que elas atraiam para as suas mãos todo o ouro do universo. Com isso, elas só se tornarão mais miseráveis, e logo sua rivalidade não será mais perigosa. *O dinheiro* – clama-se incansavelmente – *é o motor da guerra*. Pois bem, que se cultive mais a terra e que se faça menos a guerra! Será que existirá, pois, uma política mais extravagante que desperdiçar incontáveis homens e tesouros adquiridos com o objetivo de aumentar riquezas inúteis, ou que em nada contribuem para a felicidade geral? Os cidadãos ativos não serão o maior dos tesouros? O interesse de uma nação é obter abundantemente os produtos necessários à sua subsistência, ser sabiamente governada e ser defendida por cidadãos fiéis. Fazer incessantemente a guerra para adquirir riquezas é arruinar todos os cidadãos, a fim de proporcionar a alguns indivíduos os meios de enriquecer. Além do mais, as riquezas trazem constantemente atrás de si o luxo, a venalidade, a escravidão, a covardia e toda a legião de vícios que desolam os Estados.

Todas as guerras que são promovidas há quase um século pelas potências da Europa só têm como objetivo o comércio, que lhes parece o meio mais seguro de adquirir dinheiro – e na posse do qual todos os governos têm a loucura de ver o poderio e a felicidade. De acordo com esta ideia enganosa, a tranquilidade, o conforto e os interesses mais prezados de um Estado são imprudentemente sacrificados à paixão de enriquecer um pequeno número de indivíduos. Não se percebe que a abundância de dinheiro produzida pelo comércio termina por causar dano ao próprio comércio. Quanto mais o dinheiro é comum em um Estado, mais o preço das mercadorias e da mão de obra aumentam. Então, será que as nações pobres não estarão em condições de suplantar as nações mais ricas em seu comércio? O estrangeiro procurará sempre o povo que lhe forneça as mercadorias pelo melhor preço. Supondo que somente uma nação fosse rica em dinheiro, ela terminaria necessariamente por não vender nada a ninguém. Um mercador que tivesse arruinado todos os seus vizinhos ainda poderia ter clientes? Uma nação muito rica perece pela sua obesidade, e se torna presa das nações mais pobres – que não terão dinheiro, mas espadas para conquistá-la.

Uma nação mercantil parece comumente se esquecer de que ela contém alguns proprietários de terras que, como já se viu, são os únicos cidadãos verdadeiros. No entanto, são esses últimos que ela imola a alguns negociantes ávidos e que não têm outra pátria além dos seus cofres. Porém, são os proprietários de terras que constituem a nação, que arcam com os impostos e que fazem sair da terra as coisas mais necessárias à subsistência da sociedade. O comerciante nada mais faz, normalmente, que levar para as nações necessidades imaginárias, caprichos e novas fantasias. O comércio seria muito limitado se fosse feito apenas para contentar as necessidades verdadeiras. É verdade que, em um país acostumado ao luxo, as coisas mais frívolas se tornam necessidades indispensáveis. Porém, será que uma administração sensata será feita para se prestar aos desejos extravagantes e às fantasias bizarras de um bando de desocupados, que não conhecem nada mais interessante para um Estado do que aquilo que julgam necessário à sua própria vaidade?

Um governo sábio só deve prestar atenção na felicidade e no conforto dos verdadeiros cidadãos, daqueles que possuem e cultivam as terras. A terra é a verdadeira base de um Estado; é na terra que é preciso pensar; é o trabalho dos campos que é preciso encorajar – ele é o mais útil ao homem, o mais imprescindível às suas necessidades naturais e o mais vantajoso para a conservação de seus costumes. Uma administração sensata não deveria pensar no comércio enquanto houvesse um alqueire não cultivado em seus Estados.

Que vantagens resulta para o cidadão agricultor de tantas guerras realizadas sob o pretexto do comércio? Nada além de novos impostos ou, na falta deles, de empréstimos – ou seja, impostos indiretos que o proprietário de terras é forçado a pagar. Resulta um despovoamento sensível que tira das terras os braços que as teriam cultivado. Será que a guerra de comércio mais bem-sucedida proporcionaria mais conforto a esse proprietário de terras ou a esse agricultor? Não, ela aumentará a sua aflição em vez de reverter em seu proveito. A massa de dinheiro que o comércio leva para um país se divide entre um pequeno número de indivíduos e não faz nenhum bem a todos os outros. O comerciante mais rico não consome mais produtos da terra do que fazia antes de ter enriquecido. Talvez venham nos dizer que, em uma nação, o dinheiro se coloca pouco a pouco em equilíbrio, ou termina por se espalhar por todos os membros da sociedade. Porém, responderemos que, nesse caso, o aumento de riqueza ou de dinheiro é completamente inútil, já que enriquece proporcionalmente todos os cidadãos. Supondo-se que essa riqueza dobre, ela só lhes proporcionará a vantagem de pagar pelas mercadorias o dobro do que pagavam antes.

Essas reflexões tão simples bastam para que se julgue a política de algumas nações que, com a ideia de abrir aos seus negociantes algum novo ramo de comércio, ou de impedir que um outro povo o faça, se envolvem em guerras ruinosas. Para apaziguar os clamores de alguns mercadores ávidos, que são julgados muito úteis ao Estado – porque fazem muito dinheiro entrar nele –, sacrificam a eles o bem-estar de seus concidadãos, dos agricultores e dos proprietários de terras. Como as rendas ordinárias do Estado não podem bastar para o acréscimo de despesa ocasionado pela guerra, o governo é forçado a recorrer ao crédito. Os ricos e os negociantes emprestam ao governo fundos dos quais o verdadeiro cidadão é obrigado a pagar os juros, sem nenhum proveito para ele. Desta maneira, uma guerra comercial, que terá custado a vida de milhares de homens e imensos tesouros à nação, nada mais faz que impor a ela um fardo a mais; tudo isso para enriquecer sem trabalho alguns negociantes, alguns financistas, alguns agiotas e alguns corsários, que não têm nenhuma ligação com o Estado, e que podem deixá-lo após terem enriquecido com o sustento do cidadão laborioso.

O crédito nacional, desconhecido dos antigos governos, mas ao qual a política moderna parece dar tanta importância, deve ser posto no rol das invenções mais funestas para um Estado; ele só é útil e cômodo para a ambição dos príncipes e dos ministros – que, pelo seu temperamento inquieto, são atirados em guerras contínuas e em despesas que excedem os rendimentos de uma nação e suas reais forças. Com a ajuda do crédito, um povo permanece perpetuamente sobrecarregado de dívidas esmagadoras que fazem com que a própria paz se torne quase inútil para ele e que nunca lhe permitem tomar fôlego. Assim, por meio do crédito, os governos modernos descobriram o segredo fatal de eternizar as misérias dos Estados; eles se puseram na necessidade de multiplicar as vexações, as taxas, os impostos e os direitos pelos quais vemos por toda parte as nações mais poderosas sobrecarregadas. Os Estados tidos como os mais opulentos experimentam uma verdadeira miséria; aqueles que os governam estão reduzidos a buscar continuamente expedientes para sustentar suas despesas insensatas; eles se parecem com esses moços de família que, para obter dinheiro a qualquer custo, recorrem a usurários e terminam arruinados no momento em que deveriam desfrutar de uma fortuna abundante.

Nos Estados submetidos a senhores absolutos (como a Turquia) não existe nenhum crédito público. O déspota não tem outros meios de obter o dinheiro que ele exige além de tomá-lo à força dos seus súditos. Em outras nações, onde reina um despotismo menos desenfreado, o governo fraudulento monta armadilhas para a avidez sempre crédula dos cidadãos. Quando está na aflição, o déspota promete tudo. Mas será que não se sabe que não existe nenhum compromisso sagrado para um senhor injusto? Em um tal governo, o crédito poderia ser definido como *a arte de extorquir sutilmente dos seus súditos aquilo que não se tem a coragem de arrancar deles pela força*.

O crédito de um governo absoluto, que sempre desconhece a equidade, só pode estar fundamentado no estouvamento e na avareza de seus súditos, que ele sabe enganar usando como isca as vantagens momentâneas que lhes faz entrever. A experiência não tem nenhum poder sobre homens tão levianos quanto ávidos; pouco capazes de refletir, vocês os veem a todo instante cair nas mesmas armadilhas. No entanto, por fim são forçados a abrir os olhos e a perceber as tramas de seus injustos senhores. Então, esses últimos, privados da capacidade de enganar seus súditos, redobram suas vexações; seus ministros fazem grandes esforços para imaginar meios engenhosos de despojar os povos; e, na incapacidade de arcar com seus compromissos, aos quais cada dia acrescenta uma nova desordem, eles anulam suas dívidas sem pudor, dando ao universo alguns exemplos memoráveis da perfídia dos soberanos, e aos súditos alguns exemplos de má-fé, fielmente imitados pelos poderosos e por todos aqueles que têm o segredo ou o direito de roubar impunemente.[165]

É assim que um mau governo se torna uma escola de injustiça e de fraude. Por outro lado, ele próprio é feito para ser incessantemente enganado. Apenas patifes espertos sabem lidar com um senhor que tem a força nas mãos, e que nada pode sujeitar

165 Em um governo de má-fé, nada é mais comum que o roubo. Torna-se de bom-tom ter dívidas e arruinar os seus credores. As bancarrotas frequentes denunciam um governo corrompido, leis sem vigor, cidadãos desonestos e opiniões pervertidas. Qual é a diferença entre roubar nas estradas e contrair dívidas sem ter a intenção de pagá-las? O assassino mata comumente apenas um único homem; um senhor poderoso cumulado de dívidas assassina, muitas vezes, um grande número de famílias, que ele reduz a morrerem de fome e de miséria. O método tão comum de roubar se recusando a pagar suas dúvidas é o mais pérfido, o mais cruel e o mais impune.

e forçar a cumprir seus compromissos. Comumente, somente a ideia de um lucro enorme pode convencer a lhe dar recursos, e é sempre a nação que se torna vítima desses contratos onerosos que seu chefe faz com financistas ávidos e perversos; ela é entregue à sua rapacidade e às suas extorsões. Enriquecidos com o sangue dos seus concidadãos, vocês os veem em seguida insultá-los por meio de um luxo insolente e contaminá-los com todos os vícios que o acompanham. Nada é mais destrutivo para os costumes de um povo do que o espírito *financeiro*. Nada é mais difícil do que acumular uma imensa fortuna por meios inocentes; ela é sempre feita à custa dos súditos.

Embora, em uma nação livre, o governo seja forçado a mostrar mais contenção e equidade; embora ele desfrute, por conseguinte, de um crédito mais sólido, fundamentado na confiança dos cidadãos, nem por isso esse crédito se torna menos ruinoso para o Estado e para os costumes. A certeza de encontrar fundos faz com que o governo se atire levianamente em guerras que jamais compensam as despesas que exigem. Pouco a pouco, a dívida nacional se torna imensa. A nação endividada, ao sair da guerra mais bem-sucedida, se encontra, na paz, ainda mais sobrecarregada do que antes. Ela vê, então, que se sacrificou loucamente à avidez de alguns cidadãos espertos, que sempre sabem tirar partido das calamidades nacionais. Se ela, então, faz o balanço de suas perdas e de seus ganhos, descobre que só lhe resta, no fim das contas, despesas a pagar. A nação não ganhou nada; alguns indivíduos fizeram fortunas imensas; alguns rentistas indolentes vivem com esplendor em meio aos seus concidadãos arruinados – que, do dinheiro trazido para o seu país, só ganham a sede de riquezas, a contaminação do luxo e do vício e a venalidade, à qual a liberdade nacional logo será imolada.[166]

Qual é, pois, a cegueira das nações e daqueles que as governam, para não verem que uma sábia economia é tão necessária aos Estados quanto aos indivíduos? Será que um governo poderia esquecer a máxima tão simples de que *é preciso adequar a despesa à receita*? No entanto, esses princípios são ignorados, desde que se trate de uma vã esperança de adquirir novos tesouros. A cobiça se converte em fanatismo, e faz com que uma nação inteira se sacrifique com alegria no coração à esperança incerta de obter algumas riquezas – cujo único efeito será multiplicar as misérias da grande maioria e a corrupção geral.

Os fundos públicos – nos quais os cidadãos opulentos têm condições de depositar seus capitais para ganhar juros – não somente se tornam muito onerosos para o Estado, mas ainda favorecem a preguiça de um grande número de homens que, em vez de explorar a terra, de exercer sua indústria e de se ocupar utilmente em prol da pátria, se entregam à ociosidade, só pensam em se divertir – de uma maneira, por vezes, muito condenável – e permanecem de braços cruzados nas cidades, que eles contagiam com os seus desregramentos. Um governo sábio, e que se ocupasse da conservação dos bons costumes, não deveria fornecer a ninguém os meios de viver na inação – da qual tudo nos prova que resulta necessariamente um dilúvio de males.

Acumulando as riquezas em um pequeno número de mãos, um Estado, repito, não se enriquece de maneira alguma. Sob

---

166 Em 1762, a dívida nacional da Inglaterra se elevava a mais de 129 milhões de libras esterlinas, e a da marinha a 10 milhões – o que equivale a cerca de três bilhões e 150 milhões de libras de Tours.

qualquer ponto de vista, o homem opulento nunca contribui, em nenhum país, com os encargos do Estado de uma maneira verdadeiramente proporcional às suas capacidades. Pagando um escudo[167] ao Estado, um cidadão que tem apenas dez ou vinte escudos é infinitamente mais lesado que o rico que possui um milhão e que pagasse cem mil. O número de cidadãos opulentos é sempre muito pequeno em relação ao dos cidadãos que estão na indigência ou na mediania; e os interesses desses últimos são sempre indignamente sacrificados aos dos primeiros.

Por outro lado, multiplicando as riquezas de um homem, é raro que se multipliquem a sua beneficência e a sua generosidade. Observa-se comumente que a opulência, longe de engrandecer e de amplificar as almas, as apequena e as estreita. Assim, as riquezas, em vez de circular pela sociedade, em vez de fecundar os campos, em vez de incentivar o pobre ao trabalho, vão normalmente se acumular nos cofres do avarento, ou então são derramadas pelo esbanjador sobre os cidadãos cuja conduta menos merece ser encorajada. Apenas as mulheres sem bons costumes, os artesãos do luxo e os homens perversos tiram proveito das loucas despesas de um rico estúpido; o agricultor, o cidadão laborioso, não têm nada a esperar, nem da sua beneficência e nem do seu zelo pelo bem público – do qual ele não tem nenhuma ideia.

Em um governo monárquico, a vaidade, o fausto e a ostentação são considerados coisas indispensavelmente vinculadas à posição de alguns cidadãos; nesse tipo de governo, o luxo parece uma coisa sagrada na qual o soberano dificilmente ousa

167 Antiga moeda francesa que recebeu esse nome por ter, em uma de suas faces, o escudo com as armas do país. (N. T.)

tocar; ele esmaga cada vez mais os infelizes, ao passo que o homem opulento exibe sem nenhum risco o seu fausto ultrajante aos olhos de uma nação forçada a pagar impostos cruéis sobre os gêneros mais necessários à vida. Os campos são arrasados, ao passo que as cidades são habitadas por alguns ricos ociosos e corrompidos, que desfrutam na indolência e na devassidão dos trabalhos da agricultura, que eles não se dignam a encorajar e nem a proteger. Além do mais, sua vaidade se compraz em despovoar os campos; ela os priva dos braços destinados a cultivá-los; ela atrai para as cidades – que não passam de focos de corrupção – uma juventude inconsequente que logo se perverte pelo exemplo de seus senhores, e que muitas vezes termina por aumentar o rol dos malfeitores.

Todas essas reflexões, fundamentadas na experiência, são suficientes para demonstrar que a paixão pelas riquezas, tornada epidêmica em uma nação, é tão contrária à moral sadia quanto à política sadia, cujos interesses nunca se separam impunemente. Elas nos provam que o luxo, longe de ter alguma utilidade, só serve para corromper os costumes e para dissolver os laços da sociedade – e contribui, mais do que qualquer outra causa, para as suas infelicidades e para a sua ruína.

É bem mais importante para uma nação ser feliz do que ser rica. Uma política equitativa é feita para preferir o bem-estar do maior número ao de um punhado de desocupados sem bons costumes, que muitas vezes seguram a balança e decidem injustamente a sorte de todos os outros. Um povo desfruta de toda a felicidade da qual é suscetível quando, por um trabalho moderado, obtém as verdadeiras necessidades da vida. É impossível tornar felizes homens mergulhados na ociosidade, na indolência e no vício, cuja imaginação doentia está perpetuamente ocupada em criar para si necessidades quiméricas e bizarras.

A terra fornece a uma nação com o que satisfazer as suas verdadeiras necessidades; algumas manufaturas úteis fornecem um amplo espaço para a engenhosidade dos cidadãos. O comércio serve apenas para suprir aquilo que a natureza recusa a determinadas regiões. O dinheiro não passa da representação de uma felicidade *em potência*; ele só se torna uma felicidade *real* para aqueles que aprenderam a arte de fazer um bom uso dele; ele não passa de um mal para aqueles que só sabem abusar dele. Uma nação bem governada, cujas terras são bem cultivadas, e cuja população é numerosa, é bastante rica e não deve temer seus inimigos.

Em diversos Estados antigos e modernos, trabalhou-se visivelmente para corromper o povo, pretendendo entretê-lo com espetáculos pomposos e com festas frequentes, que quase sempre são acompanhadas de licenciosidade e de desordens. O homem do povo é feito para se ocupar; uma ociosidade muito frequente faz com que ele perca o gosto pelo trabalho e o torna dissoluto; as despesas feitas para facilitar o seu trabalho (como escavar canais e abrir estradas cômodas) bastariam para ocupar utilmente para o Estado tantos ociosos dos quais as nações estão sobrecarregadas, e dos quais os governos não sabem tirar nenhum proveito. Que emprego mais estimável e mais nobre um cidadão opulento poderia fazer das suas riquezas do que dedicá-las aos trabalhos públicos, a monumentos vantajosos para a sociedade e a estabelecimentos verdadeiramente úteis? Se o desejo de merecer os sufrágios de seus concidadãos fez, algumas vezes, com que os mais ricos romanos fizessem despesas incríveis com festas, jogos desumanos e monumentos inúteis;

se, outrora, a superstição convenceu tantos príncipes e poderosos a dotar ricamente alguns mosteiros, por que um governo sensato não desviaria o espírito dos cidadãos opulentos para a utilidade geral, com a mesma facilidade com que um mau governo o desvia para a frivolidade? Seria, pois, tão difícil fazer alguns homens que se dizem racionais verem que existe mais honra e consideração a ganhar fazendo o bem, mais doçura em se fazer amar pelos seus concidadãos, do que deslumbrando-os com um fausto inútil, do que incitando a sua indignação e a sua inveja com um luxo insultante, com uma arrogância revoltante e com despesas extravagantes?

Se existisse algum meio de tirar proveito do luxo para a felicidade de uma nação, só poderia ser incentivando entre os ricos e os poderosos uma ditosa emulação de se tornar úteis e queridos pela pátria. Mas essa paixão verdadeiramente nobre e generosa só pode ser o efeito de uma sensibilidade sabiamente cultivada pela educação, e adequadamente encorajada e recompensada por um governo benfazejo. Se o homem opulento tivesse aprendido a sentir, será que ele não encontraria um prazer bem mais puro e mais verdadeiro em socorrer a indigência honesta e laboriosa, em reanimar os trabalhos do campo, em forçar a terra estéril a se tornar fecunda, em espalhar a abundância pelas aldeias desoladas, em levar o consolo para o meio da probidade infeliz e em favorecer a indústria, do que na pueril vantagem de brilhar perante os olhos de um vulgo estúpido com carruagens brilhantes, com trajes de uma magnificência requintada e com joias caras? Será que um rico ou um poderoso não deveriam ter vergonha de levar, muitas vezes inutilmente, nos seus dedos pedras cujo valor bastaria para devolver a atividade, o bem-estar e a vida a cinquenta famílias desencorajadas? Quanto bem poderiam fazer, quanto contentamento poderiam proporcionar a si mesmos os ricos e os poderosos da Terra, se soubessem fazer um uso racional das vantagens que o destino pôs nas suas mãos! Os príncipes, os poderosos e os ricos só são tão pouco contentes e tão sujeitos ao tédio como punição pela sua inutilidade. "Fazei o bem – clama-lhes incansavelmente a natureza – e vós estareis a todo instante satisfeitos e sereis queridos e verdadeiramente considerados."

VIII
Dos vícios da sociedade

Um código moral, ou uma compilação de leis relativas aos costumes seria, evidentemente, bem mais útil às nações do que a jurisprudência informe, bárbara e quase sempre muito injusta que serve para guiá-las. Nada seria mais desejável do que ver um governo esclarecido conferir a sanção da autoridade soberana a algumas regras simples e inteligíveis, fundamentadas na razão e na equidade, que fizessem todos os cidadãos conhecerem aquilo que devem uns aos outros, o que pode tornar a vida social agradável para eles, o que pode contribuir para a sua felicidade individual, o que é adequado para lhes fazer merecer a estima pública, aquilo que eles devem evitar ou fazer para obter as recompensas e as distinções da pátria e, enfim, o que é de natureza a atrair para eles a aversão ou a censura de seus associados, ou a excluí-los dos cargos e das vantagens que eles poderiam desejar.

Uma censura equitativa, destinada a reconduzir os homens aos seus deveres, a corrigir os vícios e a reprimir as desordens, seria, sem dúvida, uma magistratura não menos honrosa e mais útil do que aquela que está comumente encarregada de regular os seus desentendimentos. Com isso, o magistrado se tornaria um sacerdote útil, e o legislador exerceria um sacerdócio bem mais vantajoso para as nações do que aquele que, sob pretexto de conduzi-las à salvação, só as alimenta com vãs quimeras e só lhes ensina falsas virtudes. A moral, assim fortalecida pela autoridade soberana, se tornaria eficaz e apresentaria motivos mais reais e mais poderosos do que aquela que só oferece os motivos imaginários e os terrores de uma outra vida.

Porém, a política não se digna a se ocupar da moral, que ela supõe do domínio da religião. Ao contrário: a força destinada a pôr um freio nas desordens públicas as incentiva; a autoridade feita para corrigir os costumes os corrompe; longe de reprimir o vício e a licenciosidade, ela os autoriza pelo seu exemplo e parece encorajá-los. Soberanos totalmente incitados a adormecerem no seio do luxo e da volúpia não são feitos para pensar nos bons costumes alheios. Os desregramentos mais vergonhosos, a conduta mais contrária à razão e os excessos mais clamorosos, em vez de encontrar, nos homens encarregados da administração, censores severos, encontram neles cúmplices, agentes ou, ao menos, juízes muito indulgentes.

As cortes, como já se viu, são centros de onde a corrupção se faz sentir em círculos; elas conferem a sanção da autoridade e o verniz do *bom-tom* às desordens mais gritantes. O príncipe – comumente acostumado a desdenhar suas funções, mergulhado na indolência e na luxúria, fazendo sua grandeza consistir unicamente na vaidade da etiqueta, em um luxo ruinoso para o seu povo e em despesas excessivas; só encontrando, muitas vezes, remédio para o seu tédio na dissipação e no vício – está, como já se viu, rodeado de cortesãos prontos a se conformar aos seus gostos. O exemplo dos poderosos é fielmente seguido por alguns cidadãos bastante vãos para acreditarem se ilustrar imitando os desregramentos e os defeitos de seus superiores – aos quais, além do mais, eles têm interesse em agradar. Um delírio universal se apodera de todos os espíritos; uma vaidade epidêmica se torna a paixão universal, e aqueles que deveriam remediar a contaminação são precisamente aqueles que a incentivam e a alimentam. Em um mau governo, aqueles que deveriam se mostrar os mais sábios são os mais corrompidos e os mais insensatos.

Em nações assim governadas, e guiadas por tais exemplos, não se deve ficar espantado de encontrar os costumes aniquilados, a virtude desprezada, os verdadeiros talentos desdenhados, a justiça espezinhada, a violência, a fraude, a rapina, a má-fé, a prostituição e o adultério andarem de cabeça erguida, o vício triunfante insultar abertamente a decência e o pudor; enfim, de ver a felicidade pública e particular loucamente sacrificadas à vaidade, a um fausto ruinoso, ao luxo e ao desejo de aparecer. Não existem infâmias e extravagâncias que não encontrem juízes favoráveis e protetores naqueles que deveriam reprimi-las. O público, familiarizado com os desregramentos mais vergonhosos, não vê neles mais nada que não seja muito natural. A opinião geral se perverte de tal modo que trata como bagatelas as ações mais contrárias à ordem social.

O hábito de ver o mal logo diminui o horror que ele deveria inspirar. O que acontecerá se acharem o vício honrado, estimado e recompensado nos personagens que são reverenciados, e se perceberem que, bem longe de afastar a fortuna, ele conduz a ela muito mais seguramente do que a probidade, a decência, a moderação, a frugalidade, o trabalho e os talentos – que não levam a nada?! Eis como um governo, tanto por sua corrupção quanto por sua indolência ou sua frivolidade, consegue viciar a opinião pública, desencorajar o mérito e tornar a virtude desprezível. Os homens imaginam que tudo aquilo que eles veem ser praticado, estimado e buscado pelos seus senhores não pode deixar de ser honroso e vantajoso. As pessoas se esforçam para se assemelhar àqueles que julgam ser mais afortunados que elas; todos se convencem de que a depravação e o vício são sinais de grandeza; busca-se copiar aqueles que desfrutam do direito de fazer o mal; consideram-se como ingênuos aqueles que não se deixam arrastar pela torrente. *Não é preciso ser extravagante* se torna uma máxima à qual cada um é obrigado a se conformar, sob pena de parecer estranho, ridículo e *de péssimo tom*. Parecemos muito extravagantes quando nos recusamos a tomar parte no delírio universal; a extravagância nada mais é, quase sempre, que uma conduta que serve de reprimenda aos seres insensatos pelos quais estamos rodeados.

A posição social, o poder e a multidão de culpados lhes assegurando a impunidade – e até mesmo os preservando da vergonha – aniquila necessariamente, para eles, todo o temor e todo o remorso. Os homens, como já foi dito em outra parte, dificilmente se envergonham dos vícios, das loucuras e até mesmo dos crimes que eles compartilham com um grande número de cúmplices. Não fiquemos, pois, espantados de ver, nas nações corrompidas, o vício avançar descaradamente, e não se dignar a se encobrir com as sombras do mistério. Uma vez que os olhos do público se acostumam com as ações mais odiosas ou mais desprezíveis, todos se entregam a elas sem escrúpulo, bem convencidos de que a conduta mais desonesta encontrará protetores, não o privará da estima de ninguém e até mesmo lhe facilitará o caminho para a fortuna bem mais do que virtudes modestas, uma consciência escrupulosa ou do que uma honra melindrosa, feitas para desagradar os distribuidores das benesses.

É preciso subserviência, intriga, frivolidade e, sobretudo, pouca suscetibilidade para subir na vida em um governo leviano e corrompido, onde algumas mulheres intrigantes e sem bons costumes e alguns homens sem princípios e sem virtude dispõem das riquezas, das recompensas e dos cargos. Uma administração iníqua quer apenas colaboradores iníquos. Os ministros frívolos e vãos só concedem seus favores aos aduladores, aos complacentes, aos proxenetas e aos parasitas. Como um homem de bem teria a ambição de se juntar a uma corte na qual a probidade é desprezada? Como um homem valente poderia consentir em rastejar aos pés desses poderosos que não dão a mínima importância ao mérito, e aos olhos dos quais a própria virtude parece muito ridícula? Enfim, como um homem que tem algum sentimento de humanidade poderia desejar cargos nos quais ele só pode se notabilizar através das violências e por uma inflexível insensibilidade?

A dissipação e a paixão pelo prazer são, como já foi observado, disposições tão contrárias aos bons costumes e à felicidade pública quanto a perfídia ou a má-vontade. Em uma nação para a qual o divertimento se tornou o objeto mais interessante, todos adotam o tom geral: os assuntos mais importantes são tratados com uma leviandade surpreendente; ministros despóticos e frívolos conduzem alegremente o Estado à sua ruína. É em meio aos prazeres que eles ditam as sentenças que condenarão um povo inteiro às lágrimas e à miséria. Como as mãos débeis desses homens debilitados pela indolência ou infectados pelo germe da vaidade poderiam deter os poderosos efeitos do luxo, a quem nada é capaz de resistir?!

Não há nada de sério para crianças volúveis; nenhum homem se sujeita a cumprir tristemente os deveres de sua posição. O magistrado desdenha suas funções! Ele teria medo de parecer ridículo se tivesse pretensões de ser diligente; isso o faria ser acusado de mesquinharia e de pedantismo. Em uma sociedade na qual a vaidade ocupa o lugar de tudo, somente o ridículo desonra; ele deve ser muito mais temido que o vício ou o crime. Assim, o homem que, pelo seu cargo, se torna o árbitro de seus concidadãos, não irá tristemente refletir sobre as leis, ou aprofundar matérias espinhosas; ele sempre sabe o suficiente para julgar ao acaso os interesses, a fortuna e a própria vida dos cidadãos.

O homem de corte vem exibir diante dos olhos de um povo maravilhado o seu luxo e a sua vaidade. Ele se glorifica com os seus vícios, que qualifica de *boas sortes*; ele entretém a sua ociosidade corrompendo a inocência crédula; continuamente desarranjado por suas despesas e por seu luxo, ele vende a sua influência, *faz negócios* e, sem respeito pela equidade, protege aquele que melhor lhe paga. Ele toma emprestado, ele compra a crédito, ele contrai dívidas e depois se ri da ingenuidade daqueles que arruinou, e afronta descaradamente as lágrimas de uma família reduzida à mendicância. Corrompidos pelo exemplo de seus senhores, testemunhas e confidentes de seus vergonhosos desregramentos e orgulhosos de sua proteção, seus lacaios levam os vícios e a insolência dos palácios para as mais ínfimas classes do povo.

O bispo e o padre são eles próprios arrastados pela torrente da perversidade pública; esta religião, da qual eles exaltam os efeitos maravilhosos, fracassa contra as paixões e os vícios autorizados pela moda. Vocês os veem se adequar às tendências mundanas, adotar o luxo dos poderosos e se envergonhar da simplicidade evangélica; e a mesma boca que discursa contra a corrupção secular incita muitas vezes as mulheres ao crime, ou procura seduzir a inocência que ela deveria fortalecer contra as tentações do demônio.

O contratador de impostos, feito unicamente para pensar na sua fortuna, não conhece outra honra que não seja enriquecer rapidamente. Sua posição o destina a viver das calamidades públicas. Autorizado em suas rapinas e suas concussões pelo governo, sua consciência nunca lhe faz censuras incômodas. A equidade, a humanidade e a sensibilidade seriam qualidades fora de lugar em um homem que se destina a enriquecer com o sustento dos infelizes. Sua cabeça engenhosa está ocupada apenas em elaborar novos projetos para despojar o seu país e redobrar a sua miséria. Uma vez enriquecido, ele adota os vícios, o fausto e o luxo dos poderosos; ele se notabiliza por seus banquetes suntuosos, por suas loucas despesas e por sua magnificência, que logo fazem com que seus próprios concidadãos se esqueçam de que a opulência dele é o fruto das suas próprias desgraças.

Há muito tempo acostumada com todas essas desordens atrozes, a sociedade dificilmente se revolta contra elas. Os homens mais perversos despertam muito mais a inveja do que a indignação pública. Aquilo que se chama de *boa companhia* é composta de um amontoado de homens cuja conduta é apropriada para fazer a razão se envergonhar e a virtude gemer. Nela se encontram agradáveis opressores, agradáveis ladrões, agradáveis devassos, gente importante sem nenhum mérito, ociosos com títulos, homens sem honra e sem bons costumes, mulheres sem pudor e tolos impertinentes – que o uso faz serem considerados pessoas muito honestas. Os bons costumes, os verdadeiros talentos e a probidade não ocupam nenhum lugar em uma sociedade frívola e desocupada, que só tem necessidade de perder o seu tempo, e à qual o desejo contínuo de se entreter não permite aprofundar nada. Para ser admitido e considerado na alta sociedade, é preciso apenas ter um nome, um título, um belo traje, uma postura decente, boa aparência, boas maneiras e o linguajar adequado. Nesse caso, tem-se tudo aquilo que é necessário para se fazer desejar; além do mais, se está dispensado de ter qualquer virtude. Quando a necessidade de se divertir se tornou o único laço da sociedade, ninguém se incomoda muito em conhecer a fundo as pessoas com quem convive. As pessoas não se tornam muito exigentes quanto à escolha de seus amigos, e se ligam a qualquer um que dê a esperança de alguns instantes de trégua com o tédio.

A arte de viver na alta sociedade não passa comumente da arte de mascarar as suas verdadeiras disposições para aparentar aquelas que se vê em todo mundo. Aquilo que se chama de decência consiste em poupar a sensibilidade ou o amor-próprio de uma multidão de seres vãos e depravados, que não querem ver a si próprios e nem ser vistos pelos outros tais como são. Muitas vezes, a polidez não passa de dissimulação; ela consiste em disfarçar seus sentimentos para todos aqueles com quem se vive, em ocultar-lhes a opinião que se tem sobre eles; em fazê-los crer que se dá a eles o mesmo valor que eles fixam para si mesmos. O *bom-tom* consiste em renunciar ao seu caráter para se pôr em consonância com a vaidade, a frivolidade e a insensatez geral. Para ser requintado, é preciso apenas complacência e muito tempo para perder. Em sociedades assim constituídas, sente-se que a razão está fora de lugar. A retidão, a franqueza e os bons costumes são taxados de ingenuidade e de tolice por pessoas que, para conviver, não têm nenhuma necessidade de se amar, de se estimar, e nem mesmo de se conhecer. Como o *ridículo* não é, comumente, senão aquilo que os olhos não estão acostumados a ver, não é preciso se surpreender com o fato de que seres corrompidos achem a virtude ridícula e deslocada. Em poucas palavras, não é preciso se espantar ao ver a reflexão, o bom senso e a razão banidos como inúteis das sociedades que a dissipação mantém em um delírio contínuo; todo homem sensato é, para elas, apenas um censor incômodo, cuja presença as condena, e que se vê muitas vezes forçado a se excluir delas.

Como, com efeito, um ser racional poderia aplaudir ou tomar parte nos divertimentos insípidos e desprezíveis que assumem o lugar das ocupações para a maior parte das pessoas da alta sociedade? Será que pessoas eternamente cansadas de si mesmas, ocupadas incessantemente em fugir de si para buscar o prazer, o encontram nessas visitas periódicas unicamente consagradas à perda de tempo; nesses círculos brilhantes destinados a compartilhar os tédios pelos quais todos são devorados; nesses banquetes dos quais a vaidade e as pretensões banem a verdadeira alegria; em um jogo contínuo degenerado em frenesi, mas sem o qual não se poderia preencher o vazio das conversas ou suprir a esterilidade dos espíritos? Será que a confiança, a satisfação e a alegria poderiam ser encontradas nesses ajuntamentos compostos comumente por seres indiferentes, que pouco se conhecem – ou que, muito mais vezes, por se conhecerem muito bem, não se amam e nem se estimam, e algumas vezes se desprezam e se detestam – e que só se veem por interesse, por decência, para salvar as aparências? Que encantos se pode desfrutar nessas assembleias compostas de inimigos secretos perpetuamente ocupados em se observar, em montar armadilhas uns para os outros, em espionar seus defeitos, seus ridículos e suas pretensões recíprocas, a fim de encontrar matéria para a maledicência, para a crítica, para a zombaria e para as calúnias que constituem o único assunto de conversa de uma multidão de espíritos malévolos, cuja profissão é carregar de círculo para círculo a *crônica escandalosa* ou a *novidade do dia*.

A malícia, a maledicência e, sobretudo, a novidade se tornam alimentos necessários para espíritos vazios de coisas. Elas são indispensáveis para acabar com a prostração e a insipidez das conversas. "O que há de novo?" era, dizem, outrora, a primeira pergunta dos atenienses, assim como ainda é a dos incontáveis ociosos dos quais as sociedades modernas estão repletas. A exemplo de Demóstenes, um homem sensato poderia dizer aos seus concidadãos:

> Vós pedis incessantemente novidades; haverá, no entanto, alguma coisa mais nova ou mais interessante para vós do que os perigos que vos ameaçam a cada instante?! O contágio do luxo está entre vós; o vício vos corrói pouco a pouco; estais em um delírio funesto ao qual logo se seguirá uma prostração incômoda. Vós correis sem descanso atrás do prazer, sem jamais poder assegurá-lo; vossas casas estão em chamas; vossas mulheres são licenciosas; vossos filhos já estão corrompidos; vossos servos vos pilham e vos arruínam; vossos negócios estão em desordem, e perguntais *quais são as novidades*? A injustiça comanda; o despotismo está em vossas muralhas; a tirania está em vossas portas; ela desola vossas províncias, ela aniquila vossas leis, ela ameaça vossas pessoas; ela trama, em acordo com a perfídia, a destruição

das vossas fortunas; ela vos faz sucessivamente suportar as suas traições e os seus golpes, e vós pedis novidades?! Ó, atenienses, sois crianças.

Porém, o despotismo, o vício e o luxo atiram os homens em uma espécie de demência ou em uma letargia que os tornam igualmente incapazes de refletir. A falta do hábito de pensar e de viver consigo mesmo força todos a se espalharem para fora. Cada um só quer existir na imaginação dos outros; ele se atira em um perpétuo turbilhão a fim de tratar de esquecer os seus tédios secretos; na impossibilidade de encontrar o bem-estar em seu próprio coração, ele vai procurá-lo no tumulto do mundo, onde ele também não se encontra.[168] Sem esperança de se tornar feliz, ele quer ao menos parecê-lo. O homem opulento, incapaz de fazer um uso útil de suas riquezas, quer ostentar – ou seja, ter um grande número de testemunhas da sua pretensa felicidade –; ele reúne em sua casa uma multidão de bajuladores, de parasitas e de complacentes que ele chama de "seus amigos", quando não passam de invejosos, de ciumentos, de inimigos ocultos que, tirando proveito da sua louca vaidade, o ajudam a dilapidar sua fortuna, exaltam seu bom gosto, sua magnificência, sua boa mesa, sua generosidade e seu espírito; e conseguem algumas vezes fazê-lo acreditar que é feliz – quando, na verdade, ele não desfruta de nada.

A sociabilidade é, sem dúvida, uma disposição muito louvável; porém, ela se torna um mal pelo abuso contínuo que

---

168 *Turbam rerum hominumque desiderent qui se pati nesciunt.* (Sêneca)*

* Aqueles que não podem suportar a si mesmos devem ansiar pelo barulho e a multidão. (*Questões naturais*, IV, 1). (N. T.)

se faz dela. Nenhum homem está isento de defeitos; assim, o homem em geral, e sobretudo em uma sociedade viciada, não pode suportar olhares muito penetrantes, e nem pede para ser visto de muito perto. Todos conhecem bem o provérbio trivial que diz que *a familiaridade engendra o desprezo*; no entanto, parecem nunca se lembrar dele pela facilidade com a qual as ligações e as sociedades particulares se dissolvem a todo momento. Discussões contínuas, esfriamentos, desgostos e rupturas são as consequências naturais de um relacionamento habitual ou demasiado familiar entre seres repletos de vaidade, e que não podem disfarçar por muito tempo o seu caráter; eles se desprezam e, muitas vezes, até mesmo se detestam, depois que se separam. É assim que as crianças discutem e se desentendem pelos menores brinquedos. Só se tem tanta pressa de conhecer novas pessoas porque sempre se espera encontrar nos desconhecidos as qualidades maravilhosas que não se pôde encontrar nas pessoas que se conhece. A novidade e a variedade em todos os gêneros têm direitos poderosos sobre os homens. Qual pode ser a solidez dessas ligações efêmeras que, fundamentadas apenas na necessidade de se desentediar, no interesse do momento e, muitas vezes, na falsidade ou no projeto de enganar, não são consolidadas pela amizade, pela boa-fé e pela estima sincera?! É por isso que os homens se apegam tão levianamente e se abandonam do mesmo modo. A sociabilidade extremada, ou facilidade de fazer amizades, é uma prova de leviandade, e a leviandade nunca produz ligações duradouras. Entre as mulheres, sobretudo, nada é mais raro que as amizades sólidas.

Uma nação fascinada pelo luxo e pela vaidade se torna um verdadeiro palco de ilusões e de prodígios, no qual os atores só aparecem para se fazer apupar. Nele, vive-se apenas na opinião alheia; nele, cada um representa muito canhestramente um papel que não é feito para ele; ninguém quer ser aquilo que é porque ninguém está contente com o modo como a natureza o fez. Essa é a verdadeira fonte das incontáveis pretensões, das extravagâncias, dos ridículos de toda espécie e desta afetação contínua pelos quais os seres vivendo em sociedade se tornam tantas vezes impertinentes e desprezíveis uns para os outros. Todos querem ostentar as riquezas, os talentos, o espírito, o bom gosto, os conhecimentos e até mesmo os vícios e as loucuras que não têm. Nesse comércio fraudulento, nem sempre se leva em consideração a vaidade ou as pretensões daqueles com quem se contracena. Assim, a sociedade se torna a arena dos ciúmes e das querelas pueris de um amontoado de seres frívolos que se punem reciprocamente pelas suas tolices, e que estão perpetuamente ocupados em discutir a importância que cada um atribui a si no drama da vida.

Em geral, tudo nos prova que uma vaidade ridícula é a base do caráter da maior parte dos seres levianos pelos quais uma sociedade frívola e corrompida se acha composta. É preciso razão ou reflexão para dar um justo valor às coisas. Os seres que vivem em um turbilhão contínuo quase nunca refletem; na mais profunda ignorância sobre aquilo que constitui o verdadeiro mérito, a verdadeira honra, ou sobre aquilo que pode conceder direitos incontestáveis à estima dos homens, cada um só se faz apreciar por algumas qualidades e objetos fúteis, aos quais dá a mais elevada importância, nos quais deposita a sua existência e a sua felicidade, e que finge possuir quando é privado deles. A vaidade se torna, portanto, o único motor de todos os movimentos da sociedade, nela ocupando o lugar de tudo. Os príncipes não conhecem outra glória que não seja o luxo, que não seja um vão aparato, que não sejam as ninharias da etiqueta. Os poderosos e os cortesãos fazem toda a sua grandeza consistir em títulos, em comendas e em despesas ruinosas. O homem rico se esforça para concorrer com os poderosos por meio de um luxo destinado a fazê-lo ser admirado por alguns parasitas ou invejosos – que o imolam, em seguida, à zombaria pública. As mulheres parecem ter vindo ao mundo apenas para ostentar nos círculos sociais vestidos, adornos e modas muitas vezes bizarras que o seu espírito fecundo cria todos os dias. O relacionamento entre os dois sexos, conhecido pelo nome de *galanteria*, só tem comumente a vaidade como base; dele, o amor sincero está completamente excluído. Em poucas palavras, a sociedade não passa de um mercado para o qual cada um leva as suas variadas vaidades.

Se os efeitos desse delírio epidêmico fossem apenas ridículos, precisaríamos nos contentar em rir dele; mas devemos gemer quando vemos que muitíssimas vezes uma vaidade pueril, pretensões impertinentes, o desejo de aparecer e a mania de ser feliz na opinião dos outros degeneram em um furor habitual, capaz de quebrar entre os homens os laços mais sagrados; que é causa de se negligenciar a sua felicidade doméstica; que faz com que, não contentes em arruinar a si mesmos, também mergulhem a sua posteridade na indigência e na miséria. Nada é mais comum do que ver a imprudência, a vaidade e a loucura produzirem efeitos bárbaros e cruéis. Pais corrompidos e dissipados sacrificam todos os dias o seu bem-estar mais sólido à loucura de ostentar ou a divertimentos frívolos e criminosos. Só se encontra, a cada passo, esposos desunidos; maridos devassos e sem bons costumes; esposas que se consolam, nos braços do vício, da indiferença ou dos rigores de um marido tirânico, pais insensíveis, mães extravagantes e desprovidas de ternura, filhos rebeldes e sem devoção filial, parentes divididos por interesses, amigos pouco sólidos, libertinos descarados, mulheres sem pudor e ricos insensíveis e estúpidos que não sabem empregar agradavelmente, para si mesmos, nem o seu tempo e nem o seu dinheiro.

Todos desejam riquezas, mas pouquíssimas pessoas sabem fazer delas um uso verdadeiramente útil ou que proporcione a felicidade. Pela imprudência, o estouvamento e a tolice dos homens, as próprias coisas que deveriam lhes facilitar o caminho para o bem-estar são aquelas que, comumente, mais os distanciam dele. O emprego ridículo que tantas pessoas opulentas fazem muitas vezes da sua fortuna parece confirmar a opinião daqueles que consideram o dinheiro como um mal, e não como um bem real. Nada é mais raro do que o bem-estar, a paz e a virtude nas famílias opulentas. Os infortúnios domésticos que vemos nelas servem para consolar os remediados, e deveriam acalmar a inveja que eles têm da riqueza.

Vínculos constituídos unicamente pelo interesse sórdido quase sempre produzem, entre esposos opulentos e desregrados, apenas uma fria indiferença, que não tarda a se transformar em discórdia e em ódio. Eles não têm, comumente, uma casa pior que a sua; para se distraírem dos tédios e dos desgostos da vida conjugal, os esposos – incapazes de se estimar e de se amar – vão cada um para o seu lado, procurar na dissipação e nos prazeres ruidosos meios de se esquecerem dos seus sofrimentos. Uma vida desregrada implica demasiadas vezes no desarranjo dos negócios, ou pelo menos faz com que se negligenciem os deveres mais importantes e os cuidados mais necessários à felicidade privada.

Assim, entre os ricos e os poderosos desse mundo, o casamento, bem longe de proporcionar as doçuras que dele se poderia esperar, não passa muitas vezes de uma fecunda fonte de pesares e de males,[169] uma fonte envenenada que só serve para infectar a posteridade com os mesmos vícios e com os mesmos desvarios dos quais os pais foram as vítimas deploráveis. Que educação os filhos poderiam receber de pais mergulhados continuamente no vício, na dissipação, no tumulto e no inebriamento?! Que cuidados eles poderiam esperar dos autores de seus dias, que só pensam em se divertir?! Será que pais e mães sem razão, sem luzes e sem virtude serão capazes de formar o seu coração e o seu espírito? Enfim, que cidadãos podem dar ao Estado seres que não têm nenhuma ideia do bem público, dos deveres da sociedade e nem daquilo que pode constituir o bem-estar verdadeiro?!

169 *Fecunda culpae saecula nuptias*
Primum inquinavere et genus et domos
Hoc fonte derivata clades
*In patriam populumque fluxit.**
(Horácio, *Odes* III, 6, 17-20)
* O século, fecundo em crimes, maculou primeiramente o leito nupcial, as gerações e as famílias; e desta fonte impura fluíram todas as desgraças da pátria e do povo. (N. T.)

IX
Da educação

Plutarco censura Numa, o fundador da religião dos romanos, por não ter começado, em sua legislação, por pensar na educação da juventude. Tem-se, evidentemente, o direito de fazer a mesma censura a todos os governos. Com efeito, em que país vemos os soberanos se ocuparem continuamente com esse objeto importante para a felicidade pública e privada? Por toda parte, a política parece considerá-lo como pouco digno de seus cuidados; dir-se-ia que ela acha totalmente indiferente ter cidadãos virtuosos ou corrompidos, esclarecidos ou ignorantes, racionais ou irracionais. O que estou dizendo?! O despotismo, inimigo nato das luzes e da virtude, parece se propor apenas a conservar os homens em uma estupidez permanente, a dividi-los para submetê-los, a opor obstáculos contínuos ao desenvolvimento do seu espírito.

Em todos os países, o cuidado de educar a juventude é entregue aos ministros da religião, ou seja, a homens que, bem longe de ter a vontade ou a capacidade de desenvolver a razão humana, só têm, evidentemente, o objetivo de combatê-la, para submetê-la à sua autoridade. O sacerdote não conhece nada mais importante do que inspirar em seus alunos um respeito cego pelas próprias ideias dele. Ele os forma para uma outra vida, para os deuses – ou, antes, para ele mesmo. Ele os proíbe de se apegar a seus semelhantes, de buscar a sua estima, de se congratular pelo bem que fazem. Ele só lhes prega virtudes que nada têm em comum com a vida social; ele se abstém de inspirar neles o amor pelas ciências úteis, o desejo de examinar as coisas. Incapaz de conhecer a verdadeira natureza do homem, que ele só vê através do véu dos seus preconceitos, o moralista religioso não sabe o uso que se pode fazer das paixões de seus alunos, os motores naturais que seria preciso empregar para acioná-las e a maneira de fazê-las servir à utilidade pública. A educação sacerdotal parece ter como único objetivo aviltar os homens, tirar deles toda a energia, embaralhar seus cérebros, impedir que a sua razão se manifeste e fazer deles membros inúteis da sociedade. Ao sair das mãos de seus professores, o jovem não sabe nem aquilo que ele é, nem o que é uma pátria, nem aquilo que deve fazer por ela nas diversas posições nas quais pode se encontrar. Ele só tem o espírito repleto de dogmas e de mistérios inconcebíveis; toda a sua moral consiste em crer firmemente naquilo que ele não compreende; ele imagina ter cumprido todos os deveres quando satisfez escrupulosamente algumas práticas mecânicas às quais desde cedo o habituaram.

Para se esclarecer e se tornar um ser racional, o homem é obrigado comumente a esquecer os falsos princípios com os quais seus professores tiveram o cuidado de infectá-lo. Esse trabalho é quase sempre muito penoso; nada é mais difícil do que se desfazer dos erros que, desde a infância, se aprendeu a respeitar, e aos quais comumente se permanece apegado por toda a vida.

Nada é mais invencível que a ignorância, sobretudo quando sua confirmação custa muito tempo e sofrimentos. A vaidade vem, então, em socorro do preconceito, e a torna indestrutível. Quanto menos um homem sabe, mais ele se apega àquilo que acredita saber. Um ignorante não dúvida de nada; a dúvida é sempre o primeiro passo para a sabedoria.

Apesar dos custosos estabelecimentos que as nações civilizadas fizeram para a educação da juventude, todo homem que quer saber alguma coisa é obrigado a se formar por conta própria. A educação mais diligente só lhe ensina algumas línguas mortas, uma filosofia tenebrosa, algumas especulações abstratas e algumas opiniões que só servem para tornar falso o seu espírito e para obscurecer as verdades mais claras. Quando entra no mundo, ele não tem nenhuma ideia do mundo, nem da maneira de se conduzir nele. Os primeiros princípios da vida social lhe são completamente desconhecidos. Uma moral religiosa ocupa para ele o lugar de tudo; ela é o único preservativo que lhe dão contra a corrupção à qual ele vai se achar exposto.

Tudo nos prova que os sacerdotes são, de todos os homens, os menos apropriados para formar pais de famílias, estadistas, magistrados, cidadãos, seres esclarecidos e racionais.[170] Um devoto é comumente concentrado em si mesmo, feroz, incômodo, cheio de vãos escrúpulos, de maneira alguma feito para a sociedade, e até mesmo muito levado a perturbá-la quando o zelo

---

170 *Ego adolescentulos existimo in scholis stultissimos fieri, quia nihil ex iis, quae in usu habemus, aut audiunt, aut vident.** (Petrônio, *Satiricon*)

* Penso que os jovens só se tornam tão estúpidos nas escolas porque, nelas, nada dos fatos usuais da vida chega aos seus olhos ou aos seus ouvidos. (N. T.)

aquecer a sua imaginação inebriada de quimeras. Em poucas palavras, uma moral desprovida de motivos sensíveis e naturais não é feita para homens destinados a viver nesse mundo; uma moral da qual todos os motores estão ocultos nos céus não tem bastante força para conter seres que, além do mais, tudo conspira para tornar cegos e perversos. A primeira coisa que faz um jovem ao entrar no mundo é deixar de lado os preceitos da religião dos quais acaba de ser imbuído. Ele percebe desde o primeiro passo que eles são incompatíveis com tudo aquilo que se faz na sociedade.

Como as ideias antipáticas de uma religião estoica estariam aptas a se impor aos habitantes corrompidos e perdulários de um país onde o luxo fixou sua morada? As pessoas mundanas quase não pensam nelas – ou, se algumas vezes pensam, essas ideias tenebrosas são logo apagadas pela dissipação contínua ou pelo tumulto dos negócios. Em vão, a religião pregaria o desprezo pelas riquezas; em vão, ela pregaria contra os espetáculos, os divertimentos, os prazeres e os vícios que a moda autoriza: ela não é ouvida por seres a quem tudo persuade de que essas coisas são indispensáveis ao seu bem-estar. A religião não é, para a gente mundana, senão um caso de formalidade, que não influi de nenhuma maneira sobre a conduta da vida. As pessoas se conformam a ela exteriormente, porque o uso quer que se faça aquilo que se vê os outros fazerem, ou aquilo que se está habituado a fazer desde a mais tenra infância. A religião interior só convém a um pequeníssimo número de homens; ela é tão pouco adequada à sociedade que aqueles que se entregam a ela são comumente obrigados a romper todos os relacionamentos sociais.

Um jovem só tem necessidade de entrever o mundo para reconhecer logo que as máximas com as quais os seus professores tiveram o cuidado de nutri-lo estão inteiramente deslocadas nele, parecem completamente ridículas e são visivelmente contrariadas por tudo aquilo que se passa diante dos seus olhos. Em um governo injusto e em uma nação corrompida, tudo parece lhes clamar:

> Deixa para lá os preceitos incômodos de uma moral feroz, que não levaria a nada no país em que vives; sua prática seria um obstáculo intransponível à tua ascensão. O mundo está repleto apenas de patifes ou de simplórios; é bem mais seguro se colocar do lado dos opressores que do lado dos oprimidos. Prosterna-te diante da influência; humilha-te perante os distribuidores das benesses; afaga a mão dos tiranos, a fim de adquirir o direito de tiranizar como eles. Aprende a não te envergonhar de nada daquilo que pode levar à fortuna; pensa sobretudo em enriquecer; o dinheiro representa sozinho todos os bens desse mundo, é preciso tê-lo a qualquer custo. Não vás tolamente ouvir as censuras de uma consciência medrosa que te deteria a cada passo; é preciso fazer como os outros, o exemplo deles justifica. Aprende a te tornar insensível aos gemidos do pobre; a piedade não passa de uma fraqueza; ela não é feita para aquele que quer agradar aos senhores absolutos; tudo é justo e permitido quando a força comanda. Não digas que a religião condenaria a tua conduta; tuas máximas, imaginadas para monges ou para o povo imbecil, não são feitas para o homem que quer ascender nesse mundo. Além do mais, uma vez que tenhas alcançado os teus objetivos, estarás sempre em condições de te reconciliar com os deuses. *Existem maneiras de se arranjar com o Céu*; será que os seus ministros não têm meios fáceis de apaziguá-lo? Enquanto isso, desfrutarás de teus exitosos delitos; serás prezado, considerado e respeitado mesmo por aqueles que te invejam.

A fortuna, a influência e o poder te proporcionarão amigos que te impedirão de ouvir os remorsos, cujos clamores servirão apenas para perturbar a tua felicidade.

É assim que a perversidade do governo e a contaminação que ele transmite à sociedade conspiram para tornar inúteis os princípios de qualquer moral. Ele precisa apenas de escravos cegos à superstição; ele precisa apenas de escravos cegos ao poder arbitrário. Em quase todos os países os homens estão sujeitados; não é preciso, pois, se espantar de em quase toda parte encontrá-los vis, bajuladores, patifes, mentirosos, invejosos, cheios de vaidade e desprovidos dos sentimentos da verdadeira honra. É apenas à custa de injustiças e de infâmias que eles podem conseguir contentar transitoriamente as suas necessidades insaciáveis. Sempre descontentes com a sua sorte, fazem esforços contínuos para torná-la melhor. Sempre oprimidos, utilizam todos os expedientes para passar para a classe dos opressores – na qual, permanentemente ocupados apenas em fazer os outros infelizes, nem por isso eles mesmos serão mais felizes.

Graças à negligência dos soberanos e às intenções funestas de uma falsa política, em nenhum país a educação forma viveiros nos quais possam ser recrutados estadistas, magistrados e cidadãos úteis. O favorecimento, a influência, o nascimento, a intriga e as mulheres decidem em toda parte os cargos – e, consequentemente, o bem-estar das nações, das famílias e dos indivíduos que os ocupam. Um déspota imagina, sem dúvida, que sua escolha caprichosa é suficiente para conferir ao primeiro recém-chegado os talentos e os conhecimentos necessários à administração de um Estado! Para serem adequados para tudo, para alguns homens basta ter nascido. O preconceito do nascimento, tão fortemente enraizado no espírito de um grande número de povos, é um daqueles que, pelas suas consequências, se torna mais funesto para eles. No governo monárquico, todo homem que não tem um sangue ilustre não pode, sem infinitos esforços, conseguir servir sua pátria. No entanto, nada é mais raro do que ver os poderosos se incomodarem para adquirir conhecimentos e talentos.

Por um resquício muito perceptível da barbárie primitiva, os homens mais eminentes por seus antepassados se acreditam comumente dispensados de aprender qualquer coisa, e chegam ao ponto de se glorificar da sua profunda ignorância. Eles consideram o estudo ou a cultura do espírito como atributos ignóbeis de plebeus obscuros. Assim, os Estados se tornam vítimas contínuas da imperícia dos príncipes e dos poderosos, que consideram como estando abaixo deles adquirir os conhecimentos mais necessários para governar. Os cargos parecem feitos para os homens, e nunca os homens para os cargos.

Os empregos, as distinções e as honrarias são motores poderosos dos quais um governo se priva, quando não se serve deles para incentivar a emulação de todos os cidadãos. Reservai todos os cargos para os homens favorecidos, que acreditarão que eles lhes pertencem por direito; logo, não farão nada para merecê-los, e o resto dos cidadãos será totalmente desencorajado. Será que os soberanos que seguram uma balança tão pouco justa entre seus súditos, ignoram que pode nascer em uma choupana um homem de gênio capaz de reparar sozinho todas as desgraças de um Estado? Entre os asiáticos, a simples vontade do déspota faz os poderosos, mas não existe para eles a nobreza hereditária. Os europeus elaboraram ideias tão bizarras e tão falsas de nobreza que o descendente de um Tibério, de um Calígula ou de um Nero lhes pareceria um homem ilustre, muito digno de ser considerado – ou, talvez, até mesmo apto a reinar sobre o universo, porque seus ancestrais foram os tiranos dele!

Os poderosos, em todos os países, parecem não somente se condenar à ignorância mais profunda, mas também ser destinados, desde a sua infância, à mais completa corrupção. A educação que lhes é dada comumente só tende, evidentemente, a torná-los orgulhosos, vis e perversos. Pais repletos de vaidade ou professores abjetos lhes inspiram, desde o berço, o orgulho do nascimento, a arrogância e o desprezo pelos seus concidadãos. A moral de um homem destinado à corte deve estar essencialmente aviltada; ela consiste em fazer tudo para atrair os olhares do príncipe que, ele próprio pervertido, só os deixa cair sobre aqueles nos quais vê disposições compatíveis com as suas. Que grandeza de alma, que ideias de honra poderiam ser dadas a seres feitos para rastejar durante toda a sua vida, a fim de enriquecer com os despojos das nações oprimidas?! Que virtudes poderiam ser inspiradas a homens que só podem merecer o favorecimento por meio de injustiças, atrocidades, baixezas, cabalas e crimes?! Se, por um feliz acaso, um homem que, pelo seu nascimento, fosse chamado para junto de um príncipe tivesse recebido uma educação virtuosa, ele logo se veria obrigado a renunciar à corte ou a esquecer dos princípios totalmente incompatíveis com os interesses da sua fortuna.

A indiferença que os soberanos mostram pela educação de seus súditos, e ainda mais vezes a inimizade que eles têm pelos talentos e pelas virtudes, são, evidentemente, os maiores obstáculos que a moral encontra sobre a Terra. Unicamente ocupados com os seus prazeres e com o cuidado de contentar os seus caprichos, eles só precisam de escravos dóceis, com as virtudes dos quais pouco se incomodam. A única qualidade que eles exigem é uma complacência servil. Em um governo iníquo, a equidade, a boa-fé e a concórdia seriam, como já se viu, virtudes fora de lugar: a educação não deve ter outro objetivo além de sufocar esses sentimentos nas almas, e de fazer brotarem em seu lugar a vaidade, ideias falsas de honra, de glória e de grandeza e paixões apropriadas para submeter os espíritos a quaisquer vontades daqueles que têm o poder nas mãos. A juventude deve aprender desde cedo a carregar o jugo e a não ter nenhuma vontade que não ceda aos caprichos daqueles que dispõem das benesses. Assim, a educação deve quebrar o caráter, limitar-se a adquirir a polidez, a pose, a aparência exterior – talentos próprios a agradar os homens corrompidos e as mulheres frívolas que quase sempre decidem a sorte das nações.

Os costumes só podem ser bons quando a política, de acordo com a moral, se ocupar do bem-estar das nações, e der à educação toda a importância que ela merece. Enquanto a educação for negligenciada, a razão perseguida e a virtude desprezada, não é possível esperar ver os homens melhores e nem mais felizes. O governo é feito para apoiar a moral; a partir do momento em que ele a contraria, ela se torna inútil e não tem mais nenhum poder sobre os corações. A legislação deveria ser o complemento e a prova da moral inculcada pela educação. Esta legislação, para ser justa, não deveria prescrever aos cidadãos senão os deveres impostos pela natureza e fundamentados nas relações que subsistem entre eles. Em poucas palavras, uma boa legislação deveria ser apenas a moral tornada mais eficaz e mais interessante com a ajuda das recompensas e das penas.

Se perguntarem como seria possível fazer o povo perceber os deveres da moral ou dar a ele educação, diremos que seria bem mais fácil ensinar a ele os princípios evidentes e simples de uma moral natural do que os princípios abstratos de uma moral religiosa e sobrenatural, que não estão ao alcance de ninguém; e que esses princípios, apoiados em castigos e recompensas visíveis, causariam mais impressão sobre os espíritos mais grosseiros que os suplícios e os prazeres invisíveis da outra vida.

Os sacerdotes, em todos os países, são os únicos doutores, os únicos moralistas do povo. A que ponto esses professores, já estipendiados pela sociedade, não lhe seriam mais úteis se lhe ensinassem uma moral mais clara e mais verdadeira do que aquela com a qual, há tantos séculos, eles a entretêm inutilmente! Será que um governo que se interessasse sinceramente pela reforma dos costumes não encontraria no clero numerosos colaboradores capazes de auxiliar seus projetos tão benfazejos? Fazendo uso das recompensas de que dispõe, um soberano esclarecido não poderia incentivar entre esses doutores do povo uma emulação positiva de se distinguir por seu zelo em esclarecer seus ouvintes? Que frutos vantajosos não veríamos resultar das suas instruções se, deixando de lado esses dogmas tenebrosos, esses mistérios e essas maravilhas – com as quais, por tanto tempo, alimentaram os espíritos dos homens ainda selvagens –, esses pastores consentissem, enfim, em dar a seus rebanhos uma alimentação mais sadia e mais proveitosa! Que peso não dariam às suas lições as recompensas honrosas que o governo concedesse aqueles que as pusessem fielmente em prática?[171]

---

171 É possível julgar o efeito que as recompensas e as distinções mais insignificantes são capazes de produzir sobre os costumes por um

Eis aí, sem dúvida, caminhos suaves e fáceis que uma política sábia poderia empregar para instruir os povos e para formar homens mais sensatos e mais virtuosos. Com isso, o governo obteria súditos ativos, apegados e sensatos; com isso, ele encontraria nos sacerdotes cidadãos mais fiéis e mais submissos do que nesses demagogos turbulentos, ou do que nesses fanáticos furiosos que tantas vezes atearam o fogo da discórdia por querelas ininteligíveis, e acionaram o alarme da revolta contra os soberanos. Com tantos meios honestos de se tornar maiores, mais poderosos e mais queridos pelas suas nações, e de tornar os povos mais sábios e mais felizes, será que os príncipes jamais se servirão deles para obterem para si próprios um bem-estar que a negligência e a tirania não podem lhes proporcionar?!

Se os governos sem visão negligenciam vergonhosamente a educação dos cidadãos, os pais sensatos poderiam ao menos supri-la. Eles deveriam reconhecer que desta educação depende não somente o bem-estar de seus filhos, mas também a sua própria felicidade, o consolo da sua velhice e o encanto da sua própria vida. Porém, visões tão sensatas não servem para os habitantes levianos dos países corrompidos pelo luxo, em cujos espíritos toda a previdência é banida. Como pais mergulhados na dissipação, ou nos prazeres ilícitos, e totalmente desprovidos de razão e de luzes, se ocupariam do cuidado de educar filhos pelos quais não têm nenhuma ternura? Será que seres

---

fato conhecido na França. Por um uso imemorial, estabelecido em uma aldeia da Picardia chamada Salency, presenteia-se todos os anos com uma rosa, em uma cerimônia, a moça reconhecida como mais sábia. Como consequência dessa instituição, as moças dessa aldeia são sempre distintas por sua sabedoria.

viciosos, continuamente ocupados em se distrair e em se divertir, serão capazes de formar pessoas de bem, homens sensatos, pais ou mães de família – enfim, bons cidadãos?

Toda autoridade legítima, como já foi dito mais de uma vez, só pode estar fundamentada nas vantagens que se proporciona àqueles sobre quem tal autoridade é exercida. É a felicidade que um pai proporciona a seu filho; são os cuidados que ele dá à sua infância; os direitos à afeição, à obediência e ao respeito são conferidos ao pai pelos meios que ele fornece ao filho de trabalhar pelo seu bem-estar. Um filho não deve nada a seu pai por sua existência miserável, mas lhe deve muito por sua existência feliz. Para ser amado, não basta ser pai, é preciso que os cuidados benfazejos façam nascer nos corações dos filhos os sentimentos do amor, da gratidão e da veneração – que só podem ser os efeitos da ternura paterna, da bondade e da virtude.

Seja qual for a posição em que se encontre, todo homem que negligencia o bem-estar daqueles que lhe são subordinados enfraquece e perde os direitos que tem sobre eles. Assim, um pai negligente ou cruel trabalha para minar os fundamentos da sua própria autoridade. Assim, um marido libertino, perdulário e sem ternura destrói a autoridade marital e paterna. Assim, um patrão que só trata seus empregados com arrogância e dureza, não deve esperar ser servido com muita afeição e zelo.

A educação se propõe a formar o corpo, o coração e o espírito. Os pais devem dar ao corpo a força, aos órgãos a consistência, ao coração a sensibilidade e ao espírito os conhecimentos. É do acordo entre essas coisas que resulta uma boa educação. Filhos educados por pais viciosos só têm, comumente, vícios, e só têm, quase sempre, em um corpo frágil, almas insensíveis e espíritos sem cultivo. A educação deveria ensinar os príncipes a reinar, os poderosos a se distinguir pelo seu mérito e suas virtudes, os ricos a fazer um bom uso das suas riquezas e os pobres a subsistir por meio de um ofício honesto.

É, visivelmente, na má educação que os pais corrompidos dão a seus filhos que devemos buscar a verdadeira fonte das desordens que tantas vezes vemos reinar na sociedade. Pais orgulhosos, opulentos e esbanjadorers não têm a capacidade e nem a vontade de criar seus filhos por conta própria – ou, pelo menos, de vigiar os professores que lhes dão. Eles os entregarão sem exame a homens mercenários que, talvez, ainda tenham a precaução de aviltar; ou, então, a criados que, desde cedo, transmitirão a eles os vícios da sua condição, ou que se prestarão a todas as suas fantasias. Será que o primeiro passo para a reforma dos costumes não seria tirar dos pais negligentes e insensatos o direito de educar seus filhos, dos quais eles só podem fazer membros incômodos para a sociedade, e desagradáveis mesmo para aqueles que lhes deram à luz?

Se Licurgo se enganou, ou não consultou as regras da moral sadia na formação das suas leis, não se pode deixar de reconhecer que ele tenha, ao menos, percebido muito bem o poder de uma educação pública. Em Esparta, ela estava sob a inspeção imediata do governo; ela era uniforme e fixada pela lei; ela tendia a inspirar e a cultivar os sentimentos de entusiasmo e de bravura que se julgava necessários à sustentação do Estado. Se esse legislador feroz, com a ajuda da educação, pôde formar guerreiros fanáticos que desprezavam a dor e a morte, por que legisladores mais humanos e mais sábios não formariam do mesmo modo cidadãos virtuosos e sensatos? Se a educação em Esparta pôde inspirar às próprias mulheres uma grandeza de alma e uma força que nos espantam, por que não se poderia esperar inspirar nelas, pela mesma via, sentimentos nobres e generosos, próprios a torná-las mais respeitáveis e mais úteis à pátria, mais queridas pelos seus esposos e mais respeitáveis para os seus filhos?

Todas essas reflexões, fundamentadas na experiência, nos mostram que não pode haver educação em nações cujos costumes estão corrompidos. Os pais vãos, pródigos e levianos, que se entregam à desordem, dificilmente pensam em seus filhos – ou, então, só lhes inspiram os gostos depravados que eles próprios têm. Esses filhos são para eles apenas fardos incômodos; não veem nesses filhos nada além de obstáculos aos seus divertimentos. Os cuidados que lhes dariam e as despesas que fariam por eles seriam subtraídos dos seus próprios prazeres. É assim que o luxo e o vício fazem pais desnaturados, e impedem que eles encontrem em seus filhos os sentimentos que têm o máximo interesse de fazer nascer em suas almas. É assim que o luxo e a dissipação aniquilam a felicidade das famílias.

Como os filhos negligenciados, abandonados – órfãos, por assim dizer –, conheceriam as relações e os deveres subsistentes entre eles e os pais que os esquecem? Eles só terão pelos pais uma completa indiferença; sua autoridade só lhes parecerá uma verdadeira tirania; eles odiarão secretamente ou resistirão abertamente a um poder que se atribui o direito de estorvar as suas inclinações desregradas; eles considerarão os pais como obstáculos aos prazeres dos quais gostariam de desfrutar seguindo o seu exemplo; aguardarão com impaciência a morte desses pais, que veem apenas como guardiões incômodos dos bens que aprenderam a desejar como a felicidade suprema. Será, pois, surpreendente ver pais e filhos viverem juntos como estranhos? As famílias se assemelham muitas vezes a inimigos secretos, devorados por um interesse sórdido ou pela paixão pelo prazer. Os laços de sangue são forçados a desaparecer nas nações onde a riqueza, a dissipação e o vício são os únicos objetos aos quais a felicidade está associada. Ninguém reflete e nem está em condições de perceber que a felicidade doméstica e permanente consiste na estima e na afeição recíprocas, em uma beneficência mútua, na união dos espíritos e dos corações que somente a virtude pode fazer nascer, fortalecer e conservar.

Pais injustos, o que haveis feito por esses filhos dos quais exigis a ternura, a gratidão, a submissão e os auxílios?! Para vos entregar a divertimentos frívolos ou a vossos desregramentos vergonhosos, esbanjais os bens que deveis lhes transmitir; vós os banis de vosso coração e quereis que eles vos amem? Fazeis deles os joguetes de vossos caprichos insensatos e de vosso humor amargo; em vez de atraí-los, vós os repelis, não os tratais senão como escravos; em vez de formar o seu coração com exemplos virtuosos, em vez de inspirar neles o gosto pelos conhecimentos úteis que poderiam preservá-los, um dia, do vício e do tédio, vós os haveis muitas vezes testemunhas das vossas desordens; vossos discursos os ensinaram a conhecer o mal; haveis enchido o seu espírito de vaidades e de loucuras; haveis os criado em uma ignorância profunda; jamais haveis lhes falado da virtude. Pagai, pois, no inverno de vossos anos, a pena pela vossa negligência criminosa e pela vossa insensatez. Haveis podido ignorar que a devoção filial só pode ser o fruto e a recompensa da ternura paterna? Que o amor engendra o amor? Que a beneficência é a única base de toda a autoridade? Enfim, será que não percebeis que nenhum homem sobre a Terra pode prezar ou respeitar seres nos quais não encontra bondade e nem virtude?

Será que os homens jamais conceberão que, para colher, é preciso ter cultivado e semeado? Os pais que quiserem, um dia, encontrar em seus filhos súditos submissos, amigos sinceros, consoladores e sustentáculos da sua velhice, irão aconchegá-los em seu peito, reconfortá-los, fazê-los saborear os encantos de uma ternura própria a lhes tornar mais leves as cadeias da autoridade. Que ensinem justiça aos filhos mostrando-se sempre justos com relação a eles; que o domínio paternal, suavizado pelo amor, jamais seja guiado pelo capricho ou pela tirania; que ele não se oponha aos jogos e aos prazeres inocentes. Que se plantem, que se irriguem e se exercitem desde cedo a sensibilidade, a piedade, a humanidade e a gratidão em almas feitas para sentir. Que, com indulgência para com a fraqueza, punam-se com rigor somente as faltas que parecerem manifestar um caráter vicioso ou disposições criminosas. Que não sejam mostrados aos filhos senão modelos a serem seguidos; que os discursos que eles ouçam sejam para eles instruções indiretas; que as companhias nas quais eles sejam admitidos não destruam em seus espíritos as impressões honestas neles gravadas. Que eles sejam acostumados pouco a pouco a pensar, a se ocupar, a dar importância à ciência e a temer a ociosidade; que lhes sejam inspirados gostos úteis, capazes de preencher o vazio da vida e de lhes fornecer recursos seguros contra o tédio. Que o exercício dê ao corpo força e vigor; que a educação anime o coração e desenvolva a atividade do espírito. Com isso, os pais atentos e virtuosos serão um dia amplamente pagos pelos cuidados que tiverem dado aos seus filhos. Eles usufruirão das qualidades que tiverem semeado neles. Esses filhos, tornados sensatos, saberão desfrutar das vantagens da fortuna, se a tiverem; na falta dela, eles encontrarão uma herança suficiente nos talentos e nas virtudes que tiverem recebido de seus pais.

X
Das mulheres

A porção mais amável da espécie humana, aquela que a natureza parece ter destinado a proporcionar a maior felicidade à outra, a temperar sua rudeza e a tornar seus costumes mais brandos e sua alma mais sensível, é aquela que causa muitas vezes as maiores desolações na sociedade. Pela maneira como, em todos os países, as mulheres são educadas, não parecem se propor a fazer delas senão seres que conservem até o túmulo a frivolidade, a inconstância, os caprichos e a insensatez da infância. Os homens parecem esquecer que elas são feitas para contribuir para a sua felicidade mais real e mais duradoura. O governo não lhes dá nenhuma importância na sociedade.

Em todos as regiões da Terra, o destino das mulheres é serem tiranizadas. O homem selvagem transforma sua companheira em uma escrava, e leva o desdém por ela até a crueldade. Para o asiático voluptuoso e ciumento, as mulheres nada mais são que os instrumentos lúbricos de seus prazeres secretos. Em todo o Oriente, sequestrado da sociedade, reduzido ao cativeiro por seus tiranos desconfiados, esse sexo amável definha na obscuridade, e vegeta em uma inutilidade tão longa quanto a vida. Será que o europeu, no fundo, apesar da aparente deferência que finge ter pelas mulheres, trata-as de uma maneira mais honrosa? Recusando a elas uma educação mais sensata, alimentando-as apenas com ninharias e bagatelas, só permitindo que elas se ocupem com brincadeiras, modas e enfeites, inspirando nelas somente o gosto pelos talentos frívolos, será que não lhes mostramos um desprezo muito real disfarçado sob as aparências da deferência e do respeito?

Que frutos vantajosos a sociedade pode esperar da educação que, entre nós, é dada às moças de uma classe elevada? Como mães vãs, dissipadas e, muitas vezes, culpáveis de intrigas criminosas, poderiam ensinar a suas pupilas as regras da sabedoria, da modéstia e do pudor? Será que essas mães insensatas lhes dão lições de continência, de prudência e de economia? Não, sem dúvida; elas afastarão de perto delas as testemunhas incômodas dos seus próprios desregramentos ou da sua insensatez; a educação de suas filhas será confiada a reclusas desprovidas de toda experiência, sequestradas da sociedade, ignorantes, crédulas, supersticiosas e repletas de mesquinharias e de preconceitos. Será esse, portanto, o meio de formar cidadãs, mães de família e esposas capazes de merecer a estima e de prender os corações de seus esposos?

Música, dança, decoração, compostura, eis comumente a que se limita a educação de uma jovem pessoa destinada a viver na alta sociedade. Diante disso, é bom observar as contradições impressionantes pelas quais tal educação é acompanhada. A religião proíbe que uma moça aprecie a alta sociedade e procure agradá-la; ao passo que, por outro lado, tudo aquilo que seus pais lhe ensinam ou que lhe fazem aprender tem por objetivo agradar à alta sociedade. Fazem a sua honra consistir na discrição, no pudor, na decência e, sobretudo, na conservação da sua inocência; ao passo que, por outro lado, o gosto pelos enfeites e pelo coquetismo que lhe inspiram parece incentivá-la a se desfazer de toda discrição e desta inocência que lhe havia sido mostrada como o seu maior tesouro, como o mais belo ornamento da juventude!

Instruída desta maneira, uma jovem desprovida de experiência, por ordem de seus pais, é atirada, sem exame, nos braços de um homem que lhe é totalmente desconhecido; cuja tirania, a indiferença e os maus procedimentos talvez logo a levem a se consolar – por meio da dissipação, da má conduta e do vício – de seus desgostos habituais.

Assim, os pais desumanos forçam muitas vezes uma filha a assumir os compromissos mais contrários ao seu gosto. Ela é conduzida como vítima aos altares, e neles é forçada a jurar um amor inviolável a um homem por quem não sente nada, que ela jamais viu ou, até mesmo, que detesta. Ela é entregue ao poder de um senhor que, contentando-se em possuir por um instante a sua pessoa e em desfrutar de seu dote, a contraria, a negligencia, torna-se odioso pelas suas más maneiras e pelo seu pouco respeito; além disso, muitas vezes, pelo seu exemplo e pelos seus rigores, a empurra ao mal como um meio de se vingar do déspota transformado em árbitro da sua sorte. O casamento não lhe oferece nenhum encanto; ele só lhe apresenta grilhões tornados indestrutíveis pela religião, e que aquela que os carrega banha continuamente com suas lágrimas – a menos que, à custa da sua virtude, ela busque aliviá-los pelos seus desregramentos. Pais bárbaros! Não sereis vós, pois, que, covardemente guiados por um interesse sórdido, forçais ao crime ou mergulhais no desespero pelo resto da vida filhas a quem devíeis a felicidade? Não consultais, em vossas alianças, senão a vossa louca vaidade ou a vossa vergonhosa avareza. Será, pois, que não consultareis jamais o bem-estar de vossos filhos?

O respeito, a estima, a amizade e a vontade de agradar são ainda mais necessários que o amor para a felicidade dos esposos. Porém, a estima só pode estar fundamentada nas qualidades do espírito e do coração; apenas elas podem proporcionar ao casamento uma serenidade constante. O amor é uma flor tenra que a menor brisa pode murchar; a estima é uma árvore profundamente enraizada que resiste às tempestades. Se o selvagem e o homem privado de razão só veem na união conjugal o gozo brutal de alguns prazeres passageiros, o homem sensato quer, independentemente do gozo, encontrar junto ao objeto amado alguns prazeres duradouros, feitos para sobrepujar aqueles que são apenas momentâneos. Na escolha de uma esposa, ele consultará, portanto, bem mais as qualidades do coração do que os encantos fugidios que tantas causas podem eliminar. Os anos não poupam a beleza, mas respeitam a virtude que sobrevive às suas devastações.

Que juízo, pois, devemos fazer das máximas extravagantes estabelecidas nessas nações corrompidas onde a infidelidade conjugal é tratada como ninharia? Seu efeito não será o de destruir toda a estima, toda a confiança e toda a amizade entre seres destinados a viver juntos? Que insulto mais manifesto ao bom senso de uma mulher do que ousar impudentemente solicitar os seus favores?! O amante – que ela se congratula, algumas vezes, de ver a seus pés – não parece convidá-la a sacrificar de chofre a felicidade de toda a sua vida à sua vaidade, à sua fantasia passageira? Será, portanto, amar uma mulher dizer para ela:

Para homenagear meu triunfo, para me proporcionar alguns instantes de prazer, perdei para sempre a estima e a afeição de um esposo do qual depende a vossa felicidade cotidiana. Para ser complacente comigo, tornai-vos odiosa e desprezível aos olhos do homem do qual tendes o máximo interesse em conservar a estima. Afrontai a opinião pública que, por mais degradada que seja, não deixará de vos difamar e de insultar a vossa fraqueza. Confiai a alguns lacaios mercenários a vossa intriga criminosa e tornai-os vossos senhores, tornando-os depositários dos vossos vergonhosos segredos.

Tais são, no entanto, os efeitos da infidelidade conjugal. Como a opinião pública pôde se depravar a ponto de tratar levianamente um crime que é suficiente para aniquilar sem retorno o bem-estar de uma família inteira, para romper os mais doces laços, para fazer do casamento um jugo insuportável e para perverter a posteridade por meio de exemplos próprios para fazê-la desprezar a decência e a virtude? Eis como a fonte que deveria proporcionar cidadãos à pátria é ela própria viciada e não lhe fornece senão seres corrompidos. No entanto, semelhantes desordens são autorizadas e enobrecidas pela conduta dos príncipes e dos poderosos. A corrupção é tamanha, em algumas nações, que nelas a ternura conjugal é considerada como uma coisa ignóbil, desprezível, de *mau tom*. Esposos de uma classe elevada se envergonhariam de demonstrar algum afeto uns pelos outros. Pareceria que uma esposa não é do seu marido, mas pertence a qualquer um que queira conquistá-la. E o que pensar dos países nos quais a perversidade é tão grande que um marido, muitas vezes, consente nas desordens de sua esposa e as considera como um meio de fortuna?! Que ideias de honra pode, pois, ter um povo no qual a infâmia voluntária não tem nada que desonre?!

O desregramento dos costumes, a libertinagem ou aquilo que se chama de *galanteria* são consequências necessárias da ignorância, da leviandade, da dissipação e, sobretudo, da ociosidade na qual os homens e as mulheres estão quase sempre mergulhados. As mulheres estão destinadas a se ocupar dos cuidados domésticos e da criação de seus filhos. Que elas lhes inspirem, portanto, desde cedo, as virtudes que servirão de base para a sua felicidade futura. Em vez de se entregarem a uma paixão ruinosa pelo jogo, a uma dissipação na qual sua virtude se expõe a perigos contínuos, por que elas não pensam em cultivar a vivacidade de espírito que receberam da natureza? Então, elas não serão mais forçadas a preencher com minúcias ou com intrigas criminosas o imenso vazio que a educação deixa comumente em sua alma. Os encantos, adornados pela razão e pela sabedoria, nem por isso serão menos amáveis e serão mais respeitáveis.

Nas nações corrompidas, e sobretudo nas grandes cidades – que são comumente latrinas infectadas pelo vício –, a quantos perigos a negligência do governo e a falta de educação não expõem a filha do homem do povo! Por pouco que a natureza lhe tenha dado atrativos, ela parece destinada a ser sacrificada ao vício opulento, e a se tornar vítima da prostituição. A indigência, a preguiça, a vaidade, o exemplo e todos os discursos que ela ouve tendem a incitá-la a buscar na devassidão uma subsistência mais cômoda do que aquela que lhe proporcionaria o trabalho de suas mãos. Desprovida de princípios e dos sentimentos de decência e de honra, ela se encontra sem defesa no meio de uma multidão de sedutores conjurados para a sua perda. Em vez de encontrar em seus pais sustentáculos contra a sedução, esses últimos, para sair da sua própria miséria, consentirão muitas vezes em mercadejar seus encantos com algum libertino rico ou poderoso que, depois de ter saciado seus desejos, a abandona à vergonha e à triste necessidade de persistir no desregramento. A que ponto a devassidão não deve depravar a opinião e endurecer os corações de tantas pessoas que vemos se ufanarem das vitórias infames que alcançam sobre a inocência seduzida, tornada desgraçada e desprezível para sempre! Que ideia podemos fazer das leis que deixam sem castigo sedutores tão cruéis quanto os assassinos mais convictos? Será que existe um crime mais apropriado para despertar remorsos do que aquele que mergulha, com alegria no coração, a inocência no opróbrio e no infortúnio? Enfim, será que existe um preconceito mais absurdo e mais cruel do que aquele que condena a uma infâmia perpétua tantas criaturas frágeis, ao passo que os autores de suas faltas ousam se gabar abertamente de seus triunfos odiosos?

As mulheres de todas as classes se acham, um dia, cruelmente punidas por não terem, na juventude, lançado os fundamentos de seu bem-estar futuro. As mais adoradas em sua primavera são comumente as mais lastimáveis em seu outono e na sua velhice. Inúteis, então, à sociedade; entregues a si mesmas; despojadas das adulações e das homenagens às quais a sua vaidade havia se acostumado, elas caem comumente em uma triste melancolia; uma devoção amargurada é, muitas vezes, o único recurso que lhes resta para desempenharem algum papel na sociedade; o temperamento sombrio vem substituir nelas a dissipação, a alegria e os prazeres. Uma carga para si mesmas e para a sociedade, elas consagram a Deus alguns momentos de ociosidade, dos quais não podem mais dispor de uma maneira mais agradável.

Platão convoca as mulheres para o governo dos Estados, e até mesmo para o comando dos exércitos, mas quer que a sua educação seja a mesma que a dos homens.[172] Exemplos numerosos nos provam, com efeito, que as mulheres algumas vezes governaram impérios com sabedoria e glória. Porém, lamentavelmente, a que estariam reduzidos os povos, se fossem governados pelos caprichos de mulheres levianas, frívolas e sem bons costumes, tais como aquelas que se encontram em grande número nas nações corrompidas?! Mulheres com essa índole, quando têm influência, não tardam a conduzir um Estado à sua ruína.

O celibato, tão contrário ao desejo da natureza e aos interesses dos Estados, é uma consequência do luxo, da vaidade e da frivolidade que tudo inspira às mulheres. Será que um homem não teria tudo a temer unindo sua sorte com a de uma pessoa que tudo conspira para tornar ociosa, dissipada, inimiga da economia e da frugalidade, e cuja virtude é muito frágil? Moças criadas adequadamente, sob as vistas de mães mais atentas e mais decentes, incitariam os homens ao casamento; estes últimos perturbariam bem menos, com suas intrigas e suas seduções, a tranquilidade das famílias. Em uma nação sem bons costumes, os homens temem se comprometer com

---

172 Plutarco nos diz que Telesila de Argos, mulher de um nascimento ilustre, vendo-se consumida por enfermidades, consultou o oráculo de Apolo, que lhe respondeu que, para recuperar a saúde, *seria necessário que ela se consagrasse ao culto das musas*. Como consequência, ela recuperou suas forças, adquiriu talentos e se notabilizou pelo seu espírito e pela sua coragem.

vínculos que a religião e a lei proíbem para sempre de serem rompidos. Eles encontram na devassidão recursos variados que preferem aos prazeres uniformes e legítimos que o casamento pode proporcionar. Uma legislação bastante sensata para permitir o divórcio remediaria em grande parte a corrupção pública; ela inspiraria aos esposos mais continência; ou, ao menos, impediria que muitas vezes, durante todo o transcurso da vida, o casamento fosse a fonte inesgotável das suas infelicidades domésticas.

Pela indissolubilidade do casamento, estabelecida em um grande número de nações europeias, a religião e a política parecem ter resolvido envenenar na sua própria fonte a felicidade dos cidadãos. Será que existe algo mais absurdo, mas injusto e mais tirânico do que forçar dois esposos que se odeiam, que se desprezam, e que a cada dia se tornam mais insuportáveis um para o outro, a viverem juntos na amargura e na discórdia, sem deixar para os seus sofrimentos outro término que não seja a morte? Instituições tão pouco racionais devem necessariamente levar à corrupção dos costumes. *Nada*, diz Sófocles, *é mais frio que os abraços de uma mulher sem pudor*. Que recursos, que felicidade pode haver para seres obrigados a se evitar reciprocamente, e para os quais a sua casa não passa de uma prisão detestável?

Vê-se, portanto, que os usos, as leis e as instituições humanas, longe de buscar tornar os cidadãos mais sábios e mais felizes, contribuem quase sempre para torná-los insensatos e miseráveis. Suas loucuras e seus males ainda são agravados e multiplicados pelo luxo, a vaidade e a paixão pelo prazer. Em um país onde os espíritos estão assim dispostos, o contágio do vício entra, por assim dizer, por todas as portas; tudo convida à devassidão e à depravação. Que funestos efeitos não devem produzir sobre as mulheres esses espetáculos nos quais tudo conspira para alimentar, ou para fazer eclodir nelas, as paixões amorosas que, muitas vezes, são para elas uma fonte inesgotável de sofrimentos? Que devastações não devem produzir nas suas vivas imaginações os quadros sedutores do amor e das intrigas criminosas que o teatro tantas vezes lhes apresenta? Será preciso ficar surpreso de encontrar tanta fragilidade em um sexo do qual os dramas e as leituras frívolas dos romances são a única ocupação; e que, em sua ociosidade, é perpetuamente assaltado pela volúpia? Será que a moral sadia não será forçada a se juntar à religião para condenar os espetáculos nos quais tudo conspira para seduzir, enfraquecer e corromper o coração e o espírito? O que pensar dos governos que não somente toleram, mas ainda concedem abertamente sua proteção a divertimentos que são, evidentemente, para a juventude, as escolas do vício, lugares privilegiados destinados a incitar as paixões, escolhos diante dos quais a inocência – atacada pelos olhos e pelos ouvidos, seduzida pelas máximas de uma *moral lúbrica* e *inflamada pela música* e por danças lascivas – se expõe a naufrágios contínuos?[173]

Dizem-nos todos os dias que o teatro, depurado pelo bom gosto e pela decência, se tornou para os modernos uma *escola de costumes*. Será que não basta abrir os olhos para se desenganar dessa ideia? O objetivo da maioria dos dramas mais estimados não será pintar para nós, incessantemente, intrigas amorosas, vícios que se esforçam para tornar amáveis, desordens feitas para seduzir a juventude inconsequente, patifarias capazes de sugerir mil meios de fazer o mal? O ridículo, destinado a cor-

173 Cf. Boileau, *Sátira das mulheres*.

rigir os homens de suas extravagâncias, não será muitas vezes lançado sobre a retidão, a inocência, a razão e a própria virtude – pelas quais tudo deveria inspirar o mais profundo respeito? Enfim, pode-se afirmar de boa-fé que seja para tomar lições de sabedoria que tantos desocupados vão diariamente correr aos espetáculos onde, pouco atentos à peça, nós os vemos perpetuamente dar voltas em torno de um bando de sereias que vivem do comércio de seus encantos, e que recorrem a tudo para arrastar em suas armadilhas aqueles cujos desejos elas atiçaram? Depois de ter visto a ternura conjugal ser ridicularizada, em um grande número de comédias, será que uma mulher volta para casa bem compenetrada dos deveres da sua condição e dos sentimentos que deve a seu esposo? Que impressões podem causar no coração inexperiente e terno de uma jovem os exemplos sedutores que lhe são mostrados em tantos dramas, a cuja representação seus próprios pais cometem a loucura de levá-la? A quantos escolhos uma alma sensível não está continuamente exposta pela imprudência daqueles que deviam protegê-la dos perigos?!

Para ser verdadeiramente útil aos costumes, a comédia só deveria mostrar o vício acompanhado de vergonha e de ignomínia. Que ela cubra com suas zombarias o jogo, a devassidão, a intriga, a galanteria, a má-fé, a hipocrisia, a falsa amizade e a perfídia. Que ela aponte o aguilhão do ridículo contra a vaidade, a fatuidade, a frivolidade e as tolices epidêmicas que fazem com que tantos seres inconsequentes se tornem infelizes sem ter ideia disso. Que a tragédia nobre e altiva, em vez de representar esses heróis amorosos, tantas vezes postos em cena, mostre aos senhores da Terra – e aos poderosos que estão junto a eles e os aconselham – os efeitos temíveis da tirania, da injustiça, da ambição e do fanatismo. Que ela lhes exponha o cenário das devastações e das revoluções sangrentas produzidas em todos os tempos pelas paixões dos reis; que ela lhes inspire um horror salutar pelos crimes que muitas vezes levaram os povos ao desespero; que ela lhes ensine a se enternecer com as desgraças dos homens, com a visão das desgraças às quais a fortuna expõe muitas vezes os próprios soberanos. Se, entre os povos livres da Grécia, a tragédia parece ter tido como objetivo inspirar nos cidadãos o ódio à tirania e o amor à liberdade, seu objetivo ainda deve ser o de inspirar nos soberanos e nos súditos o temor desta mesma tirania e o amor pela liberdade, tão necessária à sua segurança recíproca.

Diversos autores ilustres e apreciados pelas nações conheceram, sem dúvida, a verdadeira finalidade da arte dramática. Seus talentos merecerão para sempre o reconhecimento e os aplausos dos povos. Porém, muitos outros, mais apressados em colher alguns sufrágios passageiros, adularam covardemente os vícios reinantes, quiseram se conformar ao mau gosto de um século frívolo e corrompido e procuraram apenas alimentar a vaidade das mulheres, exibindo perpetuamente diante de seus olhos os efeitos do poder que seus encantos exercem sobre os corações. Com isso, longe de trabalharem pela reforma dos costumes, esses autores, em sua maioria, nada mais fizeram que atiçar paixões nocivas e alimentar loucuras perigosas, igualmente contrárias à verdadeira felicidade das mulheres e à da sociedade – na qual tudo deveria incentivá-las a desempenhar um papel que, sem as tornar menos amáveis, as tornaria bem mais respeitáveis e mais afortunadas.

Sexo encantador, que a natureza formou para exercer o mais doce dos impérios, conhecei enfim o valor da razão; conhecei o poder da virtude; emprestai-lhe vossa voz sedutora, a fim de que ela persuada e atraia os mortais! Respeitai a vós mesmos, a fim de imprimir a essa voz o respeito que vos é devido. Deixai de lado esses enfeites e essas frivolidades que uma educação enganosa vos fez considerar como objetos importantes. Cultivai, ó mulheres amáveis, esse espírito penetrante e essa imaginação viva que a natureza vos deu. Que vossa alma sensível se inflame pelas virtudes necessárias à vossa felicidade duradoura. Tornai-vos estimáveis por vossa sabedoria e vossos costumes na mesma medida em que nos atraís por vossos encantos. Que vossos olhares envergonhem a impudência e a fatuidade; que vossos desprezos punam a presunção, a ignorância e o vício; que vosso tratamento distinga e recompense o mérito modesto e a probidade. Contribuí, por vosso exemplo, para a reforma desses seres fúteis e desocupados que infestam a sociedade. Devolvei-os à pátria; reconduzi-os à virtude. É então que reinareis bem mais seguramente que por vãos ornamentos, galanterias e intrigas que vos tornariam desprezíveis aos próprios olhos daqueles que se dizem vossos escravos. É então que deixareis de ser as iludidas e as vítimas desses pérfidos, que se põem aos vossos pés apenas para vos agrilhoar, ou para imolar vossa felicidade e vossa reputação à sua vaidade – que eles ousam vos oferecer como um amor verdadeiro. Não escutareis mais esses vis sedutores que só querem, quase sempre, adquirir o direito de vos tiranizar e de vos aviltar. Honradas e queridas, desfrutareis na sociedade de uma consideração bem mais deleitosa do que aquela que vos proporcionaria as conquistas de tantos homens levianos, com a constância dos quais tudo vos proíbe de contar. Enfim, possuireis, dentro de vós mesmas, uma felicidade inalterável, que somente a virtude proporciona; e que nem os prazeres ruidosos, nem a dissipação, nem o fausto e nem o vício podem jamais substituir.

XI
Da felicidade doméstica
ou
Da felicidade na vida privada

Toda sociedade política é tão somente a reunião de sociedades particulares; diversas famílias formam uma grande que é chamada de *nação*. A sociedade geral só é feliz quando as sociedades particulares que a compõem desfrutam da harmonia e das vantagens das quais resulta a felicidade. Por maior que possa ser a corrupção pública e a depravação geral dos costumes, nenhum cidadão, nenhuma família e nenhuma sociedade particular se acham menos interessados em praticar a virtude. Aqueles que pretendem buscar, em uma perversidade generalizada, motivos para justificar os seus desregramentos individuais raciocinam com a mesma justeza daquele que, em um incêndio do qual sua casa fosse poupada, nela pusesse fogo com alegria no coração, a fim de se envolver na desgraça de seus concidadãos; ou, então, daquele que buscasse se contaminar com uma peste da qual visse perecer todos os seus vizinhos.

Quanto mais uma nação está corrompida, mais o cidadão racional tomará precauções para se proteger da infecção pública. Na impossibilidade em que está de remediar os males de sua pátria, ele buscará ao menos conseguir para si uma felicidade doméstica que lhe dará força para suportar os infortúnios gerais. Em um mau governo, é bem difícil exercer virtudes públicas; o homem de bem, obrigado a se pôr de lado, está visivelmente interessado em exercer em sua casa a prática das virtudes necessárias para atrair para si a estima, a afeição e os auxílios dos seres pelos quais está imediatamente rodeado. Assim, ele se sentirá fortemente interessado em se mostrar um esposo terno e fiel, um pai sensível e vigilante, um senhor equitativo, indulgente e condescendente, um amigo sincero etc. Em poucas palavras, todo homem que refletir sobre o objetivo que se propõe em todas as suas ações, reconhecerá sem dificuldade que, para ser solidamente feliz e contente consigo mesmo, ele deve se ocupar da felicidade e do contentamento dos seres que o rodeiam.

De acordo com esses princípios, será muito fácil descobrir nossos deveres em todas as posições da vida, e identificar os motivos que temos para cumpri-los. O casamento é a primeira das sociedades; é aquela que, por sua natureza, influi mais diretamente sobre o bem-estar do homem. Ele só se une a uma mulher visando uma felicidade maior do que aquela que pode esperar vivendo sozinho. Independentemente da necessidade natural de se reproduzir, ele espera encontrar em sua companheira uma amiga terna, cujos interesses estarão sempre ligados aos dele, disposta a dividir com ele os prazeres e os sofrimentos da vida. A estima e a amizade, como já foi dito acima, são bem mais necessárias à felicidade dos esposos que o próprio amor. Será que existe algo mais delicioso do que essa ditosa simpatia, essa conformidade de gostos, essa indulgência recíproca e esses consolos tão doces que fazem com que dois seres já unidos pelos laços do prazer, se identifiquem, se fortaleçam e se apoiem mutuamente pelo desejo contínuo de agradarem um ao outro? A estima os leva ao amor e o amor à estima.

A posse de uma esposa amável ou virtuosa é, sem dúvida, a mais doce das posses. É um ser sensível que compartilha a todo momento a felicidade que nos dá e que recebe de nós. Será que existe sobre a Terra felicidade mais pura do que aquela que pode dar o relacionamento habitual de dois esposos bem unidos, que leem reciprocamente em seus olhos os sentimentos de um amor sincero, a serenidade da ternura, a amizade, o semblante seguro da confiança, as doces solicitudes da atenção e da vontade de agradar? Se alguma nuvem se levanta no meio dessa encantadora calmaria, a estima e o amor logo a dissipam.

Esses são os encantos que o homem racional deve se propor na união conjugal. Inutilmente se poderia esperá-los do dinheiro, que muitíssimas vezes nada mais faz que inebriar e corromper aqueles que o possuem. É nos sentimentos honestos inspirados por uma educação virtuosa e é na razão que se pode esperar encontrar os motivos de uma afeição sólida. Ela não é feita para esses esposos cuja união foi presidida unicamente pelo interesse; ela não é feita para esses espíritos frívolos que só veem a felicidade nos prazeres tumultuosos; ela não é feita para esses esposos perversos que o vício desune e torna incômodos uns para os outros; enfim, ela parece romanesca e quimérica para seres corrompidos pelo luxo, que só se casam para adquirir novos meios de contentar a sua vaidade, as suas loucuras e os seus desregramentos.

Feliz mediania! Muitas vezes é em teu seio que se encontram os esposos afortunados. É nela que se vê um pai vigilante e laborioso desfrutar, ao lado de uma esposa virtuosa, da recompensa pelos cuidados que deu à sua família. É nela que, rodeados de filhos respeitosos e ternos, os pais benfazejos exercem o domínio tão justo que é concedido pela beneficência e pela bondade paterna. É nela que esses filhos cuidadosamente criados aprendem a se tornar os esteios da velhice daqueles que lhes deram à luz. É nela que uma moça, sob as asas de uma mãe virtuosa, aprende a se tornar uma mãe de família, e a se ocupar da felicidade do esposo que a sorte lhe destinar. Enfim, é nela que uma vida sabiamente ocupada afasta os espíritos das ideias viciosas ou dos prazeres ruidosos, que quase sempre são obstáculos à inocência e à felicidade doméstica.

Quantos motivos um pai não terá para amar seus filhos e para lhes inspirar o gosto pela virtude?! Ele vê neles a sua obra; ao lhes dar à luz, ele próprio se multiplicou; gerou amigos e colaboradores futuros da sua própria felicidade; seres cujos interesses estão invariavelmente ligados aos dele; súditos e associados diligentes em agradá-lo; enfim, em cada um deles, ele vê réplicas de si mesmo destinadas a transmitir sua memória e seu nome à posteridade. Porém, essas esperanças não passam de ilusões e quimeras se, pela educação que dá aos filhos, o pai não semeia em suas almas os sentimentos que nelas espera colher um dia. Pais injustos e perversos só podem formar filhos que se pareçam com eles; não encontrarão nesses filhos senão invejosos ocultos que encherão sua vida de amarguras e que só servirão para redobrar para eles o peso dos incômodos da velhice.

Se existem tão poucos filhos dóceis e sábios, é porque existem bem poucos pais virtuosos e sensatos. É preciso costumes honestos, exemplos respeitáveis, uma autoridade justa e moderada pela doçura para formar filhos apegados e respeitosos. Pais e mães que quereis formar filhos que sejam um dia, para vós, amigos sinceros, que se tornem os consoladores e os esteios de vossa velhice, mostrai-lhes virtudes, exercitai desde cedo a sensibilidade de suas almas, aproximai-os de vosso coração, fazei-os sentir com ternura o interesse que eles têm de se conformar aos vossos desejos, puni-os somente com justiça, tende indulgência para com as suas fraquezas, só mostrai severidade para com essas desordens das quais eles vos censurariam, um dia, por terem sido poupados. Lembrai-vos de que é somente com a ajuda da equidade e da bondade que tornareis suportável o jugo da autoridade; é apenas cultivando a razão de vossos filhos que lhes fareis esquecer que sois seus senhores, e que podereis tornar o vosso jugo amável para eles.

As pessoas se apercebem comumente de que a afeição dos pais pelos seus filhos é bem mais terna que a dos filhos pelos seus pais. Mas um pouco de reflexão é suficiente para explicar esse fenômeno. Um pai é sempre o benfeitor e o senhor de seu filho; e a dependência só pode amar a autoridade quando ela é abrandada por muita bondade.

Somente a ternura e os cuidados dos pais podem, pois, despertar a gratidão dos filhos. É, então, que um filho bem-nascido se enternece com a visão do autor de seus dias; tudo lhe recorda o que ele deve àquele que socorreu sua infância, que guiou sua juventude, que o tornou membro estimável da sociedade e que lhe forneceu os talentos e os meios necessários para fugir do tédio e dos vícios dos quais ele vê tantas vítimas. Compenetrado dessas ideias, consolará a velhice de um pai que tudo lhe mostrará como a fonte do seu bem-estar; cuidará com zelo daquela cujo ventre o carregou, que aliviou com bondade os incômodos de sua infância importuna. Que direitos não conservará sobre o coração de um filho bem-nascido uma mãe respeitável, que ternamente se ocupou da sua conservação e das suas brincadeiras inocentes? Qual é o filho bastante desnaturado para ver com os olhos secos as lágrimas de uma mãe ou as enfermidades de um pai cuja boca lhe deu as primeiras lições da sabedoria?!

Se o luxo, a dissipação e a corrupção dos costumes conseguem quebrar os laços necessários e sagrados, feitos para unir os pais e os filhos, e se eles comumente só vivem juntos como estranhos, como indiferentes, como inimigos, não devemos nos espantar de ver a pouca união que muitas vezes subsiste entre os membros de uma mesma família, de encontrar em quase toda parte os laços de sangue totalmente ignorados. Uma família nada mais é, comumente, que uma sociedade particular composta de pessoas mal-intencionadas e invejosas, cujos interesses, em vez de se reunir, se combatem frontalmente; que, forçados a suportar frequentemente os efeitos incômodos de suas paixões, de seus defeitos e de suas loucuras recíprocas, têm comumente, uns pelos outros, bem menos afeição que pelos estranhos, cujos defeitos são menos conhecidos ou melhor ocultados.

Quanto mais uma nação está corrompida, mais os membros de uma família deveriam se aproximar, a fim de trabalhar em consenso pela sua felicidade particular, e de resistir aos golpes da sorte. Uma família bem unida atesta um conjunto de homens honestos e sensatos; são o vício e a insensatez que promovem a divisão entre os membros de uma sociedade, que seu interesse deveria sempre manter unidos. Sem equidade, sem indulgência, sem desejo de agradar e sem consideração, pessoas que a sorte colocou do lado umas das outras não podem tardar a se ferir reciprocamente. Essas disposições, necessárias para viver em harmonia com todos os seres de nossa espécie, se tornam ainda bem mais necessárias entre parentes, cuja convivência familiar põe em condições de se ver mais de perto do que os outros.

As desgraças suportadas, suavizadas e compartilhadas por um grande número de pessoas se tornam mais leves. Os infortúnios não são irremediáveis para os membros de uma família bem unida; nela, o rico socorre o pobre; o sábio ajuda os outros com seus conselhos; o homem influente apoia os fracos. Todos formam uma muralha contra os ataques da adversidade. Os homens de alta posição, os ricos e os poderosos percebem muito pouco as vantagens que resultam da união das famílias; ela se encontra mais comumente nas pessoas remediadas; os homens de uma classe mediana sentem bem melhor do que os de uma ordem mais elevada a necessidade que têm uns dos outros; um ditoso hábito lhes mostra em seus próximos amigos dados pela natureza, dos quais eles têm interesse de não se privar.

O efeito ordinário do luxo, da opulência e do poder é endurecer o coração. O homem vão não tem entranhas; as riquezas mais amplas não podem bastar para as despesas que o fausto transforma em necessidades. O orgulho do rico se envergonha com a visão dos parentes pobres; a necessidade de ostentar jamais lhe deixa algum supérfluo; prefere a fútil vantagem de brilhar ao prazer de estender uma mão caridosa aos seus próximos; imola-os sem piedade a aduladores, a parasitas desconhecidos e a pretensos amigos que o enganam e o devoram.

As pessoas se queixam todos os dias da raridade dos amigos verdadeiros. Porém, em uma nação composta de seres vãos, frívolos e viciosos, que só se ligam visando o prazer, que só têm necessidade de aprovadores dos seus desregramentos, que fazem amigos sem se dar ao trabalho de conhecê-los e que são pouco suscetíveis de uma afeição duradoura, como se encontraria ligações sólidas? Os poderosos e os ricos só buscam brilhar; só são apegados à sua louca vaidade; só querem complacentes, almas vis, bajuladores, admiradores de seus gostos. Homens dessa índole os ajudam a dissipar uma fortuna da qual eles são incapazes de fazer um uso sensato. Os malvados não têm amigos, mas apenas cúmplices. Os insensatos não têm amigos, eles só unem sua sorte a velhacos interessados em tirar proveito das suas loucuras. Homens incapazes de amar e de perceber o mérito e a virtude só podem estar cercados de gente desprezível, e que os desprezam tirando proveito da sua tolice.

A amizade verdadeira só pode estar fundamentada nos talentos, no mérito e na virtude. Se os amigos sinceros são pouco comuns nesse mundo, é porque existem pouquíssimas pessoas que sejam dignas de tê-los, ou que conheçam o valor da amizade verdadeira. Em uma nação viciosa, tudo o que se quer são homens agradáveis, levianos e divertidos. Mas será que o bajulador hipócrita, o amigo da fortuna, o vil parasita, o companheiro de nossos desregramentos, o conviva jovial e o homem da moda serão seres capazes de nos consolar em nossos sofrimentos, de nos ajudar com seus conselhos, de nos servir utilmente nas circunstâncias difíceis? Só se veem tão poucos amigos porque se comete a loucura de prostituir o sagrado nome da amizade com uma multidão de homens que não têm nenhuma das qualidades necessárias para merecê-lo. Um amigo, na linguagem vulgar, é um homem que se vê muitas vezes, e que, às vezes, não tem nenhuma das qualidades que devem ser estimadas.

Vós vos queixais de vossos amigos, ficais surpresos de ver que eles vos deixam ao mesmo tempo que a influência, o poder ou a fortuna vos abandonam. Mas será que eram realmente amigos? Será que haveis merecido tê-los? Será que vos destes ao trabalho de examinar o que atraía para perto de vós os homens com quem haveis tão generosamente desperdiçado o nome de amigos? Poderosos da Terra, ricos faustosos e vãos, agradáveis devassos, será que sois feitos para ter verdadeiros amigos?! Será que não tereis tolamente concedido esse título respeitável a bajuladores, a almas vis, a escravos da vossa influência? Entrai, pois, dentro de vós mesmos e vos façais justiça. Aqueles que haveis considerado vossos amigos não passavam de amigos da vossa posição, da vossa fortuna, do vosso poder, dos vossos esplêndidos festins e dos variados prazeres que podíeis lhes proporcionar. Uma vez privado de todas essas coisas, não sois mais nada aos olhos deles. Vós vos arruinastes, haveis sacrificado totalmente o vosso bem-estar real e o de vossos filhos a homens desprezíveis que, por meio das complacências, das baixezas e das adulações com que vos alimentaram, creem vos ter pago muito amplamente pelas despesas que haveis feito com eles – ou, antes, pelas loucuras que só tinham como objetivo real a vossa vaidade.

Todos reconhecem a raridade dos verdadeiros amigos; e, no entanto, cada um se gaba de ser uma exceção à regra, e de possuir exclusivamente amigos incomparáveis. O amor-próprio nos persuade, sem dúvida, de que devemos ter entusiastas. Assim, muitas pessoas, depois de terem feito amigos imaginários – nos quais supõem o fervor que desejam –, ficam muito surpresas ao verem que se enganaram, e que não tinham nada além de inimigos, ciumentos e invejosos.

O amigo de todos não é amigo de ninguém. A amizade é um sentimento sério e refletido do qual os seres inconstantes e levianos não são suscetíveis. Um amigo verdadeiro é um tesouro unicamente destinado ao homem de bem que conhece o seu valor. Seu amigo não é aquele que o adula ou o diverte, é aquele que lhe dá conselhos úteis, que o fortalece, que o consola das desgraças da vida e que o ama por ele mesmo – ou seja, pelas qualidades do seu espírito e do seu coração, e não com intenções vis ou pelas vantagens que o acaso pode arrebatar a qualquer instante, e que ele concede muito mais vezes a homens sem mérito e sem virtudes do que a pessoas verdadeiramente capazes de usufruir delas.

O doce calor da amizade não é de maneira alguma feito para o seio gelado do poderoso soberbo – que seu orgulho torna comumente insensível. Ela não é feita para o coração desgastado do homem corrompido pelo vício. Ela não é feita para a imaginação inebriada do homem arrastado pelas paixões cegas. Ela não é feita para o espírito inconstante do homem que busca apenas se divertir. Ela não é feita para o presunçoso que, cheio de si, não pode se afeiçoar a ninguém. Ela não é feita para crianças dispersas que a loucura reuniu, e que as menores brincadeiras dividem. A amizade sincera e sólida é feita para o homem sólido e verdadeiro; ele encontra nela encantos desconhecidos desses seres fúteis e maliciosos, dos quais o turbilhão do mundo está repleto. Ela o ajuda a suportar os desgostos da vida; ela o consola pelos maus-tratos de um governo injusto; ela o fortalece contra os golpes da adversidade; ela o compensa pela injustiça dos homens.

Tudo nos prova, portanto, que, em meio à corrupção geral, o homem de bem, forçado a se concentrar em si mesmo, ainda tem condições de usufruir de uma multiplicidade de vantagens, de prazeres puros e de bens sólidos dos quais os homens inconsequentes e perversos estão totalmente privados. Ele saboreia a cada instante a satisfação tão doce de encontrar o consolo e a ternura em uma mulher empenhada em lhe agradar, em filhos que correspondem aos seus desejos, em seus parentes e no amigo fiel que ele torna depositário dos segredos de seu coração. Tudo é gozo para o sábio; o homem frívolo ou perverso não sabe desfrutar de nada.

O homem justo e sensível não negligencia o bem-estar de seus servidores, ao passo que o homem arrogante avilta os seus com o seu desprezo e a sua desumanidade. Enquanto o homem vão se compraz em fazê-los sentir duramente o seu domínio e faz deles seus inimigos, o sábio, que conhece os direitos da humanidade, respeita o seu semelhante e procura tornar as cadeias da servidão mais leves para o infeliz. Ele os vê como homens úteis ao seu bem-estar e não como escravos que ele possa desprezar ou maltratar; ele os trata, portanto, com brandura, com indulgência e bondade; faz deles amigos que a sua afeição torna zelosos. Ele sabe que um bom criado é um tesouro para o seu patrão, e que a beneficência tem direitos sobre as almas mais incultas e mais grosseiras. Quantos servidores deram a seus senhores provas de coragem, de grandeza de alma e de nobreza das quais os homens os mais elevados se sentiriam incapazes! São as injustiças, os maus-tratos e os vícios dos patrões que fazem tantos maus criados; eles são aviltados e corrompidos pelos exemplos dos patrões, que se surpreendem muito por encontrá-los vis, corrompidos, interesseiros e viciosos!

Será que existe algo comparável ao bem-estar e ao contentamento que pode obter a cada dia o homem de bem que desfruta da opulência? Que encantos ele não terá condições de saborear, quando a natureza e a educação o dotaram de uma alma benfazeja? Será que os divertimentos das cidades podem, pois, lhe fornecer prazeres tão puros quanto o de criar a abundância, a indústria e a felicidade nos campos de seus antepassados? Haverá um quadro mais comovente do que ver um poderoso que, nas propriedades de seus ancestrais, vive no meio de seus vassalos, cada um dos quais o considera como seu benfeitor e seu pai; que encontra por toda parte os olhos enternecidos da viúva, do indigente e do desgraçado que as suas mãos socorreram; em cujos ouvidos ecoam a todo momento as bênçãos e os votos do agricultor que suas generosidades colocaram em uma situação confortável? Será que ele invejará, então, em seus semelhantes, a desprezível vantagem de intrigar em uma corte, de brilhar por um fausto pueril, de rastejar indignamente na antecâmara de um déspota orgulhoso, que demonstra um igual desdém por todos os escravos pelos quais está rodeado?

O que pode faltar à felicidade do sábio favorecido pela fortuna quando a educação que ele recebeu ainda lhe fornece por toda a sua vida os meios de preencher agradavelmente, pelo estudo, os intervalos que lhe são deixados pelo exercício de suas virtudes? Quais divertimentos podem ser comparados ao prazer sempre novo de ler no imenso livro da natureza – que, a cada passo, lhe apresenta espetáculos dignos de interessar a sua curiosidade? Que ocupação é mais encantadora e mais diversificada do que aquela que fornece ao espírito exercitado a reflexão sobre o homem, sobre os cenários tão variados do mundo moral, sobre os quadros da história? Se a ociosidade e o tédio são as fontes dos vícios e dos tormentos de tantos seres frívolos e perversos dos quais o mundo está cheio, o homem que desde cedo adquiriu o hábito de pensar não escapa, quando quer, do domínio desses dois tiranos da vida? Será que existem momentos vazios ou penosos para um ser cuja consciência satisfeita

desfruta de uma paz inalterável; que se volta a todo momento, com prazer, para dentro de si mesmo; que, seguro de ter merecido a estima e a afeição dos seres que o rodeiam, tem o direito de se estimar e de estar contente com a sua conduta; que, em cada instante da sua duração, encontra meios de despertar novamente em seu próprio coração a afeição natural que ele tem por si mesmo, por meio do exercício de uma justiça, de uma bondade e de uma beneficência contínuas? Essas felizes disposições, que o fazem saborear todos os momentos da sua vida, conduzem-no pacificamente rumo a um término que somente a virtude está apta a considerar sem temor.

Tais são, no entanto, os prazeres tão puros quanto sólidos desconhecidos e desdenhados por tantos homens favorecidos pela fortuna, que tolamente depositam seu bem-estar em se notabilizar pelo seu luxo, pelo seu fausto pueril e por um aparato imponente incapaz de substituir a felicidade que apenas os costumes honestos têm o direito de proporcionar.

O que estou dizendo? Do próprio fundo da tumba, o homem de bem ainda exerce o seu poder sobre os outros homens. Seu ataúde é banhado pelas lágrimas sinceras de sua esposa, de seus filhos, de seus amigos e de seus concidadãos. A perda de um homem virtuoso é uma perda pública. Ele desfrutou, em vida, dos efeitos que deve produzir; ele previu as lástimas que o seu falecimento devia causar. Ele viu, em sua própria consciência, a ternura duradoura e os monumentos que suas virtudes erigiram em todos os corações.

XII

Remédios para as calamidades e para os vícios morais e políticos. Apologia da verdade

De qualquer ponto de vista que se considerem as opiniões, a conduta, os governos e os costumes dos homens, a partir do momento em que deles resulta o mal, devemos concluir que eles se enganam e que são joguetes de seus preconceitos. Em uma nação mal-governada e corrompida pelo luxo e pela epidemia do vício, tudo parece se coligar contra os bons costumes e, por conseguinte, contra a felicidade pública e privada. O homem, a partir do momento em que abre os olhos, só se vê rodeado de exemplos que o desviam do bem e o convidam ao mal. Ele suga, por assim dizer, a corrupção com o leite. Seus pais, bem longe de desenvolverem a sua razão, lhe ensinam o vício e lhe inspiram as suas próprias loucuras, os seus preconceitos e os seus gostos insensatos. Seus professores religiosos não permitem que a sua razão ecloda, e só lhe dão, para se guiar, o lúgubre archote da superstição, cuja luz sombria nada mais faz que extraviar. Seus senhores injustos o fazem sentir que somente o vício lhe é útil, e que a virtude não seria para ele mais do que um sacrifício doloroso.

Que remédio opor à depravação generalizada das sociedades, que tantas causas poderosas parecem dever eternizar? Existe apenas um: é a verdade. Se o erro, como tudo prova, é a fonte comum das desgraças da Terra; se os homens só são viciosos e malvados porque têm ideias falsas sobre a sua felicidade, é combatendo o erro com coragem e magnanimidade, é apresentando-lhes ideias sadias e é fazendo com que sintam os seus verdadeiros interesses que se pode esperar efetuar a sua cura. Tornando a instrução geral, difundindo no espírito do cidadão alguns princípios úteis e cultivando a razão pública pouco a pouco serão enfraquecidas as funestas influências das causas que corrompem os povos e os tornam infelizes.

Repetem-nos incansavelmente que *tudo está dito* e que não se pode mais dizer nada de novo. Disso se conclui que nada é mais inútil que os preceitos da moral ou da filosofia. No entanto, se julgarmos pela maneira como comumente a verdade é acolhida na Terra, somos forçados a reconhecer que ela é sempre, para os homens, a mais estranha novidade. Nada é mais novo para eles do que lhes falar sobre os objetos que deveriam lhes parecer os mais interessantes. Não há nada mais novo para eles do que os primeiros princípios da razão, da moral e da política, dos quais tudo parece querer lhes roubar o conhecimento. Nada é mais novo que uma filosofia simples, clara e inteligível, para seres acostumados a acreditar que são feitos para vagar pelas trevas de uma ignorância perpétua. Nada é mais novo para seres racionais do que lhes dizer que eles devem fazer uso de sua razão. Em poucas palavras, não há nada mais novo para os homens do que a verdade – que as forças reunidas da impostura, da tirania, da opinião, da educação e do hábito parecem ter assumido a tarefa de lhes velar para sempre. Se a filosofia

não tem nada de novo para dizer aos homens, por que os defensores dos preconceitos e dos abusos subsistentes vociferam a todo momento contra a inovação das opiniões filosóficas? Por que se mostram tão alarmados com elas? Por que as proscrevem com tanto furor?

O ódio pela luz foi sempre o sinal distintivo daqueles que desejaram fazer o mal. A antipatia pela verdade atesta uma intenção obstinada de causar dano. O amor pela verdade nada mais é que o amor pelo gênero humano, a paixão de lhe ser útil, a ambição de merecer seus sufrágios fazendo com que conheça seus interesses mais prezados. Apenas os corações honestos e sensíveis se ocupam da procura do verdadeiro; anunciar a verdade é o mais forte sinal de afeição que o homem possa dar a seus semelhantes; acolher a verdade é o sinal indubitável de uma alma justa e sincera; rejeitá-la, sufocá-la e temê-la constitui o caráter indelével da impostura, da ignorância ou do endurecimento no crime.

> Mas – talvez venham nos dizer –, que tipo de utilidade podem ter algumas verdades desoladoras que só servem para fazer os homens sentirem a sua própria fraqueza e o poder dos autores das suas misérias? No presente estado de coisas, como os povos ignorantes, igualmente contidos pelas cadeias da opinião e da força, ou inebriados pelos vícios e pelas frivolidades, podem pensar em romper seus grilhões ou em saírem da sua embriaguez? Não seria preferível deixá-los ignorar as causas de seus males, com os quais estão acostumados, do que revelá-las para eles sem lhes fornecer meios praticáveis de interromper os seus efeitos? Será que as nações subjugadas irão, por meio de revoluções, de convulsões dolorosas e de rios de sangue, adquirir uma liberda-

de precária e bens incertos, que lhes custariam mais lágrimas do que as calamidades que o hábito lhes ensina a suportar? Deixemos aos homens os seus preconceitos e, já que tudo está ligado por uma corrente invisível, nos submetamos ao destino que, ao nascer, nos condena a suportar os vícios do gênero humano e os grilhões dos tiranos.

A verdade encontra tantos obstáculos nos preconceitos das nações que sofrem quanto na perversidade dos opressores que as atormentam. Aquele que anuncia a verdade é obrigado a combater ao mesmo tempo a crueldade dos tiranos e a covardia dos seus escravos. Os homens, em sua maior parte, estão tão desencorajados que parecem temer a verdade, a liberdade e a razão tanto quanto aqueles que se aproveitam dos seus erros. Como existem pessoas nesse mundo que, sendo elas próprias vítimas do preconceito, ousam, no entanto, censurar os inimigos da mentira, e consideram seus empreendimentos como efeitos de um entusiasmo extravagante ou como atentados puníveis! É a impostura o atentado mais digno de castigo; ela insulta igualmente os soberanos e os povos. É a adulação que é verdadeiramente perigosa, já que, corrompendo o coração dos reis, ela faz deles os flagelos e os corruptores de seus súditos. Se os homens de letras fizessem, para esclarecer os príncipes, tantos esforços quanto os que fazem, muitas vezes, para bajulá-los e enganá-los, eles fariam deles homens bem mais dignos do amor dos povos e dos elogios da posteridade.

Os inimigos da razão humana acusam todos os dias os seus defensores mais generosos de serem rebeldes, facciosos, *inimigos de toda a autoridade*. São os tiranos e seus asseclas os verdadeiros rebeldes; são eles que revoltam as pessoas de bem contra a autoridade que eles usurpam; são eles que tornam a autoridade detestável e que forçam a virtude a conceber sua ruína. O homem de bem se submete voluntariamente à autoridade legítima que zela, que protege e que conduz à felicidade. Odiar a autoridade tutelar de seu país seria odiar a si mesmo. Mas adular o despotismo, incensar a tirania e aprovar os destruidores da felicidade pública é trair seu país, é se tornar cúmplice dos ultrajes que são cometidos contra a espécie humana, é trair a si próprio. O que estou dizendo?! Não será trair os soberanos deixar que eles ignorem as desordens das quais, muitas vezes à revelia, eles próprios se tornam, mais cedo ou mais tarde, as vítimas?

Todo cidadão é feito para servir sua pátria; ele lhe deve seus talentos, suas reflexões e seus conselhos. É a ela que cabe julgá-los e fazer uso deles. Recusar auxiliá-la é se tornar culpado de ingratidão, de injustiça e de desumanidade. Impedir o cidadão de servir sua pátria é se declarar inimigo da pátria. "Porém – direis vós –, alguns escritos indiscretos podem causar perturbações na sociedade. Além do mais, os homens estão sujeitos a se enganar. Em vez de servir seu país, um escritor imprudente não pode lhe causar dano por meio de opiniões perigosas?" Os próprios erros dos indivíduos servem para esclarecer o público que discute. As opiniões só são perigosas ou causam perturbação quando são impostas pela força e sustentadas pela tirania. As opiniões supersticiosas só causam devastações porque são apoiadas pelas armas dos tiranos.

São as adulações e os maus conselhos que fazem os maus príncipes ou os tiranos; são os tiranos que dispõem os povos à revolta; são os ambiciosos, e não as pessoas de bem, que fazem as revoluções. Nunca é por meio de perturbações e violências que a verdade reforma os abusos da Terra. Não são as máximas da filosofia que fazem eclodir as revoluções, ou que incitam aos atentados. São as violências do despotismo que, irritando os povos, os forçam a preparar sua ruína; é sempre a tirania que trabalha em sua própria destruição, e que indica aos homens os golpes que lhe podem ser desferidos.

A verdadeira sabedoria, sempre acompanhada da justiça, da humanidade e da prudência, nunca incita os homens a cometer crimes. Segura de obter mais cedo ou mais tarde o triunfo, ela não se apressa, como a impostura ou a ambição, a comprá-lo com o sangue e a desgraça dos mortais. É apenas ao erro que cabe dividir os espíritos, produzir facções, acender os fogos da discórdia e armar fanáticos com o punhal regicida. Se, algumas vezes, a verdade fala aos príncipes com um tom enérgico, ela nunca os assassina. Ela lhes revela seus interesses; ela lhes mostra a equidade; ela os faz se envergonharem das suas loucuras e, em seguida, deixa que o tempo lhes prove que ela não é sua inimiga.

A verdade, feita para reinar sobre todos os seres racionais, tem o direito de ser altiva, nobre e intrépida. Ela exalta o espírito, ela aquece o coração, ela consola, ela inspira coragem. Destinada a todos os homens, ela só é inicialmente aceita por um pequeno número deles, que percebem o seu valor. Se é preciso almas fortes para anunciá-la, também é preciso almas fortes para receber e suportar a verdade.

Se o homem é um ser racional, não cometamos a injúria de acreditar que a razão não pode lhe convir; digamos que a sua razão ainda não está suficientemente desenvolvida. Não é senão à força de quedas que a criança aprende a andar; a idade da inexperiência e da leviandade deve necessariamente preceder a do conhecimento e da maturidade. Não digamos que o homem é incorrigível; tudo o que faríamos seria desencorajá-lo. Digamos que seu interesse o esclarecerá mais cedo ou mais tarde; digamos que ele não é feito para permanecer para sempre uma criança infeliz; digamos que a verdade é bastante forte para demolir pouco a pouco todos os vãos edifícios da mentira, e que sua ação, por ser lenta, nem por isso é menos segura. Os alarmes que ela provoca nos perversos são o reconhecimento do seu poder e homenagens que eles lhe prestam. Eles sabem que a sua força é feita para vencer, mais cedo ou mais tarde, os obstáculos que eles lhe opõem. Eles esperam unicamente retardar os seus efeitos.

A semente da verdade é eterna, nada pode destruí-la. Nem os esforços da tirania, nem os sofismas da impostura a sufocarão jamais. O espírito humano não é feito para recuar; sua essência é ir se aperfeiçoando. Algumas vezes, os golpes da sorte o obrigam a se deter por um longo tempo; porém, finalmente, ele retoma sua marcha e logo recupera o tempo que perdeu. Será que as verdades de todos os séculos não são nossas? Pois bem, as do nosso século pertencem aos nossos descendentes; desprezadas, contrariadas, combatidas e proscritas pela geração presente, elas serão adotadas pelas gerações futuras.

Apesar da lentidão dos passos que dá a razão humana, seria recusar a evidência negar seus progressos. Somos visivelmente menos ignorantes, menos bárbaros e menos ferozes que nossos antepassados; e nossos antepassados o eram menos que seus predecessores. Foi, sem dúvida, nos tempos em que os homens eram mais estúpidos que as luzes da razão devem ter encontrado menos disposições para se fazerem aceitar; no entanto, essas luzes foram mais fortes que a barbárie dos povos, mesmo quando ela lhes opunha a maior resistência. Com que fundamento duvidaríamos, pois, das forças da razão e de uma grande massa de luzes, em tempos nos quais elas encontrarão menos resistência e espíritos mais bem dispostos? A razão só faz progressos tão pouco perceptíveis porque os homens pusilânimes desconfiam do poder da verdade.

Os preconceitos universais se impõem – por sua força, sua extensão e sua duração – mesmo aos espíritos mais luminosos, e fazem com que muitas vezes eles percam a esperança no gênero humano. *É preciso pensar por si e falar como os outros*, é uma máxima favorável à preguiça, mas muito nociva aos progressos do espírito humano. Poucas pessoas ousam atacar de frente os erros universais. Poucos escritores se contentam com os sufrágios secretos de um pequeno número de aprovadores; cada um teme ser taxado de extravagante quando se vê quase sozinho com seu ponto de vista. Porém, para servir utilmente os homens, é preciso ter a coragem de desagradá-los; é preciso apelar à sua razão mais esclarecida para que abandonem seus julgamentos preconceituosos. Será que alguém faria algum bem se sempre temesse fazer ingratos?

Pensar com ousadia é se distanciar da maneira de pensar do vulgo e de seus contemporâneos. Em que ponto estariam os conhecimentos humanos se nunca se tivesse encontrado entusiastas bastante corajosos para reclamar em voz alta contra os preconceitos do seu tempo? O escritor que só considera o seu interesse presente, a sua fortuna e os aplausos de uma sociedade frívola dificilmente pode aspirar aos sufrágios da posteridade. Os erros passarão, mas a verdade subsistirá sempre, e aquele que a anuncia pode esperar do futuro um louvor que seus contemporâneos lhe recusam.

Todo homem que quiser lançar um olhar atento sobre a maior parte das regiões da Europa não poderá se impedir de reconhecer nelas os efeitos mais perceptíveis do progresso das luzes. O que vemos é feito para nos consolar, e nos permite acreditar que os males das nações não são incuráveis. Se o erro e a ignorância forjaram as correntes dos povos, se o preconceito as perpetua, a ciência, a razão e a verdade poderão um dia quebrá-las. O espírito humano, embotado há uma longa série de séculos pela superstição e pela credulidade, enfim despertou. As nações mais frívolas começam a pensar, sua atenção se fixa nos objetos úteis, as calamidades públicas forçam finalmente os homens a refletir e a renunciar aos verdadeiros brinquedos da sua infância. Enfim, cansados dos seus próprios delírios, os príncipes buscam, às vezes, na razão um remédio contra os males que causaram a si próprios.[174]

O interesse, a necessidade e o desejo de se tornar mais felizes: eis aí os grandes mestres dos povos e dos reis. Se, em algumas terras, ainda se veem alguns déspotas estúpidos persistirem em querer exercer seu poder destrutivo por intermédio dos títulos caducos da ignorância e da usurpação, vemos que esses títulos são, ao menos, contestados; que os povos começam a duvidar de sua autenticidade; que a porção mais instruída das sociedades ousa reclamar contra eles – ou, ao menos, a encará-los com desprezo. Uma violência passageira

174 Os soberanos, que muitas vezes se opõem com tanta força aos progressos das luzes, deveriam se lembrar que foram, no entanto, os progressos da razão que os libertaram, na Europa, do jugo do papa, cujo poder espiritual sobre o espírito dos povos se fazia sentir aos príncipes da maneira mais dura e mais insuportável.

pode, por algum tempo, reduzir os homens ao silêncio, mas a tirania não pode estabelecer moradia nos espíritos esclarecidos.

Por outro lado, será que não vemos nações governadas por príncipes instruídos que, mais ciosos de serem verdadeiramente grandes do que de brilharem por um fausto pueril, começam a perceber que um monarca não pode ser feliz e poderoso enquanto tem sob as suas ordens apenas escravos embrutecidos pela miséria e privados de energia? A indigência e o desencorajamento dos povos se fazem, por fim, sentir até nos tronos. Estados devastados e despojados por extravagâncias reiteradas não oferecem mais alimento à avidez das cortes.[175] Depois que os súditos sofreram por muito tempo com o delírio dos reis, os reis sofrem, por sua vez, com os seus próprios delírios. É então que o déspota é forçado a moderar o seu poder e a buscar na razão um remédio contra os males que o despotismo causou. Chega um tempo em que os próprios senhores da Terra são forçados a se curvar sob a mão poderosa da necessidade; ela os obriga a reconhecer que a tirania acaba comumente por solapar o trono que a sustenta, que o tirano não desfruta de nada, que não existe felicidade, nem grandeza, nem poder e nem glória para um príncipe que só tem como súditos alguns desgraçados degradados pelo vício, definhando na inércia, desencorajados pela opressão, habitualmente irritados com o jugo que os oprime e fazendo votos secretos pela destruição do poder pelo qual são esmagados.

---

175 *Acerbissimum est delinquentibus regibus supplicium id, quod populis infligitur.* (Cf. Grotius, *De jure belli ac pacis*).*

* O mais cruel dos castigos, para os reis criminosos, é aquele que é infligido a seus súditos. (Hugo Grotius, *O direito da guerra e da paz*, livro II, cap.21) (N. T.)

Horácio pergunta *o que podem as vãs leis sem os costumes.*[176] Mas é possível perguntar, com mais razão, o que pode uma moral estéril sem um governo e sem leis que a apoiem. Para curar os povos de seus vícios e de seus preconceitos, devemos tratar de curar deles aqueles que governam os povos. Como inspirar o gosto pela virtude aos povos? É fazendo com que conheçam os seus verdadeiros interesses aqueles que dispõem dos corações dos povos, ou que têm nas suas mãos os grandes motores das vontades, dos desejos e das ações dos homens. É aos soberanos, aos legisladores e aos distribuidores de benesses que cabe exercer a censura pública e pregar a moral com fruto.[177]

A moral é feita para indicar as vantagens da virtude; a educação deve semear os seus princípios; o hábito deve tornar a sua prática familiar; a opinião pública e o exemplo devem sustentá-la; a legislação deve lhe conferir a sanção da autoridade; o governo deve torná-la mais persuasiva com a ajuda das recompensas; os castigos devem fazer tremer todos aqueles que a sua perversidade torna surdos à voz da razão.

A virtude, diz Cícero, *é a natureza elevada à sua máxima perfeição.* Esta virtude só é tão rara porque poucos homens conhecem as

---

176 *Quid leges sine moribus vanae proficiunt?*

177 Aqueles que aparentam duvidar de que seja possível tornar um povo racional não prestam atenção ao fato de que algumas vezes, nos espíritos dos povos mais subjugados pela superstição e pelo despotismo, ocorreram algumas revoluções vantajosas que ao menos os aproximaram da razão. O povo inglês conseguiu se livrar sucessivamente, em menos de dois séculos, do jugo de Roma e do jugo da tirania. Os holandeses fizeram a mesma coisa. Os relatos dos viajantes são unânimes em nos dizer que, na China, conseguiu-se dar polidez até mesmo aos cidadãos mais vis. Seria, pois, mais difícil lhes dar a razão?

suas vantagens. A razão humana ainda não está suficientemente exercitada; a civilização dos povos ainda não está concluída; incontáveis obstáculos foram opostos, até aqui, aos progressos dos conhecimentos úteis, cuja marcha é a única que pode contribuir para aperfeiçoar nossos governos, nossas leis, nossa educação, nossas instituições e nossos costumes.

Tornar os homens felizes pela virtude: eis o grande problema que a moral deve se propor a resolver. Ele será completamente resolvido quando uma política esclarecida fizer os senhores da Terra sentirem que o seu próprio bem-estar só pode se estabelecer solidamente sobre a justiça, a beneficência, a humanidade e a boa-fé – em suma, sobre a virtude. Os povos serão felizes e sábios quando forem governados por príncipes compenetrados da ideia de que é preciso ser sábio para ser verdadeiramente feliz.

Príncipes! Legisladores! Soberanos! Senhores do mundo! Vós, que o destino tornou árbitros da sorte das nações, comovei-vos, enfim, com os males dos mortais, dos quais sois tantas vezes as vítimas! É a vós que cabe dar bons costumes aos homens; somente vós podeis fornecer à moral o poder de afetá-los, de convencê-los e de regular suas ações. Tendes em vossas mãos os grandes motores das suas vontades. Encarregados de conduzi-los, que vosso exemplo os guie, que vossos favores os incitem ao bem, que vossas leis os afastem do mal, que a razão os desengane de suas loucuras; que a educação, dirigida por vossos cuidados, os faça, desde a tenra idade, adquirir o ditoso hábito da virtude; que ela lhes inspire o horror ao vício, que ela retifique os preconceitos e as opiniões que os cegam e os tornam insensatos e malvados. Justos, humanos e fiéis aos vossos deveres, ensinai aos vossos súditos a equidade, a beneficência e a atividade. Encorajai-os ao trabalho; que eles temam a ociosidade – que se tornaria, para eles, uma fonte de perversidade. Restituí, pois, aos vossos povos a liberdade que lhes deveis, sem a qual todos os dons da natureza se tornariam inúteis para eles e para vós. Quebrai as correntes aviltantes que mantêm na inércia braços feitos para trabalhar pelo bem-estar de todos. Renunciai às máximas de um despotismo destrutivo que só pode sepultar a vós ou ao vosso sucessor sob as ruínas de vossos Estados. Abjurai para sempre esta glória sanguinária que faz tantas vezes secar as veias das nações. Proscrevei para sempre os princípios odiosos de uma política infame que espezinha a justiça, a boa-fé e os tratados mais sagrados. Imponde um silêncio eterno a esses conselheiros pérfidos que querem separar os vossos interesses dos de vossos súditos, e vos fazer subverter as leis que vos servem de muralhas. Ponde fim a esses impostos iníquos e a essas vexações multiplicadas sob as quais fazem gemer em vosso nome os povos cujos corações afastam de vós. Não! Vós não sereis grandes, nem poderosos, nem ricos, nem queridos e nem afortunados enquanto comandardes apenas estúpidos embrutecidos pela ignorância, irritados pela injustiça e fanados pela miséria. Escutai, enfim, a voz da verdade que a traição impede de penetrar até vós. Só ela vos fará conhecer vossos interesses verdadeiros; ela vos indicará um bem-estar mais real do que aquele que proporcionam a violência, a opinião e a impostura. Ela vos apresentará o quadro lúgubre das desgraças das nações, da queda dos tronos, da corrupção das cortes e das devastações da tirania, a fim de que a visão do perigo vos inspire um pavor salutar, e vos incite a conferir à autoridade uma base menos vacilante que a de um poder arbitrário. Esta verdade, assustadora para os tiranos, deve ser querida pelos soberanos. Ela vos ensinará a marchar com um passo firme para a glória. Ela vos dirá para serem justos, a fim de serem respeitados. Ela vos dirá para serem humanos, a fim de serem queridos. Ela vos dirá para punirem o vício e recompensarem a virtude, a fim de fazer reinar entre vossos súditos esta ditosa harmonia da qual resulta a verdadeira glória, a verdadeira potência e a verdadeira felicidade dos povos e daqueles que os governam. Seguindo os seus conselhos, vós sereis grandes; vos tornareis os deuses tutelares de vossos súditos; saboreareis a cada instante o prazer verdadeiramente divino de fazer os outros felizes. Vossos nomes, queridos pela geração presente, serão pronunciados com viva emoção pela posteridade mais remota – que, colhendo os frutos duradouros de vossos benefícios, abençoará a memória dos reis adorados por seus antepassados.

FIM DA TERCEIRA E ÚLTIMA PARTE

SOBRE O LIVRO

Formato: 13,7 x 21 cm
Mancha: 23 x 44 paicas
Tipologia: Venetian 301 12,5/16
Papel: Off-white 80 g/m² (miolo)
Cartão Supremo 250 g/m² (capa)

1ª edição Editora Unesp: 2023

EQUIPE DE REALIZAÇÃO

Edição de texto
Thomaz Kawauche (Copidesque)
Marcelo Porto (Revisão)

Capa
Vicente Pimenta

Editoração eletrônica
Eduardo Seiji Seki

Assistente de produção
Erick Abreu

Assistência editorial
Alberto Bononi
Gabriel Joppert

Rua Xavier Curado, 388 • Ipiranga - SP • 04210 100
Tel.: (11) 2063 7000 • Fax: (11) 2061 8709
rettec@rettec.com.br • www.rettec.com.br

Coleção Clássicos

A arte de roubar: Explicada em benefício dos que não são ladrões
D. Dimas Camándula

A construção do mundo histórico nas ciências humanas
Wilhelm Dilthey

A escola da infância
Jan Amos Comenius

A evolução criadora
Henri Bergson

A fábula das abelhas: ou vícios privados, benefícios públicos
Bernard Mandeville

Cartas de Claudio Monteverdi: (1601-1643)
Claudio Monteverdi

Cartas escritas da montanha
Jean-Jacques Rousseau

Categorias
Aristóteles

Ciência e fé – 2ª edição: Cartas de Galileu sobre o acordo do sistema copernicano com a Bíblia
Galileu Galilei

Cinco memórias sobre a instrução pública
Condorcet

Começo conjectural da história humana
Immanuel Kant

Contra os astrólogos
Sexto Empírico

Contra os gramáticos
Sexto Empírico

Contra os retóricos
Sexto Empírico

Conversações com Goethe nos últimos anos de sua vida: 1823-1832
Johann Peter Eckermann

Da Alemanha
Madame de Staël

Da Interpretação
Aristóteles

Da palavra: Livro I – Suma da tradição
Bhartrhari

Dao De Jing: Escritura do Caminho e Escritura da Virtude com os comentários do Senhor às Margens do Rio
Laozi

De minha vida: Poesia e verdade
Johann Wolfgang von Goethe

Diálogo ciceroniano
Erasmo de Roterdã

Discurso do método & Ensaios
René Descartes

Draft A do Ensaio sobre o entendimento humano
John Locke

Enciclopédia, ou Dicionário razoado das ciências, das artes e dos ofícios – Vol. 1: Discurso preliminar e outros textos
Denis Diderot, Jean le Rond d'Alembert

Enciclopédia, ou Dicionário razoado das ciências, das artes e dos ofícios – Vol. 2: O sistema dos conhecimentos
Denis Diderot, Jean le Rond d'Alembert

Enciclopédia, ou Dicionário razoado das ciências, das artes e dos ofícios – Vol. 3: Ciências da natureza
Denis Diderot, Jean le Rond d'Alembert

Enciclopédia, ou Dicionário razoado das ciências, das artes e dos ofícios – Vol. 4: Política
Denis Diderot, Jean le Rond d'Alembert

Enciclopédia, ou Dicionário razoado das ciências, das artes e dos ofícios – Vol. 5: Sociedade e artes
Denis Diderot, Jean le Rond d'Alembert

Enciclopédia, ou Dicionário razoado das ciências, das artes e dos ofícios – Vol. 6: Metafísica
Denis Diderot, Jean le Rond d'Alembert

Ensaio sobre a história da sociedade civil / Instituições de filosofia moral
Adam Ferguson

Ensaio sobre a origem dos conhecimentos humanos / Arte de escrever
Étienne Bonnot de Condillac

Ensaios sobre o ensino em geral e o de Matemática em particular
Sylvestre-François Lacroix

Escritos pré-críticos
Immanuel Kant

Exercícios (Askhmata)
Shaftesbury (Anthony Ashley Cooper)

Fisiocracia: Textos selecionados
François Quesnay, Victor Riqueti de Mirabeau, Nicolas Badeau, Pierre-Paul Le Mercier de la Rivière, Pierre Samuel Dupont de Nemours

Fragmentos sobre poesia e literatura (1797-1803) / Conversa sobre poesia
Friedrich Schlegel

Hinos homéricos: Tradução, notas e estudo
Wilson A. Ribeiro Jr. (Org.)

História da Inglaterra – 2ª edição: Da invasão de Júlio César à Revolução de 1688
David Hume

História natural
Buffon

História natural da religião
David Hume

Investigações sobre o entendimento humano e sobre os princípios da moral
David Hume

Lições de ética
Immanuel Kant

Lógica para principiantes – 2ª edição
Pedro Abelardo

Metafísica do belo
Arthur Schopenhauer

Monadologia e sociologia: E outros ensaios
Gabriel Tarde

O desespero humano: Doença até a morte
Søren Kierkegaard

O mundo como vontade e como representação – Tomo I – 2ª edição
Arthur Schopenhauer

O mundo como vontade e como representação – Tomo II
Arthur Schopenhauer

O progresso do conhecimento
Francis Bacon

O Sobrinho de Rameau
Denis Diderot

Obras filosóficas
George Berkeley

Os analectos
Confúcio

Os elementos
Euclides

Os judeus e a vida econômica
Werner Sombart

Poesia completa de Yu Xuanji
Yu Xuanji

Rubáiyát: Memória de Omar Khayyám
Omar Khayyám

Tratado da esfera – 2ª edição
Johannes de Sacrobosco

Tratado da natureza humana – 2ª edição: Uma tentativa de introduzir o método experimental de raciocínio nos assuntos morais
David Hume

Verbetes políticos da Enciclopédia
Denis Diderot, Jean le Rond d'Alembert